살펴보면 붉은 피바람의 연속이었다고 기록하고 있다.

그 반면에 신라는 그 시작부터가 6촌의 연합聯合으로 이룩된 나라로 문물 생활 및 사회제도를 갖춘점으로 봐서 고대국가 치고는 나라다운 나라로 출발하여 발전했다고 보겠다.

오늘날 우리들이 누리고 있는것들중에는 신라에 그 뿌리를 둔 것이 많으며 또 이것은 백제와 고구려가 남긴 그것들과 융합하여 한반도에 펼쳐진 고대문화권 형성의 모체母體가 되었다고 볼 수 있는 역사 흔적과 사실을 가감없이 기록으로 남긴 <한국인물사연구원>원장 이은식님의 각고의 노력 끝에 완성된 천년의 공간을 담은 <신라왕조실록>책을 살펴보면 우리 先祖들은 당초 정립된 삼국이 화합과 융합의 슬기로 하나가 되었으며 남다른 독창력을 발휘하여 통일된 민족국가로 출범하여 고유성을 앞세워 찬란한 문화사文化史를 우리에게 넘겨주었으며 오늘날까지 성장할 수 있는 원동력의 한 바탕을 이룩했다고 하겠다.

그리고 우리는 그 저력을 오늘에 이어받아 남북분단南北分斷 등 여러 가지 어려움을 슬기롭게 극복해야 한다는 것을 강조하고 있노라.

돌이켜 보건대 신라는 그 출발부터가 중의衆意를 모아 공론에 의하여 모든 것을 입안하고 합심하여 행동했으며 질서를 바로 세워 나라일을 처리하여 왔다는 것이다.

즉, 박혁거세 신라시조왕의 추대나 화백제도의 채택이라고 하는 대동화합이라던가 화랑도花郎道 정신精神에 입각한 호국정신護國精神의 함양 등이 이것을 말해주는 것으로 볼 수 있기 때문이다.

이와 같이 출발한 신라는 그 주도하主導下에 통일을 했지만 백제와 고구려의 문화와 인재등을 수렴포용하여 단일민족으로서의 우리 민족사를 연면連綿히 발전시켜 왔습니다.

이는 오늘에 사는 우리에게 무엇과도 바꿀 수 없는 교훈教訓이 되는 것이라고 믿습니다.

이렇게 역사가 흘러가는 과정에서 시대적時代的으로 여러 문화文化가 융화

김재현 金在鉉
· (전) 성균관 관장
· (재) 한국유도원 이사장
· 신라종친연합회 부총재
· 자유수호국민운동 운영위원장
· 용현개발 회장

한 나라의 오늘을 제대로 알고 또 미래를 가늠하기 위해서는 다른 무엇보다도 그 나라의 역사를 살펴야 한다는 말이 있다. 그리고 그 역사를 살핌에 있어 가장 주의를 두어야 할 것은 역사의 연출자인 인물들이다.

사마천司馬遷이 사기史記를 편찬함에 있어 인물들의 전기인 열전列傳에 가장 많은 비중을 할애한 사실에서 보듯 역사란 사람들의 삶에 관한 기록을 중심하여 파생된 각종 문화文化 경제經濟 국방國防 예도禮度 등이 그 중요성을 살펴볼 가치를 느낀다.

이 강토에서는 세계 질서에 발맞춰 가면서 국방을 기본하여 경제성장經濟成長, 종교도입宗敎導入 민주정신民主精神을 포함해 수준 높은 기술로 철기, 토기土器, 석기石器, 문자文字, 기록記錄의 과업으로 그 후대인들이 보다 더 살기 좋은 나라를 세울 후예들을 위해 그 기초인 초석을 남기고 간 국가가 있다면 바로 고구려高句麗, 백제百濟, 신라新羅 등 삼국시대三國時代의 주역이었던 삼국이 아니겠는가.

그 삼국들은 각종 문화의 꽃을 피워가면서도 같은 언어를 구사하고 있는 민족民族의 혈통血統을 함께 하는 통일統一된 나라를 갈망渴望하고 있었다. 드디어 피의 쟁투로 얻은 것이 통일신라국이다.

이 지구상에서 최장수국最長壽國이라고 하는 신라 992년의 역사의 흔적을

● 차례 |4권|

신라왕조실록 4

초판 1쇄 인쇄 | 2014년 8월 19일
초판 2쇄 인쇄 | 2014년 8월 19일
초판 3쇄 인쇄 | 2014년 9월 18일

지은이 | 이은식
펴낸이 | 한국인물사연구원

주간 | 지해영
편집 | 이장욱
인쇄 | RICH MEDIA

펴낸곳 | 도서출판 타오름
주소 | 서울 은평구 통일로 52길 3, 2층
전화 | 02) 383-4929
팩스 | 02) 356-6600
전자우편 | taoreum@naver.com
블로그 | http://blog.naver.com/taoreum

값 | 19,800원
ISBN 978-89-94125-37-4
ISBN 978-89-94125-33-6 (set)

「이 도서의 국립중앙도서관 출판예정도서목록(CIP)은 서지정보유통지원시스템 홈페이지(http://seoji.nl.go.kr)와
국가자료공동목록시스템(http://www.nl.go.kr/kolisnet)에서 이용하실 수 있습니다.(CIP제어번호: CIP2014022251)」

신라
왕조
실록

한국인물사연구원 편저

도서출판
타오름

귀일融化歸一 해가면서 문화유산文化遺産으로 남는것이고 이러는 속에서 국력國力도 배양培養되는 것이라고 본다.

즉, 신라新羅는 통일후統一後 에도 외침 왜침에 대한 국방과 선린교의에 입각한 문화교류를 통하여 천년千年이란 긴 역사를 지켜올수가 있었다고 확신하는 바이다.

그리고 신라는 문화文化와 사회제도社會制度 또한 학술적學術的 종교적宗教的으로 그리고 각 분야를 막라해 특유한 문화유산을 많이 발전發展시켜놓았다.

이와 같이 신라 백제 및 고구려의 문화가 한반도 문화의 연원이며, 오늘을 사는 우리 후예들은 그 정신과 뜻을 이어받아 조상祖上들의 얼을 되살려 현대사회現代社會에 맞춰 발전시켜갈 것은 우리모두의 책무인듯하다. 지은이가 남긴 이 책을 다시 한번 보면서 그 노고에 경의敬意를 표합니다.

책의 내용은 매우 구체적이며 자세하게 그 시대 상황을 사실에 근거하여 엮은 역사의 이야기이다. 이 책은 오늘을 살아가는 우리 모두가 서로 화합 단결하여 우리 민족의 염원인 평화적 통일 과업을 완수하기 위하여 국가 발전의 촉진과 국민역량의 집결에 지속적인 노력努力을 경주하는데 많은 도움이 될 것이라 확신하면서 추천사에 임하노라.

이어령 李御寧
· 초대 문화부 장관
· 신문인/문학평론가
· 이화여자대학교 석좌교수
· 중앙일보 상임고문

나그네라는 말은 나간 이, 즉 밖으로 나간 사람이라는 뜻이다. 그러나 역사기행이나 우리 고전 작품을 찾아가는 나그네는 밖이 아니라 안으로 들어오는 사람이다. 한마디로 우리 고전 작품을 다시 발견하고 그 배경이 되는 고장을 찾아가는 이은식 李垠植 님의 글은 한국인의 내면을 탐구하는 소중한 '안으로의 여행' 이라고 말할 수 있다.

내면이란 무엇인가. 인체를 보면 안다. 겉으로 보면 인체는 모두가 대칭형으로 되어 있다. 두 눈 두 귀가 그렇고 양손 양다리가 모두 짝을 이루어 좌우로 나뉘어 있다. 하나의 코와 입이라도 그 모양은 좌우 대칭으로 되어 있다.

그러나 내부로 들어가면 어떤가. 인체 해부도를 보아서 알 듯이 심장과 췌장은 왼쪽에 있고 간이나 맹장은 오른쪽에 있어 좌우가 다르다. 그리고 위의 생김새나 대장은 더더구나 그 모양이 외부와는 달라 모두가 비대칭적인 모양을 하고 있다.

이렇게 내면의 여행은 인체의 내부처럼 복잡하고 애매하다. 지도를 보면서 정해진 코스를 찾아가는 외부의 여행과는 딴판이다. 보이지 않는 곳은 내시경으로, 들리지 않는 박동은 청진기를 사용해야 한다. 그것이 바로 내면을 여행하는사람의 투시력이며 상상력이며 특수한 지식의 힘이다.

이은식 님의 <신라왕조실록>은 한국 전통문화의 맥을 짚어 보이지 않은 마음의 섬세한 구김살을 열어보는 투시력의 소산이다. 사전辭典 지식으로는 맛 볼 수 없는 현장성 그리고 그 배후를 꿰뚫는 정성과 분석력이 대단한 분이시다. 그의 원고를 보면 내가 누구이며 내가 어디에서 왔으며 내가 어디로 가야 할 것인가의 방향을 확실히 제시하고 있다.

이만열 李萬烈
·직전 국사편찬위원회 위원장
·독립 기념관 한국독립운동사 연구소장

 근래에 우리 주변에는 역사문화유적에 대한 일반인들의 관심이 고조되고 이에 따라 많은 종류의 역사 문화서, 기행문류, 답사 안내서들이 우후죽순처럼 출간되고 있다. 그리고 초등학생부터 대학생, 일반인들에 이르기까지 많은 역사 기행 동아리를 비롯하여 인터넷상에서는 역사 기행 관련 웹 사이트가 운영되고 있으며, 신문사나 박물관 등의 역사 관련 교양 강좌도 활발하게 이루어지고 있다. 이러한 현상은 일반인들의 역사적 식견과 의식을 높일 수 있을 뿐 아니라 역사의 대중화라는 측면에서도 상당히 긍정적인 역할을 하는 것으로 평가할 수 있다.

 전문 역사학자를 비롯하여 소설가, 언론인, 여행가들의 역사 기행문과 문화유산 답사 서적이 봇물 터지듯 출판되는 요즈음 향토 사학자이자 역사 기행가, 수필가인 이은식李垠植 님이 쓴 <신라왕조실록>은 얼핏 보면 평범한 또 하나의 역사 기행문 같지만 이 책은 단순한 기행문이 아니라 우리가 사는 땅과 그 땅에 살았던 인간의 흔적을 복원해내고 있다.

 이 책에서 우리는 많은 역사적 인물들을 만날 것이다. 당대를 풍미했던 정치가, 덕망을 자랑하던 선비, 천하를 주름잡던 장군, 개혁을 부르짖었던 혁신주의자, 노비를 부렸던 상전, 부림을 당했던 천민 등 우리 역사에서 굴곡 많은 삶을 살다간 사람들을 만날 수 있을 것이다. 그들을 만나고 그들이 살았던 땅의 실체를 느끼면서 우리는 역사가 단순한 과거가 아니라 현재요 미래라는 것을 느낄 수 있을 것이다.

 이 책은 풍요로운 오늘을 있게 한 선현들의 피나는 노력의 자취 를 재조명해 보고 역사적 인물들의 생전 삶의 기준을 교훈 삼아 더 좋은 앞날을 위한 길잡이가 되었으면 하는 마음을 새기면서 고인들의 유택과 유적지를 찾아다닌, 이은식 님의 각고의 산물이다.

수 년 동안 전국의 산하에 산재한 역사 현장을 직접 밟고 촬영하여 체험한 내용을 쉽고 재미있게 풀어쓴 이 책이야말로 읽는 이로 하여금 역사란 멀리 있는 게 아님을 느끼게 해 주며, 바로 내가 숨 쉬며 살아가는 내 고장에 대한 인식을 새롭게 일깨워준다.

산업화와 도시화로 훼손되고 사라지는 문화유산을 저자가 생업을 뒤로한 채 식음을 잊을 정도로 찾아다니며 쓴 이 책은 먼 후일 역사적인 인물에 대한 실체를 찾고자 하는 사람들에게 큰 도움이 될 것이다.

윤덕홍 尹德弘
· (전) 대구대학교 총장
· (전) 부총리 겸 교육인적자원부 장관
· (전) 한국학중앙연구원(옛 정신문화연구원) 원장

우리가 이 세상에 태어난 것은 우연이 아니다. 오늘의 내가 있기까지 아버지 어머니가, 아버지 어머니가 태어나기까지 다시 할아버지 할머니, 외할아버지 외할머니가 계셨다. 지난 세월 동안 무수히 많은 사람이 서로 얽혀 있었기 때문에 지금의 우리가 존재하는 것이다. 우리 모두는 연과 연이 얽혀 태어난 존귀한 생명인 셈이다. 자연의 이치요 하늘의 섭리가 아닌가. 숱한 나라를 다 놔두고 대한민국에, 그것도 과거가 아니고 미래도 아닌 오늘에 태어나서, 한국말을 사용하고 한국 문화를 몸에 익혀 산다는 것을 생각해 보라. 과거와 얽히고 설킨 것이 현재 우리들의 삶이기 때문에 이를 알고자 한다면 선조의 생활을 이해하지 않을 수 없다. 법고창신法古創新, 온고지신溫故知新은 이를 두고 하는 말이다.

그 동안 우리는 서양 사람들의 생각과 생활을 열심히 배우다 보니 우리의 것들을 등한시했다. 필자는 우연하게 일본의 마츠리를 구경한 일이 있다. 전통 의상을 차려입은 수 많은 군중이 간단한 북 장단에 단조로운 걸음으로 꼬리를 물고 이어가는 그 모습은 장관이었다. 간단한 스텝이기에 누구나 금방 배울 수 있으며 똑같은 전통 의상 차림이기에 동류의식을 느낄 것이다. 군무가 가능한 이유는 바로 이 간단성과 동질감에서 비롯하리라. 전통의상을 입고 자발적으로 참여하는 마츠리 행사는 구경하는 잔치가 아니라 함께 행하는 놀이이며 그들의 문화를 계승해 가는 일상생활이기도 하다. 그래서 일본은 일 년 내내 잔치가 이어지는 나라이며, 그것을 통해 사회통합을 이루어 가고 있다.

잔치는 과거를 놀이로 현재화하고 그 현재의 놀이를 통해 미래를 열어가는 훌륭한 메커니즘인 셈이다. 이러한 잔치는 일본 고유의 전통을 소재로

한 문화 콘텐츠인 셈이다. 전통을 잘 보존하고 그 위에 서양의 것을 얹은 일본을 보노라면 그들의 힘이 법고창신에 있음을 알 수 있다.

이은식 님의 <신라왕조실록>은 일일이 현장을 답사하여 고증을 거친 작품으로 방대한 원고 속에 역시 방대한 역사 인물들이 등장하는 대작이다. 존경하는 인물의 90%를 외국인이 차지하는 이 세태에, 민족과 역사의 정체성이 빛을 잃어 가는 이 시대에, 가히 법고창신의 교과서가 될 만한 인물이 망라되고 있음은 무척 다행스러운 일이다. 우리 역사에 배울 점이 풍부한 사람이 이렇게 많았던가!

난국을 슬기롭게 극복한 정치인과 장군이 있는가 하면, 맑은 삶을 산 선비가 나오고, 보수와 개혁, 착취와 저항, 한 시대를 나름대로 처절하게 살아간 선조의 삶이 총망라되어 있다. 오늘의 우리에게 적용될 만한 삶의 모델들이 이은식 님의 작품 속에 제시되어 있는 것이다. 과거를 알고 오늘의 우리를 설명하며, 내일의 우리 삶을 설계 할 수 있는 역작이기에 많은 사람들의 일독을 권한다.

김원기
· 세계로 TV 대표
· (사) 서울사학회 부회장
· (사) 퇴계학진흥회 이사

인류는 그들이 살았던 그 시대마다 역사와 문화를 남겼다. 세계 역사는 수천년동안 수많은 민족이 국가를 세우고 살아왔지만 자기 민족만의 문화를 창조하지못한 민족은 멸망하고 국가를 잃어버렸던 연유의 역사를 우리들에게 일깨워 주고있는 사항은 한 국가가 경영하는 과제 가운데 가장 우선되어야하겠다.

역사기록은 그 시대를 살았던 사람들의 삶에 따라 빛나는 역사를 남기기도 하고 부끄러운 역사를 남기기도 했다. 지금 우리가 살고있는 이 시대를 어떻게 살아야 하는 문제를 역사라는 기록물에 의하여 그 방법과 답을 찾아야 한다고 보여진다.

그렇게 하기 위해서는 우리의 역사를 바르게 알고 배워야 하겠다.

한 국가를 놓고 살펴 볼 진데, 당면했던 과제와 난제는 무엇이 었느냐?하는 연구도 오늘을 살아가는 사람들의 과제일 것이다. 작금 교육기관이 관장하는 일선 학교 학생 및 일반 대다수가 그러하듯이 우리 선조님들의 삶의 흔적인 한국사를 소홀히 하면서도 부끄러운줄 모르고 살아가는 것이 작금의 실태이다.

반면에 이웃나라들을 살펴보면 적극적일 정도로 역사학에 매달리고 있다. 그들이 그렇게 하는 이유로는 국가유지에 가장 핵심인 국경을 수호하고 경제를 세우고 문화를 보전하는것만이 미래를 보장할수있다는 확신을 오래전부터 깨우치고 있었다는 점이다.

이와 같은 일련의 사정을 우리들은 어떻게 이해하며 또한 대체할것인가를 논하여야 할 때라고 보여진다.

이러한 현실에서도 한가닥의 희망은 없지않다. 교육일선에서 노력하시던 전문가들이 절박한 사정에 뜻을 모아 묵묵히 그려놓은 역사의 이야기인 역사서이다라고 본다.

다행이도 금번 한국사만을 전문으로 밝혀오신 <한국인물사연구원>원장 이은식님이 그 기록과 흔적을 찾아 전국을 누비며 흘린땀의 값으로 신라왕조실록1.2.3.4권(약2천페이지) 분량의 책을 펴냈다. 이를 살펴본즉 이 땅에서 일어났던 삼국시대 고구려 백제 신라의 통일을 위한 각축전을 그리고 당시 군주와 위정자 백성들의 삶 등을 가감없는 문헌에 의하고 현장을 답사한끝에세계에서 유일한 최장수국 신라 992년의 면면을 한쪽의 거울처럼 상세하게 기술하고 있는 것을 알게되었다.

앞으로 맞이해야할 기나긴 시대에는 우리들에게 주어진 시대적 사명이있다는 사실을 누가 아니라고 하지 못할 것이다

당장 눈앞에 놓인 남북한관계가 마치 천년전으로 돌아가 고구려와 신라의 시대를 반복하고 있는 실정이다. 그 당시에도 우여곡절 끝에 통일된 국가를 탄생시켰듯이 역사서를 통하여 그 방법을 해법으로 삼아 분단된 조국을 하나로 만드는 것과 강성했던 시대에 통치했던 민족의 고토古土를 회복하는 것이다. 이 시대적 사명을 완주하기 위하여 우리나라의 역사와 현실의 역사를 재조명 발굴하여 정립하고 후손들에게 전하여 배우고 할 일들은 우리 국민모두의 책무여야 한다는 생각을 강조하고싶다.

다음과 같이 <신라왕조실록>에 대하여 느낌을 남겨봅니다.

● 책을 엮고 나서

이은식 李垠植
· 문학·철학박사
· 한국인물사연구원 원장
· (사) 사육신현창회 연구이사
· (재) 성균관 수석부관장
· 서울시 지명위원
· (사) 서울문화사학회 부회장
· (사) 퇴계학진흥회 이사

우리 한민족이 슬기롭고 우수한 민족임을 세계만방에 과시할 수 있는 것
은 우리의 선조 명현들께서 남겨 놓은 유사遺史가 입증하여 주기 때문이다.
특히 우리 땅 한반도에서는 지금으로부터 2072년 전부터 나라의 문을 열
고 세계 제일의 장수국으로서의 지위를 누린 '신라'가 자리하고 있다. 신라
는 992년간 56대의 왕들이 통치하였던 나라로서, 인류 역사상 신라와 같이
장수한 국가는 전무하다.
또한 신라는 같은 민족이면서도 갈등과 반목으로 목숨 건 투쟁을 하던 백
제와 고구려를 차례로 평정하여 우리나라 역사상 처음으로 단일 민족국가
를 이룩한 업적도 있다. 한민족의 영토를 축소시켰다는 비난 또한 두고두
고 받아야 했지만, 작은 나라 신라가 강대한 고구려와 백제, 그리고 한반도
를 넘보던 당唐과 끊임없이 침략하던 왜倭(일본)의 틈바구니에서 생존하기
위한 최후의 선택이었는지도 모른다.
나라 이름 '신라'는 역사서에 따라서 사로斯盧, 사라斯羅, 서나徐那, 서나벌徐
那伐, 서야徐耶, 서야벌徐耶伐, 서라徐羅, 서라벌徐羅伐, 서벌徐伐 등 여러 가지로
표기되어 있는데 이는 새로운 나라, 동방의 나라 혹은 성스러운 장소라는
의미를 가진 수풀의 뜻으로도 해석된다.

503년(지증왕 4)에 이르러 그 중 한자의 아름다운 뜻을 가장 많이 가진 신라로 확정하였는데 《삼국사기 三國史記》 찬자의 해석에 의하면 신라의 '신 新'은 '덕업일신 德業日新'에서 '라 羅'는 '망라사방 網羅四方'에서 각기 취한 것으로, 이는 각각 어진 업적을 날마다 새롭게 하고, 사방을 망라한다는 큰 뜻을 갖고 있다.

신라는 고구려, 백제와 함께 존치해 왔지만 그 삼국 중 가장 세력이 약한 나라이면서도 지략적인 방어를 해 민주적인 통치 방법을 바탕으로 각종 문화의 꽃을 만개시켰다. 지구상에는 수많은 국가가 세워졌다가 아무런 흔적도 남기지 못하고 사라진 예를 어렵지 않게 볼 수 있다. 그러나 처음 한반도 동쪽 변방에 자리 잡은 신라는 보잘 것 없는 약소국가였음에도 불구하고 크나큰 과업을 이룩하였고 또한 그 내용을 문자 文字로 남겼다. 우리 후세인들은 그 기록을 거울삼아 현재를 발전시키는 것과 더불어, 선현들의 연원과 사적을 사실에 근거하여 기록을 보존함으로써 동족 간의 근원과 계통을 이해하는데 도움이 되기를 기대해 본다.

필자는 본문에서 자세히 각종 문헌에 근거한 내용을 역사라는 이름으로 정리해 간 과정을 돌이켜 보건데, 그 내용이 매우 복잡하고 난해했음을 실감하였다. 그러나 이러한 과정을 통해 얻은 것 또한 많았다. 그 단적인 예로, 그 시대의 삶의 사정은 현재 우리의 일상과 매우 흡사하다는 것을 알 수 있었다. 당시와 비교해 본다면 첨단의 혜택과 풍요한 생활환경을 빼고는 모두가 제자리에서 발걸음을 옮겨 놓지 못하였음을 평가하게 된다.

특히, 정치, 문화, 국방, 예술, 풍속, 도덕, 단합 등의 항목들은 이 땅을 지키며 살아가는 후예들이라면 반드시 한 번 면밀히 그 실태를 살핀 후 역사의 수레바퀴를 굴려야 할 것으로 보여진다.

피와 땀으로 지켜온 우리민족의 정신문화는 더 값진 유산 遺産이 된다는 것을 확신하면서 이 책을 남긴다.

2014년 8월
북한산 자락 녹번 서실에서

경주 월성

포석정지

신라왕실에서 제사를 지내고 연회를 베풀던 곳으로 지금은 정자 등의 건물이 모두 없어지고 마치 전복 같이 생긴 석조구조물만 남아있으며, 화강석으로 만든 곡수구의 길이는 약 22m이다.

신라 제49대 헌강왕이 포석정에서 신하들과 어울려 여흥을 즐길 때 남산의 신이 왕 앞에서 춤을 추자 왕도 따라 추게 되어 이로부터 '어무산신무御舞山神舞'라는 신라춤이 만들어졌다고 전해진다.

한편, 흐르는 물 위에 술잔을 띄워 술잔이 자기 앞으로 올 때 시를 한수 읊는 놀이를 유상곡수연流觴曲水宴라 불렀는데, 이런 놀이를 하는 곳은 현재 포석정 외에는 남아있는 곳이 거의 없다.

포석정은 927년(경애왕 4), 왕이 후백제 견훤의 습격을 받아 최후를 마친 곳으로도 알려져 있다.

목마산성

미륵리석조여래입상

서악동 고분군

구정동 방형분

용강동 고분

최치원

진감국사

견훤산성

밀성대군의 묘

밀성군密城君의 밀양박씨의 중시조로서 혁거세赫居世 성조의 30세손이며 신라 제54대 경명왕景明王의 8왕자 중 맏아들로 태어났다. 나말여초羅末麗初의 혼란기에 밀성군에 봉해졌고 그의 후손들이 번성을 거듭하면서 신라박씨의 대종을 이루는 밀양박씨密陽朴氏의 중시조가 된 분이다.

1천여 년 동안 찬란한 문화를 이룩한 신라의 왕족으로서 오늘에 이르기까지 시공時空을 초월해 각계각층에서 우리 민족의 역사발전에 크게 이바지해 왔음은 틀림없는 사실이다. 불행히도 매몰찬 세월의 풍진風塵 속에 묘소마저 깎이어 단소壇所를 세워 모시게 되었음은 안타까운 일이 아닐 수 없다.

'밀성密城'이란 지금의 경상도 밀양密陽의 옛 이름이다. 그곳에는 신라의 이궁대離宮臺와 세루정洗陋亭과 같은 여러 정자가 있어 역대 왕들이 자주 들러 백성을 위무하고 정사를 보았다고 하며, 경명왕의 맏왕자가 밀성군으로 봉해진 것은 당연한 일이라 하겠다.

옥새바위

갑문탑

김부 5층석탑

원성왕릉(괘릉)

원성왕릉의 석사자상

원성왕릉의 석인상

헌덕왕릉

흥덕왕릉

흥덕왕릉의 귀부

희강왕릉

민애왕릉

민애왕릉 호석발굴 당시(1984년)

신무왕릉

문성왕릉

헌안왕릉

헌강왕릉

정강왕릉

효공왕릉

신덕왕릉

경명왕릉

경애왕릉

경순왕릉

경순왕의 초상화

대왕각

김부대왕 신위

마의태자 유적지 입석

덕주사 연혁(德周寺 沿革)

덕주사는 신라 진평왕 9년(서기 586)에 창건 되었다. 창건 당시에는 월형산(月兄山)월악사(月岳寺)였으나 신라 경순왕(敬順王)이 천년사직을 고려 왕건에게 손국(遜國)한뒤 경순왕의 제일녀 였던 덕주공주(德周公主)가 높이 15m의 거암(巨岩)에 마애미륵불(磨崖彌勒佛)(보물406)을 조성하고 신라의 재건을 염원 하였으나 일생을 마친후 산의 이름을 월악산(月岳山)으로 절이름을 덕주사(德周寺)로 개명(改名)하여 오늘날 까지 이르고 있다. 덕주사는 상덕주사와 하덕주사로 나뉘어져 있었으며 상덕주사는 동편계곡으로 1.5Km 올라간 산 중턱에 자리잡고 있는데 지금은 마애미륵불, 우공탑, 삼층석탑 그리고 극락전과 요사터만 남아 있다. 상덕주사는 1951년 12월 전화로 소실 되었으며 석축만 옛날규모를 알려 주고 있다. 하덕주사는 어느때 절이 소실되었는지 알수 없으나 절입구에 있는 남근석을 보면 이곳이 남아선호 신앙이 깃들었던 원시 신앙지 였음을 알수 있으며 3m나 되는 탑,기단석 부도 연꽃문양 석등 와편등에 절터였음을 증명한다. 현 대웅보전은 옛 하덕주사가 수재의 위험이 있어 1996년 성일화상(性一和尙)이 새로이 절터를 마련 전면5간 측면3간 52평, 외5포 내9포의 건물양식으로 창건 했다. 전각안에는 법신 보신 화신의 삼존불이 모셔져 있는데 중앙이 법신불로 부처님의 진신(眞身)이며 자성으로 청정법계의 진여인 실상의 법을 시현한 자성불이다. 오른편 부처님은 보신불로 과거 원력수행의 한량없는 과보로 나타난 만덕이 원만한 불신이며 화신불 또는 응화신이라고도 하는 왼편부처님은 중생을 위해 갖가지 모습으로 변화해 구제하는 불신이다(전각내무 후면 536폭 붙임)

덕주사 연혁

황산벌

김양의 묘

낭산

신라금

한계산성

구무소

도선국사

견훤릉

화랑도 훈련장 영랑호

삼존석굴 모전석탑

삼릉계곡 마애석가여래 좌상

관룡사 용선대석조석가여래좌상

태봉국도성 모형도

계백장군의 묘

하 대

(제37대~제56대)

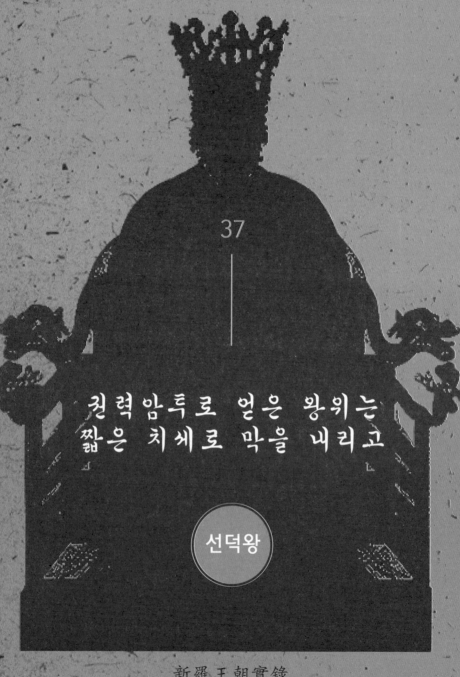

37

권력암투로 얻은 왕위는
짧은 치세로 막을 내리고

선덕왕

新羅王朝實錄

선덕왕 宣德王
김씨 왕 22대

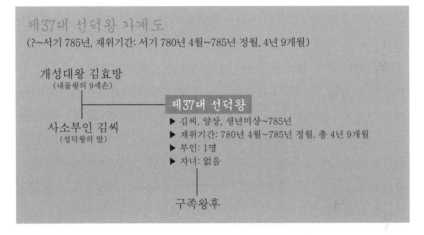

제37대 선덕왕 가계도

(?~서기 785년, 재위기간: 서기 780년 4월~785년 정월, 4년 9개월)

개성대왕 김효방
(내물왕의 9세손)

사소부인 김씨
(성덕왕의 딸)

제37대 선덕왕

▶ 김씨, 양상, 생년미상~785년
▶ 재위기간: 780년 4월~785년 정월. 총 4년 9개월
▶ 부인: 1명
▶ 자녀: 없음

구족왕후

?~785(선덕왕 6). 신라 제37대 왕. 재위 780~785. 성은 김씨金氏. 이름은 양상良相, 내물왕奈勿王의 10대 손이다. 할아버지는 각간角干 원훈元訓이며, 아버지는 효방孝芳 또는 孝方 해찬海滄으로 개성대왕開聖大王에 추봉되었다. 어머니는 사소四炤 또는 四召부인으로 성덕왕聖德王의 딸인데 정의태후貞懿太后로 추봉되었다. 비妃는 구족부인其足夫人으로 각간 양품良品(또는 狼品, 의공義恭)의 딸이다.

왕위에 오르기 전 양상의 행적에 대해서는 많이 알려져 있지 않다.

764년(경덕왕 23) 1월에 이찬伊湌 만종萬宗이 상대등上大等에, 아찬阿湌 양상이 시중侍中에 임명되었다. 김양상의 시중 임명이, 전제 왕권을 재강화하려던 경덕왕景德王의 한화정책漢化政策이 귀족의 반발로 실패하고 왕당파王黨派인 상대등 신충信忠이 물러난 지 4개월 뒤에 이루어진 점으로 보아, 그의 정치적 성격은 경덕왕의 왕권 전제화專制化와는 반대되는 것으로 이해된다.

김양상의 활동은 혜공왕惠恭王 대에 접어들어 두드러졌다.

771년(혜공왕 7)에 완성된 성덕대왕신종聖德大王神鐘의 명문銘文에 따르면, 그는 대각간大角干 김옹金邕과 함께 검교사숙정대령겸수성부령검교감은사사각간檢校使肅政臺令兼修城府令檢校感恩寺使角干으로서 종 제작의 책임을 맡았다. 여기에서 주목되는 것으로 그가 감찰 기관인 숙정대肅政臺의 장관이었다는 점에서 그의 정치적 위치를 엿볼 수 있다.

그는 774년에 이찬伊湌으로서 상대등에 임명되었고 776년에는 한화된 관제의 복고 작업을 주관하였다. 그리고 다음 해에는 당시의 정치를 비판하는 상소를 올려 전제주의적 왕권의 복구를 꾀하는 일련의 움직임을 견제하였다.

780년(혜공왕 16) 2월 왕당파였던 이찬 김지정金志貞이 반란을 일으키자, 상대등이었던 양상은 4월에 김경신金敬信과 함께 병사를 일으켜 김지정을 죽이고 혜공왕과 왕비를 죽인 뒤 왕위에 오르게 되었다. 그의 즉위는 무열왕계武烈王系인 김주원金周元을 경계하고 그들의 반발을 억제하려던 김경신의 강력한 뒷받침에 의한 것으로 생각된다. 그가 즉위 5년(784)에 양위讓位를 결심했으나 뜻을 이루지 못하였으며, 병석에서 내린 조서에서도 항상 선양하기를 바랐다고 한 것은 이를 뒷받침하고 있는 것이다.

선덕왕의 치적으로는 두 가지를 들 수 있다. 하나는 즉위년(780)에 어룡성御龍省을 개편한 일이다. 750년(경덕왕 9) 어룡성에 둔 봉어奉御를 경卿으로 고치고 다시 감監으로 바꾸었다.

또 하나는 패강진浿江鎭의 개척이다. 781년(선덕왕 2) 패강 남쪽 주현을 안무按撫하였고, 782년 한주漢州(지금의 서울 지역)에 순행해 민호民戶를 패강진으로 이주시켰다. 그리고 이듬 해 1월에는 김체신金體信을 대곡진大谷鎭 군주軍主, 즉 패강진 장관에 임명함으로써 개척 사업을 일단 완료하였다.

이러한 패강진의 개척은 왕권을 옹호해 줄 배후 세력의 양성, 또는 왕실에 반발하는 귀족의 축출을 꾀하려는 정책과 관련된 것으로 보인다.

재위 6년 만에 죽으니, 불교 의식에 따라 화장하고 그 뼈를 동해에 뿌렸다. 시호는 선덕宣德이다.

780년(선덕왕 원년) 즉위한 선덕왕은 곧 죄수를 대사하고 부친을 개성開聖 대왕으로 추봉하고 모친 김씨를 정의貞懿 왕후로 높이고, 아내를 왕비로 삼았다. 또 이찬 경신을 상대등으로 삼고, 아찬 의공을 시중으로 삼고, 어룡성봉어御龍省奉御를 고쳐 경卿으로 삼고 또 경을 고쳐 감監으로 삼았다.

781년(선덕왕 2) 2월에 왕은 친히 신궁에 제사를 드렸다. 7월에는 사자를 보내어 패강 이남의 주군을 돌며 안무하도록 하였다.

782년(선덕왕 3) 윤 정월에 사신을 당으로 파견하고 예물하였다. 선덕왕은 2월, 한산주로 순행하고 백성들을 패강진으로 옮겨 살게 하였다. 7월에는 시림의 벌판에서 열병을 실시하였다.

783년(선덕왕 4) 정월에 아찬 체신體信으로 대곡진의 군주를 삼았다. 2월 들어 눈이 서울에 3척이나 쌓였다.

784년(선덕왕 5) 4월에 왕은 손위하고자 하였으나 군신들이 거듭 글을 올려 간하므로 이를 그만두었다.

785년(선덕왕 6) 정월에 당의 덕종德宗이 호부낭중지절戶部郎中持節 개훈蓋塤을 파견하여 왕을 검교대위계림주자사영해군사신라왕檢校大尉雞林州刺史寧海軍使新羅王으로 책봉하였다. 이달에 왕은 병환으로 누워 병세가 점점 더하므로 하조하기를

"과인은 본질이 비박하여 임금의 자리를 받을 미음이 없었으나 추대함을 피할 수 없어서 즉위하였으나 왕위에 있는 이래로 연사年事가 순조롭지 못하여 백성들은 곤궁에 빠졌도다.

이는 모두 나의 덕망이 인민에 부합하지 않고 정치하는 것이 천심에 합하지 아니하는 것으로 항상 양위하고 밖으로 퇴거하려 하였는데 군관 백료들이 늘 지성으로 간하므로 뜻과 같이 되지 않아 지금까지 머뭇거리게 되었으나 갑자기 병에 걸려 다시 일어나지 못하였다. 죽고 사는 것은 천명이니 다시 무엇을 한탄하랴. 죽은 뒤에는 불법에 따라 화장을 하고 뼈는 동해에 던져버리라."

하였다. 13일에 왕이 돌아가시자 선덕이라 시호하였다.

● 선덕왕대의 사람들

구족왕후具足王後

생몰년 미상. 신라 제37대 선덕왕의 비. 아찬阿飡 의공義恭의 딸, 혹은 각
간角干 양품良品의 딸이라고도 한다. 그의 남편인 상대등 김양상金良相이 혜
공왕을 죽이고 선덕왕이 됨으로써 그 왕비가 되었다. 그의 아버지 의공은
시중侍中이 되었다.

선덕왕이 왕위에 오른 지 6년 만에 아들이 없이 죽게 되자, 상대등 김경
신金敬信이 원성왕이 되었는데, 전 왕비로서 785년 3월 조租 3만 4,000석을
하사받고 외궁으로 나가 여생을 마쳤다.

김양품金良品

생몰년 미상. 신라 선덕왕의 장인. 김낭품金狼品이라고도 한다. 관등은 각
간角干으로 딸은 선덕왕의 비 구족부인具足夫人이다. 구족부인은 선덕왕이
죽고 원성왕이 즉위하자 외궁外宮으로 쫓겨났다.

법창法暢

생몰년 미상. 신라 선덕왕 때의 승려. 법탕法惕이라고도 한다. 흥륜사興輪
寺의 승려였는데, 선덕왕이 병이 나서 그를 청하여 치료하였으나 오랫동안
효과가 없었다. 왕은 신하들의 요청에 따라 밀본密本을 청하였다.

밀본이 《약사경藥師經》을 외우자 가지고 있던 육환장六環杖이 침실 안으
로 날아들어가 늙은 여우 한 마리와 법창을 찔러 뜰 아래 거꾸로 내던지니
왕의 병이 나았다고 한다.

왕도의 王道義

신라新羅시대의 중. 호는 원적元寂. 북한군北漢郡 출신.

784년(선덕왕 5) 당나라에 건너가 광부廣府의 보단사寶壇寺에서 비구계比丘戒를 받고, 강서江西 홍주洪州의 개원사開元寺로 가서 지장智藏의 불법을 이어받고 도의道義로 개명, 다시 백장산百丈山 회해화상懷海和尙에게서 법요法要의 강의를 받았다.

821년(헌덕왕 13) 귀국하여 설법說法을 했으나, 당시 사람들이 경교經敎만을 숭상하고 무위법無爲法을 믿지 않자, 시기가 오지 않았음을 깨닫고 염거廉居에게 남선南禪을 전하고 죽었다. 가지산 선파迦智山禪派의 개조開祖로 일컬어진다.

사소부인 四炤夫人

생몰년 미상. 신라시대의 왕족. 성은 김씨金氏. 제37대 선덕왕의 어머니이다. 사소부인四召夫人으로도 표기되어 있다. 아버지는 성덕왕이고, 남편은 내물마립간의 9세손인 해찬海湌(파진찬) 효방孝芳이다. 아들 상대등上大等 김양상金良相이 즉위하여 선덕왕이 되자, 정의태후貞懿太后로 추존되었다.

하성 何成

781년(선덕왕 2)~853년(문성왕 15) 신라의 화가이다. 본래 백제의 유민遺民으로 일찍이 일본에 건너가 벼슬이 좌근위左近衛에 올라 종 5위 시모하리마노스께從五位 下播磨介에 이르렀다.

강궁强弓을 잘 쏘고 회화繪畵를 잘했는데 일본의 <사천왕상四天王像>은 그가 그린 것이라 한다.

체신體信

783년(선덕왕 4) 벼슬은 아찬阿飡을 거쳐 대곡진大谷鎭(평산平山) 군주軍主가 되었다.

의공義恭

870년(선덕왕 1) 벼슬은 아찬阿飡을 거쳐 시중侍中이 되었다.

김효방金孝芳

?~734년(성덕왕 33) 선덕왕의 아버지. 내물왕의 9대손으로 사소부인四炤夫人 김씨金氏와의 사이에서 선덕왕을 낳았으며, 벼슬은 해찬海飡을 지냈다. 선덕 왕이 즉위하자 개성대왕開聖大王으로 추존追尊되었다.

혜공惠空

생몰년 미상. 신라 선덕왕 때의 신승神僧. 신라십성新羅十聖 중 한 사람. 아명 은 우조憂助. 천진공天眞公 집에서 심부름하는 할머니의 아들로 태어났다.
7세 때에 천진공이 종기가 나서 죽게 되었을 때 그가 병상 아래 앉자 한 마 디도 하지 않았지만 종기가 터져 병이 나았다.
공이 그에게 매를 기르게 하였는데 하루는 공의 동생이 지방으로 벼슬살 이를 가면서 매를 빌려간 일이 있었다. 어느 날 저녁 천진공이 매 생각이 나 서 그를 보내 찾아오게 하려 하였는데, 미리 알고 밤 사이에 매를 찾아 이튼 날 아침에 바쳤다. 천진공은 그가 범인이 아닌 줄 알고 스승이 되어 지도해 줄 것을 부탁하였다.
영험한 이적이 나타났으므로 출가하여 혜공이라 이름 하였다. 작은 암자에 머무르며 삼태기를 지고 취하여 다니면서 노래하고 춤을 추었으므로 사람들이 부궤화상負簣和尚이라 불렀고, 그의 암자를 부개사夫蓋寺라 불렀다. 때로는 우물 속에 들어가 몇 달씩 나오지 않았고, 나올 때에는 항상 벽의 동자壁衣童子가 먼저 나왔으며, 우물에서 나와도 옷이 조금도 젖지 않았다고 한다.

만년에는 영일군 항사사恒沙寺에 있었는데 원효元曉가 경소經疏를 지을 때 의심나는 것은 그에게 와서 묻고 서로 농을 잘 하였다. 하루는 이 절 앞 개울에서 두 승려가 냇가에서 고기를 잡아먹고 똥을 누자, 똥이 먹었던 고기로 변하여 한 마리는 물결을 거슬러서 위로 올라가고 한 마리는 아래로 내려갔다. 이에 위로 올라가는 고기를 서로 자기가 잡았던 물고기라고 희롱하였는데, 물을 거슬러 올라가는 고기가 진리를 찾아 나아가는 수행자를 상징하기 때문이었다고 한다. 그래서 그 절 이름을 오어사吾魚寺라고 고쳐 부르게 되었다.

또, 하루는 새끼줄을 가지고 영묘사靈廟寺에 가서 금당金堂과 좌우의 경루經樓, 남문 행랑 등에 둘러치고 3일 후에 풀라고 하였는데, 3일 만에 선덕왕이 절에 거둥하였을 때 귀신이 절을 태웠으나 그가 새끼로 맨 곳은 타지 않았다고 한다. 또, 신인종神印宗의 명랑明朗이 금강사金剛寺를 새로 짓고 낙성회落成會를 하려 할 때 그가 오지 않으므로 명랑이 향을 꽂고 빌자 조금 뒤 그가 들어왔으며, 비오는 날인데도 옷이 젖지 않고 발에는 흙이 묻지 않았다.

평생 신령스러운 기적을 매우 많이 남겼으며, 죽을 때에도 공중에 떠서 입적하였는데 그 사리의 수가 헤아릴 수 없이 많았다고 한다. 일찍이 ≪조론肇論≫을 보고 전생에 자신이 찬한 것이라고 하였기에 사람들은 그를 승조僧肇의 후신이라 여겼다.

필곡弼谷 (또는 화춤)

신라新羅의 장군. 626년(신덕왕 5) 5월에 왕王은 궁성宮城의 서쪽 옥문지玉門池에 개구리와 두꺼비가 떼를 지어 모여들었다는 말을 듣고 군신들에게 말하기를 두꺼비와 개구리는 성난 눈이니 이는 군사의 상이다.

"내가 일찍이 서남변西南邊에 옥문곡玉門谷이라는 곳이 있다고 들었는데 이들의
징조로 미루어 반드시 백제百濟의 군사들이 몰래 그곳에 침입하여 있는 것 같다"

하여 왕명을 받고 장군將軍 알천閼川과 함께 이를 수색하여 토벌했는데 과연
왕王의 말과 같이 백제장군百濟將軍 우소于召가 독산성獨山城을 습격하려고
군사 오백명을 거느리고 그 곳玉門谷에 와서 복병을 설치하고 있으므로 알
천閼川과 더불어 나아가 적을 엄습하여 이를 격살하였다.

● 선 덕 왕 시 대 의 세 계 동 향

▶ 동양
   781년 5월 세금을 증가, 곽자의 죽음, 전열田悅의 침입

▶ 서양
   780년 동로마 황제 콘스타니누스 6세 즉위 297년까지 어머니 이레네
        섭정, 카알대제 섹슨족을 정복 기독교를 신봉케 함
   780년 11월 카알대제 섹슨족 4,500명 아렐하반에서 학살
   783년 10월 카알대제 섹슨족을 쳐부숨

● 오어사

연못 바닥에서 솟아난 용

지난 1995년 11월 16일, 점심을 먹고 작업차에 오른 이욱형李旭炯 기사技士는 눈길을 굴삭기 끝에 쏟으며 퇴적물을 긁어 짐차에 실었다. 계속하여 포클레인으로 검은 진흙을 걷어내는데, 못바닥 밑에 비스듬하게 들어난 이상한 물체가 보였다. 하던 일을 멈추고 차에서 내려 물체에 가까이 가본 그는 놀라 자빠질 뻔했다.

입에 구슬을 머금은 용이 진흙 바닥에서 하늘을 쳐다보고, 살아 꿈틀거리며 등천登天할 것 같이 있는 것이 아닌가!

뛰는 가슴을 쓸어내리며 조심스레 용 몸뚱이에 붙은 흙을 닦아내 보니, 자주 다니던 절에 있는 범종梵鐘의 윗부분과 흡사하였다. 그는 곧장 절집으로 뛰어갔다.

"스님, 못바닥에서 용이... 아니, 용이 붙은 종이 나왔심더!"

이리하여 오어사 중들이 종 표면에 붙은 흙을 씻어 나가자 청동으로 만들어진 용유龍鈕는 말할 것도 없고 젖꼭지 모양의 종유鐘乳며, 하늘옷[천의天衣] 자락을 살며시 날리며 합장한 비천飛天 형태의 보살상菩薩像이 돋을새김되어 있었다. 더욱이 종의 몸체[종신鐘身]에는 '정우 4년貞祐四年'이라는 글씨가 새겨져 있지 않은가!

제작연대가 확실한 연호年號 정우4년貞祐四年은 1216년 고려 고정 3년인데, 금金나라 연호이다.

이렇게 다시 세상에 환생하여 20세기 말의 밝은 햇빛을 듬뿍 받게 된 이 종은, 13세기 초에 만들어져 오어사에서 티 없이 맑은 소리로 티끌 묻은 세속사람들의 마음을 한 없이 깨끗하게 해 주었으리라. 그러다가 언젠가 외적外敵이 침입하였을 때, 종만큼은 뺏기지 않도록 스님들이 땅을 파고 몰래 묻었으리라.

그 후 묻힌 자리는 못이 되었고, 못 밑에서 용은 물을 듬뿍 머금고 있다가, 때가 되어 승천昇天하려고 나온 것이 아닐까?

오어사는 신라 때, 그것도 이른 시기부터 있던 절이다.

혜공惠空스님이 늘그막에 이 절에 살았는데, 원효元曉가 여러 불경을 쉽게 풀이하여 중생들에게 가르치려고 주해註解를 다는 '찬제경소撰諸經疏' 과정에서 자주 오어사의 혜공스님께 와서 의심나는 것도 묻고 가끔 허물없이 농담도 주고받았다.

후루는 두 분이 절 가까운 시냇가에서 물고기와 개구리를 잡아 먹고, 돌 자갈 위에 똥을 누었는데, 혜공이 똥을 가리키면서 원효더러 '네 똥이 내 고기로다(여뇨오어汝尿吾魚)'라고 한데에서 '오어사吾魚寺'라고 하였다.

그 전에는 절 이름이 항사사恒沙寺였다. 종이 제작된 고려 때는 영일현迎日縣 항사동恒沙洞이었고, 지금은 포항시 남구 오천읍 항사리이다.

경주에서 오어사로 가는데 차를 타고 가면 포항으로 돌아서 가지만, 걸어가면 암곡 무장사를 거쳐 야트막한 재를 넘어 골짜기를 따라 내려가면 바로 닿는다.

혜공은 어떤 스님인가? 어느 작은 절에 사는 그는 항상 미치광이처럼 술에 몹시 취하여, 망태기를 메고 길거리를 헤매며 노래하고 춤추며 다녔다. 사람들이 부궤화상負簣和尙이라 불렀는데 '망태 멘 중'이라는 한문 투의 호칭이다.

거기에다 다른 별난 행동도 있었으니, 그가 살던 절에 우물이 있었는데, 절이름이 부개사였고 우물은 부개우물이었다. 혜공이 자주 이 우물 안에 들어가 몇 달씩이나 나오지 않다가, 밖으로 나올 때는 신동神童이 먼저 물에서 솟아 나왔으므로, 절 중이 그것을 보고 기다리면 혜공이 불쑥 우물에서 솟구쳐 나왔다. 그런데 이상한 것은 물속에서 나오는 데도 옷에는 물이 묻지 않고 말짱한 것이었다.

또 혜공이 중이 되기 전에는 이런 일도 있었다. 천진天眞공의 집에 품팔이

하는 노파에게는 따라다니는 어린 아들이 있었는데 이름은 우조愛助였다.
 공의 몸에 종기가 나서 심하게 성종成腫하여 거의 죽게 되었는데, 많은 사
람들이 문병하러 와서 골목이 메일 지경이었다. 일곱 살 난 우조가 어머니
께

"집안에 무슨 일로 손님이 이만치 많은기요(많은가요)?"

하고 물으니 어머니가

"주인어른이 몹쓸 병에 걸려 고생하다가 다 죽게 되었는데 니너(너는) 우예 그것
도 몰랐나!"

하였다. 우조가 하는 말이

"내가 낫게 하겠심더."

하였다. 그 어머니가 공에게 말씀 드렸더니 불러오라 하였는데, 우조가 와
서 아무 말 없이 침상 아래 앉아 있는데 잠시 뒤에 종가가 골마 터져버리곤
아픈 기가 가셨다. 공은 이것을 우연으로 생각할 뿐 이상하게 여기지 않았
다.
 우조가 자라니 공은 그에게 매 기르는 일을 맡겼는데 마음에 들게 길렀다.
 공의 아우 한 사람이 벼슬자리를 얻어 먼 곳으로 떠나게 되었다. 형이 선물
로 좋은 매 한 마리를 주어 보냈는데, 어느 날 저녁 갑자기 동생에게 준 매
가 그리워 이튿날 아침에 우조를 시켜 찾아올 작정을 했다. 그런데 새벽녘
에 우조가 그 매를 가져와 바치는 것이 아닌가. 주인의 속마음을 알아차린
것이었다.
 공은 크게 놀라 깨우쳐 그제야 예전에 종기를 고쳤던 일이 도무지 풀지 못
하였던 수수께끼였음을 털어 놓고

"제가 대단한 성인聖人이 저희 집에 의탁依託하신 줄을 모르고 주책없는 말과 실없는 짓으로 대했으니 우예야 되겠능기요? 바라옵건대 이제부터는 저를 지도하시는 스승이 되시어 바르게 이끌어 주소서."

하고는 아래로 내려와 절을 올렸다.
신령스러운 이적異蹟을 이와 같이 행하다가, 드디어 집을 나서 중이 되니 이름을 혜공이라 하였다.

● 선덕왕 이후 신라의 정치정세

체제 와해 초읽기, 귀족들 중앙통제 벗어난 '무정부 상태'

김헌창처럼 왕위를 차지하려고 난을 일으키는 일은 이제 신라사회에서 전혀 생소한 일이 아니다. 당장 김헌창이 내몰고자 했던 헌덕왕조차 조카 애장왕을 살해하고 왕위를 거머쥔 인물이니 말이다. 신라사회는 무열왕계의 마지막 왕인 혜공왕이 시해되고 난 후 만성적인 왕위 다툼에 시달려온 상태이다. 단지 이번 김헌창의 반란은 이전의 것보다 그 규모나 영향력이 컸을 따름이다.

삼국통일 이후 신라의 왕권은 매우 막강해진 것으로 알고 있는데 언제부터 왕권이 약화되기 시작했는가

막강했던 신라의 전제왕권이 약화되기 시작한 것은 경덕왕 때이다. 경덕왕이 당시 대규모 불사를 벌였던 것도 내리막길을 걷는 왕권을 부처님의 힘을 빌어 강화하고자 해서였다.
그러나 결국 경덕왕이 죽은 뒤 여덟 살 난 혜공왕이 즉위하자, 귀족들은 드러내놓고 어린 왕을 무시하며 반란을 일으켰다.

내물왕계의 선덕왕이 즉위한 이래 왕위 다툼은 쉴 사이 없이 전개되어온 것으로 아는데, 선덕왕 즉위 후 상황은

37대 선덕왕 이후 왕의 재위기간을 살펴볼 때 47대 헌안왕까지 왕의 평균 재위기간은 7년에 불과하다. 이전 국왕의 재위기간인 평균 23년과 비교해 볼 때 매우 단명했다고 말할 수 있다.

왕위를 차지하는 방법에 있어서도 정당한 승계에 의해서가 아니라 폭력으로 차지한 자가 무려 6명으로 전체의 절반 이상이다.

왕위 다툼이 치열해진 이유는 무엇 때문인가

통일 이후 신라의 귀족들은 안정을 구가했다. 많은 경우 3천의 노비를 소유하고 섬에서 가축을 방목하며, 지방에 많은 토지를 보유하고 있었다.

이러한 경제력을 바탕으로 이들은 각기 자신의 군대, 즉 사병을 길러 서로 세력을 겨루었다. 더 많은 토지와 노비를 차지하려고 서로 싸움을 벌인 것이다.

이를 조정에서 견제할 수 없게 되자 정치가 어지러워졌고, 귀족들은 왕의 자리까지도 넘보며 무력으로 왕위를 차지하려 함에 따라 목숨까지 잃는 사태가 발생한 것이다.

앞으로의 전망은 어떠한가

중앙의 통제를 벗어난 이들 귀족들은 자신의 권력을 유지하기 위해 아무런 제한 없이 농민을 극도로 수탈하고 있다. 그로 인해 신라는 서서히 무너져가고 있다. 대책 마련이 시급하다. 획기적인 조치가 당장에 마련되지 않는다면 이는 체제위기를 가져올 것으로 우려된다.

선덕왕 이후 왕위 계승 방식과 재위 기간

37대 선덕왕(780~785): 전 임금 혜공왕 살해하고 왕위에 오름.

38대 원성왕(785~798): 김주원과의 왕위 다툼 끝애 왕위 차지.

39대 소성왕(798~800): 원성왕의 손자로 왕위 계승.

40대 애장왕(800~809): 소성왕의 아들로 왕위 계승.

41대 헌덕왕(809~826): 조카 애장왕을 살해하고 왕위 차지.

42대 흥덕왕(826~836): 헌덕왕의 동생으로 왕위 계승

43대 희강왕(836~838): 흥득왕을 죽이고 왕위 차지.

44대 민애왕(838~839): 희강왕을 죽이고 왕위 차지.

45대 신무왕(839): 민애왕을 죽이고 왕위 차지.

46대 문성왕(839~857): 신무왕의 아들로 왕위 계승.

47대 헌안왕(857~861): 문성왕의 유언에 따라 왕위 계승.

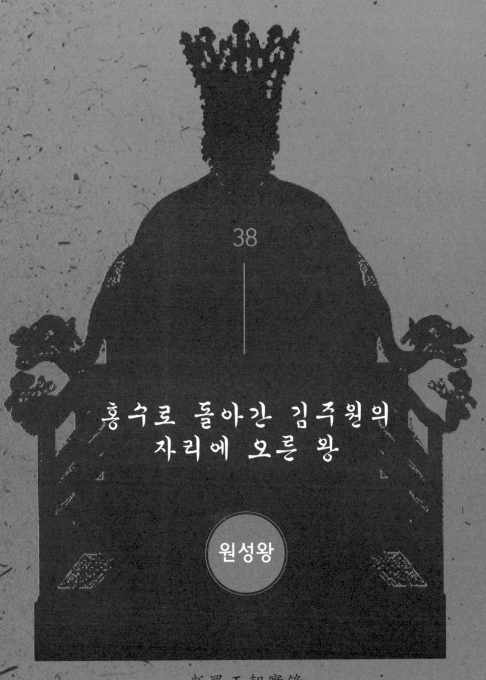

38

홍수로 돌아간 김주원의
자리에 오른 왕

원성왕

新羅王朝實錄

新羅王朝實錄

원성왕 元聖王
김씨 왕 23대

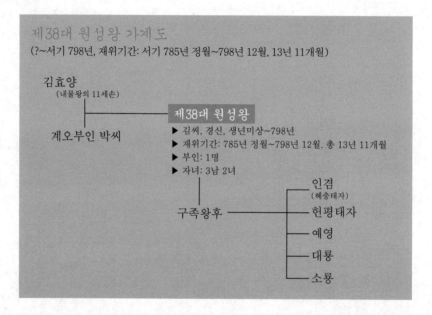

제38대 원성왕 가계도

(?~서기 798년, 재위기간: 서기 785년 정월~798년 12월, 13년 11개월)

김효양
(내물왕의 11세손)

계오부인 박씨

제38대 원성왕

▶ 김씨, 경신, 생년미상~798년
▶ 재위기간: 785년 정월~798년 12월. 총 13년 11개월
▶ 부인: 1명
▶ 자녀: 3남 2녀

구족왕후 ─── 인겸 (혜충태자)
─── 헌평태자
─── 예영
─── 대룡
─── 소룡

?~798(원성왕 14). 신라 제38대 왕. 재위 785~798. 성은 김金, 이름은 경신敬信(또는 敬愼, 敬則). 내물왕의 12세손으로 아버지 효양孝讓은 명덕대왕明德大王, 할아버지 위문魏文(또는 훈입訓入)은 흥평대왕興平大王, 증조할아버지 의관義寬(또는 義官)은 신영대왕神英大王, 고조할아버지 법선法宣은 현성대왕玄聖大王으로 추존되었다. 어머니는 계오부인繼烏夫人(또는 지오부인知烏夫人) 박씨이며 소문태후昭文太后로 추봉되었고, 비妃는 숙정부인 김씨淑貞夫人 金氏로 각간 신술神述의 딸이다.
 왕위에 오르기 전인 780년(혜공왕 16) 뒷날 선덕왕이 된 양상良相과 더불어 지정志貞의 난을 진압하였으며, 이때에 혜공왕을 살해하고 양상이 왕위에 오르는

54

데 기여하였다. 이런 점으로 미루어, 그는 양상과 밀착된 인물로서 경덕왕 이래 왕실의 전제주의에 반대하는 입장에 있었음을 알 수 있다.

혜공왕 말기의 혼란을 평정한 공으로 780년(선덕왕 1) 상대등에 임명되었다. 그 뒤, 선덕왕이 자식이 없이 죽자 태종무열왕의 6세손인 김주원金周元과의 왕위다툼에서 승리하여 즉위하였다.

≪삼국사기≫와 ≪삼국유사≫는 김주원과의 왕위계승다툼에 대한 설화를 전하고 있다. 당시 김경신보다 서열이 높았던 김주원이 왕위에 추대되었는데, 김경신은 복두幞頭를 벗고 소립素笠을 쓰고 12현금絃琴을 들고 천관사天官寺 우물로 들어가는 꿈을 꾸자, 여삼餘三의 해몽을 듣고 비밀리에 북천北川의 신에게 제사를 지냈다. 마침 선덕왕이 죽자 비가 와서 알천閼川이 불어 김주원이 건너오지 못했으므로 신하들이 경신을 추대했다는 것이다. 또한 뒷날 김주원의 아들 김헌창金憲昌이 아버지가 왕위에 오르지 못한 것을 이유로 반란을 일으킨 것을 보더라도 양자 사이에 왕위계승다툼이 있었음을 짐작할 수 있다.

785년(원성왕 1) 원성왕은 총관摠管을 도독都督으로 바꾸었으며, 788년에는 독서삼품과讀書三品科를 설치하였다. 독서삼품과는 유교경전에 능통한 사람을 3품으로 나누어 실력에 따라 관리로 등용한 것으로, 이러한 개혁은 국학國學을 설치한 지 이미 1세기가 지난 당시 신라사회에 있어서 무예를 중심으로 한 종래의 관리등용법의 개혁이 요청되고 있었음을 의미한다.

한편, 원성왕대는 하대下代 권력구조의 특징을 이루는 왕실친족집단원에 의한 권력장악의 전형典型이 확립되기 시작하였다. 즉, 원성왕은 즉위와 동시에 왕자 인겸仁謙을 태자로 책봉하여 다음의 왕위계승권자로 확정하였다.

그러나 791년 1월 인겸태자가 죽자, 그 이듬해 8월에는 왕자 의영義英을 다시 태자로 책봉하였다. 793년 2월 의영태자가 죽자, 왕손(인겸태자의 맏아들)인 준옹俊邕(뒤의 소성왕)을 이듬해 1월 태자로 책봉하였다.

태자로 책봉된 준옹뿐만 아니라 그의 동생인 언승彦昇(뒤의 헌덕왕)도 정치의 중심부에서 활약하였는데, 이처럼 왕과 태자를 정점으로 한 극히 좁은

범위의 근친왕족들이 상대등·병부령·재상 등의 요직을 독점하고자 하였다. 또 이들 근친왕족들에 의하여 왕위가 이어져 원성왕계로 특징지어진다.

791년에 제공悌恭이 반란을 일으켰으나 진압하였다. 제공은 785년에 시중侍中이 된 인물로 그가 일으킨 반란의 성격은 명확하게 밝혀져 있지 않다. 같은 해에 인겸태자가 죽으니 시호를 혜충惠忠이라 하였다. 그리고 제공의 반란이 진압되자 다시 혜충태자의 아들 준옹이 시중이 되었다.

원성왕은 불교에 대한 관심이 많았다. 785년에 승관僧官을 두어 정법전政法典이라 하고, 795년에는 봉은사奉恩寺를 창건하였으며, 망덕루望德樓를 세웠다.

처음에는 화엄종華嚴宗 승려인 묘정妙正을 편애하여 내전內殿에 맞아들여 떠나지 못하게 하였다. 그 뒤, 묘정은 왕의 신임을 잃은 듯하다. 사신을 따라 중국에 갔을 때 자라한테서 얻은 구슬을 당나라 황제에게 빼앗기고 난 뒤부터, 묘정은 사람들에게 사랑을 잃게 되었다는 설화가 이를 알려준다.

왕의 치적으로 790년 벽골제碧骨堤의 증축과 발해와의 통교를 들 수 있다. 이와 더불어 795년에 당나라의 사신이 하서국河西國 사람 둘을 데리고 와 신라의 호국룡護國龍을 물고기로 변하게 하여 잡아가려는 것을 막았다는 설화는 그가 상당한 독자외교를 펴고 있었음을 알려준다.

798년 12월 29일에 죽으니, 유명遺命으로 봉덕사奉德寺 남쪽 토함악吐含岳 서쪽동굴에 화장하였고, 능을 추복追福하기 위한 숭복사崇福寺가 세워졌다. 아들은 태자로 책봉되었던 인겸과 의영과 예영禮英이 있었고, 두 딸로 대룡부인大龍夫人·소룡부인小龍夫人이 있었다.

785년(원성왕 원년) 2월, 즉위한 왕은 고조부인 대아찬 법선法宣을 현성玄聖 대왕으로, 증조 이찬 의관義寬을 신영神英 대왕으로 조부 이찬 위문魏文을 흥평興平 대왕으로 부친 일길찬 효양孝讓을 명덕明德 대왕으로, 모친 박씨朴氏를 소문昭文 태후로 각각 추봉하고, 아들 인겸仁謙을 세워 왕태자로 삼고, 성덕聖德 대왕과 개성開聖 대왕의 두 묘를 헐고 시조 대왕, 태종 대왕, 문무 대왕 및 조부 흥평 대왕, 부친 명덕 대왕으로서 5묘로 하였다. 또한 문무백관의 작위를 일 급씩 더 높이고, 이찬병부령 충렴忠廉을 상대등으로 삼고,

이찬 제공悌恭을 중시로 삼다가 제공을 면직하고 이찬 세강世强을 중시로 삼았다. 3월에는 선덕왕의 비 구족 왕후가 있는 외궁으로 나가서 조 3만4천 석을 하사하였다. 패강진에서 붉은 빛깔이 도는 까마귀를 진상하였다. 그리고 총관摠管을 고쳐 도독都督으로 삼았다.

786년(원성왕 2) 4월 동쪽 지방에 우박이 와서 뽕과 보리가 다 상하였다. 왕은 김원전金元全을 당으로 파견하여 토산물을 보내니 당의 덕종은 조서를 내려 말하기를

〈신라 왕 김경신에게 칙론한다. 김원전이 이르러 표문과 진상한 물건을 살피니 경 나라의 풍속이 신의를 중요시 하고 뜻은 바르며 정성스럽고, 일찍부터 방가邦家(당나라)의 교시를 잘 받들었다.

또한 백성을 감화하여 잘 지키고 나라를 안무하였으며 유교의 풍습을 받들어 예법이 성행하고 국내가 평안하며 성의를 다하여 황궁으로 향하니 직무를 보고함에 있어 부족함이 없었다. 번번이 사신을 파견하여 공헌을 닦으니 비록 명발溟渤(큰 바다)이 가히 멀고 육로가 멀다고 하여도 축하하고 예물을 전함에 있어서는 옛 법을 따르며 더욱 충성을 나타내니 깊이 감탄하는바 노라.

나는 만방에 임금으로 임하며 백성의 부모 노릇을 하고 중외에 이르기까지 법도에 맞도록 하고, 문명을 함께하며 화합에 이르고 함께 인덕과 장수함으로 이르려고 한다. 그대는 마땅히 국내를 편안히 보전함에 힘써 백성을 구휼하고 영원히 변방의 신하가 되어 나라를 편안케 하기 바란다.

지금 그대에게 비단 등 30필과 옷 1벌과 은남銀楠 1구를 주니 이것이 가거든 잘 거두고, 왕비에게는 비단 등 20필과 금실로 수놓은 비단 치마 1벌과 은그릇 1개를 주고 대재상 2명에게는 각각 옷 1벌과 은남銀楠 1개씩을 주니 그대는 잘 받아 거두어서 나누어 주도록 하라. 여름이 매우 더우니 그대는 마음을 평안히 하며 지내고 재상 이하에게도 아울러 안부한다. 글월을 보내나 할 말이 두루 미치지 못하노라.〉

하였다.

7월에는 한재가 들고 9월에는 도성에 기근이 심하여 곡식 33만240석을 내어 이를 진휼하였고 10월에도 3만3천 석을 내어 나누어 주었다. 대사 무오武烏가 진법에 관한 책 ≪병법兵法≫ 15권과 ≪화령도花鈴圖≫ 2권을 드리므로 그에게 굴압현屈押縣(현 황해도 금천군金川郡 강음江陰)의 현령직을 주었다.

787년(원성왕 3) 2월에 서울에 지진이 발생하자 원성왕은 친히 신궁에 제사하고 죄수를 대사하였다. 5월에 태백성이 낮에 나타나 불안해하였다. 5월에 태백성이 낮에 나타나 불안해하였으며, 7월에는 메뚜기 떼로 인하여 곡식이 상하였다. 8월 1일에는 일식이 있었다.

788년(원성왕 4) 봄에 독서讀書 3품을 정하여 벼슬길에 나설 수 있도록 하였는데 ≪춘추≫, ≪좌씨전≫, ≪예기≫, ≪문선≫을 읽고 그 뜻에 능통하고 겸하여 ≪논어論語≫, ≪효경≫에 밝은 자를 상품으로 하고 ≪곡례曲禮≫, ≪논어≫, ≪효경≫을 읽는 자를 중품으로 하고 ≪곡례≫, ≪효경≫을 읽는 자를 하품으로 하고 만약 ≪시전詩傳≫, ≪서전書傳≫, ≪춘추≫, ≪예기≫, ≪주역周易≫의 오경五經과 ≪사기≫, ≪한서≫, ≪후한서≫의 삼사三史, 제자백가서諸子百家書에 널리 통하는 자는 품계를 넘어서 발탁하도록 하였다. 이전에는 활 쏘는 재주로써 인재를 뽑아 썼는데 이때에 이르러 이 제도를 개혁하였다.

가을에는 서쪽 지방에 한재가 발생하고, 메뚜기 떼로 인한 곡식의 피해 그리고 도적이 많이 발생하므로 왕은 사자를 파견하여 이를 안무하였다.

789년(원성왕 5) 정월 1일에 일식이 있었다. 한산의 주민들이 심한 기근에 시달리므로 곡식을 내어 이를 진휼하였다. 7월에는 서리가 와서 곡식이 상하였다.

9월, 원성왕은 자옥子玉을 양근현楊根縣(현 양평楊平)의 소수小守로 삼았다. 집사사執事史 모초毛肖가 이를 반박하여 말하기를

"자옥은 문적文籍 출신이 아니므로 그 직책을 맡기는 것이 불가하다."

하니 시중은 의논하여 결정하기를

"비록 문적 출신이 아니라 하더라도 일찍 대당大唐으로 들어가서 학생이 되었으므로 이를 등용하지 못할 것인가."

하자 원성왕은 이 말을 좇았다.

논컨대 오로지 학문한 연후에 도리를 알게 되고 또한 도리를 알고 난 연후에 사물의 시종을 알게 된다. 그런 까닭으로 학문한 연후에 벼슬을 하는 이는 그 일을 함에 있어 근본을 먼저 하여 끝에는 스스로 바르게 되는 것이니 비유하면 그물의 한 머리를 들면 그물코가 이에 따라 바르게 되는 것과 같다.

그러나 학문을 하지 않은 자는 이에 반대되는 것으로 사리의 전후와 시종의 순서를 알지 못하고 다만 구구한 정신을 말미에만 두는 폐가 있어 혹은 방탕함으로써 이익을 삼고, 혹은 살핌으로써 높이는 것이니 비록 국가를 이롭게 하고 백성을 편안하게 하고자 할지라도 도리어 이에 해를 끼치게 되는 것이다.

이 까닭에 ≪학기學記≫에서는 근본을 힘쓰라는 데서 마쳤고, ≪서경≫에서는 또한 학문을 하지 않으면 담에 맞선 것과 같아서 사리에 임하여 번거롭기만 할 따름이라고 말하였다. 그러므로 집사사 모초의 일언은 가히 만세에 모범이라 할 것이다.

790년(원성왕 6) 정월에 종기宗基를 시중으로 삼았으며, 벽골제碧骨堤를 증축하는데 전주全州 등 7개 주의 사람을 징발하여 역사를 일으켰다. 이달 웅천주에서 붉은 까마귀를 바쳤으며 3월에는 일길찬 백어伯魚를 북국北國(발해)의 사신으로 파견하였다. 이때 큰 한재가 들었다. 4월에 태백진성太白辰星이 동정東井(정수井宿)으로 모였다. 5월에는 곡식을 내어 한산주, 웅천주 등 두 곳의 굶주린 백성을 구제하였다.

791년(원성왕 7) 정월에 왕태자가 죽음으로 혜충惠忠이라 시호하였다. 이찬 제공이 모반을 일으키려다가 복주되었다. 이때 웅천주 대사 향성向省의 아내가 한번에 3남을 낳았다. 10월에는 시중 종기가 면직되고 대아찬 준옹俊邕을 시중으로 삼았다. 같은 달 서울에 눈이 3척이나 쌓이고 얼어 죽는 사람이 있었으며, 11월에는 지진이 발생하였다. 내성시랑內省侍郞 김언金言이 삼중아찬三重阿湌으로 되었다.

792년(원성왕 8) 8월에는 사신을 당으로 파견하여 미녀 김정란金井蘭을 바쳤는데 그녀는 신라에서 제일가는 미인으로서 매우 뛰어났다고 한다. 같은 달, 왕자 의영義英을 봉하여 태자로 삼았다. 상대등 충렴이 죽으므로 이찬 세강世强을 상대등으로 삼았으며, 시중 준옹이 병으로 면직하므로 이찬 숭빈崇斌을 시중으로 삼았다. 11월 1일에 일식이 있었다.

793년(원성왕 9) 8월에 대풍이 불어 나무가 부러지고 벼가 쓰러졌다. 내마 김뇌金惱는 원성왕에게 흰 꿩을 바쳤다.

794년(원성왕 10) 2월에 지진이 있었다. 태자 의영이 죽음으로 헌평憲平이라 시호하였다. 시중 준옹이 면직하므로 잡찬 언승彦昇을 시중으로 삼았다. 7월에 비로소 봉은사奉恩寺를 창건하였다. 또한 한산주에서 흰 까마귀를 바쳤으며, 궁궐 서쪽에 망은루望恩樓를 세웠다.

795년(원성왕 11) 정월에 혜충 태자의 아들 준옹을 봉하여 태자로 삼았다. 4월에 한재가 들었으므로 왕은 친히 죄수를 다스렸는데 5월에 이르러서야 비가 내렸으며, 8월에는 서리가 내려 곡식이 상하였다.

796년(원성왕 12) 봄 서울에 기근이 들고 역질이 있어 원성왕은 창름倉廩(곳간)을 풀어 구제하였다. 4월에는 시중 언승을 병부령으로 삼고, 이찬 지원智原을 시중으로 삼았다.

797년(원성왕 13) 5월에 동쪽 지방에서 메뚜기 떼의 피해로 인하여 곡식이 상하고 큰 홍수가 일어 산이 무너졌다. 시중 지원은 면직하고 아찬 김삼조金三朝가 시중이 되었다.

798년(원성왕 14) 3월에 궁궐 남쪽의 누교樓橋가 화재를 입었고 망덕사의 두 탑이 서로 부딪혔다. 6월에 한재가 있었으며, 굴자군屈自郡(현 창원昌原) 석남오石南烏의 아내가 한번에 3남 1녀를 낳았다.

12월 29일에 왕이 돌아가시므로 원성이라 시호하고 유명에 의하여 영구를 봉덕사奉德寺의 남쪽에서 화장하였다.

《당서》에서 말하기를 '정원貞元 14년(798)에 경신이 돌아갔다'하고,《통감》에서는 말하기를 '정원 16년(800)에 경신이 돌아갔다'하였으나 본래의 역사 기록으로 고찰했을 때 《통감》의 기록은 잘못된 것이다.

● 원성왕대의 사람들

김원전 金元全

786년(원성왕 2) 왕명王命을 받아 당唐나라에 파견되어 방물方物을 바치니 당나라 덕종德宗은 초서詔書를 내려 원성왕元聖王과 왕비王妃에게 금채능라錦綵綾羅 등을 하사下賜하였다.

김정란 金井蘭

신라新羅 시대의 미녀美女. 792년(원성왕 8) 사신使臣을 당나라로 파견하고 미녀美女 김정란金井蘭을 바쳤는데 그녀는 국색國色으로 몸이 매우 아름다웠다.

김현 金現

호원사虎願寺를 지은 설화적 인물. 원성왕元聖王 때 흥륜사興輪寺의 복회福會에 참가, 복을 빌기 위해 전탑殿塔을 돌다가 뒤따르는 처녀와 만나 정을 통하고 그녀의 거처로 갔으나, 뜻밖에 처녀가 호랑이 일족一族으로서 사람으로 화신化身한 것을 알게 되었다. 이 호랑이 일족이 죄를 많이 지어 하늘로부터 벌을 받아 죽게 되자, 처녀 호랑이는 이왕이면 김현에게 공을 세우게 하고 죽기를 자청, 그에게 계교를 일렀다. 어느 날 성중城中에 맹호가 나타나서 많은 해를 입히자 김현은 계획대로 그 퇴치를 자원, 숲속으로 추격하자 맹호는 다시 처녀로 변신하여, 자기가 죽은 뒤 절을 세워 추도해 줄 것을 유언하고 죽음을 당했다. 맹호 퇴치의 공으로 김현은 작위爵位를 받았으며, 유언에 따라 서천西天가에 호원사를 지어 죽은 호랑이의 명복을 빌었다.

혜 초慧超

704(성덕왕 3)~787(원성왕 3). 신라의 고승. 밀교密敎를 연구하였고, 인도여행기인 ≪왕오천축국전往五天竺國傳≫의 저자로 유명하다.

719년(성덕왕 18) 중국의 광주廣州에서 인도 승려 금강지金剛智에게 밀교를 배웠다. 금강지는 남인도 출신으로 제자인 불공不空과 함께 중국으로 건너와서 밀교의 초조初祖가 되었다. 금강지는 당시 장안長安·낙양洛陽 등지에서 밀교를 가르쳤는데, 이 때 혜초가 그의 문하에 들어갔으며, 혜초가 인도구법을 결심한 것도 스승의 권유 때문으로 보인다.

그가 구법여행을 떠난 연대는 확실하지 않으나 723년경으로 추정하고 있다. 인도로 가는 여행도 해로였는지 육로였는지 불분명하다. 그는 만 4년 동안 인도를 여행하였고, 카슈미르·아프가니스탄·중앙아시아 일대까지 답사하였다. 다시 장안으로 돌아온 것은 30세 전후였다.

733년 장안의 천복사薦福寺에서 도량을 열고 스승 금강지와 함께 ≪대승유가금강성해만수실리천비천발대교왕경大乘瑜伽金剛性海曼殊室利千臂千鉢大敎王經≫이라는 밀교경전을 연구하였다. 이 때 금강지는 이 경전의 한역漢譯을 시작하였는데, 혜초는 필수筆受를 맡았다. 그러나 그 이듬해 가을에 금강지가 죽었으므로 이 사업은 중단되었고, 금강지의 유언에 따라 이 경의 산스크리트 원문은 다시 인도로 보내지게 되었다.

금강지가 죽은 이후 혜초는 금강지의 제자였던 불공삼장으로부터 다시 이 경전의 강의를 받고, 774년 가을 대흥선사大興善寺에서 다시 역경을 시작하였다. 그러나 불공은 이보다 수개월 전인 6월에 죽었기 때문에 이 연대에는 다소간의 문제가 있다. 오늘날 불교학계에서는 혜초와 불공의 경전번역을 1년 앞당겨서 단정하고 있다.

이 때 그는 불공의 6대 제자 가운데 제2인자로 유촉遺囑을 받았다. 또, 그에 관해서는 '신라인'이라고 분명히 밝히고 있다. 따라서, 중국 밀교의 법맥을 금강지 → 불공 → 혜초로 손꼽을 수 있다.

불공이 죽은 직후 동문·제자들과 함께 황제에게 표문을 올렸다. 그 내용은 스승의 장례에 대하여 황제가 베풀어준 하사下賜에 깊은 감사의 뜻을 표하고, 또 스승이 세웠던 이 사찰을 존속시켜 달라는 청원이었다.

그 뒤 수년 동안 장안에 머물러 있다가 780년 불경을 번역하기 위하여 오대산으로 들어갔다. 오대산은 불공이 오래 머무르던 곳이며, 첫 번째 제자인 함광含光도 여기에 머무르고 있었다.

노년을 오대산의 건원보리사乾元菩提寺에서 보내면서, 전에 필수를 맡았던 ≪천비천발대교왕경≫의 한역과 한자음사漢字音寫를 시도하여 약 20일 동안 이 한역본을 다시 채록하였다.

그 이후의 기록은 전하지 않으며, 787년에 입적하였다.

그가 살아 있을 때 신라로 귀국한 흔적은 없다. 이미 신라에는 명랑明朗을 중심으로 하는 신인종神印宗이 성립되어 있었기 때문에 혜초가 공부한 것은 그와는 별도의 밀교였던 것으로 보이며, 불공과의 관련으로 미루어보아 그는 정통밀교를 표방한 인물이라고 볼 수 있다.

당시의 중국 유학승들이 인도에 간 중요한 목적 가운데 하나는 나란다(Nālanda)라는 불교대학에서 수학하려는 것이었다. 그러나 그의 경우, 나란다에서 공부한 흔적도 없다. 따라서, 단순히 불적지佛蹟地를 참배하고 밀교를 공부하려는 목적으로 인도에 갔음을 알 수 있다.

그의 밀교와 신라의 밀교가 어떠한 관련이 있는가는 검토해 보아야 할 문제이며, 그에 관한 기록이나 저술에서 언제나 '신라인'임이 강조되고 있는 점으로 보아 그가 어떠한 형태로든지 고국과 관련을 맺었으리라고 추론해 볼 수 있다.

지원 智原

생몰년 미상. 신라 원성왕 때의 대신. 시중 김언승金彦昇이 천변지이天變地異로 인하여 물러남에 따라, 796년(원성왕 12) 4월 후임으로 시중에 임명되어 797년 9월까지 1년 5개월간 재임하다가 천변지이를 이유로 사임하였다.

혜철惠哲

785(원성왕 1)~861(경문왕1). 신라의 승려. 자는 체공體空, 호는 혜철慧徹. 성은 박씨朴氏. 혜철惠哲은 법명이며, 동리화상桐裏和尙이라고도 한다.

경주 출신. 어려서 출가하여 영주 부석사에서 화엄학을 익히고 22세 때 비구계를 받았다. 선법이 전해지기 전인 814년(헌덕왕 6)에 당나라로 가서 남종선南宗禪 계통의 지장선사地藏禪師 문하에서 수선하였다.

≪경덕전등록景德傳燈錄≫ 제9권의 기록에 의하면, 지장地藏의 법통을 전수받은 자 넷 가운데 셋이 신라인으로서 계림의 도의선사道義禪師, 신라국의 홍직선사洪直禪師와 혜선사慧禪師라고 적고 있다. 기록의 '혜'자는 그의 법호인 혜철慧徹의 기록으로 전한다.

그의 탑비에는 그가 지장을 만나서 한 말이 기록되어 있는데, 그 내용은 다음과 같다.

"외국인으로 중국땅을 멀다 않고 와서 법화法化(진리로써 교화함)를 청하였다. 뒷날 설하는 바 없이 설하고無說之說, 법이 없는 중에 있는 법無法之法이 해동에 전해지면 더할 수 없는 다행이겠다."

그는 뜻이 굳고 품성이 영명하여 지장을 만나는 즉시 심인心印을 전수받았다. 지장이 입적하자 공공산龔公山을 떠나 중국의 명산대찰名山大刹을 두루 순례하다가, 서주西州 부사사浮沙寺에 자리잡고 3년 동안 대장경을 열람한 다음 839년(문성왕 1)에 귀국하였다. 그 때 만백성과 군왕이 그의 귀국을 반기는 상황을 태안사太安寺 비문에서는 이렇게 표현하고 있다.

'산중에 사람이 없더니 오늘에야 돌아오도다. 나라가 보물을 얻음이라. 불타의 지혜와 달마의 선법을 모두 갖추게 되었다.'

귀국 후 지금의 전라남도 곡성군 죽곡면 원달리인 무주武州 동리산桐裏山 태안사太安寺(지금의 태안사泰安寺)에 머무르면서 교화를 폈다. 이 때 문성왕은 때때로 사신을 보내어 설법과 정치의 정도를 청하여 물었다.

탑명은 조륜청정照輪淸淨으로서 872년에 세워졌으며, 전라남도 곡성군 죽곡면의 태안사에 태안사적인선사조륜청정탑太安寺寂忍禪師照輪淸淨塔이 보물 제273호로 지정되어 있다.

문도門徒로는 풍수도참설로 유명한 도선道詵, 여선사如禪師와 광자대사廣慈 大師 등 수백 인이 있어 가풍을 크게 일으켜 선문 9산 중의 동리산문을 형성, 개창조가 된 것이다. 861년에 입적하자 왕이 적인寂忍이라는 시호를 내렸다.

지원 智原

생몰년 미상. 신라 원성왕 때의 대신. 시중 김언승金彦昇이 천변지이天變地 異로 인하여 물러남에 따라, 796년(원성왕 12) 4월 후임으로 시중에 임명되어 797년 9월까지 1년 5개월간 재임하다가 천변지이를 이유로 사임하였다.

자옥 子玉

생몰년 미상. 신라의 관리. 789년(원성왕 5) 9월에 자옥을 양근현楊根縣(지금의 양평)의 소수小守로 삼으로 하자, 집사사執事史 모초毛肖가

"자옥은 문적文籍 출신이 아니므로 지방관을 맡길 수 없다."

는 이유로 반대하였다. 그러나 시중侍中 세강世强이

"자옥이 비록 문적출신은 아니지만 일찍이 당나라에 들어가 학생學生이 된 적이 있으니 어찌 쓸만하지 않겠는가."

라고 하므로, 결국 자옥은 양근현 소수에 임명되었다.

788년 일종의 과거제도인 독서삼품과讀書三品科가 설치되었으니 이것은 국학國學 출신을 유교경전의 이해 정도에 따라 관리로 임명하는 제도였다. 문

적 출신은 국학과 독서삼품과를 거친 인물을 말한다. 그러므로 자옥은 독서삼품과 출신이 아닌 존재로서 지방관에 임명되어 주목된다.

800년에도 역시 도당유학생渡唐留學生인 양열梁悅이 두힐현豆肹縣 소수로 임명되었으니, 이것으로 미루어볼 때 관리임명에서 국학 출신 대신에 도당유학생이 점점 대두되었던 것으로 여겨진다.

범여梵如

신라新羅의 승려. 787년(원성왕 3) 승직僧職으로 소년서성少年書省 두사람을 두었는데 범여梵如, 혜영惠英, 두 법사法師가 이를 맡아 보았다.

모초毛肖

벼슬은 집사執事. 789년(원성왕 5) 9월 왕王은 자옥子玉을 양근현楊根縣 양평楊平 소수小守로 임명할 때, 모초毛肖가 이를 반대하여 말하기를 옥자玉子는 문적文籍 출신이 아니므로 그 직책을 맡기는 것이 불가하다고 하였다. 그러나 시중侍中 의정議定하기를 비록 문적출신文籍出身이 아니라도 당唐나라에 들어가서 학생學生이 되었으므로 등용하지 못할 것인가 하자 왕王은 이 말을 쫓았다.

김제공金悌恭

생몰년 미상. 신라 원성왕 때의 관리. 785년(원성왕 1) 2월에 원성왕은 아들 인겸仁謙을 태자로 삼고, 할아버지인 흥평대왕興平大王과 아버지 명덕대왕明德大王을 오묘五廟에 배열하여 왕실의 권위를 확립하였다.

이때 김제공은 시중에 임명되었으나 이유가 밝혀지지 않은 채 임명 직후에 파면되었다. 이어 791년 1월에 반란을 일으켰다가 대아찬大阿湌 언승彦昇에 의해서 진압되었다. 시중에 임명된 직후 파면된 이유와 반란을 일으킨

이유는 분명하지 않으나, 다만 원성왕이 788년 태학太學에 독서삼품과讀書
三品科를 신설하고 유교경전에 능통한 사람을 등용하는 등 유교정치사상을
통하여 왕권강화를 시도하였던 점과 관련하여 문적출신文籍出身이 아니었
거나, 유교적인 통치사상에 반대했던 때문이 아닌가 추측된다.

묘정 妙正

생몰년 미상. 신라 원성왕 때의 승려. 원성왕이 지해智海를 궁중으로 초청
하여 ≪화엄경≫을 강의하게 할 때 당시 사미沙彌였던 묘정은 태현泰賢이 이
름을 붙였다는 금광정金光井 가에서 바루[발우鉢盂]를 씻는 일을 맡았다. 그
때 자라 한마리가 우물 속에서 떠올랐다가 다시 가라앉는 것을 보고 매번
먹다 남은 밥을 자라에게 주었다. 법회가 끝나는 날, 묘정이,

"내가 네게 은덕을 베푼 지 오래 되었는데 너는 나에게 무엇으로 갚으려 하느냐?"

고 하자, 자라는 목에서 구슬 한 개를 토하였다. 묘정은 언제나 그 구슬을
허리에 차고 다녔는데, 어느 날 우연히 묘정을 본 원성왕은 그를 크게 소중
히 여기고 내전內殿으로 맞아들여 옆을 떠나지 못하게 하였다.
그 뒤 사신을 따라 당나라로 갔을 때 황제로부터 신하에 이르기까지 모두
묘정을 존경하고 좋아하였다. 그때 한 관상가가 그를 본 뒤 황제에게,

"저 사미가 다복한 상이 아닌데도 남에게 신뢰와 존경을 받는 것을 보면 기이한 물
건을 지니고 있음이 틀림없다."

고 하였다. 황제는 그의 몸을 검사하여 허리에서 구슬을 찾아내었다. 황제
는 원래 4개의 여의주를 가지고 있었으나 지난해 하나가 없어졌는데, 묘정
이 가지고 있는 구슬이 잃어버린 구슬과 같은 것이라고 하면서 구슬을 빼
앗고 신라로 돌려보냈다. 그 뒤부터 묘정은 남의 사랑과 신뢰를 받지 못하

게 되었다고 한다. 묘정의 생애 자체가 불교의 인과因果 및 복덕관福德觀을 단적으로 표출시키고 있다.

무오武烏

생몰년 미상. 신라 원성왕의 관리. 관등은 대사大舍이다. 786년(원성왕 2) 병법兵法 15권과 화령도花鈴圖 2권을 바쳐 굴압현屈押縣(지금의 황해도 금천군 강음)의 현령에 임명되었다.

발징發徵

?~785(원성왕 1). 통일신라시대의 승려. 우리나라에서 최초로 만일염불회萬日念佛會를 조직하였다. 758년(경덕왕 17) 강원도 건봉사乾鳳寺에서 만일미타도량을 개설하여 27년째 되던 785년 만일이 차자 같이 수행하던 31인과 함께 공중으로 솟아 극락왕생하였다고 한다.

지금도 건봉사 서쪽 5리쯤 되는 곳에는 소신대燒身臺가 있는데 공중으로 날아가다가 그곳에서 몸을 버렸다고 하며, 그 유골은 소신대의 돌 속에 간직하였다고 한다. 우리나라 염불종念佛宗의 시조로 받들기도 한다.

백어伯魚

생몰년 미상. 신라 원성왕 때 활약한 관리. 일명 백어伯漁. 관등은 일길찬一吉湌이었다. 김주원金周元의 왕위를 찬탈하고 즉위한 원성왕은 무열계의 왕권도전을 막고 민심을 안정시키기 위하여 독서삼품과讀書三品科의 실시와 외교적 교섭에 노력하였다. 이러한 노력의 일환으로 790년(원성왕 6)에 발해에 사신으로 파견되었는데, 이로써 그는 고구려가 멸망하고 신라와 발해가 접경하게 된 뒤 처음으로 발해에 간 사신이 되었다.

세강世强

생몰년 미상. 신라 원성왕 때의 고관. 진골 출신으로 이찬伊湌의 관등에까지 올랐다. 785년(원성왕 1) 2월 원성왕이 즉위한 직후에 단행된 인사 때에 집사부시중에 임명되어 790년 1월 종기宗基와 교체되었다.

그러나 792년 8월에 상대등 충렴忠廉이 죽자 그 후임에 임명되었다. 그의 상대등 퇴임 사실은 기록에 보이지 않으나 801년(애장왕 2) 2월 언승彦昇(뒤의 헌덕왕)이 상대등에 임명될 때까지 재임한 것으로 짐작된다.

숙정부인淑貞夫人

생몰년 미상. 신라 원성왕의 왕비. 성은 김씨金氏. 각간角干 신술神述의 딸이다. 먼저 왕비 구족왕후具足王后가 있었으나 원성왕이 즉위 직후인 785년(원성왕 1) 3월에 외궁外宮으로 내보냈다.

786년 4월에 당나라 왕으로부터 금채金綵·능라綾羅 등 20필과 압금선수라군의押金線繡羅裙衣 한 벌과 은대접 1개를 선물로 받았다.

충렴忠廉

?~792(원성왕 8). 신라 원성왕 때의 대신. 이찬伊湌의 관등으로 병부령兵部令의 직을 맡고 있으면서, 원성왕 즉위년(785) 2월에 상대등上大等에 임명되었다. 그 뒤 792년 8월에 죽을 때까지 7년 6개월간 재임하면서 원성왕 정권의 확립에 노력하였다.

영재永才

생몰년 미상. 신라 원성왕 때의 고승. 천성이 익살스럽고 재물에 얽매이지 않았으며 향가鄕歌를 잘 하였다. 만년에 지리산으로 은거하러 가다가 대현령大峴嶺에 이르렀을 때 도둑 60여 명을 만났다. 도둑들이 해치려 하자 조금도 두려워하는 빛이 없이 당당하고 화기和氣롭게 대하였다. 뒤늦게 도둑들은 그가 향가에 능한 영재임을 알고 노래를 짓게 하였다.

"제 마음에 모든 형상을 모으려 하던 날 멀리 지나치고, 이제는 숨어서 가고 있노라. 오직 그르친 파계승을 두려워할 모습으로 다시 돌아가노니, 이 칼이사 지내고 나면 좋은 날이 새리니. 아! 오직 이만큼의 선善은 새집이 안된다네."

도적들이 그 뜻에 감동하여 비단 두 단端을 주자,

"재물이 지옥에 가는 근본임을 알아 장차 깊은 산에 숨어 일생을 보내려고 하거늘, 어찌 감히 이것을 받겠는가."

하고 땅에 내던졌다. 도둑들이 그 말에 감동되어 칼과 창을 버리고 머리를 깎고 제자가 되어 같이 지리산으로 들어가 세상에 나오지 않았다. 이때 영재의 나이 90세였다.

연회 緣會

생몰년 미상. 신라 원성왕 때의 고승. 《삼국유사》에 그에 관한 기록이 전한다. 그는 영취산 영취사靈鷲寺에 숨어 살면서 《법화경》을 읽고 보현보살의 관행법觀行法을 닦았다. 임금이 그를 국사國師로 삼으려 한다는 소식을 듣고 암자를 버리고 도망갔다.
서쪽 고개의 바위 사이를 넘어가는데 한 노인이 밭을 갈다가 어디로 가는가를 물었다. 이에 그는 나라가, 벼슬로 얽매려 하므로 피하는 것이라고 대답하였다. 이 말을 들은 노인은

"국사를 맡지 않고 피하는 것은 오히려 이름을 팔기 위해서가 아니냐."

고 책망하였다. 이에 노인이 자기를 업신여긴다고 생각하여 충고를 무시하고 그대로 갔다. 조금 후 시냇가에서 한 노파를 만나 같은 질문을 받았다. 똑같이 응답하니 노파는 앞의 노인이 문수보살임을 알려주면서 그의 잘못을 깨우쳐주었다. 급히 노인에게로 달려가 자신의 잘못을 뉘우치고 문수보살의 권유에 따라 국사로서 자신의 임무를 다할 것을 약속하였다.

문수보살에게 시냇가의 노파가 누군지를 묻자, 문수보살은 변재천녀辯才天女라 말하고 숨어버렸다. 그 뒤 그는 대궐로 가서 국사가 되었다 한다. 고승 낭지朗智의 전기를 지었다고 하나 지금은 전하지 않는다.

박도윤朴道允

798년(원성왕 14)~868년(경문왕 8) 중. 호는 쌍봉雙峰, 한주漢州 출신. 18세 때에 중이 되어, 귀신사鬼神寺에서 ≪화엄경華嚴經≫의 강講을 듣고, 825년(헌덕왕 17) 당나라에 가서 남천 보원南泉普願의 법을 이어받았다.

847년(문성왕 9) 범일梵日과 함께 귀국, 금강산에 있을 때 경문왕을 귀의歸依케 했다. 시호는 철감선사澈鑒禪師, 탑호塔號는 징소澄昭.

계오부인繼烏夫人

생몰년 미상. 신라 원성왕의 어머니. 김효양金孝讓의 부인. 성은 박씨朴氏. 아들 상대등 김경신金敬信(원성왕)이 선덕왕에 이어 785년 왕위에 오르자, 소문태후昭文太后로 추봉되었다. 그리고 남편 일길찬一吉湌 김효양은 명덕대왕明德大王으로 추봉되었다.

김법선金法宣

생몰년 미상. 신라의 왕족. 내물마립간의 8세손이다. 현손玄孫인 김경신이 원성왕으로 즉위하게 되어 김법선은 현성대왕玄聖大王으로 추봉되었다.

김삼조金三朝

생몰년 미상. 신라 원성왕 때의 시중侍中. 797년(원성왕 13) 9월에 시중侍中 지원智原이 면직됨에 따라 아찬阿湌의 관등으로서 집사성執事省 시중이 되었다. 800년(애장왕 1)까지 약 2년 4개월간 그 직을 담당한 듯하다.

김신술金神述

생몰년 미상. 신라 원성왕의 장인. 관위官位는 각간角干이었다. 그의 딸은 원성왕비 숙정부인淑貞夫人이다.

808년(애장왕 9) 사신을 당나라에 보내어 청한 소성왕의 책서冊書 중에 보이는 왕의 어머니 신씨申氏는 바로 숙정부인을 가리키는 것으로, 신술神述의 신神자와 동운同韻인 신申자로 성씨를 삼은 것이라고 한다.

또, 책서 중에는 신씨가 소성왕의 어머니라고 되어 있으나, 소성왕은 원성왕의 손孫이므로 할머니를 잘못 쓴 것이다.

김언金言

생몰년 미상. 신라시대의 관리. 791년(원성왕 7) 내성시랑內省侍郎으로서 삼중아찬三重阿湌이 되었다. 특히, 그가 삼중아찬이라는 관등을 가졌다는 기사는 중위제重位制에 의한 승진기사로서는 유일한 문헌기록이다.

이는 신라시대 중위의 존재를 알려주는 좋은 예인데, 신분이 육두품六頭品으로 골품제도의 규정이 엄격함을 알려주는 예로서 자주 인용된다.

김예영金禮英

생몰년 미상. 신라시대의 왕족. 일명 효진孝眞. 원성왕의 셋째아들이며, 관등은 이찬伊湌이었다. 836년에 흥덕왕이 죽자, 그의 맏아들 균정均貞과 둘째 아들 헌정憲貞의 아들인 제륭悌隆이 왕위쟁탈전을 벌인 끝에 균정이 패배하여 죽음을 당하였다.

그 후 균정의 아들인 우징祐徵이 청해진淸海鎭의 장보고張保皐와 연합하여 민애왕을 타도하고 신무왕으로 즉위한 뒤 그를 혜강대왕惠康大王으로 추봉하였다. 신무왕 이후 그의 후손들이 왕위를 계속 계승하였다.

그의 아들은 균정·헌정이고, 딸은 헌덕왕의 비인 귀승부인貴勝夫人과 우징을 즉위시키는 데 공이 컸던 김예징金禮徵의 부인이다.

김훈입金訓入

생몰년 미상. 신라 원성왕의 할아버지. 흥평대왕興平大王으로 추봉되었다.

≪삼국유사≫에 의하면 경신敬信이 원성왕으로 즉위한 뒤 할아버지 잡간匝干 훈입을 흥평대왕으로, 증조부 잡간 의관義官을 신영대왕神英大王으로, 고조부 대아간大阿干 법선法宣을 현성대왕玄聖大王으로 추봉하였다.

현성대왕의 아버지는 곧 잡간 마질차摩叱次라고 한다. 그런데 ≪삼국사기≫에서는 이와 달리 고조부 대아찬 법선을 현성대왕으로, 증조부 이찬 의관義寬을 신영대왕으로, 할아버지 이찬 위문魏文을 흥평대왕으로, 아버지 일길찬一吉湌 효양孝讓을 명덕대왕明德大王으로 추봉하였다고 하였다.

즉, 증조부 의관義官을 의관義寬이라 하고 할아버지 훈입을 위문이라 하여 차이가 있다. 훈입과 위문이 같은 인물의 이명인지, 아니면 한쪽의 기록이 잘못인지 알 수가 없다.

김의영金義英

?~794(원성왕 10). 신라 원성왕의 둘째아들. 791년 1월 형인 태자 인겸仁謙이 죽자 그 뒤를 이어 792년 8월 태자로 책봉되었다.

그러나 왕위를 잇지 못하고 794년에 죽었다. 이에 시호를 헌평憲平이라고 하였다.

김효양金孝讓

생몰년 미상. 신라 원성왕의 아버지. 내물마립간의 11세손으로 증조부는 대아찬大阿飡 법선法宣, 할아버지는 이찬伊飡 의관義寬, 아버지는 이찬 위문魏文이며, 부인은 계오부인繼烏夫人 박씨이다. 관등은 대각간大角干이었다. 아들 경신敬信이 원성왕으로 즉위한 해에 명덕대왕明德大王이라 추봉되었다. 또, 이때 법선은 현성대왕玄聖大王으로, 의관은 신영대왕神英大王으로, 위문은 흥평대왕興平大王으로, 그리고 계오부인은 소문태후昭文太后로 함께 추봉되었다.

그리고 새로이 5묘廟를 정함에 있어서 종래의 성덕대왕聖德大王과 개성대왕開聖大王의 2묘를 헐고, 시조대왕始祖大王·태종대왕太宗大王·문무대왕文武大王과 함께 흥평대왕·명덕대왕이 5묘로 모셔졌다. 신라 삼보의 하나인 만파식적萬波息笛을 간수하여 오다가 원성왕에게 전하였다고 한다.

김충의金忠義

생몰년 미상. 통일신라시대의 화가. 선덕왕(780~784)과 원성왕(785~798) 연간에 당나라에 건너가 그림으로 이름을 얻었던 것으로 알려져 있다.

≪신당서新唐書≫에는 '신라인 김충의는 화기畵技가 뛰어나 소부감少府監의 재랑齋郎에 등용되었다가, 출신성분이 미천하다는 이유로 탄핵을 입고 파직되었다.'고 하였으며, 당나라의 장언원張彦遠이 지은 ≪역대명화기歷代名畵記≫에 의하면, '장군將軍으로 덕종조德宗朝(779~804)에 활약하였으며, 그림은 정교하나 격은 그다지 높지 않았다.'고 하였다. 전하는 유작은 없다.

김종기金宗基

생몰년 미상. 신라 원성왕 때의 정치가. 본관은 강릉江陵. 태종무열왕의 7대손으로, 이찬 김주원金周元의 아들이며 헌창憲昌의 형이다. 아들은 정여貞茹

와 장璋이 있고, 손자로는 양陽과 흔昕이 있다.

관등은 소판蘇判(신라 제3관등의 별칭)으로서 집사부의 시중을 역임하였다. 아버지 주원은 신라 하대 사회의 권력 구조에서 태종무열왕계를 대표하는 중심적 인물로, 제37대 선덕왕이 죽은 뒤 화백회의에서 왕위에 추대되었으나 상대등 김경신金敬信과의 왕위 계승 경쟁에서 패배했고, 그 뒤 원성왕으로 즉위한 김경신에 의해 지금의 강릉 지방으로 축출되었다.

그러나 원성왕은 태종무열왕계에 대한 정치적 무마책으로 김주원의 두 아들 종기와 헌창을 각각 집사부 시중에 임명하였다. 종기는 790년(원성왕 6) 1월에 행정책임자로서 시중에 임명되었으나, 천재지변에 대한 정치적 책임을 지고 그 해 10월에 시중직을 사임하였다.

그의 뒤를 이어 시중에 임명된 사람은 원성왕의 직계 손이며, 이미 죽은 인겸仁謙의 맏아들인 준옹俊邕이었다. 이것으로 보아 원성왕이 자기의 직계 자손에 의한 왕권강화책을 도모하기 위해, 그에게 정치적 책임을 지워 권력의 핵심에서 배제시킨 것으로 추측된다.

그러나 원성왕에 의해 밀려난 김주원계는 원성왕이 죽은 뒤 그의 두 아들인 인겸과 예영禮英 두 파의 정치적 갈등을 이용해 중앙 정계에 다시 진출할 수 있게 되었다.

이로써 그의 아들 정여와 장도 시중을 역임했고, 장손인 양도시중과 병부령兵部令을 각각 역임함으로써 신라 하대의 정치 변동 상황에서 중요한 기능을 수행하였다.

김현金現

생몰년 미상. 신라 원성왕 때 범과 혼인하였다는 전설의 인물. ≪삼국유사≫에 의하면 범의 도움을 받아 크게 출세하였던 인물이다.

즉, 젊은 시절에 흥륜사興輪寺에서 탑돌이를 하다가 범이 현신現身한 처녀를 만나 정을 통하였는데, 그 범이 목숨을 버리면서 그를 도와 큰 벼슬을 얻게 되었다. 그 뒤 죽은 범을 위하여 경주에 호원사虎願寺를 지어 명복을 빌었고,

임종에 임하여 과거 범과의 신이한 일을 적어 세상에 전하게 되었으며, 그 책의 이름을 '논호림論虎林'이라고 하였다고 한다. 그와 관련된 설화는 ≪수이전殊異傳≫에 수록되었고, 그것을 ≪삼국유사≫에서 재수록하여 지금껏 전하게 되었다.

◉원성왕 시대의 세계동향

▶ 동양

　785년 3월 마수 이회광을 쳐부숨

　786년 3월 진성기 이희열을 죽이고 항복

　787년 1월 운남왕雲南王 이모심이 항복을 청함

　789년 이필李泌 죽음

　789년 위고는 송만 및 토번을 쳐부숨

　793년 중국 처음으로 차茶에 과세

　796년 4월 위박절도사 전서田緒 죽음

　797년 1월 토번 화의를 청해옴

▶ 서양

　785년 8월 색슨의 위테킨드 1세 프랑크 왕국에 항복, 기독교로 개종

　787년 1월 니카이아 제2차 종교회의, 우상숭배를 허락

　796년 4월 코르도바의 칼리프 하샴 1세 즉위

　798년 9월 찰스부르크 대사교구大司教區 설치

● 알천과 알천교

왕위까지 바뀌게 한 알천의 홍수

> 하늘에는 별도 많고
> 북천에는 돌도 많고,
> 농사집에는 강새이(강아지)도 많고
> 걸비이(거지) 옷에는 이도 많다.

경주 아이들이 걸비이(거지) 보고 애 달구던(놀리던) 노랫말이다.

별 만치 돌자갈 많던 북천에 올 삼월 '알천교' 다리가 완공돼 개통되었다. 동천동 자갈밭과 갱반(강변) 논을 깔아뭉개 주거지로 만들고자 반듯하게 길부터 냈다. 길 밑에 수도관과 구정물과 오줌똥물, 빗물이 따로 흐르도록 굵은 관대롱을 묻고, 전화줄로 묻었다. 큰 길 가에는 잔디도 심고 나무도 심어 녹지대를 만들기도 했는데 이것을 '토지구 확정 사업'이라 한다.

경주 제6지구(동천동) 토지구확정리 녹지대를 만들기로 계획했는데 전부터 있던 대안마을(경주교 다리에서 동쪽으로 선주아파트까지)에는 녹지대 계획이 없으니, 같은 길 옆인데 균형이 맞지 않는다 하여 녹지대를 남겨 뒀던 땅을 팔아 주민들의 편의를 위해 다리를 놓게 된 것이다.

처음에는 임해로(경주박물관에서 북천까지)에 잇대어 놓아 '임해교'라고 부르자는 주장도 있었는데, 소방서 앞에서부터 석탈해왕릉 앞까지 연결하여 만들다보니 '알천교'라는 이름을 붙였다.

북천에는 처음 놓은 다리라서 '북천교'라 하다가, 북쪽에 새로운 시가지가 형성되면서 너비를 배로 넓히고 앞으로 남북 경주시가지의 중심되는 다리라고 해서 '경주교'라 부르는 다리가 국도 7호선을 잇고 있다. 그 동쪽에는 동해 남부선철교가 있으며, 경주-포항간 산업우회도로의 '구황교', 보문못 아래쪽의 '보문교'가 있다.

경주벌판 동남부인 인왕, 교동, 황남, 황오동의 신라 궁궐터며 절터·고분들을 보존하자며 비교적 유적 유물이 적은 북쪽에 시가지가 형성되도록 해야 하기 때문에, 동천동에다가 당시에 경주군청(지금의 시청)을 비롯한 관공서를 짓고 새 동네를 만들었다. 그리고는 양정로(선덕여고 서편-석탈해왕릉)을 잇는 다리를 놓을 계획이었다.

그런데 경주역과 경주중학교 사이, 북천에 가까운 곳에 신라 때의 큰 건물터가 있어 문제가 생긴 것이다. 그래서 1994년도에 경주시에서 문화재연구소에 발굴을 의뢰하여 조사해 본 결과 궁궐터라고 짐작되는 일부분이 드러났다. 이리하여 경주시에는 도로 부분만, 아스파트를 덮어 길을 내고 그 북쪽에 다리를 건설할 계획인 모양인데 문화재심의위원회의 검토가 신중히 이뤄지고 있는 줄로 안다.

그 때문에 선덕여고 서편에서 북쪽으로 뻗은 양정로가 경주중학교 서쪽에서 엉거주춤하게 끝나고 말았다.

북천은 지금 바뀌어져 시가지에서 보면 북쪽에 있으니까 붙은 이름인데, 그 윗줄기는 동쪽에서 내려오므로 동천東川이라 부른다. 동천이라 부르다가 북천으로 바뀌어져 부르는 어름에 조선시대에 새긴 알천수개기閼川修改記가 있다. 알천이 홍수로 큰물이져 둑이 무너져 새로 깁고 쌓았다는 사실을 자연 암벽에 새겨둔 기록이다.

알천은 경주, 옛 서라벌에 있어서 어떤 냇거랑이었는가?

≪삼국유사≫ 신라 건국설화 첫머리에, 육촌부장이 자제들을 거느리고 모여 '덕이 있는 사람을 뽑아 임금으로 삼고 나라를 세워 도읍을 정하자'는 의논을 한 곳이 바로 알천閼川거랑 위에서였다. 하고 많은 곳 가운데 왜 알천거랑이었을까?

대수롭지 않게 보아 넘기는 이가 많은데 어떻든 간에 중요하고도 대단한 의논을 한 곳이 알천임에는 틀림없다.

남해차차웅 때는 낙랑군이 쳐들어와 알천 상류에 진을 치매 육부의 군사가 물리쳤다는 기록이 있고, 5대 파사이사금 때와, 7대 일성이사금 때 10대 내해이사금 때는 알천에서 군대를 서열했다는 기록이 ≪삼국사기≫에 있다. 8대 아달라이사금 때는 알천에 홍수가 져서 물이 넘쳐 민가가 떠내려

갔다는 것을 비롯해 여러 번 홍수 기록이 있으니, 알천은 예부터 중요하면서도 다스리기 어려운 물줄기였다.

고려시대와 조선시대에도 둑을 쌓은 기록이 있는 것은 기록에서 보는 바와 같다.

지금은 보문 저수지와 덕동못을 막아 물을 잘 관리하고 있는 형편이다.

신라 38대 원성왕인 김경신金敬信은 북천 냇물 덕에 임금이 된 분이다.

37대 선덕왕宣德王 때 상제上帝(수상)였던 김주원金周元은 집이 북천 북쪽에 있었는데, 왕이 돌아가시자 사람들이 김주원을 모시어 왕으로 삼으려했으나 갑자기 냇물이 불어 건널 수가 없었다. 이에 다음 자리에 있던 김경신이 먼저 궁궐에 들어가 왕위에 오르자 대신들이 모두 와서 따르고 축하하였다고 한다.

지금 알천 줄기인 동천과 북천에 다섯 개나 되는 다리가 놓이고 알천교가 새로 개통되었으니 만약 김주원의 혼백이 있어 이 광경을 내려다 본다면 어떤 감회에 젖을까 하고 알천교 다리 위를 거닐면서 생각해 본다.

● 원 성 왕 릉

신라와 서역의 교류를 눈으로 확인할 수 있는 곳

경주시 외동읍 패릉리 산 17번지 7번국도 동쪽 500m 되는 푸르른 솔숲 속에는 패릉掛陵이라 불리는 원성왕릉이 있다. 신라 능묘로서 완비된 형태의 석물을 갖추고 있을뿐더러, 그 조각이 또한 뛰어나 이후 신라는 말할 나위 없고 고려와 조선이 왕릉을 조성할 때 본보기가 된 능이다.

남쪽인 앞에서부터 8각의 화표석(일명 망주석) 1쌍이 동서에 벌려 서 있고, 북쪽으로 가면서 무사 모습의 무인상武人像 1쌍, 선비 모습의 문인상文人像 1쌍, 돌사자 2쌍이 차례로 지키고 있으며, 조금 높은 곳에 상석床石이 앞에 놓인 무덤이 있다.

능의 밑둘레는 70m, 높이는 7.7m인데 흙이 무너지는 것을 막기 위해 아래쪽에 1m 높이로 돌을 둘렀는데, 그 돌에는 12지신상을 돋을새김 하였다. 그 바깥에는 바닥에 돌을 깔고 가에는 난간돌을 둘러 신성한 곳임을 표시하였다.

그 돌로 된 조각 중에서 특이한 것이 무사상이다. 직육면체의 평평한 돌 위에 세워진 275cm나 되는 크고 우람한 모습을 하였다. 동쪽 무사는 고개를 왼쪽으로 돌리고, 왼손은 철퇴를 거머쥐고, 오른팔은 굽혀서 불끈 쥔 주먹을 오른 가슴에 대고 있다.

서쪽 무사는 고개를 오른쪽으로 돌리고, 오른손에는 철퇴를 잡고, 왼팔은 굽히고 있어, 마주보는 무사상과는 반대 동작을 취하고 있지만, 다 같이 능을 지키기 위해 남쪽을 향해 버티고 선 모습이다. 1쌍 모두 크고 우람한 몸체를 약간 뒤로 젖히고, 고개와 허리를 약간 돌린 모습인데, 얼굴 모습이 별스럽다.

동쪽 무사의 모습을 자세히 살펴보면, 오른쪽 팔꿈치를 굽혀서 가슴에 대었는데 주먹 쥔 손에서 힘찬 근육이 나타나 있고, 손목까지 덮인 소매는 품이 째여 활동하기 알맞은 옷이다.

왼팔은 펴서 소매를 팔꿈치까지 걷어붙이고 굵고 힘찬 팔뚝을 드러내고 있는데, 배꼽까지 올라오는 울퉁불퉁한 쇠몽둥이를 쥔 손은 쇠같이 힘차 보이면서 살아있는 듯하다. 소매를 빼고는 옷자락이 거의 드러나지 않을 만큼 몸피가 탄탄하다.

옷은 간편하게 차렸는데 오른쪽 허리춤에는 우리나라 사람들이 즐겨 차는 둥근 복주머니를 차고 있는 것이 퍽이나 별스럽다.

쌍꺼풀진 부릅뜬 큰 눈은 치켜 올라갔고 흙먼지를 막기에 충분할 만치 두드러진 눈썹은 숱이 많고, 눈과 눈썹 사이가 좁다. 콧등이 우뚝한 큰 코는 밑 부분이 넓고, 끝이 처진 매부리코인데, 콧수염은 팔八 자로 양 끝이 말려 올라갔다. 큰 얼굴에는 광대뼈가 두드러지고, 다문 입수가가 약간 처져 힘과 용을 쓰고 있는 모습이다.

귀밑으로 흘러내린 곱슬 수염은 숱이 많고 길어, 목을 덮고 가슴까지 내려

닿고 있다. 곱슬 머리카락은 또한 목 뒤로 흘러내렸고, 머리에는 중앙아시아식 터번을 썼는데, 머리 뒤에는 끝부분이 내려와 있다. 머리를 돌리고 있는 것과 힘의 균형을 맞추도록 반대 방향을 틀었던 몸체는 허리부분에서 다시 처음 방향으로 돌려 S자를 이루고 있다.

그렇게 되니 한쪽 다리에 힘이 실려 언제라도 움직일 것 같은 운동감을 느끼게 한다. 자신감 있게 버티고 선 모습과 팔의 자세, 손의 쥔 무기, 얼굴 표정 등은 능에 고이 잠드신 임금의 영혼을 지키기에 충분한 형상이다.

그런데 이 무사의 모습은 우리 주위에서 볼 수 있는 우리네들 모습이 아니다. 눈이 움푹 들어가고 코가 큰 다른 종족을 표현한 것이니 바로 신라 당시에 내왕이 잦았던 서역 사람, 즉 아리안계나 터키 계통 인종의 모습이다.

즉 서역사람을 본보기로 해서 제작된 것이다. 이와 같이 서역인을 모본模本으로 하여 무인상을 조각한 것은 그들의 장대한 위용과 이색적인 용모에서 오는 지킴이 역할, 수호 기능을 노린 데서 비롯된 것이다.

신라에서 이 이색적인 서역인의 용모를 본보기로 삼은 이유는 첫째로 중국 호인용胡人俑의 영향에서 찾을 수 있다. 당나라에서는 높이 30cm 안팎의 작은 서역 사람 모습을 흙으로 빚어 만들어 무덤 속에 명기明器로 껴묻는 풍속이 있다. 그러나 신라에서는 그 8배가 넘는 거대한 모습을, 그것도 왕릉 앞에 독립적으로 세운 것이다. 또한 중국 것은 갑옷을 입고 있으나, 원성왕릉 무인석은 평범한 복장[호복胡服]을 입고 있다.

둘째는 이 무인상은 실물, 즉 실제 신라에 와 있던 서역인을 보고 만든 점이다. 얼굴 모습, 서역인의 옷 모양은 충분한 파악이 이루어진 이후에 조각된 것이 틀림없다. 직접 보지 않고는 도저히 이렇게 생생하게 조각을 할 수가 없는 것이다.

이와 같은 것을 입증하는 여러 논문들에 의하면 8~9세기에는 많은 아랍·무슬림들이 신라를 왕래하였다는 것이고, 또한 조각 자체가 그것을 증명할 수 있는 분명한 자료이다. 이 무인상을 통하여 신라와 서역 사이의 문화교류 관계를 알 수 있고 이 왕릉이 남들어진 시대상을 파악할 수 있을뿐더러 신라인들의 창조성을 엿볼 수 있다.

이 능의 주인공인 원성왕元聖王의 성은 김金씨요, 이름은 경신敬信이다.

이찬 김주원金周元이 윗자리 재상으로 있을 때에 김경신은 각간으로 아랫자리에 있었다.

어느 날 꿈에 머리에 썼던 두건을 벗고, 흰 갓을 쓰고 손에 12현금을 잡고 천관사天官寺 우물 속으로 들어갔다.

꿈을 깨어 사람을 시켜 꿈풀이를 하였더니 점쟁이가 말하기를

"두건을 벗은 것은 관직에서 쫓겨날 조짐이요, 12현금을 잡은 것은 칼을 쓸 징조요, 우물에 들어간 것은 감옥에 들어갈 조짐입니다."

하였다. 이 말을 들은 김경신은 걱정을 하면서 집 밖 출입을 금하고 있었다.

이때 아찬 여삼餘三이 와서 뵙겠다 연락하였으나 아파서 나갈 수 없다 하면서 사양했다. 그러나 재차 연락하여 말하기를

"꼭 한 번만 뵙기를 바랍니다."

고 하여 이를 승낙하였다. 여삼이 말하기를

"각간께서 지금 꺼리는 것이 무엇입니까?"

하고 물었다. 그래서 꿈풀이한 말을 했더니 여삼이 일어나서 절하고 말했다.

"이 꿈은 아주 좋은 꿈입니다. 각간께서 만약 왕위에 오르셔도 저를 버리지 않으신다면, 당신을 위하여 바른 해몽을 하겠습니다."

하였다. 경신이 곧 옆에 있는 사람들을 물리치고 단 둘이 앉아 꿈풀이를 바라니

"두건을 벗은 것은 자기 윗자리에 사람이 없다는 것이여, 흰 갓을 썼다는 것은 면류관을 쓸 조짐이요, 12현금을 들었다는 것은 12대(원성왕은 내물와의 12대손임) 손자에게 왕위를 전하다는 조짐이요, 천관사 우물에 들어간 것은 대궐에 들어갈 조짐입니다."

했다. 경신이 말하기를

"내 윗자리에 주원이 있는데 어떻게 윗자리를 차지할 것인가?"

하니 여삼이

"청하옵건대 아무도 모르게 북천신北川神에게 제사를 지내면 될 것이옵니다."

고 하여 곧 그대로 시행하였다.
 얼마 안 되어 선덕왕宣德王이 돌아가시자, 나라 사람들이 주원을 받들어 왕을 삼으려고 그를 대궐로 맞아들이려 하였는데, 그의 집이 알천 북쪽에 있었는데 갑자기 비가 내려 냇물이 불어 건널 수가 없었다. 그틈에 경신이 먼저 대궐로 들어가 왕 자리에 오르니, 주원의 무리들도 모두 와서 새로 등극한 임금에게 고개를 조아렸고, 그로 인하여 임금이 되었다. 김주원은 명주(강릉)에 숨어 살게 되었고, 왕이 등극하였을 때 여삼은 이미 죽은 지라 왕이 그 자손을 불러 작위를 내렸다.
 이 같은 《삼국유사》 기록보다는 간략하게 《삼국사기》에는 다음과 같이 씌어있다.

 선덕왕이 아들 없이 돌아가시자 여러 신하들이 의논하기를 김주원金周元을 왕으로 세우려 하였다. 그때 주원은 서울 북쪽 20리 되는 곳에 살았는데 때마침 비가 내려 알천의 물이 불어나 건너 올 수 없었다. 누군가가

"임금이라는 큰 지위는 실로 사람의 마음대로 할 수 없는 것인데, 오늘 폭우가 내리니 한릉이 혹시 주원을 왕으로 세우지 않으려는 것이 아닌가? 김경신은 덕망이 높고 임금이 될 만한 자질이 있다."

고 하였다. 이에 여러 사람들의 뜻이 맞아 그로 하여금 왕위를 잇게 하였다. 얼마 후 비가 그치니 백성들이 모두 만세를 불렀다.

하니 두 책의 기록으로 보아 김주원을 제치고 왕위에 오른 것이 틀림없다. 왕이 즉위 11년(795)에 당나라 사신이 서울에 와서 한 달 동안 머물다가 돌아간 지 하루만에 웬 여자 둘이 대궐 안 뜰에 들어와 아뢰기를

"저희들은 사못[동지東池], 푸른 못[청지靑池] 두 못에 사는 용의 계집들이옵니다. 당나라 사신이 하서국河西國 사람 둘을 데리고 와서 우리 남편 두 용과 분황사 우물 용 세 마리에게 술법을 써서 작은 물고기로 변하도록 하여 통에 넣어가지고 돌아갔습니다. 원하옵건대 임금님께서는 그 두 사람을 붙잡아 나라를 지키는 우리 남편 되는 용들을 두고 가도록 하여 주시옵소서."

하였다. 왕이 하양관까지 그들을 뒤쫓아가서 친히 잔치를 베풀면서 말하기를

"너희들은 어이하여 나의 용 세 마리를 잡아가지고 이곳까지 왔는가? 만약에 사실대로 털어 놓지 않으면 극형에 처할 것이다."

했더니, 그제서야 고기 세 마리를 내어 바쳤다. 그 고기 세 마리를 들고와서 각각 제잘에 놓아 주었더니 놓은 곳마다 물이 한 길이나 솟아오르고, 용이 기뻐 뛰놀면서 물 속으로 들어갔다. 당나라 사람이 왕의 똑똑하고 거룩한 바에 감복하였다.
이 이야기는 원성왕이 신라의 기틀을 새롭게 하기 위한 하나의 계기를 나

타낸 것으로 보고 있다.

 경주시 외동읍 괘릉리 산 17번지, 7만 5천 평방미터에 달하는 넓은 영역을 차지하고 있는 괘릉 무덤 피장자에 대해 논란이 많았다. 그러나 이제는 신라 제38대 원성왕릉이라는 데에 이의를 다는 사람은 거의 없다.

 경주 지역 역사지라서인 ≪동경잡기≫가운데 1845년에 첨가한 것으로 짐작되는 글에 '괘릉은 부의 동쪽 35리 있는데, 어느 왕의 능인지 알 수 없으나, 전해오는 말에 따르면 수중에 장사하여 돌 위에 널을 걸어 흙을 덮은 까닭에 걸 괘掛자 괘릉이라 이름하였다 한다.'는 글이 있다.

 그래서 수장한 임금이라면 문무왕이 유명한 지라, 어떤 이는 문무왕릉이라 하기도 했다. 그러나 ≪삼국사기≫에는 '유언에 따라 봉덕사 남쪽에서 널을 화장했다.'고 기록되어 있고, ≪삼국유사≫의 왕력 편에 '능은 곡사鵠寺에 있으니 지금의 숭복사崇福寺로서, 최치원이 글을 지은 비석도 있다.' 했을 뿐더러, 권 제2 원성대왕 편에는 '왕의 능은 토함산 서쪽 동네 곡사에 있고 최치원이 지은 비문이 있다.' 고 2번이나 기록했다.

 두 책으로 미루어 보아 왕의 화장한 유해를 곡사에 묻은 능이 있다는 결론이 나온다. 우선 곡사 터를 찾거나, 최치원이 지은 비석을 찾으면 다음에 원성왕릉을 찾는 문제가 풀린 것이 아닌가?

 경주시 외동읍 말방리 절터에서 1930년대부터 지금까지 10여 조각의 비석편이 발견되었는데, 1930년대에 간행된≪조선금석총람≫에 실린 '대숭복사비大崇福寺碑(최치원이 지은 글로 전라북도 순창군 구암면 구암사에 전해져 내려오던 필사본)'의 글과 같은 내용이었다. 그래서 이곳이 숭복사임을 알 수 있었다. 또한 이 절터에는 돌로 만든 비석받침이 남아 있었는데, 일제시대인 1930년에 경주박물관으로 옮겨왔다.

 지금 국립경주박물관 정문을 들어서서 본관을 향해 가는 서쪽 뜰에 두 마리의 거북을 돌 한 덩어리에 새긴 비석받침이 있으니 이것이 바로 숭복사 터에서 옮겨 온 것이다. 목 위는 용 모습인 거북 두 마리가 가슴을 앞으로 내밀고 목에는 화려한 목걸이를 감고 있다. 앞쪽 왼발은 땅바닥을 짚고 오른발은 바닥을 드러내고 앙금앙금 걷는 모습이다.

 등에는 귀갑무늬 위에 구름무늬와 연꽃무늬로 장식했는데 두 마리 등에 걸쳐 몸체 방향과는 가로질러 홈을 파고 홈 위에는 다른 돌로 대석을 만들어 얹었다.

 지금은 반쯤만 남았는데 본래 8군데 안상 무늬를 새기고 그 안에 옷자락을 휘날리는 신장상神將像을 돋을새김한 것이다. 또 그 위에 홈을 파고는 빗돌의 촉을 꽂아 세우게 되어 있다. 이 신장상이 새겨진 돌은 숭복사 절터 뒤에 있는 민가에서 보관하던 것을 1978년에 박물관으로 옮겨온 것이다.

 지금 절터에는 금당 자리에 주춧돌이 남아 있고, 동서로 석탑이 서 있다. 오래 전에 파괴되어 탑돌 일부가 없어져 버린 것을 1970년대에 남은 돌들과 새돌 일부를 다듬어 끼워 세워 놓았다. 탑 위 기단에는 8부신중이 새겨져 있다. 이 조각과 비석 받침돌에 새겨진 조각 솜씨가 거의 같은데, 통일신라 말기의 조각 경향을 드러내고 있어 대숭복사비를 세운 것과 시기가 맞아떨어진다. 그렇다면 여기 있던 비석에 쓰인 내용과 원성왕릉과는 어떤 연관이 있느냐는 것이 중요하다. 대숭복사 비석은 신라 진성여왕 때에 만들어졌는데 최치원이 지은 아름다운 문장으로 유명하다.

 글 내용 중에서 원성왕릉과 관계있는 부분들을 간추리면 다음과 같다.

원성왕이 돌아가실 때(798년) 장례에 대해 말씀하셨는데, 땅을 가리기가 매우 어려웠다. 그러자 곡사鵠寺를 지목하여 유택을 모시고자 하였는데, 일부 반대한 사람도 있었지만, 본래 왕족 파진찬 김원량金元良 소유의 땅을 희사하여 세운 절이라, 결국 절을 다른 데로 옮기고, 왕릉을 만들게 되었다.

 본래 이곳에는 고니 모양의 바위가 있어 고니 곡鵠 자를 써 곡사라고 하였고, 옮긴 절이름도 그대로였으나 885년에 후손 헌안왕이 대숭복사大崇福寺라고 하였다. 먼저 절을 옮길 때 사람들이 자진하여 모여 기왓장·서까래 등을 옆 사람에게 넘겨가며 운반했는데 거리가 5리에 뻗쳤다. 실제로 괘릉에서 숭복사까지 2km가 된다. 이런 점으로 미루어 지금까지 괘릉으로 불린 이 무덤은 원성왕릉으로 보아 거의 틀림이 없다.

●혜초의 왕오천축국전 저술

구법승의 눈에 비친 순례지 풍경 볼만

727년 인도에서 10년간 불교 수학 여행을 마치고 당의 서울에 돌아온 혜초는 《왕오천축국전往五天竺國傳》을 저술하였다. 왕오천축국전이란 다섯 천축국, 즉 인도를 다닌 기록이란 뜻이다.

선진문화 수용에 적극적인 신라인들은 험악하고 고달픈 여행길을 마다않고 당나라에 유학승과 구법승求法僧을 보냈는데 이들 중에는 열렬한 불교신앙을 가지고 불교의 원천지라 할 인도에까지 들어가는 사람들이 있었다. 혜초도 그 중 하나였다.

혜초는 뱅골만을 거쳐 인도로 들어간 후, 여러 성지를 순례하고 중앙아시아를 거쳐 안서로 들어온 후 다시 장안으로 향하였다.

이 책은 총 3권으로 구성되어 있으며 순례지의 정치 정세와 사회상 그리고 자연풍속, 산물, 교통 등에 관하여 자세히 기록되어 있어 8세기 인도 및 중앙아시아에 관한 으뜸가는 기록으로 평가받고 있다.

혜초는 남천축국을 여행하면서 고향에 대한 그리움을 시로 읊기도 하였다.

달 밝은 밤에 고향길을 바라보니
뜬구름은 너울너울 고향으로 돌아가네
나는 편지를 봉하여 구름편에 보내려 하나
바람은 빨라 내 말을 들으려고 돌아보지도 않네
내 나라는 하늘 끝 북쪽에 있고
다른 나라는 땅 끝 서쪽에 있네
해가 뜨는 남쪽에 기러기가 없으니
누가 계림鷄林으로 나를 위해 소식을 전할까

39

짧은 재위는 치세의 흔적을
남기지 못하였다

소성왕

新羅王朝實錄

소성왕 昭聖王
김씨 왕 24대

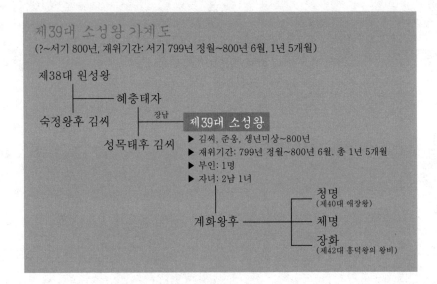

제39대 소성왕 가계도
(?~서기 800년, 재위기간: 서기 799년 정월~800년 6월, 1년 5개월)

제38대 원성왕
혜충태자
숙정왕후 김씨
성목태후 김씨
장남

제39대 소성왕
▶ 김씨, 준옹, 생년미상~800년
▶ 재위기간: 799년 정월~800년 6월. 총 1년 5개월
▶ 부인: 1명
▶ 자녀: 2남 1녀

계화왕후
청명 (제40대 애장왕)
체명
장화 (제42대 흥덕왕의 왕비)

?~800(소성왕 2). 신라 제39대 왕. 재위 799~800. 혹은 소성왕昭成王이라고도 표기되어 있다. 성은 김씨金氏, 이름은 준옹俊邕. 원성왕의 큰아들인 인겸仁謙(혜충태자惠忠太子)의 아들이며, 어머니는 김씨 성목태후聖穆太后이다. 비妃는 계화부인桂花夫人으로 숙명叔明의 딸이다.

소성왕은 원성왕의 장손으로서 왕위에 오르기 전 궁중에서 자라면서 789년(원성왕 5)에 대아찬大阿湌을 제수받고 당나라에 사신으로 갔으며, 790년에는 파진찬波珍湌을 제수받아 재상이 되었다.

791년 10월에는 시중侍中에 임명되었으나, 그 이듬해 8월에 병으로 물러났다. 그리고 태자에 책봉된 아버지가 일찍 죽고, 또 그에 뒤이어 태자가 된 숙부 의영義英이 또한 794년에 죽자 그가 795년 정월에 태자로 책봉되었다.

798년 12월 29일 원성왕이 죽자 왕위에 올랐다. 소성왕의 치적으로 청주菁州(지금의 진주)의 노거현老居縣을 학생녹읍學生祿邑으로 설정한 것을 들 수 있다. 재위 2년째인 800년 6월에 승하하였다. 시호는 소성昭聖이다.

799년(소성왕 원년) 3월에 청주 노거현老居縣(현 거제巨濟)을 학생을 위한 녹읍으로 정하였다. 냉정현冷井縣(현 강음江陰)의 현령 염철廉哲이 흰 사슴을 바쳤다. 5월에는 선고 혜충 태자를 추봉하여 혜충 대왕으로 삼았다. 이달 우두주 도독이 사자를 파견하여 상주하기를

"이상한 짐승이 있는데 소와 같고 키가 크고 꼬리의 길이가 3척 가량이나 되고 털은 없고 코는 긴데 현성천峴城川으로부터 오식양烏食壤 쪽으로 향하여 갔습니다."

하였다. 생김새의 설명을 들으면 코끼리로 추측되나 신라 시대에 코끼리가 유입되었는지는 알 수 없다. 7월에는 9척이나 되는 인삼을 얻었는데, 매우 이상하다고 여긴 소성왕이 사신을 당으로 파견하여 이를 바치니 당의 덕종은 인삼이 아니라 하며 이를 받지 않았다.

8월에 왕은 어머니 김씨를 추봉하여 성목聖穆 태후로 삼았다. 한산주에서는 흰 까마귀를 바쳤다.

800년(소성왕 2) 정월에 비 김씨를 봉하여 왕후로 삼았으며, 충분忠芬을 시중으로 삼았다. 4월에는 폭풍이 불어 나뭇가지가 부러지고 기왓장이 날아가고 서란전瑞蘭殿의 주렴珠簾이 멀리 날아가서 어디로 갔는지 알지 못하고, 임해문臨海門과 인화문仁化門 두 문이 파괴되었다 6월에는 왕자를 봉하여 태자로 삼았다. 이달에 왕이 돌아가시므로 소성이라 시호하였다.

● 소성왕대의 사람들

김제옹金悌邕

생몰년 미상. 신라의 왕족·정치가. 원성왕의 태자 인겸仁謙의 아들이며 소
성왕과 헌덕왕의 동생이다. 809년(애장왕 10) 이찬伊湌으로 있으면서 형인 언
승彦昇과 함께 군사를 이끌고 궁중에 들어가 난을 일으켰다. 그리하여 애장
왕과 왕을 시위하던 왕제 체명體明까지도 살해하였다. 그 뒤 언승이 즉위하
니 이가 바로 헌덕왕이다. 이때 언승을 도와 애장왕을 시해한 김제옹이 흥
덕왕의 초명初名이었다는 견해도 있으나 확실하지 않다.

충분忠芬

생몰년 미상. 신라 하대의 대신. 800년(소성왕 2) 정월 시중侍中에 임명되었
다. 804년(애장왕 5) 정월까지 4년간 재직한 듯하다.

● 소성왕 시대의 세계동향

▶ 동양
799년 2월 선무宣武절도사 동진董晉 죽음

▶ 서양
799년 2월 교황레오 3세, 로마시로부터 쫓겨남
        카알대제 이를 복귀케 함

40

우악한 왕은 얼숭의 반정에
희생이 되었으니

애장왕

新羅王朝實錄

애장왕 哀莊王
김씨 왕 25대

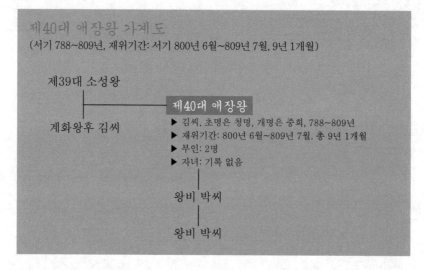

제40대 애장왕 가계도
(서기 788~809년, 재위기간: 서기 800년 6월~809년 7월, 9년 1개월)

제39대 소성왕

제40대 애장왕

계화왕후 김씨

▶ 김씨, 초명은 청명, 개명은 중희, 788~809년
▶ 재위기간: 800년 6월~809년 7월. 총 9년 1개월
▶ 부인: 2명
▶ 자녀: 기록 없음

왕비 박씨

왕비 박씨

788(원성왕 4)~809(애장왕 10). 신라 제40대 왕. 재위 800~809. 성은 김씨金氏. 이름은 청명淸明인데 뒤에 중희重熙라 개명하였다. 소성왕昭聖王과 계화부인桂花夫人 김씨 사이에서 원자로 태어나 800년 6월 부왕의 뒤를 이어 13세에 즉위하였다. 따라서 즉위 초부터 작은아버지인 병부령兵部令 김언승金彦昇(뒤의 헌덕왕憲德王)의 섭정을 받았다.

애장왕의 치적으로는 두 가지를 들 수 있으니, 805년(애장왕 6) 공식公式 20여조를 반포했으며, 808년 12도道에 사신을 파견해 군郡·읍邑의 경계를 정하였다. 이것은 애장왕의 중앙과 지방제도에 대한 개혁조치로 볼 수 있다. 공식 20여조를 반포하기 1년 전 동궁東宮의 만수방萬壽房을 새로 만들었으니, 이는 곧 태자의 위치를 군건히 하려는 조처로 생각된다. 이러한 분위기 속에 취해진 공식 20

여조는 왕권을 강화하기 위한 제도개혁으로 봄이 마땅하다.

806년에는 교지를 내려 불교사원의 새로운 창건을 금하고 오직 수리만을 허락하며, 또 금수錦繡로써 불사佛事하는 것과 금은으로 기물器物을 만드는 것을 금하였는데, 이 조처 역시 2년 뒤에 지방 군현郡縣의 경계를 정하는 것과 연관되는 것으로 볼 수 있다. 귀족들은 막대한 토지나 재력과 함께 지방에 연고지를 가지고 있었으며, 대체로 원당願堂과 같은 절을 세워 재산을 관리하고 있었다.

애장왕 7년에서 9년에 이르는 개혁조처는 귀족세력을 왕권에 복속시키려는 것이다. 그러나 왕권강화를 위한 애장왕의 개혁조처는 중대의 전제주의가 무너지고 난립하는 하대사회의 풍조 속에서 많은 도전을 받아 성공할 수는 없었으며, 그 결과 그는 왕위에서 쫓겨나지 않을 수 없었다.

한편, 애장왕대의 개혁은 경덕왕대의 한화정책漢化政策을 계승한 왕권강화가 목적이었지만, 개혁의 주체는 애장왕이 아니라 당시 실력자인 김언승과 수종秀宗(뒤의 흥덕왕興德王)이라고 추측된다.

애장왕은 국내정치의 개혁과 병행하여 대당외교對唐外交 외에 일본과도 국교를 트고 있었다. 802년 12월 균정均貞에게 대아찬大阿飡을 제수하고 가왕자假王子로 삼아 일본에 사신으로 보내고자 하였으며, 803년에는 일본국과 우호하여 수교하였다. 그리하여 804·806·808년에 각각 일본국 사신이 내조來朝하였다. 이와는 별도로 802년 순응順應·이정利貞에 의해 가야산에 해인사海印寺가 세워졌는데, 해인사는 당시 왕실에서 경영하였다.

809년 7월 언승이 제옹悌邕과 함께 군사를 이끌고 궁궐에 들어와, 언승에게 피살되었다. 시호는 애장哀莊이다.

800년(애장왕 원년) 7월에 애장왕은 이름을 중희重熙라고 고쳤다. 8월에는 먼저 입당숙위학생入唐宿衛學生인 양열梁悅에게 두힐 소수豆肹小守를 제수하였다. 애초에 양열이 당에서 숙위로 있으면서 덕종이 난을 피하여 봉천奉天으로 행차할 때 호종한 공으로 인하여 우찬선대부右贊善大夫 벼슬을 제수하여 돌려보냈으므로 애장왕은 양열을 뽑아 등용한 것이다.

801년(애장왕 2) 2월에 왕은 시조 묘를 배알하고, 따로 대종大宗 대왕, 문무文

武 대왕의 2묘를 세우고, 시조 대왕 및 고조 명덕明德 대왕, 증조 원성元聖 대왕, 조부 혜충惠忠 대왕, 조고 소성昭聖 대왕으로서 5묘로 병부령 언승을 어룡성 사신私臣으로 하였다가 얼마 후 상대등으로 삼고 죄수를 대사하였다.

이해 5월 1일, 일식날이 되어서도 일식이 일어나지 아니하였다. 9월에 형혹성이 달로 들어가고 별이 비처럼 떨어졌다. 무진주에서는 붉은 까마귀를 바쳤고, 우두주에서는 흰 꿩을 바쳤다. 10월에는 매우 추워서 소나무와 대나무가 모두 얼어 죽었다. 또한 탐라국에서 사자를 파견하고 예물을 바쳤다.

802년(애장왕 3) 정월에 왕은 친히 신궁에 제사하였으며 4월에는, 아찬 김주벽金宙碧의 딸을 후궁으로 맞아들였다. 7월에는 지진이 발생하였다.

8월, 가야산加耶山 해인사海印寺(현 합천)를 창건하였고 삽량주에서 붉은 까마귀를 바쳤다. 12월에 균정均貞에게 대아찬 벼슬을 주고 가짜 왕자로 삼아 일본에 인질로 보내려 하였으나 균정은 이를 사양하였다.

803년(애장왕 4) 4월에 왕은 남쪽 교외로 행차하여 보리농사를 살폈다. 7월에는 일본과 우호관계를 맺고 수교하기로 하였다. 10월에 지진이 있었다.

804년(애장왕 5) 정월에 아찬 수승秀昇으로 시중을 삼았다. 5월에는 일본이 사신을 파견하여 황금 3백 냥을 바쳤다. 7월에 알천 위쪽에서 열병을 실시하였으며 삽량주에서는 흰 까치를 바쳤다. 또한 임해전을 중수하고 새로 동궁 만수방萬壽房을 지었다. 이때 우두주 난산현蘭山縣에서 넘어졌던 돌이 일어섰고 웅천주 소대현蘇大縣(현 태안泰安)에 있는 부포釜浦의 물빛이 핏빛으로 변하였다. 9월에는 망덕사의 두 탑이 서로 싸웠다.

805년(애장왕 6) 정월에 모친 김씨를 봉하여 대왕후로 삼고 비 박씨를 왕후로 삼았다. 이해 당의 덕종이 서거하였으므로 새로 즉위한 순종順宗은 병부낭중겸어사대부兵部郎中兼御史大夫 원계방元系方을 파견하여 애도의 뜻을 고하고 왕을 책봉하여 개부의동삼사검교태위사지절대도독계림주제군사계림주자사겸지절開府儀同三司檢校太尉使持節大都督雞林州諸軍事雞林州刺史兼持節 충녕해군사상계국신라왕充寧海軍使上桂國新羅王으로 하고 그 어머니를 대비로 하고 아내 박씨朴氏를 후비로 삼았다.

여기에서 외조부 숙명叔明은 제17대 내물 마립간의 13세손으로서 곧 어머니의 성은 김씨인데 아버지를 따라 숙씨라 한 것은 잘못이다. 8월에 공식公式 20여 조를 정하여 나누어 주었다. 11월에는 지진이 있었다.

806년(애장왕 7) 3월에 일본의 사신이 이르렀으므로 왕은 조원전에서 그들을 인견하였다. 애장왕은 하교하기를

"새로 불사의 창건을 금하고 오직 수리하는 것을 허락하며 또한 비단 직물로서 불사하는 것과 금은으로 기물을 만드는 것을 금하니 마땅히 유사하게 명하여 널리 알리고 시행하라."

하였다. 당의 헌종이 숙위하던 왕자 김헌충金獻忠을 놓아 주어 돌아왔으며, 이때 시비서감試秘書監의 벼슬을 주었다. 8월에 사신을 당으로 파견하여 조공하였다.

807년(애장왕 8) 정월에 이찬 김헌창金憲昌(또는 김헌정金憲貞)을 시중으로 삼았다. 2월에 왕은 숭례전에 앉아 주악을 관청하였다. 8월에 큰 눈이 내렸다.

808년(애장왕 9) 2월에 일본의 사신이 왔으므로 애장왕은 그들을 후한 예로 대접하였다. 김역기金力奇를 당으로 파견하여 예물을 하였는데 김역기는 상주하기를

"정원 16년(800)에 조서로 신의 옛 주인 김준옹(소성왕)을 책봉하여 신라 왕으로 삼고 어머니 신씨申氏를 대비로 삼고 아내 숙씨叔氏를 왕비로 삼았으나 책사 위단이 중간에 이르러 왕이 죽음을 듣고 그대로 돌아갔다. 그런데 그 책서가 중서성中書省에 있다 하는데 지금 신이 환국하니 청컨대 그 책서를 신에게 주어 가지고 돌아가도록 하여주기를 바랍니다."

하니 당제는 칙령하기를

"김준옹 등의 책서는 홍려사鴻臚寺로 하여금 중서성에서 받아 김역기에게 주어 귀

국할 때 가지고 돌아가게 하라.”

하고 왕숙 언승 및 그 아우 중공仲恭 등에게 문극門戟을 보내되 본국의 예에 준하여 이를 주게 하였다. 신씨는 김신술金神述의 딸인데 '神(신)'자와 같은 운으로써 '申(신)'자를 성씨로 하였으니 이는 잘못된 것이다. 왕은 사신을 12도道에 파견하여 군과 읍의 경계를 정하였다. 7월 1일에 일식이 있었다.

809년(애장왕 10) 정월에 달이 필성畢星(28수의 하나)을 범하였다. 6월에 서형산성의 염고鹽庫(소금 창고)가 우는데 그 소리가 소의 울음소리와 같았고 벽사碧寺의 두꺼비들이 뱀을 잡아 먹었다. 7월에 대아찬 김육진金陸珍을 당으로 파견하여 사은하고 겸하여 토산물을 바쳤다.

이때에 큰 한재가 들었는데 왕의 숙부 언승은 아우 이찬 제옹悌邕과 함께 군사를 거느리고 궁으로 들어가 난을 일으켜 왕을 살해하였으며, 애장왕의 동생 체명體明은 왕을 호위하다가 아울러 해를 당하였다. 왕을 애장으로 시호하였다.

● 애장왕대의 사람들

이정利貞

 생몰년 미상. 신라 애장왕 때의 승려. 성은 김씨. 대가야국왕大伽倻國王의 후손으로, 순응順應과 함께 당나라로 유학갔다가 귀국하여 802년(애장왕 3)에 순응과 함께 가야산 해인사海印寺를 창건하고, 많은 사람들을 교화하였다.

체명體明

 ?~809년 애장왕哀莊王의 동생으로 성은 김金 소성왕의 아들. 809년 애장왕을 시위侍衛하다가 왕위를 노리던 숙부叔父 언승彦昇(헌덕왕憲德王)과 이찬伊湌 제옹悌邕에게 살해되었다.

김무염金無染

 801년(애장왕 2)~888년(진성여왕 2) 중. 호는 무주無主. 태종무열왕太宗武烈王의 8대손. 범청範淸의 아들. 어머니는 화씨華氏. 성주대사聖住大師로 불렸다. 13세 때 설악산雪嶽山 오색석사五色石寺에서 중이 되고, 수년 동안 법성선사法性禪師에게 사사師事하고, 부석사浮石寺의 석징釋澄에게서 화엄경華嚴經을 배웠다.
 821년(헌덕왕 13) 정조사正朝使 김양金陽의 배를 타고 당나라에 건너가 남산南山의 지상사至相寺에서 화엄경을, 불광사佛光寺의 여만如滿에게 법法을 묻고, 보철화상寶徹和尙에게서 법인法印을 받았다. 오랫동안 고적과 고승들을 방문, 동방대보살東方大菩薩이라 일컬어졌다.
 845년(문성왕 7)에 귀국하여 웅천熊川 오합사烏合寺의 주지를 지내고 성주산문聖住山門의 개조開祖가 되었다. 헌안왕이 즉위 후 상주尙州 심묘사深妙寺의 주지로 있다가 죽었다. 시호는 낭혜朗慧. 그의 비가 충남 보령군保寧郡 성주사지聖住寺地에 남아있다.

김인벽金寅碧

802년(애장왕 3) 벼슬은 아찬阿飡, 그의 딸이 왕의 후궁後宮이 되었다.

윤용부인允容夫人

애장왕哀莊王의 비妃, 성姓은 김씨金氏, 각간角干 영공永恭의 딸이다.

김역기金力奇

생몰년 미상. 신라 애장왕 때 당나라에 간 사신. 808년(애장왕 9) 2월 당나라에 조공을 하러 갔다. 이때 당나라 덕종德宗에게, 800년(소성왕 2)에 김준옹金俊邕(소성왕)을 신라왕으로 책봉하는 조서를 지녔던 책봉사 위단韋丹이 도중에 왕의 죽음을 듣고 돌아갔으므로, 당시 중서성에 보관되어 있는 책봉서를 가지고 갈 수 있도록 해줄 것을 청하였다. 이에 덕종은 김준옹 등의 책봉서를 홍려시鴻臚寺로 하여금 중서성에서 수령하여 전할 것을 명하고, 애장왕의 숙부 김언승金彦昇과 그의 아우 김중공金仲恭에게 문극門戟을 하사하고본국으로 하여금 예에 의거하여 주도록 하였다.

김육진金陸珍

생몰년 미상. 신라 애장왕 때의 관리. 신분은 진골이었으며, 관등은 대아찬大阿飡에 이르렀다. ≪삼국사기≫ 애장왕 10년조에 의하면 '7월에 대아찬 김육진을 당에 보내어 가서 사은하고 겸하여 방물方物을 올렸다.'라고 하였고, ≪구당서舊唐書≫ 신라전新羅傳에서도 '원화元和 4년(809) 사신 김육진 등을 보내와서 조공하였다.'고 하였다. 당시 사행使行 목적은 사은에 있었다.

일찍이 800년에 당나라에서 소성왕을 책봉한 조책詔冊이 그 해 왕이 죽음으로써 전하지 못하고, 당나라 중서성에 보관되었던 것을 808년(애장왕 9)에 사신으로 당나라에 간 김역기金力奇 편에 돌려보내 주고, 아울러 왕의 숙부 언승彦昇과 동생 중공仲恭에게 문극門戟을 내려준 데 대한 감사의 뜻으로 간 것이었다.

한편, ≪조선금석총람朝鮮金石總覽≫에 의하면 그에 앞서 803년에는 대나마大奈麻로서 왕명을 받들어 경주 무장사鍪藏寺의 아미타여래조상사적비阿彌陀如來造像事蹟碑의 비문을 짓기도 하였다. 그러나 1·2면 글이 상하에 늑자泐字가 많아 뜻이 통하지 않으나, 그 문장과 지식은 대단함을 보여 준다. 일부 학자는 그가 쓴 것이 아니라고 하나 '□수나마신김육진봉교□守奈麻臣金陸珍奉敎' 운운한 것으로 보아 그가 쓴 것이라 추측된다.

더구나 당시 당나라에 사신으로 다녀오고 비문을 쓸 수 있는 사람은 대개 당나라에 유학을 다녀온 사람이나 숙위로 가 있던 사람이 대부분이었는데, 김육진도 그러한 사람이었다.

김헌충金獻忠

생몰년 미상. 신라 하대의 입당숙위入唐宿衛 왕자. 신라와 당나라의 관계가 소원한 틈을 타서 발해가 당나라에 대하여 숙위파견을 제의하자, 신라는 이에 자극받아 당나라와의 국교정상화를 위하여 숙위 파견을 재개하였는데, 하대 최초로 파견된 숙위이다.

신분은 왕자이지만 어느 왕의 아들인지 알 수 없다. 806년(애장왕 7) 3월 당나라 헌종이 김헌충을 귀국시키고 시비서감試祕書監의 관직을 더하여 주었다. 비서감이라는 관직은 하대 숙위의 특징을 대변하는데, 경전과 서적을 관장하는 문화적 숙위로 파악된다.

순응順應

생몰년 미상. 통일신라시대 애장왕 때의 승려. 해인사海印寺 창건주이다.
일찍이 출가하여 신림神琳의 지도를 받다가 766년(혜공왕 2)에 당나라로 건너가서 고승高僧들로부터 불경을 배우고 선禪을 닦았다.

그 뒤 보지공寶誌公 제자를 만나 보지공의 유언에 따라 ≪답산기踏山記≫를 얻은 뒤 보지공의 묘소를 찾아가서 7일 동안 선정禪定에 들어 법法을 구하였다. 그 때 묘문墓門이 열리고 보지공이 나와 설법하고 의발衣鉢과 신발을 전해주면서 우두산牛頭山 서쪽 기슭에 대가람 해인사를 세우라고 지시하였다. 귀국한 뒤 가야산으로 들어가 사냥꾼의 인도로 현재의 해인사 자리에 초암草庵을 짓고 선정에 들었다.

그 때 애장왕의 왕후가 등창병이 났는데 어떤 약도 효력이 없었으므로 왕은 사신들을 보내어서 고승들의 도움을 얻고자 하였다. 가야산으로 간 사신은 선정에 들어 방광放光하고 있는 그를 발견하고 왕궁으로 청하였으나 거절하였다. 왕후의 병난 사연을 들은 그는 오색실을 주면서 실의 한쪽 끝을 배나무에 매고 다른 한쪽 끝을 아픈 곳에 대면 나을 것이라 하였다. 그대로 시행하였더니 배나무는 말라 죽고 병은 나았으므로 왕이 고맙게 생각하여 그의 원을 따라 802년(애장왕 3) 해인사를 지을 때 인부를 동원하여 일을 도왔다.

그 뒤 해인사에서 많은 후학들을 지도하다가 갑자기 세상을 떠났다. 이정利貞이 그의 뒤를 이었다. 생애가 다분히 전설적이지만, 그가 중국 유학승이라는 점과 해인사를 창건했다는 것, 의상義湘-신림-순응으로 이어지는 화엄종의 승려이었음은 틀림없는 사실이다.

양열梁悅

생몰년 미상. 당나라에 파견되었던 신라 유학생. 신라의 견당숙위학생遣唐宿衛學生으로, 당나라의 덕종德宗이 봉천奉天에 피난할 때 수행한 공으로 세

워 우찬선대부右贊善大夫를 제수받고 귀국하였다. 그리고 800년(애장왕 1) 8
월에 두힐현豆肹縣의 소수小守에 임명되었다.

정수正秀

생몰년 미상. 신라 애장왕 때의 승려. 황룡사皇龍寺에서 살았다.
어느 겨울날 저녁 삼랑사三郞寺로 갔다가 눈 덮인 길을 걸어 돌아오는데, 천
엄사天嚴寺 문밖에 한 여자 거지가 아기를 낳고 누워 얼어 죽게 된 것을 보았
다. 가엾게 생각하여 안아주니 얼마 뒤에 소생하였다. 이에 옷을 벗어 덮어
주고 알몸으로 황룡사로 돌아와서 볏집으로 몸을 덮고 밤을 지냈다.
그날 밤 궁중의 뜰에

"황룡사의 중 정수를 마땅히 왕의 스승에 봉하라."

는 소리가 하늘에서부터 들렸다. 급히 사람을 보내어 조사하게 하자 모든
사실이 왕에게 전하여졌다. 이에 왕이 위의를 갖추고 궁전으로 맞아들여 국
사로 봉하였다.

지장地藏

705(성덕왕 4)~803(애장왕 4). 중국에서 크게 숭앙을 받았던 신라의 고승. 호
는 교각喬覺. 성은 김씨金氏. 신라의 왕손으로, 24세에 출가하여 중이 되었으
며, 흰개 선청善聽을 데리고 중국으로 들어가서 강남江南 지주부地州府 동쪽
구화산九華山에 이르렀다. 그 뒤 남릉으로 갔다가 어떤 청신사淸信士가 주는
≪사대부경四大部經≫을 가지고 구화산으로 돌아와서 석실에 모셔두고 눈
을 감고 관법觀法을 닦았다.
그때 그는 바위틈에 있는 흰 흙을 쌀과 섞어서 삶아먹고 지냈다. 산 밑에
사는 사람들이 그가 고행하는 것을 보고 큰 절을 지어주고, 780년경에 장

공암張公巖이 화성사化城寺의 현판을 옮겨 달아주었다. 신라에서도 이 소식을 듣고 찾아오는 사람이 많았다고 한다. 또한, 각로閣老 민공閔公은 선념善念을 가지고 자주 100명의 승려를 모시고 재齋를 베풀었는데, 그때마다 반드시 한자리를 비워두고 지장을 청하여 수를 채웠다고 한다.

하루는 지장이 가사袈裟를 덮을 만한 땅을 빌려달라고 하자 민공이 허락하였다. 지장이 가사를 펼치자 구봉九峰을 덮어버렸으므로 민공이 구봉을 모두 회사하였다. 또한, 민공의 아들을 제자로 삼아 도명道明이라 하였는데, 민공은 다시 도명의 제자가 되었다.

803년 여름에 대중에게 작별하고 함 속에 들어가 가부좌하고 죽었는데, 함 속의 얼굴이 3년을 지나도 살아있는 것과 같았다. 그 뒤 그 자리에 탑을 세웠으며, 최근에 탑 속을 확인한 결과 아직도 죽을 때의 모습과 같이 유체가 그대로 보존되어 있었다고 한다.

중국에서는 그를 육신보살肉身菩薩로 추앙하고 있고, 그가 머물렀던 곳에 육신전肉身殿을 세워 지장왕궁地藏王宮이라 하였다. 또한, 중국에서는 그를 지장보살의 화신이라고 보는 견해가 일반화되어 있다.

체 징體澄

804(애장왕 5)~880(헌강왕 6). 신라 말기의 고승. 선문구산禪門九山 중 가지산파迦智山派의 제3조祖. 성은 김씨金氏. 웅진熊津(공주公州) 출신.

어려서 출가하여 화산花山 권법사勸法師 밑에서 불경을 공부하였으며, 827년(흥덕왕 2) 가량협산加良峽山 보원사普願寺에서 구족계具足戒를 받았다. 그 뒤 설산雪山 억성사億聖寺에 있는 염거廉居의 밑에서 일심으로 정진하여 법인法印을 받았다.

837년(희강왕 2) 정육貞育·허회虛懷 등과 함께 중국으로 건너가 전국의 선지식善知識을 만났으나, 멀리서 구할 필요가 없음을 느끼고 840년(문성왕 1) 귀국하였다. 이 후 많은 승속僧俗들에게 선도禪道를 가르쳤으며, 무주武州(광주光州)의 황학난야黃壑蘭若에 머무르자 사람들이 많이 모여들었다.

859년(헌안왕 3) 왕이 궁중으로 청하였으나 병을 빙자로 사양하였고, 그 해 겨울에 다시 청하자 가지산 보림사寶林寺로 옮겼다.

860년 김언경金彦卿이 제자의 예를 취하고 사재私財를 희사하여 비로자나불을 주조하여 안치하였고, 861년(경문왕 1)에는 보림사를 증축하여 더욱 많은 제자들을 교화하였다.

880년 문인들에게 임종게臨終偈를 남기고 입적하였다. 제자로는 8백여 인이 있었다고 전한다. 시호는 보조선사普照禪師, 탑호塔號는 창성彰聖이다. 김영金穎이 지은 탑비塔碑가 보물 제158호 보림사보조선사창성탑비寶林寺普照禪師彰聖塔碑로 지정되어 전라남도 장흥군 보림사터에 남아 있다.

● 애장왕 시대의 세계동향

▶ 동양

　800년 10월 중국 이열李說 죽음

　801년 6월 성덕成德절도사 왕무준王武俊 죽음

　802년 7월 백관百官의 정아주사正牙奏事를 금함

　803년 12월 정순유鄭珣瑜 양산령陽山令으로 좌천

　806년 1월 태상황太上皇 죽음

▶ 서양

　800년 10월 로마제국 부흥, 카알대제 제위에 오름

　803년 12월 사라센군 소小 아시아에 침입, 키푸르스를 약탈

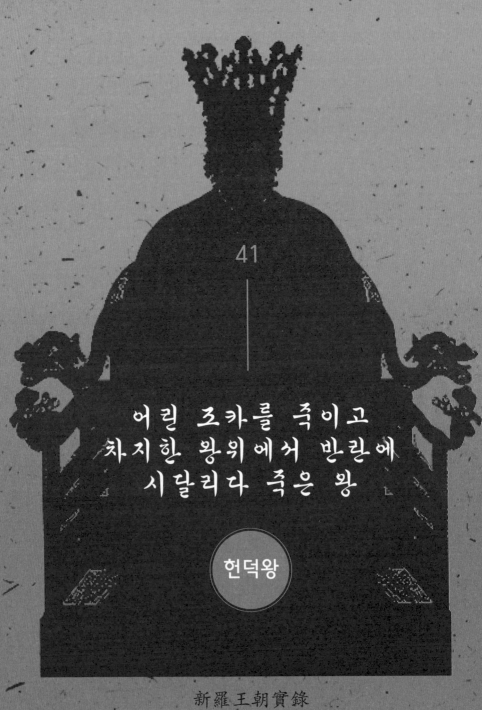

41

어린 조카를 죽이고
차지한 왕위에서 반란에
시달리다 죽은 왕

헌덕왕

新羅王朝實錄

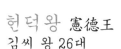

헌덕왕 憲德王
김씨 왕 26대

新羅王朝實錄

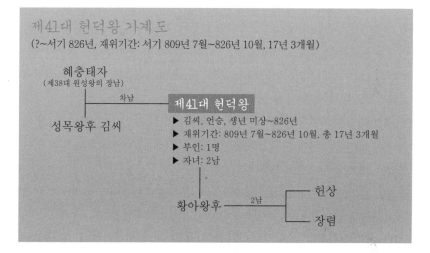

제41대 헌덕왕 가계도
(?~서기 826년, 재위기간: 서기 809년 7월~826년 10월, 17년 3개월)

혜충태자
(제38대 원성왕의 장남)

차남

성목왕후 김씨

제41대 헌덕왕

▶ 김씨, 언승, 생년 미상~826년
▶ 재위기간: 809년 7월~826년 10월. 총 17년 3개월
▶ 부인: 1명
▶ 자녀: 2남

황아왕후 ── 2남 ── 헌상
                         장렴

?~826(헌덕왕 18). 신라 제41대 왕. 재위 809~826. 성은 김씨金氏. 이름은 언승彦昇. 소성왕昭聖王의 동생으로, 아버지는 원성왕元聖王의 큰아들인 혜충태자惠忠太子 인겸仁謙이며, 어머니는 성목태후聖穆太后 김씨이다. 할머니는 각간角干 신술神述의 딸 숙정부인淑貞夫人 김씨이며, 비는 숙부인 각간 예영禮英의 딸 귀승부인貴勝夫人 김씨이다.

790년(원성왕 6)에 대아찬大阿飡을 제수받아 중국 당나라에 사신으로 다녀왔으며, 다음 해에는 제공悌恭의 난亂을 진압하는 데 공을 세움으로써 잡찬迊飡이 되었다. 794년 시중侍中에 임명되었고, 그 다음 해에 이찬伊飡으로서 재상宰相이 되었다. 그리고 796년에는 병부령兵部令을 제수받았다.

이로 보면 그는 이미 원성왕 말년에 정치적인 기반을 확고하게 갖추고 있었다.

이러한 세력 기반이 애장왕哀莊王의 즉위와 함께 그를 섭정攝政의 지위에 오를 수 있게 하였다. 애장왕대 그의 세력은 대단해 집안이 당나라의 조정에까지 알려질 정도였다.

801년에 어룡성御龍省의 장관인 사신私臣이 되었고, 이어 상대등上大等에 올랐다. 애장왕대에는 정치 개혁이 시도되었다. 곧 805년에 공식 20여조公式二十餘條가 반포됨에 따라 다음 해에는 불사를 금하였으며, 808년에는 군郡·읍邑의 경계를 정하는 조처를 내렸다.

이러한 개혁은 대체로 중앙집권적인 왕권을 강화하기 위한 것이다. 다만 이러한 개혁의 주도자가 언승이라 추측하기도 한다. 왜냐하면, 그는 애장왕대 최고의 실력자였고 또 뜻을 같이하는 수종秀宗이 시중의 위치에 있었기 때문이다.

809년에는 동생인 이찬 제옹悌邕과 더불어 난을 일으켰으며, 난 중에 애장왕이 살해되고, 언승이 왕위에 올라 헌덕왕이 되었다.

헌덕왕 대에는 뚜렷한 정책이나 정치 개혁이 보이지 않으나 애장왕 당시의 개혁 정치가 그대로 이어졌다. 그에 못지않게 왕권강화에 도전하는 세력 역시 거세었다. 비록 난을 일으켜 왕위를 쟁취했지만, 헌덕왕은 여전히 반대 세력의 반발에 부딪치게 되었다. 그 결과 정국은 날로 불안해져 갔으며 빈번한 기근은 그것을 더욱 부채질하였다.

이러한 어려운 상황 속에서 마침 당나라에서는 절도사節度使 이사도李師道의 반란을 당해 신라에 출병을 요청하였다. 헌덕왕은 816년에 김웅원金雄元으로 갑병甲兵 3만을 이끌고 반란의 진압을 돕도록 하였다.

이러한 국내외의 갈등이 누적되면서 822년에는 중요한 두 가지 사건이 일어났다. 하나는 녹진祿眞의 인사원칙에 대한 제언이고, 또 하나는 김헌창金憲昌 난의 발발이다.

당시 충공忠恭이 상대등이 되어 인사를 처리하는 데 갑자기 병이 들었다. 집사시랑執事侍郎인 녹진이 충공을 찾아가 인재의 쓰임을 목재에 비유해 인사처리에 적절한 대책을 제언하였다. 그 말을 들은 충공은 물론 부군副君인 수종과 헌덕왕이 모두 기뻐하였다. 이 때 녹진이 제시한 인사원칙은 왕당파에게 유리한 것으로, 왕권에 반대하는 귀족에게는 불리한 것으로 이해된다.

곧이어 일어난 김헌창의 난은 헌덕왕이 주도한 개혁정치에 반대하여 오던 귀족의 불만이 누적되어 일어났다. 또한, 녹진의 제안이 김헌창에게 불리하게 작용한 것도 난이 일어나게 한 요인이라 할 수 있다. 장지葬地는 천림사泉林寺 북쪽이다.

809년(헌덕왕 원년) 이찬 김숭빈金崇斌을 상대등으로 삼았으며, 8월에 죄수를 대사하였다. 또한 이찬 김창남金昌南 등을 당으로 파견하여 애도를 고하니 당의 헌종은 직방원외랑섭어사職方員外郞攝御史 중승中丞 최정崔廷을 파견하고 질자質子 김사신金士信을 부사로 삼아 조제하고 왕을 책봉하여 개부의동삼사검교대위지절대도독겸지절충녕해군사상계국신라왕開府儀同三司檢校大尉持節大都督兼持節充寧海軍使上桂國新羅王으로 삼고 아내 정씨貞氏를 비로 삼고 대재상 김숭빈 등 3명에게 문극을 주었다. 왕비는 각간 예영의 딸인데 바로 위에서 말한 정씨는 미상이다.

810년(헌덕왕 2) 정월에 파진찬 양종亮宗을 시중으로 삼았다. 하서주에서 붉은 까마귀를 바쳤다. 2월에 왕은 친히 신궁에 계사하고 사자를 보내어 국내의 제방을 수리하였다. 7월에 유성이 자미로 들어갔다. 서원경에서 흰 꿩을 바쳤다. 10월에는 왕자 김헌장金憲章을 당으로 파견하여 금은 불상과 불경 등을 바치고 순종順宗의 명복을 기원하였다. 유성이 왕량王良으로 들어갔다.

811년(헌덕왕 3) 정월에 시중 양종이 병으로 인하여 면직되므로 이찬 원흥元興을 시중으로 삼았다. 2월에 이찬 웅원雄元을 완산주 도독으로 삼았다. 4월이 되자 왕은 처음으로 평의전平議殿에 나가 정사를 보았다.

812년(헌덕왕 4) 봄, 균정을 시중으로 삼았으며, 이찬 충영忠永(또는 忠榮)은 70세가 되므로 궤장을 하사하였다. 9월에는 급찬 숭정崇正을 북국의 사신으로 파견하였다.

813년(헌덕왕 5) 정월에 이찬 헌창을 무진주 도독으로 삼았다. 2월에는 시조 묘를 배알하였다. 또한 현덕문玄德門이 화재를 입었다.

814년(헌덕왕 6) 3월에 왕은 숭례전에서 조신들에게 잔치를 베풀었는데 즐거움이 다하자 왕은 거문고를 타고 이찬 충영은 일어나서 춤을 추었다. 5월에 서쪽 지방에 큰물이 졌으므로 헌덕왕은 사자를 파견하여 수해를 입은 주군의 백성을 위문하고 그들에게 1년 동안의 조세를 면제하였다. 8월, 서울에 바람이 불고 안개가 자욱하여 밤과 같았다. 무진주 도독 한창을 불러 시중으로 삼았다. 10월에는 대사 검모黔牟의 아내가 한 번에 아들 셋을 낳았다.

815년(헌덕왕 7) 정월에 사신을 당으로 파견하니 당 헌종은 사신을 인견하고 잔치를 베풀었다. 5월에 눈이 내렸으며 8월 1일에 일식이 있었다. 서쪽 변방의 주군에 큰 기근이 들고 도적이 벌떼처럼 일어나서 도적이 벌떼처럼 일어나서 군사를 내어 이를 토평하였다. 큰 별이 익성翼星과 진성軫星 사이에 나타나서 경성庚星으로 향하는데 길이가 6척 가량이고 그 넓이가 2척 가량이었다.

816년(헌덕왕 8) 하 정월에 시중 헌창을 청주 도독으로 보내고 장여璋如를 시중으로 삼았다. 흉년으로 인하여 백성들의 기근이 심하였으며 또한 당의 절동折東 지방으로 건너가서 식사를 구하는 자가 170명이나 되었다. 당은현唐恩縣에서는 길이가 10척, 넓이가 8척, 높이가 3척 5촌이나 되는 돌이 저절로 1백 보쯤 되는 곳으로 옮아갔다. 6월에 망덕사의 두 탑이 서로 부딪쳤다.

817년(헌덕왕 9) 정월에 이찬 충공忠恭을 시중으로 삼았다. 5월에 비가 오지 않아 널리 산천에 기우제를 지냈는데 7월에 이르러서야 비가 내렸다. 10월에 사람들이 많이 굶어 죽으므로 왕은 주군에 하교하여 곡창을 풀어 백성들을 구휼하게 하였다. 왕자 김장렴金張廉을 당으로 파견하고 예물을 보냈다.

818년(헌덕왕 10) 6월 1일에 일식이 있었다.

819년(헌덕왕 11) 정월에 왕은 이찬 진원眞元의 나이가 70세가 되었으므로 궤장을 하사하였고 이찬 헌정은 병으로 인하여 능히 행정을 집행하기가 어려웠으므로 아직 70세가 되지 않았으나 금으로 장식한 자단紫檀 지팡이를 하사하였다. 2월에는 상대등 김승빈이 죽음으로 이찬 김수종金秀宗을 상대등으로 삼았다. 3월에 좀도둑들이 널리 일어나므로 왕은 모든 주군의 도독과 태수에게 명하여 이들을 잡도록 하였다. 7월에 당의 운주鄆州(중국 산동성山東賓) 절도사 이사도李師道가 모반하였는데 당 헌종은 이를 토평하고자 하여 양주 절도사 조공趙恭을 파견하여 신라에서 군사를 징발하게 하므로 헌덕왕은 당제의 뜻을 받들고 순천군順天軍 장군 김웅원金雄元에게 명하여 군사 3만 명을 거느리고 나가서 이를 원조하였다.

820년(헌덕왕 12) 봄에 이어 여름까지 한재가 들어 겨울에는 기근이 심하였다. 11월에 사신을 당으로 파견하니 목종穆宗은 사신을 인덕전麟德殿으로 불러서 맞이하고 연회를 베풀었다.

821년(헌덕왕 13) 봄에 백성들은 굶주림을 이기지 못하고 자손들을 팔아서 생계를 유지하였다. 4월에 시중 김충공이 죽음으로 이찬 영공永恭을 시중으로 삼았다. 청주 도독 헌창을 웅천주 도독으로 삼았다. 7월에 패강 남천南川의 두 돌이 서로 싸웠으며, 12월 29일에 우레가 크게 쳤다.

822년(헌덕왕 14) 정월에 동복아우 수종秀宗(또는 수승秀升)을 부군副君(태자)으로 삼고 월지궁月池宮으로 들어오도록 하였다. 2월에 눈이 5척이나 쌓이고 수목이 말랐다.

3월에는 웅천주 도독 헌창은 부친 주원周元이 왕이 되지 못한데 대해 원한을 갖고 반란을 일으켜 국호를 장안長安이라 하고 경운 원년慶雲元年이라 건원하고 무진주, 완산주, 청주, 소벌주의 도독을 위협하였다.

이에 국원, 서원, 금관 등의 사관과 모든 군현의 수령들이 복속하므로 청주 도독 향영向榮은 추화군推火郡(밀양密陽)으로 도망하였다. 한산, 우두, 삽량, 패강, 북원 등에서는 먼저 헌창이 역모하는 것을 알고 군사를 단속하여 수비하였다.

18일에 완산의 장사 최웅은 아찬 정련正連의 아들 영충令忠 등의 도움으로 서울로 도망하여 이 사실을 보고하였고, 왕은 곧 최웅에게 급찬 벼슬을 주어 속함군 태수로 삼고 영충에게도 급찬 벼슬을 주었다.

드디어 왕은 장군 8명에게 왕도王都 팔방을 수비토록 한 후에 군사를 내어 일길찬 장웅張雄을 선발로 보내고 잡찬 위공衛恭과 파진찬 제릉悌陵를 뒤이어 보내고 이찬 균정과 잡찬 웅원과 대아찬 우징祐徵 등에게 3군軍을 장악하게 하여 반란자들을 막도록 하였다. 또 각간 충공과 잡찬 윤응允膺은 문화관문蚊火關門(경주 동남東南)을 수비하도록 하였다. 그리고 명기明基와 안락安樂 두 낭郎은 각각 종군할 것을 청하여, 명기는 그의 무리를 거느리고 황산으로 나가고 안락은 시미지진施彌知鎭으로 나갔다.

이때에 헌창은 그 장수를 파견하여 요로에 의지하여 대기하였는데 장웅은 적병을 도동현道冬峴에서 만나 격파하고 위공과 제릉은 장웅과 합세하여 삼년산성을 공격하여 적을 무찔러 승리한 다음 속리산俗離山(보은報恩)으로 군사를 돌려 적을 격멸시키고, 균정 등은 성산星山(황산黃山)에서 싸워 적을 격멸시켰다.

군대가 모두 웅진熊津에 이르러 적과 대전하여 참획한 수는 헤아릴 수 없이 많았는데 헌창은 겨우 몸을 빼져 웅진성으로 들어가서 굳게 지켰다. 군사들은 성을 포위하고 10일 동안 공격하여 성이 함락되려 하자 죽음을 면치 못한 것을 예감한 헌창이 결국 자살하니 그를 따르던 이들은 헌창의 머리를 자르고 몸을 감추었다.

성이 함락된 이후 헌창을 무덤에서 찾아내어 이를 주형하고 친족과 무리 239명을 죽이고 그 백성들은 놓아준 뒤에 공을 논하고 각각에게 상을 주었다. 아찬 녹진祿眞에게는 대아찬 벼슬을 주었는데 그는 이를 사양하여 받지 않았다. 굴자군은 적지에 가까웠음에도 반란에 휩싸이지 않았으므로 7년 동안의 요역을 면제하였다.

이보다 먼저 청주 태수청太守廳의 남쪽 연못 가운데에 이상한 새가 나타났는데 몸이 5척이고 빛깔은 검고 머리는 5세쯤 되는 아이의 머리만 하고 부리의 길이는 1척 5촌이나 되고 눈은 사람의 눈과 같고 목은 5승 들이의 그릇만 하였는데 3일 만에 죽었다고 한다. 이를 두고 사람들은 헌창이 패망할 징조라 하였다.

이해에 왕은 각간 충공의 딸 정교貞嬌를 맞아 태자비를 삼았다. 패강 산골짜기 사이에서 나무가 넘어지고 나무에 싹이 났는데 하룻밤 사이에 키가 30척, 둘레가 4척 7촌이나 자랐다. 4월 13일은 달빛이 핏빛과 같았으며 7월 12일에는 해에 검은 빛이 남북으로 뻗어 있었다. 12월에는 계필桂弼을 당으로 파견하여 조공하였다.

823년(헌덕왕 15) 정월 5일에 서원경에 벌레가 하늘을 덮었다가 떨어졌고 9일에는 흰빛, 검은빛, 붉은빛을 띄는 3종의 벌레가 눈[설雪]을 무릅쓰고 움직여 가다가 햇빛이 나타나자 멈추었다. 원순元順과 평원平原 두 각간이 70세의 나이로 연로하여 관직에서 물러나자 헌덕왕은 궤장을 하사하였다.

2월에는 수성군水成郡(현 수원水原)과 당은현을 합병하였다. 4월 12일에 유성이 천시天市에서 일어나서 천자의 자리를 범하고 천시의 동북원東北垣, 직녀성織女星, 왕량성王良星을 지나 각도閣道에 이르러서 셋으로 나누어지는데 그 소리가 북치는 소리와 같았다가 사라졌다. 7월에 눈이 내렸다.

825년(헌덕왕 17) 정월에 헌창의 아들 범문梵文이 고달산高達山(현 여주)의 산적인 수신壽神 등 1백여 명과 함께 모반하여 평양에 도읍을 세우려 하고 북한산주를 공격하므로 도독 총명聰明은 군사를 거느리고 나가 이를 잡아 죽였다.

3월에 무진주 마미지현馬彌知縣(현 장흥長興)에 사는 한 여자가 아기를 낳는데 머리 두 개, 몸 두 개에 다리가 넷이었고 낳을 때 하늘에서는 우레가 크게 쳤다.

5월에 왕자 김흔金昕을 당으로 파견하여 조공한 다음 먼저 대학생으로 있던 최이정崔利貞, 박숙정朴叔貞, 박계업朴系業 등을 돌려보내 달라 청하고 새로 입조한 김윤부金允夫, 김입지金立之, 박양지朴亮之 등 12명을 들여보내어 숙위할 것을 청하였다. 또한 국자감에서 수업하고 홍려사鴻臚寺에서 학비를 지급해줄 것을 청하니 당의 경종敬宗은 이를 허락하였다. 가을에 삽량주에서 흰 까마귀를 바쳤다. 우두주 대양관군大楊管郡(현 회양) 내마 황지黃知의 아내가 한번에 2남 2녀를 낳았으므로 왕은 조곡 1백 석을 하사하였다.

826년(헌덕왕 18) 7월에 왕은 우잠牛岑(현 황해도 우봉牛峰) 태수 백영白永에게 명하여 한산의 북쪽에 모든 주군에서 1만 명을 징발하여 패강 장성長城(현 평양 북계선) 3백 리를 축조하였다. 10월에 왕이 서거하므로 헌덕이라 시호하고 천림사泉林寺의 북쪽에 장사하였다.

고기古記에서 말하기를 재위 18년 보력寶曆 2년(826) 4월에 죽었다 하고 ≪신당서≫에 말하기를 장경長慶과 보력 사이(824~825)에 신라 왕 언승이 죽었다고 되어있다. 그런데 ≪자치통감≫ 및 ≪구당서≫에는 모두 말하기를 대화大和 5년(831)에 죽었다고 되어 있어 잘못된 기록이 아닌가 생각된다.

● 헌덕왕대의 사람들

김범일金梵日

810년(헌덕왕 2)~889년(진성여왕 2) 중. 일명 품일品日. 15세에 중이 되어 829년(흥덕왕 4) 경주慶州에서 구족계具足戒를 받고, 당나라에 가서 제안濟安에게 사사하며 6년 동안 수도했다.

844년 중을 도태淘汰하고 절을 부수는 변을 만나 상산商山에 숨어 선정禪定하다가 847년(문성왕 7) 귀국, 백달산白達山에서 좌선坐禪하고 굴산사堀山寺에서 40년을 보내는 동안 경문景文·헌강憲康·정강定康 3왕으로부터 국사國師가 되어주기를 권유받았으나 응하지 않았다. 시호는 통효通曉.

진노眞怒

벼슬은 대서성大書省, 817년(헌덕왕 9) 국통國統 혜륭惠隆, 법주法主 효원孝圓, 대통大統 녹풍鹿風, 파진찬波珍湌 김의金疑 등과 함께 순교자殉敎者 염촉厭觸(이차돈異次頓)의 무덤을 수축하고 그 비碑를 세웠다.

녹풍鹿風

벼슬은 대통大統, 817년(헌덕왕 9) 국통國統 혜륭惠隆, 법주法主 효원孝圓, 대서성大書省 진노眞怒, 파진찬波珍湌 김의金疑 등과 함께 순교자殉敎者 염촉厭觸(이차돈異次頓)의 무덤을 수축하고 그 비碑를 세웠다.

김창남金昌南

809년(헌덕왕 1) 벼슬은 이찬伊湌. 809년(애장왕 10) 왕王의 숙부叔父인 언승彦昇이 그 아우와 더불어 모반을 이르켜 애장왕哀莊王을 살해殺害하였다.

이로 인하여 당나라 헌종憲宗은 직방원외랑섭어사승職方員外郞攝御使丞 최정崔廷을 파견하고 질자質子 김사신金士信을 부사副使로 삼아 조제吊祭하였다.

주필柱弼

822년(헌덕왕 14) 1·2월에 사신使臣으로 당나라에 건너가 예물을 전했다.

제릉悌凌

벼슬은 장군. 822년(헌덕왕 14) 웅천주도독熊川州都督 김헌창金憲昌이 반란을 일으키자, 파진찬波珍湌으로 일길찬一吉湌 장웅張雄 등과 함께 그 토벌전에 출전, 삼년산성三年山城·속리산俗離山 등에서 적을 격파한 뒤 웅진성熊津城을 함락하고 난을 평정했다.

안악安樂

822년(헌덕왕 14) 화랑花郞으로서 김헌창金憲昌이 반란을 일으켜 올 때 그는 화랑花郞인 명기明基와 더불어 종군하여 적을 무찔러 승리했다.

박수업朴秀業

당나라에 건너가 수학受學. 625년(헌덕왕 17) 사신使臣으로 당나라에 파견되었던 김흔金昕과 같이 돌아왔다.

김장염金張廉

신라新羅의 헌덕왕자憲德王子. 817년(헌덕왕 9) 진봉사進奉使가 되어 당唐나라에 건너가 예물을 바쳤다.

양종亮宗

생몰년 미상. 신라 헌덕왕 때의 시중侍中. 810년(헌덕왕 2)에 파진찬波珍飡으로 시중이 되었으나, 다음해 병으로 사면되어 이찬伊飡 원흥元興이 시중이 되었다.

원순元順

생몰년 미상. 신라 헌덕왕 때의 대신. 성은 김씨金氏. 진골眞骨 출신으로 관등은 각간角干이었다. 823년(헌덕왕 15) 정월 5일 각간 평원平原과 함께 나이 70세로 관직을 그만두매 헌덕왕憲德王으로부터 궤장几杖을 하사받았다.

영충令忠

생몰년 미상. 신라 헌덕왕 때 김헌창金憲昌 난의 고발자. 아버지는 아찬阿飡 정련正蓮이다. 822년(헌덕왕 14) 3월 웅천주熊川州 도독 김헌창이 반란을 일으켰을 때, 그 세력하에 있던 완산주完山州에서 탈출하여 최웅崔雄과 함께 반란 사실을 왕경王京에 고발하였다. 그 공으로 급찬級飡의 관등을 제수받았다.

위공衛恭

생몰년 미상. 신라 헌덕왕 때의 장군. 822년(헌덕왕 14) 3월에 웅천주도독熊川州都督 김헌창金憲昌이 그의 아버지 주원周元이 왕위에 오르지 못한 것을 이유로 반란을 일으켰다. 이에 헌덕왕은 이 난을 진압하기 위하여 8인의 장군으로 경주의 팔방을 지키게 한 뒤, 토벌군을 파견하였다.

일길찬一吉飡 장웅張雄을 선발대로 하고, 뒤이어 잡찬迊飡 위공과 파진찬波珍飡 제릉悌凌을 파견하였다. 장웅의 군은 도동현道冬峴에서 반란군을 격파하고, 또 위공·제릉의 군과 연합하여 삼년산성三年山城에서 반란군을 격파하고 속리산으로 진격하여 반란군을 섬멸하였다. 이어 위공은 여러 장군과 합세하여 반란군의 근거지인 웅진熊津(지금의 공주)을 총공격하여 크게 승리하고 반란군을 섬멸하였다.

충영忠榮

생몰년 미상. 신라 하대의 관리. 일명 충영忠永. 관등은 이찬伊飡이었다. 812년(헌덕왕 4) 봄 70세가 되어 원로대신이므로 왕으로부터 궤장几杖을 하사받았다. 또 814년 3월 왕이 신하들을 위하여 숭례전崇禮殿에서 베푼 연회에 참석하였는데, 왕이 기쁨이 커 가야금을 직접 타자, 일어나 춤을 추었다.

원흥元興

생몰년 미상. 신라 하대의 대신. 811년(헌덕왕 3) 정월에 시중 양종亮宗이 병으로 사직하자 원흥이 이찬伊飡의 관등으로서 집사성執事省 시중이 되었다. 그러나 이듬해 봄에 물러나고 후임으로 균정均貞이 시중이 되었다.

당시는 신라 하대의 혼란한 정국 속에서 시중의 수명이 고작 1~2년에 불과하던 불안한 시대로서, 원흥도 짧게 1년간 시중의 자리에 있었으며, 치적은 알 수 없다.

윤응允膺

생몰년 미상. 신라 헌덕왕 때의 진골귀족. 관등은 잡찬迊飡이었다. 822년(헌덕왕 14) 3월 웅천주도독熊川州都督 김헌창金憲昌이 반란을 일으켰을 때, 각간角干 충공忠恭과 함께 문화관문蚊火關門(지금의 경상북도 경주시 외동면?)의 방어를 맡았다.

혜릉惠隆

생몰년 미상. 신라의 승려. 헌덕왕 때 국통國統이 되었으며, 817년(헌덕왕 9)에 효원孝園 김상랑金相郎과 대통大統 녹풍鹿風, 대서성大書省 진노眞怒 등과 함께 이차돈異次頓의 무덤을 수축하고 그의 순교를 기리는 큰 비를 건립하였다.

평원平原

생몰년 미상. 신라 헌덕왕 때의 대신. 관등은 각간角干이었다. 823년(헌덕왕 15) 정월에 각간 원순元順과 함께 나이가 70세이므로 관직에서 물러나기를 왕에게 고하고, 궤장几杖을 받았다.

최이정崔利貞

생몰년 미상. 신라 하대의 당나라 유학생. 당나라의 빈공과賓貢科에 급제하였다. 당시 학생들에게 주어진 수업기한인 10년이 지나도 귀국하지 않고 김숙정金叔貞·박계업朴季業 등과 함께 국자감에서 수학하고 있었다.
그러다가 825년(헌덕왕 17) 5월 왕자 김흔金昕이 당나라에 조공한 뒤 이들 유학생을 귀국시켜 줄 것을 청함에 따라 귀국하였다.

장웅張雄

생몰년 미상. 신라 헌덕왕 때 김헌창金憲昌의 난을 진압한 장수. 당시 관등은 일길찬一吉飡이었다.
822년(헌덕왕 14) 3월 웅천주 도독熊川州都督 김헌창이 반란을 일으키자, 왕명을 받아 이를 진압하기 위하여 선발대로 출전하였다. 도동현道冬峴에서 적병을 만나 격파하였으며, 또 위공衛恭·제릉悌凌의 군대와 합세하여 삼년산성三年山城(지금의 충청북도 보은)을 쳐 이기고, 다시 속리산으로 가 적병을 섬멸하였다. 뒤에 난을 평정한 공으로 상을 받았다.

최웅崔雄

생몰년 미상. 신라 헌덕왕 때의 지방관. 완산주完山州의 장사長史였다.
822년(헌덕왕 14) 3월 웅주도독熊州都督 김헌창金憲昌이 반란을 일으켜 무진주武珍州·완산주·청주菁州·사벌주沙伐州의 도독을 위협하고 서원경西原京·금관경金官京의 사신仕臣 및 여러 군·현의 수령을 굴복시키자, 청주도독 향영向榮은 추화군推火郡으로 달아났다.
당시 완산주의 장사였던 최웅은 주조州助 아찬阿湌 정련正連의 아들 영충令忠과 함께 서울(경주)에 도망와 변을 고하였다. 이 공으로 왕으로부터 급찬級湌의 관등과 속함군速含郡(지금의 경상남도 함양) 태수의 직책을 제수받았다.

총명聰明

생몰년 미상. 신라 헌덕왕 때의 지방관. 관직은 한산주漢山州 도독都督이었다. 825년(헌덕왕 17) 정월 김헌창金憲昌의 아들 범문梵文이 고달산高達山(지금의 여주驪州)에서 초적의 괴수 수신壽神 등 100여 인과 함께 모반하여 도읍을 평양平壤(지금의 양주)에 정하기 위하여 한산주를 공격해 오자, 당시 한산주 도독으로서 군사를 이끌고 맞아 싸워 범문을 잡아 죽이고 반란을 진압하였다.

향영向榮

822년(헌덕왕 14) 벼슬은 청주도독菁州都督. 웅천도독熊川都督인 김헌창金憲昌이 반란을 일으켜 국호國號를 장안長安이라 하고 제군諸郡 현수령縣守令들을 위협함으로 몸을 피해 추화군推火郡 밀양密陽으로 도망하였다.

효원孝圓

신라新羅 법주法主. 817년(헌덕왕 9) 국통國統 혜륭惠隆, 대통大統 녹풍鹿風, 대서성大書省 진노眞怒, 파진찬波珍湌 김의金疑 등과 함께 염촉厭觸(이차돈異次頓)의 무덤을 수축하고 그 비碑를 세웠다.

귀승부인貴勝夫人

생몰년 미상. 신라 헌덕왕의 비. 성은 김씨. 헌덕왕의 숙부인 각간角干 예영禮英의 딸이다. 그러나 당唐나라로부터의 책봉은 정씨貞氏라 하였다. ≪삼국유사≫ 왕력王曆에는 각간 충공忠恭의 딸이라고 하였으나 잘못된 것 같다.

김면金沔

생몰년 미상. 당나라에 가 있던 신라의 질자質子. ≪해동역사海東繹史≫ 인물고에 의하면 812년(헌덕왕 4) 7월 경오庚午에 당나라에 가 있던 신라의 질자 시위위소경사자금어대試衛尉少卿賜紫金魚袋 김면을 시광록소경試光祿少卿으로 삼아, 조제책립부사吊祭冊立副使에 충용하여 최릉崔稜을 따라 신라로 돌아가게 하였다고 한다. 그러나 이러한 사실은 아마 ≪책부원구冊府元龜≫에서 인용한 듯하나, ≪삼국사기≫ 헌덕왕 4년 조에는 이 같은 사실이 기록되어 있지 않다.

김범문金梵文

?~825(헌덕왕 17). 신라 헌덕왕 때 왕위찬탈을 위해 역모를 일으켰던 정치가. 본관은 강릉江陵. 태종무열왕의 8대손으로 할아버지는 주원周元, 아버지는 헌창憲昌이다.
김주원은 김경신金敬信(원성왕)과의 왕위계승 경쟁에서 밀려나 강릉으로 축출되었다. 이에 불만을 품고 있던 중 김헌창은 자기가 도독都督으로 있던 웅천주熊川州(지금의 공주)에서 822년(헌덕왕 14) 마침 초적草賊이 봉기하는 사회적 혼란을 틈타 대규모의 조직적 반란을 일으켰다가 패하여 자살하였다.

한편, 김범문은 825년 고달산高達山(지금의 여주驪州)에서 초적의 괴수 수신壽神 등 100여인과 더불어 또다시 반란을 일으켜 수도를 평양平壤(현재 서울 부근의 남평양南平壤)에 정하려고 북한산주北漢山州를 공격하였으나, 북한산주도독 총명聰明이 이끄는 토벌군에 의해 진압되고 그도 잡혀 죽었다.

김숭빈金崇斌

?~819(헌덕왕 11). 신라 헌덕왕 때의 정치가. 원성왕의 태자인 인겸仁謙의 아들이다. 소성왕·헌덕왕·흥덕왕의 형제로서 어머니는 성목왕후 김씨聖穆王后金氏이다.

792년(원성왕 8)에 당시 시중이던 준옹俊邕이 병으로 물러나자 이찬伊湌의 관등으로 시중이 되었다가, 794년 천재지변으로 인하여 면직되었다.

809년(헌덕왕 1) 이찬으로서 상대등에 임명되었다가 헌덕왕의 즉위를 알리는 사신을 통해 당나라 헌종으로부터 문극門戟을 선물로 받았다. 819년 2월 죽을 때까지 9년 5개월간 상대등으로 있었다.

김장여金璋如

생몰년 미상. 신라 헌덕왕 때의 진골귀족. 태종무열왕의 후손으로, 할아버지는 김주원金周元이며, 아버지는 종기宗基이다. 822년(헌덕왕 14) 반란을 일으킨 헌창憲昌과는 숙질간이다.

816년(헌덕왕 8) 1월 숙부인 헌창의 뒤를 이어 파진찬波珍湌의 관등으로 시중에 임명되었다가, 817년 1월 면직되었다.

김웅원 金雄元

생몰년 미상. 신라의 장군. 811년(헌덕왕 3) 이찬伊湌으로 완산주도독完山州都督이 되었으며, 819년에 순천장군順天將軍으로 당나라의 운주절도사鄆州節度使 이사도李師道의 반란토평을 위한 당나라 헌종憲宗과 양주절도사楊州節度使 조공趙恭의 요청에 응해 3만의 원군을 이끌고 가서 도왔다.

다시 822년 웅천주도독 김헌창金憲昌이 반란을 일으켰을 때, 잡찬迊湌으로서 김균정金均貞·김우징金祐徵과 함께 3군을 이끌고, 성산星山싸움에서 반란군의 지대支隊를 격파하고 웅천熊川을 함락시켜 난을 토평하는 데 공을 세웠다. 김웅원을 김유신金庾信의 후손으로 보는 견해도 있다.

≪김해김씨 삼현파보金海金氏三賢派譜≫에 김유신의 후손으로 그의 행록을 지은 장청長淸의 아들로 김웅원이 기록되어 있음을 근거로 그렇게 보기도 한다. 만약 김웅원을 김유신의 후손으로 본다면, 통일전쟁 이후 한때 몰락하였던 김유신의 가계를 다시 부흥시키는 데 결정적 구실을 한 인물이 되는 셈이다.

김언경 金彦卿

생몰년 미상. 신라 하대의 정치가·서예가. 무주武州 장사현長沙縣의 부수副守('제수制守'의 오기誤記라고 함)를 지내고 병부시랑·전중대감殿中大監을 역임했으며, 자금어대紫金魚袋를 하사받았다. 역임한 관직으로 보아 육두품 신분으로 여겨진다.

일찍이 장사현부수로 있을 때 보조선사普照禪師 체징體澄이 당나라에서 귀국하자 헌안왕의 명을 받아 다약茶藥을 받들고 가서 그를 맞았으며, 그 뒤 체징이 가지산파迦智山派를 개창한 후에는 재가제자在家弟子가 되어 사재私財로 철 2,500근을 사서 비로자나불毘盧舍那佛 한 구를 만들어 봉헌奉獻하는 등 선종구산 중 가지산파의 후원에 크게 노력하였다.

글씨를 잘 써 당대의 명필이라 불렸으며, 특히 행서行書에 능했는데 필법은 저수량褚遂良을 본받았다고 한다.

<보림사보조선사창성탑비寶林寺普照禪師彰聖塔碑>는 김원金遠과 함께 쓴 것인데, 처음에 김원이 머리에서 7행까지 해서楷書로 쓴 뒤 그만두자, 이어서 그가 7행의 선禪자 이하를 행서로 썼다. 그 필세는 '철근鐵筋과 같고 운치韻致가 횡일橫溢하는 신품神品이다.'라고 평가받고 있다.

그는 821년(헌덕왕 13) 신라인으로는 처음으로 당나라의 빈공과賓貢科에 합격한 김운경金雲卿과 동일인이라는 견해도 있다. 이뿐만 아니라 김언경과 김운경은 양자의 활동 상황을 감안할 때 별개의 인물로 보아야 할 것이며, 경명왕비 장사택長沙宅의 조부인 이찬伊飡 김수종金水宗(또는 邃宗)과 동일 인물일 가능성이 높다는 견해도 있다.

김입지金立之

생몰년 미상. 당나라에 파견되었던 신라의 유학생·문장가. <창림사무구정탑원기昌林寺無垢淨塔願記>와 <성주사낭혜화상백월보광탑비문聖住寺朗慧和尙白月葆光塔碑文>의 찬자撰者.

825년(헌덕왕 17)에 입조사入朝使 김흔金昕을 따라 당나라에 들어가 숙위宿衛한 김윤부金允夫·박양지朴亮之 등 12인의 유학생 중 한 사람이다. 이들은 당나라의 수도에 머물면서 숙위하고 국자감에 입학하면 홍로시鴻臚寺에서 양식을 대줄 것과, 먼저 유학하고 있던 최이정崔利貞·김숙정金叔貞 등을 돌려보내 주기를 청하니 당나라에서 들어주었다.

855년에는 한림랑翰林郎으로 추성군태수秋城郡太守에 있으면서 <성주사비문>을 제찬制撰하는 등, 9세기 중엽에 문한文翰 계통에서 크게 활약하였다. 특히, 안정복安鼎福은 《동사강목》에서 그가 함께 당나라에 들어간 김윤부·박양지와 더불어 당나라의 빈공과賓貢科에 급제한 것으로 추측하였다.

심지心地

생몰년 미상. 통일신라 중기의 고승高僧. 신라 41대 헌덕왕의 아들이다. 어릴 때부터 효심이 지극하였고, 우애가 있었으며 천성이 맑고 지혜로웠다. 15세에 머리를 깎고 출가하여 스승의 지도 아래 부지런히 불도佛道를 닦았다. 중악中岳(팔봉산八公山)에 있을 때 속리산의 영심永深이 진표율사眞表律師의 불골간자佛骨簡子(뼈에 경문을 새긴 것)를 이어받아 설법회說法會를 연다는 소식을 듣고 찾아갔으나, 제날짜에 도착하지 못했다는 이유로 참여를 허락받지 못하였다. 그러나 포기하지 않고 마당에서 참회하고 예배하였다. 7일째 되던 날에는 큰 눈이 내렸으나 그의 주위 사방 10자 가량은 눈이 내리지 않았으므로 놀란 승려들이 법당 안에서 예배할 것을 권하였다. 그러나 사양하고 병이라 핑계한 뒤 머물던 방으로 들어가서 법당을 향해 부지런히 예배하여 팔뚝과 이마에서는 피가 흘렀다. 그날부터 지장보살地藏菩薩이 매일 그를 찾아와서 위로하였다고 한다.

법회가 끝나 중악으로 되돌아가다가 옷섶 사이에 두 간자簡子가 끼어 있음을 발견하고 되돌아가서 영심에게 돌려주면서 그 사실을 밝혔다. 영심이 간자를 보관했던 함을 살펴보았더니 간자가 없었으므로 매우 이상히 생각하여 다시 간자를 겹겹이 싸서 감추었다. 심지가 또 가면서 보니 먼저와 같이 간자가 있었으므로 다시 되돌아가 이야기하였다. 영심은

"부처님의 뜻이 그대에게 있으니 그대는 그 뜻을 받들어라."

하며 간자를 주었다. 그는 간자를 머리 위에 이고 중악으로 돌아가서 마중 나온 산신山神과 두 선자仙子에게 정계正戒를 주었다. 그 뒤 산꼭대기에 올라가 서쪽을 향해 간자를 던져, 그 간자가 떨어진 수풀 속의 샘에 법당을 짓고 간자를 안치하였는데, 지금의 동화사桐華寺 첨당籤堂이 바로 그곳이다.

그 뒤 심지는 이 절을 중심으로 교화하였으며, 그 후의 행적이나 어느 왕때 왕사王師가 되었는지는 전해지지 않고 있다. 진표를 신라 법상종法相宗의 초조初祖로 볼 때 심지는 진표·영심을 잇는 제3조에 해당한다.

녹진祿眞

생몰년 미상. 신라 헌덕왕 때의 관리. 일길찬一吉飡 수봉秀奉의 아들이다. 23세에 벼슬하여 내외의 관직을 역임하다가 818년(헌덕왕 10)에 집사부執事部의 시랑侍郎이 되었다. 이때 인사문제로 고심하던 나머지 병을 얻은 상대등上大等 충공忠恭에게 인사정책의 요점을 제시, 인사는 마치 목수가 집짓는 것에 비유하며 적재적소에 기용해야 한다고 건의하였다. 그러면서

"관官에 이르면 청백하여야 하고, 일에 다다르면 공손하여야 하고, 뇌물의 거래를 막아야 하며, 지저분한 청탁을 멀리할 것이며, 출척黜陟을 분명히 하여야 하고, 주고 빼앗음을 사랑과 미움에 얽매어 하지 아니할 것이며, 저울대와 같이 경중을 숨길 수 없게 하여야 하고, 먹줄과 같이 곧은 것을 속이지 말아야 한다."

고 했다. 이러한 건의는 충공을 통해 헌덕왕과 왕자에게 받아 들여져 정책에 반영되었다.

822년(헌덕왕 14) 웅천주熊川州(지금의 공주公州)의 도독都督 김헌창金憲昌이 그의 아버지 주원周元이 왕위에 오르지 못함에 불만을 품고 반란을 일으켰을 때 난의 진압에 공을 세워 5등급인 대아찬大阿飡의 벼슬이 내려졌으나 사양하고 받지 않았다. 이로 미루어 신분이 육두품六頭品이었던 것으로 보인다.

김중공金仲恭

생몰년 미상. 신라 헌덕왕의 아우. 아버지는 소성왕, 어머니는 계화부인桂花夫人 김씨이다. 808년(애장왕 9) 당나라에 사신으로 갔다가 돌아오는 김역기金力奇를 통하여 당나라 덕종德宗으로부터 형 언승彦昇과 함께 귀족 가문에 장식하는 나무로 만든 문극門戟을 하사받았다.

그런데 김중공을 선강대왕宣康大王으로 추봉된 민애왕의 아버지 김충공金忠恭과 동일인물로 보는 견해도 있다.

김헌창金憲昌

?~822(헌덕왕 14). 신라 헌덕왕 때의 반란자. 아버지 이찬伊湌 김주원金周元
은 태종무열왕의 6세손으로 신라 제37대 선덕왕이 죽은 다음 왕위계승의
제1후보자였으나, 정치상황의 변동으로 인하여 이찬 김경신金敬信이 즉위
하여 원성왕이 됨으로써 김주원은 명주溟州로 퇴거하였다.

그 뒤 무열왕계를 대표하는 인물로 807년(애장왕 8)과 814년(헌덕왕 6) 1월
시중의 지위에 올랐으나 반대파으 요구로 곧 물러나게 되고, 무진주도독武
珍州都督·청주도독菁州都督·웅주도독熊州都督을 전전하면서 홀대를 받았다.
이에 세력을 규합한 김헌창은 822년에 웅주熊州(지금의 공주公州)에서 난을
일으켜 국호를 '장안長安'이라 하여, 연호를 '경운慶雲'이라 하여 새로운 국
가 건설을 기도하였으며, 한때 신라의 9주5소경九州五小京 가운데 4주3소경
을 장악하여 기세를 올리기도 하였으나, 한 달 만에 관군에게 패하여 웅주
에서 자살하였다.

대통大通

816(헌덕왕 8)~883(헌강왕 9). 신라 승려. 자는 태융太融. 속성은 박씨朴氏. 어
렸을 때부터 총명하여 제자백가諸子百家를 통달하였다.

뒷날 불경을 읽고 인생의 무상을 통감하고 출가하였으며, 845년(문성왕 7)
성린聖鱗으로부터 비구계比丘戒를 받았다. 그때 당나라에서 귀국한 동문의
선배 자인慈忍의 구도행求道行을 듣고 분발하여 석 달 동안 선정禪定을 닦았
다. 856년 사신을 따라 당나라의 앙산卬山으로 가서 징허澄虛를 스승으로
섬기면서 공부하였다.

그 뒤 황매黃梅의 심인心印을 받고 866년(경문왕 6) 귀국하여 월광사月光寺에
머무르면서 법요法要를 선양하였다. 명성이 천하에 퍼지자 경문왕이 칙서
를 내려 흠모의 뜻을 전하였다.

69세로 입적하였는데 탑호塔號는 대보선광大寶禪光이다. 충청북도 제원군
한수면 월광사의 옛터에 비석이 남아 있다. 시호는 원랑圓朗이다.

김헌장金憲章

생몰년 미상. 신라 헌덕왕의 아들. 당나라 순종順宗이 죽은 지 5년 후인 810년(헌덕왕 2) 10월에 순종의 명복을 빌기 위하여 금·은·불상·불경 등을 가지고 진위사陳慰使로 중국에 갔다.

명기明基

생몰년 미상. 신라 헌덕왕 때의 화랑. 822년(헌덕왕 14) 8월 웅주도독 김헌창金憲昌의 반란을 진압하기 위하여, 일길찬 장웅張雄 등을 파견할 때 종군을 청하여 그 낭도를 거느리고 황산黃山(지금의 충청남도 연산)으로 출전하였다.

박양지朴亮之

생몰년 미상. 신라 헌덕왕 때의 도당유학생. 숙위학생으로 당나라에 머물렀다. 신라 하대에는 도당유학생들이 오랫동안 당나라에 체류하면서 빈공과賓貢科에 급제하고서도 귀국하지 않는 사례가 많아, 신라조정에서는 당나라에 요청하여 이들을 강제 귀국시켰다.

825년(헌덕왕 17) 신라의 이러한 요청으로 박계업朴季業·최이정崔利貞·김숙정金叔貞 등 4명이 소환되었다. 이 때 박양지는 조공사朝貢使 김흔金昕을 따라 김윤부金允夫·김입지金立之 등 12인과 함께 당나라에 가서 박계업 등과 교체되어 숙위학생이 되어 당나라의 국자감에서 수학하였다. 그 뒤 빈공과에 급제한 것으로 추측된다. 귀국 후의 행적에 대해서는 전혀 알 수가 없다.

김충공 金忠恭

?~835(흥덕왕 10). 신라통일기의 정치가. 원성왕의 손자이며, 민애왕의 아버지이고, 혜충대왕惠忠大王으로 추봉된 인겸태자仁謙太子의 넷째아들이다.

817년(헌덕왕 9)부터 821년까지 약 4년간 집사부시중執事部侍中을, 822년부터 835년까지 약 13년간 상대등을 역임하였다. 그러므로 헌덕왕 13년에 죽었다는 《삼국사기》의 기록은 잘못이며, 흥덕왕 10년(835) 이후에 죽은 것으로 보는 것이 타당하다.

헌덕왕과 흥덕왕의 아우이기도 한 그는 이 두 왕 연간에 집사부시중과 상대등 등을 역임하면서 822년에는 김헌창金憲昌의 난을 진압하는 데 공을 세웠으며, 헌덕왕 때는 정사당政事堂에서 내외관內外官의 전주銓注를 맡아보면서 인사 문제의 실권을 맡는 등 당시 최고의 정치적 실력자로 군림하였다.

그의 딸은 희강왕의 비인 문목왕후文穆王后이며, 아들 명明은 희강왕을 자살하도록 하고 스스로 민애왕으로 즉위한 것이다.

민애왕은 즉위한 뒤 아버지인 김충공을 선강대왕宣康大王으로, 어머니인 귀보부인貴寶夫人을 선의태후宣懿太后로 추봉하였다. 《삼국유사》에서는 선강대왕을 선강갈문왕宣康葛文王으로 부르고 있다.

백영 白永

생몰년 미상. 신라 헌덕왕 때의 지방관. 우잠牛岑(지금의 황해도 금천군)의 태수였다. 신라는 삼국통일 후 예성강 이북의 북방개척에 힘을 기울였다.

782년(선덕왕 3)에 패강진을 설치한 이래 군현을 증설하여 헌덕왕 때에는 취성군取城郡(지금의 황해도 황주) 및 영현領縣 세 곳을 신설하였다.

우잠태수로 있었던 그는 826년(헌덕왕 18) 7월에 한산漢山 이북의 주민 1만명을 징발하여 패강장성浿江長城 300리를 쌓는 데 공헌하였다. 이는 대동강 이남에 대한 영유권을 발해의 위협으로부터 지키기 위한 방책으로 여겨진다.

숭정崇正

생몰년 미상. 신라 헌덕왕 때의 관리. 관등은 급찬級飡이었다. 812년(헌덕왕 4) 9월에 발해에 사신으로 파견되었다. ≪삼국사기≫에 의하면 790년(원성왕 6)에 일길찬一吉飡 백어伯魚에 이어 2차로 발해에 사신을 파견한 것으로 되어 있다. 이는 신라와 발해의 외교적 접근을 시도한 것으로 드문 기록이다.

● 헌덕왕 시대의 세계동향

▶ 동양
810년 1월 중국은 왕승종王承宗을 쳐서 이기지 못함
811년 12월 대신 이강 죽음
813년 이길보李吉甫 육대략六代略 등을 지어 올림
814년 윤7월 창의절도사 오소양吳少陽 죽음, 10월 이길보 죽음
816년 1월 왕승종王承宗을 침
820년 2월 토번吐藩 쳐들어옴
824년 2월 중국 목종穆宗 죽음

▶ 서양
810년 12월 프랑크 왕국의 카알 네인족을 토벌
811년 12월 동로마 황제 미카엘 1세 즉위 – 813년까지
813년 동사라센 7대 칼리프 마문 즉위 – 833년까지
814년 10월 동로마 황제 레오 5세 불가리아군을 격퇴
820년 10얼 동東로마 홍제 미카엘 2세 즉위 – 829년까지
825년 7월 웨섹스 왕 에그버트, 미아샤 왕을 격파

● 헌덕왕릉

돌사자가 땀을 흘리다

전해오는 말에 '북천 상류에 큰물이 지면 냇거랑을 사이로 둔 분황사탑의
인왕상과 헌덕왕릉 돌사자가 서로 물이 자기 쪽에 못 오도록 용쓴다고 땀
을 흘렸다.' 한다.

헌덕왕憲德王은 신라 41대 왕이다. ≪삼국사기≫에 '왕이 18년(826) 10월
에 돌아가시니 시호를 헌덕憲德이라 하고 천림사泉林寺 북쪽에 장사하였다.'
라고 기록되어 있다. 또 ≪삼국유사≫ 왕력편에는 '성은 김씨요, 이름은 언
승彦昇이니 소성왕昭聖王(39대)의 아우이다. 왕릉은 천림촌泉林村 북쪽에 있
다.' 고 했다.

천림사泉林寺나 천림촌泉林村의 정확한 위치는 모르지만 능의 남동쪽에 절
이 있었음은 틀림없다.

20여 년 전, 북천 하류의 자갈 모래를 채취한 이래 큰물이 져서 물살이 강
바닥이 많이 패였을 때 탑돌과 주춧돌, 다듬은 돌 등이 드러났다. 유물이 가
능하면 원위치에 둬야 진가를 발휘하기 때문에 내의 북쪽 높은 곳에 땅을
고루어 울타리를 치고 냇바닥의 석조유물들을 모아서 보존하였다.

그러나 도난의 우려가 있고, 강변도로를 북쪽으로 내면서 박물관으로 옮
기지 않을 수 없어 지금은 그나마 절터의 흔적을 알아 볼 수 없다.

또한 능 북쪽에는 수원이 풍부한 오래된 샘이 있으니 '지통地通우물' 또는
'동천東泉'이라 부른다. 보문저수지를 막은 1950년대 후반부터는 옛날같이
물이 많이 나오지 않고, 지금은 시멘트로 덮어 씌워두고 양수기로 물을 퍼
내어 쓰고 있다. 이와 같이 서라벌 동쪽에 물 좋은 샘이 있고 부근에 절이
있었으니 절 이름은 천림사泉林寺이고 마을 이름은 천림촌泉林村이 아니었
겠는가?

조선시대 편찬(1481년) 된 ≪동국여지승람≫에는 '헌덕왕릉은 부府의 동쪽
천림리천림촌泉林里에 있다' 고 했다. 이런 기록들을 종합하여 볼 때 경주

동쪽 동천동에 있는 이 무덤이 헌덕왕릉임을 알 수 있다.

지금 국립경주박물관에 있는 성덕대왕신종(에밀레종)은 봉덕사종이라고도 한다. 이 종이 있던 봉덕사奉德寺가 북천 가에 있었는데 홍수가 나서 절은 떠내려가고 종만 반쯤 묻힌 것을 영묘사로 옮겼다고 했다. 북천은 홍수로 인한 범람이 심했으며 또한 상류는 경사가 급한 편이라 급류가 밀어닥친 적이 많았음은 지금 능의 동쪽 300m지점에 남아 있는 '알천수개기閼川修改記'가 잘 말해주고 있다.

이 능이 본래는 신라왕릉의 완비된 모양새를 갖추고 있었는데 언젠가 홍수로 인한 급류에 능 남쪽 부분이 휩쓸려 떠내려가고 무너졌다. 떠내려간 난간 기둥 돌 도막을 주워 옮겨, 정원에 세워둔 집도 있다.

없어진 호석과 바깥의 기둥돌·난간돌·바닥돌 등은 1977년 다시 만들어 끼우고 세우고 깔았다.

능의 밑지름은 27m, 높이 5.7m인데 아래 부분은 판석板石으로 병풍을 둘린 것처럼 호석護石을 돌렸다. 판석을 지탱하는 돌못은 모두 48개이고 3개 건너 하나씩 12지상을 새겼는데 지금 남은 것은 5개이다. 북쪽의 쥐[자子]상, 북동의 소[축丑]상, 동북의 범[인寅]상, 동쪽 토기[묘卯]상, 북서쪽 돼지[해亥]상이 남아 있다. 이들 상은 사람 몸뚱이에 짐승 얼굴을 하고 있는데 복장은 김유신장군묘의 십이지상과 같은 평복平服이고 조각 솜씨는 우수한 편이다.

그 외의 석물은 제자리에 없지만, 지금도 능 남쪽이 1m 넘게 낮아 본디 이 앞에 있던 문인상·무인상·석사자상·석 등이 유실되었음을 알 수 있다.

지금 경주고등학교 정원에는 이 능 부근에서 옮겨다 놓았다는 무인석의 머리부분이 있다. 다른 냇돌에 많이 부딪쳐 닳았지만, 괘릉이나 흥덕왕릉의 무인석과 같이 머리를 동여맨 넓은 띠가 뒤로 늘어뜨려 있다.

또 분황사 모전석탑 기단 위에 돌사자 두 마리가 남서와 북서 방향으로 안치 되어 있는데, 헌덕왕릉의 것을 옮겨 왔다고 한다. 사실 그럴 것이다. 그 이유로 첫째 삼국시대는 탑 주위에 돌사자를 배치한 예가 없다는 것이고, 둘째는 이 사자의 조각솜씨와 석질石質이 탑 1층 사방에 새겨진 금강역사상

(인왕상)과 다른 점이다. 셋째는 성덕왕릉이나 괘릉 주위에 배치된 돌사자와 이 돌사자의 분위기가 흡사하다는 점이다.

또 하나 여기에 있던 향로석을 국립경주박물관으로 옮겼는데 이에 관해 학예연구실의 박방룡 연구사는 다음과 같이 기술記述하고 있다.

이 유물은 석상石床, 또는 배례석拜禮石이라 흔히 부르고 있으나 석상으로 보기에는 중앙의 연화문이 도드라져서 음식을 차려놓을 수 없을 뿐 아니라 크기(길이 80cm, 높이 42cm, 높이 35cm)가 왕릉의 부속시설인 석상으로 인정하기에는 너무 소형이다.

또한 배례석으로 보기에는 받침대 위에 안상문이 사방에 투각되어 있어서 사찰에 사용되는 일반형의 배례석과 흡사한 형태이지만 발견 장소가 왕릉인 점으로 보아 둘 다 가능성이 없다.

어떤 학자는 이 향로석이 왕릉 앞에 놓여 있었기 때문에 석상으로 보았던 것 같으나 홍수로 인해 북천이 범람하여 봉토의 남쪽 일부와 석난石欄과 호석 등이 유실될 때 대형의 석상도 함께 없어지고 향로석만 남아 있었던 것을 후대에 석상 대신으로 이용하였던 것으로 추정된다.

이 향로석은 1977년 10월 무렵 헌덕왕릉의 복원공사 할 당시 사찰에 쓰이는 배례석으로 오인하여 국립경주박물관으로 옮겨지게 되었으며 지금 남쪽 정원에 전시 중에 있다.(≪박물관 신문≫278호)

이런 여러 증거물로 미뤄보면 헌덕왕이 돌아가신 후, 왕위에 오른 동생인 흥덕왕興德王(42대)이 형을 위하여 왕실의 위엄을 드러내기 위해 12지상의 호석·돌난간·상석·향로석·무인석·문인석 등이 완비된 능을 축조한 것임을 알 수 있다.

● 헌덕왕대의 정치상황

신라, 사회불안 고조
굶주림과 질병에 시달린 백성들 곳곳에서 봉기
금성은 진골 귀족들의 정쟁政爭으로 혼란

신라의 정정이 왕위 다툼으로 불안한 가운데 민생고는 갈수록 심각해지고 있다. 국가의 부는 진골 귀족들에게 독점되어 있으며 백성들의 생활은 날로 피폐해지고 있다.

816년(헌덕왕 8) 흉년 때는 중국 양자강 하류의 절동浙東에까지 먹을 것을 구하러 간 굶주린 백성이 170명이나 됐고, 821년(헌덕왕 13) 봄에는 굶주려 자식을 팔아 끼니를 이어나가는 백성들까지 나왔다. 833년홍덕왕 8 10월에는 악성 전염병까지 창궐, 민중의 참상은 이루 말할 수 없을 지경이다.

극심한 식량난에 허덕이는 신라인들 중에는 도적이 되어 봉기를 일으키는 사람도 속출하고 있다. 816년에 도적이 봉기했으며 819년 초적이 들고 일어났다. 또 832년(흥덕왕 7) 8월에는 거의 모든 곳에서 도적이 들끓고 있는 실정이라 보고됐다.

신라, 응천주 도독 김헌창 반란
국호 '장안', 연호 '경운'... 나라까지 세워
네 개주 도독, 여러 수령들 자기 휘하에

822년(헌덕왕 14) 3월 김헌창은 아버지가 억울하게 왕위에 오르지 못한 것에 불만을 품어오다 마침내 난을 일으켰다.

김헌창은 아예 나라까지 세워 국호를 '장안長安', 연호를 '경운慶雲'이라 하고 무진·완산·청주·사벌의 4주 도독과 국원경(충주)·서원경·금관경의 장관인 사신들 그리고 여러 군현의 수령을 협박하여 자기 소속으로 삼는 등 세력을 크게 확장시켰다.

김헌창의 반란을 보고받은 중앙정부는 왕궁에 대한 수비를 강화한 후 진압군을 출동시켜 김헌창 반란군을 진압했다.

중앙군과의 대결에서 겨우 몸을 빼낸 김헌창은 웅진성 안으로 숨어 버텨보았지만, 중앙 관군의 포위가 10일째 되는 날 성이 함락의 위기에 처하자 자살했다. 김헌창의 부하들은 김헌창의 머리를 잘라 몸과 분리하여 파묻었는데, 진압군은 숨겨진 김헌창의 시신을 찾아내 다시 베고 그 종족과 무리 299명을 처형했다.

신라, 발해진출에 위협 대동강에 장성 축조

발해의 영토가 사방으로 확장될 뿐 아니라 남으로 대동강 유역까지 압박해 들어옴에 따라 이에 위협을 느낀 신라는 발해의 진출에 대응하기 위하여 대동강변에 장성을 축조했다.

826년 7월 신라는 우잠牛岑 태수 백영에게 명해 한산주의 북쪽 지방에 사는 사람들 1만 명을 징발하여 대동강에 3백리나 되는 장성을 쌓았다.

● 발해의 약진

발해, '최고의 융성기'
당나라 혼란 틈타 활발한 영토 확장
요동 · 요하 · 송화강 일대 지배, 주변국 '해동성국' 칭송

발해가 모든 면에서 융성, 신라의 국력을 앞지르고 있다. 9세기 전반 당나라가 이사도의 난으로 혼란, 819년에는 이사도의 난을 평정하기 위하여 신라의 군대마저 징발하자 이때를 틈타 선왕은 영토 확장에 나서고 있다.

선왕은 흑수말갈을 비롯한 대부분의 말갈 세력을 복속시키고 요동 지방의

소고구려국을 병합해 요하 유역까지 진출하고, 818~820년 경에는 신라 지역으로까지 세력을 뻗쳤다.

선왕의 적극적인 영토 확장으로 현재 발해는 남쪽의 서부의 대동강 유역에서 동부의 금아 용흥강 부근에 이르는 선을 경계로 신라와 접했으며, 또 동쪽으로 멀리 연해주 하바로프스크에 이르는 일대, 서남쪽으로는 요하 하류지방을 포함한 지역까지 세력을 확장했다. 북쪽은 흑룡강 일대와 송화강의 중·하류를 다 포괄할 정도로 영토가 확장됐다.

현재 주변의 국가들은 발해를 '동쪽의 융성한 나라'라고 부르고 있다.

번성하는 발해의 경제, 그 현장을 가다
농업, 수공업, 광업, 목축, 어업, 수렵 등 모든 면에서 고른 발전

발해는 국토가 넓은 만큼 기후와 식생이 다양하고 따라서 경제적으로 각 분야가 고르게 발전하기 있다. 이는 발해 지역의 특산물로 중국에까지 그 명성을 날리고 있는 것을 열거해보면 알 수 있다.

태백산의 토끼·남해부의 해태·책성부의 된장·부여부의 사슴·막일부의 돼지·솔빈부의 말·현주의 포·옥천의 목면·용주의 명주·위성의 철·노성의 쌀·미타호의 붕어·환도의 오얏·낙유의 배 등이 그것이다.

현재 발해는 농업, 수공업, 어업, 수렵, 목축업이 모두 상당히 발전하여 사회 경제가 전대미문의 번영을 누리고 있다.

지역적으로 발해의 산업 분포를 살펴보면 서부와 남부는 주로 농업 지구, 동부의 핵심지대는 농업과 어업·수렵·목축이 서로 결합된 지구이다. 북부의 거주민들은 주로 어업·수렵 및 목축에 종사하고 있으며 농업도 일부 지역에서 어느 정도 발달하고 있다.

발해의 특산물, 중국에서도 큰 인기

발해의 사회 경제에서도 역시 가장 중요한 분야는 농업이다. 농업 생산에 철기가 보편적으로 이용되어 보습·낫·가래 등이 사용되고 있으며, 우경이 행해지고 있다. 농작물에는 조·보리·피·콩·벼가 있는데, 평원과 산간 및 반산간의 건조한 지역에는 주로 가뭄에 강한 조·보리·피·콩을 심는다. 책성(훈춘)에서는 큰 콩으로 된장을 만들어 유명하며, 노성(화룡일대)은 쌀의 산지로 이름을 날리고 있다. 과수와 원예작물도 발전하여 환도의 오얏이 유명하고 낙유에서는 배와 채소가 재배된다.

수공업도 발전했다. 발해는 기후가 한랭하기 때문에 삼·털·멧누에실이 생산된다. 현주 일대는 유명한 마포 생산지며 남부와 동부에서는 멧누에를 길러 고치로부터 실을 뽑아 솜을 만드는데, 이 실로 각종의 비단을 짜서 귀족의 생활에 주로 이용한다.

도자기를 만드는 기술 또한 발달하여 다양하고 뛰어난 제품을 많이 만들고 있다. 발해로부터 도자기를 받은 중국 황제는 이를 옆에 두고 지낼 정도이다.

발해에서는 철, 동, 금, 은 등의 광물이 생산되고 있다. 발해인들은 철을 제련하는데 능숙하다. 그들은 철로 보습·가래·삽·낫·칼·끌·대패·창·검·화살촉·투구·갑옷비늘·재갈멈치·솥·향로·못·가위·자물쇠·문저귀·수레바퀴·굴렁쇠 등 못 만들어내는 것이 없을 정도로 제련기술이 정교하다. 위성(함경북도 무산일대)은 유명한 철 산지이다.

목축과 어업, 수렵은 발해 경제생활에서 중요한 비중을 차지하는데 특히 동부와 북부에서 더욱 그렇다. 발해는 돼지·말·소·양을 대량으로 사육하고 있다. 돼지는 전국에서 가장 많이 생산되는데 부여의 옛 땅인 막힐부에서 생산되는 돼지가 가장 유명하다. 말은 발해에서 사육되는 가축 중에서 가장 유명한 것으로 전국적으로 사육되고 있다.

발해의 무역 확장과 경제의 발전은 양마업의 발달을 촉진시켰고, 마침내 솔빈부가 말의 생산 지역으로 유명하게 된 것이다. 말은 국방·생산·교통에 사용될 뿐만 아니라 중국으로 수출되거나 공물로 바쳐지기도 한다. 그밖에도 소와 양이 비교적 보편적으로 사육되고 있다.

어업·수렵은 발해인의 경제생활에서 중요 위치를 차지하고 있다. 동부·북부의 반 산간 지역·산간 지역 및 강과 호수가의 말갈인들은 주로 어업·수렵에 종사한다. 수렵에서 주로 잡는 날짐승들에는 매·꿩이 있다. 또 짐승들에는 담비·사슴·호랑이·표범·곰·말곰·멧돼지·쥐·흰토끼·사향노루 등이 있다. 다미비 가죽은 광택이 있고 깨끗하며 가볍고 유연할 뿐 아니라 보온이 잘 되는 것으로 아주 유명하다. 태백산의 흰토끼도 유명한 특산물이다. 부여부에는 평원에 관목이 우거지고 수토가 무성하여 사슴들이 번식하기에 적당하다. 따라서 수렵하기에도 편리하여 부여의 사슴이 아주 유명하다.

중 · 일과 무역 활발, 중국은 '발해관' 설치, 무역업무 처리

발해는 중국 및 일본과 교역을 하고 있다. 외교상의 왕래와 무역의 필요에 따라 당나라는 등주에 발해관을 설치하여 발해 사신을 접대하고, 무역업무를 처리하도록 했다.

발해가 중국으로 수출하는 상품은 담비·호랑이·표범·곰·밀곰·토끼·쥐 등의 가죽, 인삼·우황·백부자·사향·꿀 등의 약재, 고래·마른 문어·매·말·양·포·명주·구리 등이다.

일본과의 교역에서 발해는 담비 가죽·호랑이 가죽·표범 가죽·인삼·꿀을 보냈고 일본은 발해에 비단·실·포·황금·수은·수정염주·부채 등을 수출한다.

42

헌덕왕의 동생 살상 협력으로
얻은 왕위, 왕비와 아들을 잃은
것은 우연이 아닌 듯 하다

흥덕왕

新羅王朝實錄

흥덕왕 興德王
김씨 왕 27대

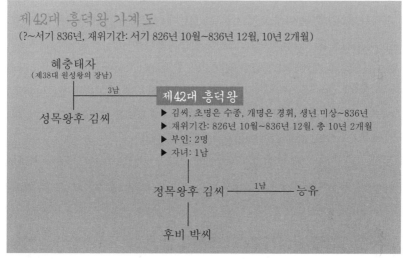

제42대 흥덕왕 가계도
(?~서기 836년, 재위기간: 서기 826년 10월~836년 12월, 10년 2개월)

혜충태자
(제38대 원성왕의 장남)

──── 3남

성목왕후 김씨

제42대 흥덕왕

▶ 김씨, 초명은 수종, 개명은 경휘, 생년 미상~836년
▶ 재위기간: 826년 10월~836년 12월. 총 10년 2개월
▶ 부인: 2명
▶ 자녀: 1남

정목왕후 김씨 ──── 1남 ──── 능유

후비 박씨

 ?~836(흥덕왕 11). 신라 제42대 왕. 재위 826~836. 성은 김씨金氏, 이름은 수종秀宗·경휘景暉·수승秀升. 헌덕왕憲德王의 동생으로, 아버지는 원성왕元聖王의 큰 아들인 혜충태자惠忠太子 인겸仁謙이며, 어머니는 성목태후 김씨聖穆太后 金氏이다.
 할머니는 각간角干 신술神述의 딸인 숙정부인淑貞夫人金氏이다. 비妃는 소성왕昭聖王의 딸인 장화부인 김씨章和夫人金氏로 즉위한 해에 죽으니 정목왕후定穆王后로 추봉되었다. 흥덕왕의 정치적 입장은 헌덕왕의 그것과 대체로 비슷하였다.
 804년(애장왕 5) 시중侍中에 임명된 것으로 미뤄볼 때, 언승彦昇(뒤의 헌덕왕)과 함께 애장왕哀莊王대의 개혁정치를 주도했다고 생각된다.
 809년 언승이 애장왕을 몰아내고 왕위에 오르는데 공을 세웠고, 헌덕왕대의 정치에 깊이 관여하였다.

819년(헌덕왕 11) 상대등上大等에 임명되었고, 822년에는 부군副君이 되어 월지궁月池宮에 들어감으로써 왕위계승의 기반을 마련하였다. 즉위하면서 흥덕왕은 애장왕대로부터 이어지는 일련의 정치개혁을 시도하였다.

827년(흥덕왕 2)에 명활전明活典을 설치하였다. 또는 그것이 914년(신덕왕 3)에 설치되었다는 설도 있다. 829년에는 원곡양전源谷羊典을 설치했으며, 집사부執事部를 집사성執事省으로 고쳤다. 이때의 개혁은 귀족세력의 억제와 왕권강화를 위한 것이었으며, 헌덕왕대의 김헌창金憲昌의 난亂을 마무리 짓는 조처인 것으로 알려져 있다.

흥덕왕대의 개혁은 이에 그치지 않고 834년에 모든 관등官等에 따른 복색服色·거기車騎·기용器用·옥사屋舍 등의 규정을 반포하였다. 이 규정은 왕이 당시 사치풍조를 금지시키기 위해 발표한 것이지만, 귀족들의 요구에 의해 골품骨品 간의 계층구별을 더욱 엄격히 하고자 취해졌다. 특히 이 규정의 내용은 진골眞骨과 육두품六頭品을 비롯한 여하의 귀족이나 평민과의 차별을 더 뚜렷이 하고 있다는 점에서, 진골세력에 대한 배려를 깊이 깔고 있다.

이와 아울러 835년에 김유신을 흥무대왕興武大王으로 추봉하였다. 이는 김헌창의 난 평정에 공을 인정받은 김유신 후손들의 현실적인 세력을 배경으로 취해진 조처이다.

그 밖의 치적으로 변방에 진鎭을 설치한 것과 불교에 대한 관심을 들 수 있다. 흥덕왕은 앵무새에 대한 노래를 지었다고 하는데, 현재 그 가사는 전하지 않는다. 836년 12월에 죽었다. 장지는 지금의 경주시 강서면 육통리에 있는 장화부인(정목왕후)와 합장된 흥덕왕릉興德王陵이다.

826년에(흥덕왕 원년) 그해 11월에 비 장화章和 부인이 세상을 떠나자 정목定穆 왕후로 추봉하였다. 장화 부인의 성은 김씨金氏로 소성왕의 딸이었다. 흥덕왕은 정목 왕후를 잊지 못하여 슬퍼하고 즐거워하지 않으므로 군신들이 상소하여 다시 비를 맞을 것을 청하니 흥덕왕은 말하기를

"한 마리 새가 짝을 잃는다 하더라도 슬퍼하는 데 하물며 사람으로서랴. 좋은 배필을 잃었으나 어찌 그 마음을 참지 못하고 다시 아내를 맞을 것인가."

하고 그 말을 좇지 아니하였다. 또한 여자를 대함에 있어 친근하게 하지 않고 좌우에서 심부름 하는 이들은 다만 벼슬관들을 세워 할 따름이었다.

827년(흥덕왕 2) 정월에 왕은 친히 내을신궁에 제사를 지냈다. 당의 문종文宗은 전왕이 세상을 떠났다는 말을 듣고 정사를 폐하고 태자좌유덕겸어사중승太子左諭德兼御史中丞 원적源寂에게 명하여 절조를 갖고 조제토록 하고 사왕嗣王을 책봉하여 개부의동삼사검교대위사지절대도독계림주제군사겸지절충녕해군사신라왕開府儀同三司檢校大尉使持節大都督雞林州諸軍事兼持節充寧海軍使新羅王으로 삼고 왕의 어머니 박씨朴氏를 대비로 삼고 아내 박씨朴氏를 비로 삼았다. 3월에 고구려 승려 구덕丘德이 당나라에 들어갔다가 불경을 가지고 왔으므로 왕은 모든 절의 승려를 모아 그를 마중하도록 하였다. 5월에는 서리가 내리고, 8월에는 태백성이 낮에 나타나 보이고 서울에는 큰 한재가 들었다. 시중 영공이 퇴직하였다.

828년(흥덕왕 3) 정월에 대아찬 김우징을 시중으로 삼았으며, 2월에는 사신을 당으로 파견하여 조공하였다. 3월에 눈이 3척이나 쌓았다. 4월에 청해진淸海鎭(현 완도莞島)를 궁복弓福(장보고張保皐)으로 삼았다. 그는 먼저 당의 서주徐州로 들어가서 군대의 부장副將이 되었다가 뒤에 귀국하여 왕을 배알하므로 왕은 군사 1만 명으로서 청해를 진수하도록 하였다.

이때 한산주 표천현瓢川縣(현 파주坡州)의 한 요사스러운 인물이 빨리 부자가 되는 재주가 있다고 말하며 많은 사람들을 현혹하였다. 왕은 이말을 듣고 이에 혹하는 무리들을 잡아 처형하였는데 이는 선왕의 법도이다. 또 요사한 자 밑으로 들어간 무리를 먼 섬으로 보내 버렸다.

12월에 사신을 당으로 파견하고 예물을 보내니 당 문종은 사신을 인덕전으로 불러들여 연회를 베풀었다. 이때 사신으로 갔다가 돌아온 대렴이 차茶의 종자를 가지고 왔으므로 왕은 이를 지리산地理山에 심게 하였다. 차는 이미 선덕왕 때부터 있었으나 이때에 이르러서야 성하게 되었다.

829년(흥덕왕 4) 2월에 당은군唐恩郡(현 화성시 남양南陽)을 당성진唐城鎭으로 바꾸고 사찬 극정極正으로 하여금 나아가 지키게 하였다.

830년(흥덕왕 5) 4월에 왕이 병환으로 평안하지 못하자, 도승 150명이 불공을 드렸다. 12월에는 사신을 당으로 파견하여 조공하였다.

831년(흥덕왕 6) 정월에는 지진이 있었다. 시중 우징을 면직하고 이찬 윤분允芬을 시중으로 삼았으며, 2월에는 왕자 김능유金能儒와 아울러 승려 9명을 당으로 파견하였다. 7월에는 당에 들어갔던 진봉사進奉寺 능유 등 일행이 돌아오다가 바다에 빠져 죽었다. 11월에 다시 사신을 파견하고 예물을 보냈다.

832년(흥덕왕 7)에는 봄에 이어 여름까지 한재가 들어 거둘 농작물이 없으므로 흥덕왕은 정전正殿을 피하고 또한 식사를 감하며 내외의 죄수를 대사하였는데 7월에 이르러서야 비가 내렸다. 흉작으로 인하여 8월부터는 기근이 심하였고 도적 또한 많이 일어났다. 이에 흥덕왕은 10월에 사자를 파견하여 백성들을 위문하였다.

833년(흥덕왕 8) 봄에도 신라에 큰 기근이 들었고, 왕은 4월에 시조 묘를 배알하였다. 10월에는 복숭아와 자두의 꽃이 다시 피었고 백성들이 나쁜 병으로 많이 죽는 등 좋지 않은 일이 계속하여 일어났다. 11월에 시중 윤분이 퇴직하였다.

834년(흥덕왕 9) 정월에 우징을 다시 시중으로 삼았다. 9월에 왕은 서형산 아래로 행차하여 열병을 실시하고 무평문武平門에 출어하여 사격하는 것을 관람하였으며, 10월에는 남쪽의 주군으로 순행하여 노인 및 환과고독을 위문하고 곡식과 베를 하사하였다.

835년(흥덕왕 10) 2월에 아찬 김균정金均貞을 상대등으로 상대등으로 삼았으며, 시중 우징은 부친 균정이 재상이 되자 글을 올려 해직을 청하였다. 이는 혈연 관계인 이들이 같은 관서에서 일하지 못하도록 했던 신라의 관례에 따른 것으로 풀이된다. 또한 대아찬 금명金明을 시중으로 삼았다.

836년(흥덕왕 11) 정월 1일에 일식이 있었다. 왕자 김의종金義琮을 당으로 파견하고 겸하여 숙위하게 하였다. 6월에 패성이 동쪽으로 흘러갔으며 7월에는 태백성이 달을 범하였다. 12월에 왕이 서거하므로 흥덕이라 시호하였고 조정은 왕의 유언을 따라 정목 왕후의 능에 합장하였다.

● 흥덕왕대의 사람들

극정極正

생몰년 미상. 신라 흥덕왕 때의 무관. 벼슬은 사찬沙飡이었다. 829년(흥덕왕 4) 2월 지금의 남양南陽 근처인 당은군唐恩郡을 당성진唐城鎭으로 만들고 그에게 나가 지키게 했다.

김능유金能儒

?~831(흥덕왕 6). 신라 흥덕왕의 왕자. 831년 2월에 진봉사進奉使로서 승려 9인을 데리고 당나라에 파견되었는데, 같은 해 7월에 소임을 마치고 귀국하는 도중 바다에서 익사하였다.

김의종金義琮

생몰년 미상. 신라 흥덕왕의 왕자. 문성왕의 7촌 숙부이다. 836년(흥덕왕 11) 1월에 사은사를 겸한 숙위宿衛로 당나라에 파견되었다.

그는 당시 원성왕계의 왕자로서 김제륭파金悌隆派와 김우징파金祐徵派의 왕위쟁패전에 밀려 외유생활을 강요당했다가 837년(희강왕 2) 4월에 귀국하였다. 840년(문성왕 2) 1월에 문성왕과의 혈연관계로 시중侍中에 임명되어 정치적 시련 속에서 왕을 도와주다가 3년 만인 843년 1월 병으로 물러났다.

손순孫順

생몰년 미상. 신라 흥덕왕 때의 효자. 일명 '손순孫舜'이라고도 한다. 모량리牟梁里 사람으로 아버지는 학산鶴山, 어머니는 운오運鳥이다. 아버지가 죽자 아내와 더불어 남의 집에 품을 팔아 얻은 곡식으로 늙은 어머니를 봉양

하였다. 어린 자식이 늘 어머니의 음식을 빼앗아 먹으므로 민망히 여긴 그는 부인에게 이르기를

"아이는 또 얻을 수 있으나 어머니는 다시 얻기 어렵다."

고 하면서, 자식을 버려서 어머니의 배를 부르게 하려 했다. 아이를 업고 취산醉山 북쪽 교외로 가서 묻기 위해 땅을 파다가 기이한 돌종[석종石鐘]을 얻었다. 부부가 이상히 여겨 나무 위에 걸고 두드려보았더니 그 소리가 은은하였다. 이 이물異物을 얻음은 아이의 복으로 생각한 그들은 자식을 업고 종을 가지고 집으로 돌아왔다. 종을 들보에 달고 두드리니 그 소리가 대궐에 들리었다. 왕이 종소리를 듣고 사자를 보내어 조사하여 그 사유를 자세히 알고는

"손순이 아이를 묻으려 하매 땅이 석종을 솟아내었으니 효는 천지에 귀감이 된다."

라고 하였다. 효행에 대한 포상으로 집 한 채와 해마다 벼 50석을 받았는데, 뒤에 그는 옛 집을 희사하여 절을 삼아 홍효사弘孝寺라 하고 석종을 안치하였다. 손순은 무산茂山 대수촌장大樹村長인 구례마俱禮馬의 후손이다. 모량부 손씨인 그는 비록 가세가 기울었으나 6두품 귀족 신분이었다. 신라사에 손씨로서 진평왕의 후비인 승만부인僧滿夫人이 있고, 그밖에 역사적으로 활동한 인물로 이름이 전하는 것은 손순이 거의 유일하다.

윤분允芬

생몰년 미상. 신라 흥덕왕 때의 시중. 이찬伊湌의 관등으로서 831년(흥덕왕 6) 1월에 김우징金祐徵에 이어 시중에 임명되어 833년 11월까지 2년 10개월 동안 재임하였다.

그의 재임기간 동안 입당사절의 익사·한발·기근·질병 등 계속해서 천변지이天變地異가 일어났으므로 이로 인하여 사직하였다.

홍척洪陟

생몰년 미상. 신라 흥덕왕 때의 고승. 호는 홍직洪直. 실상산문實相山門의 개산조開山祖. 실상화상實相和尙·남한조사南韓祖師라고도 한다. 중국의 남종 혜능慧能 계통으로 마조馬祖의 고제자였던 지장智藏으로부터 선법을 익히고 그 법통을 받아왔다.

최치원崔致遠이 지은 경상북도 문경 봉암사鳳巖寺 지증대사탑智證大師塔의 비문에서 '북산北山에는 도의道義요 남악에서는 홍척'이라고 한 것으로 보아 826년(흥덕왕 1)에 귀국한 그보다 5년 앞서 821년(헌덕왕 13)에 귀국한 도의는 설악산을 근거로 하여 신라의 북방에서 선법을 펴고 있었고, 그는 남쪽인 지리산에 자리잡고 활동하였음을 알 수 있다.

도의와 더불어 당시 남북을 대표하는 고승이었으며, 우리나라 선불교의 선구자이기도 하다. 828년 지리산 실상사實相寺를 창건하였는데, 구산선문의 하나인 실상산문은 여기에서 비롯되었다.

《경덕전등록》 권11에 그의 법통을 이은 이로 흥덕대왕과 선강태자宣康太子가 있다는 기록으로 보아, 당시 왕족의 귀의를 받아 선풍을 크게 드날렸음을 알 수 있다.

문하에 수철秀澈이 있어 실상산문을 크게 일으켰다. 탑명은 응료凝寥이다. 탑과 비는 실상사에 있으며, 각각 보물 제38·39호로 지정되어 있다. 시호는 증각證覺이다.

최행적崔行寂

832년(흥덕왕 7)~916년(신덕왕 5) 중. 본관은 하남河南(하동河東), 패상佩常의 아들. 해인사海印寺에서 경론輕論을 연구한 뒤 847년(문성왕 9) 복천사福泉寺에서 구족계具足戒를 받고 굴산堀山의 통효通曉에게 불법을 배웠다.

870년 당나라에 가서 15년 동안 가거 명산을 돌아다니며 수도, 석상경제石霜慶諸에게서 심인心印을 받았다. 885년(헌강왕 11) 귀국, 효공왕 때 국사國師가 되고, 915년(신덕왕 4) 석남산사石南山寺의 주지로 있다가 죽었다.

시호는 낭공朗空, 탑호塔號는 백월서운白月栖雲. 봉화奉花 태자사太子寺에서 김생金生의 집자集字로 된 비가 세워졌다가 지금은 경복궁에 보존되어 있다.

대렴 大廉

벼슬은 대신大臣. 828년(흥덕왕 3) 당나라에 사신으로 갔다가 귀국할 때 차茶의 종자를 가져와 지리산地理山에 심게하여 전국적으로 차가 보급되었다.

김개청 金開淸

835년(흥덕왕 10)∼930년(경순왕 4) 중. 본관은 경주慶州. 유차有車의 아들. 어려서는 유학儒學을 공부하다가 출가出家하여 화엄사華嚴寺에서 중이 되고, 강주康州 엄천사嚴川寺에서 구족계具足戒를 받았으며, 후에 오대산 통효대사通曉大師에게 심인心印을 받았다.

889년(진성여왕 3) 통효대사가 죽자 보현사普賢寺에 전전殿과 탑塔을 세우고 도로를 개통, 많은 백성들을 교화시켜 경애왕으로부터 국사國師의 대우를 받았다.

940년(태조 23)에 세워진 비가 강원도 강릉 개청사開淸寺에 있다. 시호는 낭원朗圓, 탑호는 오진悟眞.

● 흥덕왕 시대의 세계동향

▶ 동양

826년 5월 직예의 유주군幽州軍 난을 일으킴

829년 6월 위덕의 난군을 평정

　　　　11월 남소南詔 쳐들어옴

831년 일본 히후랴꾸 1,000권 이룩함

　　　　1월 양지성楊志誠, 노룡절도사를 쫓고 2월 유후留後가 됨

833년 2월 이덕유李德裕 대신이 됨

　　　　6월 이종민李宗閔 파면

▶ 서양

826년 11월 사라센족, 크레타(Creta) 섬 점령

829년 11월 웨섹스 왕 에그버트, 벨시아를 병합

834년 10월 루드비히 1세 복위

● 흥덕왕릉

사랑아, 우리 함께 저 세상까지...

신라 56왕 가운데 능을 확실하게 알 수 있는 임금은 29대 태종무열왕太宗武烈王과 42대 흥덕왕興德王 뿐인데 그 까닭은 '능 앞에 세워진 비석의 글씨를 통해서'이다.

경주시 서악동에 있는 돌거북[귀부龜趺] 위에 얹힌 뿔 없는 용이 새겨진 비석 머릿돌인 이수에 돋을새김된 '태종무열대왕지비太宗武烈大王之碑'라는 글씨로 말미암아 그 무덤이 태종무열왕릉임을 확실히 알겠고, 다른 하나는 여기 이야기에 등장하는 흥덕왕릉이다.

≪삼국유사≫ 왕력편에 흥덕왕은 '능재안강북비화양陵在安康北比火壤, 여비창화합장與妃昌花合葬'이라 적혀 있는데 '왕의 능은 안강 북쪽 비화양에 있는데, 창화왕비와 함께 묻었다.'라는 말이다.

안강에 있는 왕릉 형태의 이 무덤이 흥덕왕릉이라고 전해져 왔고 누구나 의심하는 사람은 없었다.

그러던 차에 1957년 4월 18일 역사학자 민영규閔泳珪와 경주고적보존회 최남주崔南柱 회장이 이곳에 왔다가 돌거북으로 된 비석받침 부근에서 여러 조각의 비석편碑石片을 찾아냈다. 그 가운데 하나가 가로 세로 글씨 크기 12cm쯤 되는 전서체篆書體로 된 '흥덕興德'이란 글씨였다.

이 비편碑片으로 말미암아 이 무덤이 '흥덕왕릉'임이 확실해졌다.

826년(병오년) 10월에 헌덕왕憲德王이 돌아가시자, 흥덕왕興德王이 왕위에 올랐다. 즉위한 지 얼마 되지 않아 당나라에 사신으로 갔던 사람이 돌아오며 앵무새 한 쌍을 가지고 왔는데, 오래지 않아 암놈은 죽고 홀로 된 수놈이 늘 구슬피 울어댔다.

왕이 사람을 시켜 거울을 수놈 앞에 걸어 주었더니 새가 거울 곳의 제 그림자를 보고는 제 짝을 만난 줄 알고 거울을 쪼아 보다가 그것이 비친 모습인 줄 알고는 슬피 울다가 죽었다.

그 얼마 뒤인 12월에 사랑하는 왕비 창화부인이 죽자 정목왕후定穆王后로 추봉하고 이곳 안강에 능을 만들어 묻었다.

왕비를 잃은 슬픔에 빠져 쓸쓸히 혼자 지내므로 옆의 신하들이 글을 올려 새로 왕비를 맞아 들이도록 청하였더니 왕이 말하기를

"새도 제 짝을 잃으면 슬퍼하거늘 하물며 사람이 사랑하는 배필을 잃었는데 어떻게 차마 새 장가를 들겠소?"

하고 끝내 듣지 아니하고 시녀들까지도 가까이 하지 않았다.

흥덕왕은 11년 동안 나라를 다스리다가 836년에 돌아가시니 유언에 따라 왕비와 한 곳에 묻었으니 바로 이 능이다.

능은 경주시 안강읍 육통리에 있는데 안강 시가지에서 기계 방면으로 가는 도로를 따라 2km 가다가 안강북부초등학교 밑에서 서쪽으로 꺾어 들어가면 울창한 숲이 있고 그 숲 속에 능이 있다. 신라왕릉의 기본적인 구조를 고루 갖춘 완비된 왕릉 형식이다.

들머리에는 8각 돌기둥인 화표석華表石이 있고, 들어가면서 장수 모습을 한 무인석武人石과 선비 모습의 문인상文人像이 한 쌍씩 서 있다.

조금 높은 능역陵域에는 둥근 흙무덤[원형봉토분圓形封土墳]의 밑둘레에 약간 둥근 판석板石을 둘리고 그 판석이 넘어가지 않도록 돌못 구실을 하는 돌인 호석護石을 박았다. 또한 사이사이 방향에 따라 12지신상을 돋을새김하였으니 이들은 무사武士 복장에 무기를 들고 있다.

얼굴이 향한 모습을 살펴보면 퍽 흥미롭다. 북동·남·서쪽을 지키는 쥐[子: 북쪽], 토끼[卯: 동쪽], 말[午: 남쪽], 닭[酉: 서쪽]은 정면을 보고 있고, 그 좌우의 상은 고개를 오른쪽, 왼쪽으로 돌리고 있으니, 돼지[亥]는 쥐[子: 북쪽]를 향해 오른쪽으로 보고, 소[丑]는 쥐를 향해 왼쪽으로 보고 있다.

호석 둘레 바닥에는 다듬은 돌을 깔고 그 바깥에는 신성한 영역을 나타내는 돌난간을 둘렀으나 지금은 파손되고 일부만 남았고 그 남쪽에는 상석床石이 놓여있다.

밑둘레 65m, 높이 6m인 무덤의 사방에는 네 마리의 돌사자를 배치하여 능을 수호하고 있다.

능 앞쪽 왼편에 있는 커다란 돌거북은 비록 깨어졌고 비석은 없어졌지만 몇 개의 비편으로 말미암아 이 무덤의 주인공이 '흥덕왕'임을 확실하게 알려주는 귀중한 구실을 하고 있다.

무인상이나 문인상, 12지신상, 사자상 등의 조각이 힘없어 보이는 것은 당시의 시류時流가 사치·향락에 젖었던 때인 만큼, 시대상이 그대로 반영된 것이다. 사자 한 마리를 봐도 그렇다. 목과 가슴에 목걸이를 걸고 있는 사자라니...

호화로운 사치품을 몸에 둘둘 감던 사람들의 사고방식으로는 사자 목에도 치레거리를 감아야 속이 후련했나싶기도 하다.

사회 기풍이 진취적일 때는 힘찬 조각이 나오고, 퇴폐적인 조류가 판을 칠 때에는 반대로 힘찬 조각이 나올 수 없는 법이다.

●신라의 위기를 극복하기 위해

근본문제에 대한 해결책 절실

신라사회는 지금 큰 위기에 처해 있다.

쉴 새 없이 발생하고 있는 왕위 계승 다툼으로 전제왕권은 몰락하고 중앙정계의 지배력은 한없이 약화되어 지방에 대한 영향력을 제대로 발휘하지 못하고 있다. 이런 와중에서 진골 귀족들은 정치적 다툼에서 승리하기 위해 저마다의 사병을 보유하고 농민에 대한 수탈을 강화하고 있다.

어려움에 처해 있는 백성들은 기근이 들면 자식들을 노비로 팔거나 부족한 양식을 가지고 부모를 공양하기 위해 자식을 땅에 파묻을 지경에 이르렀다. 굶주림을 참지 못한 백성들의 일부는 도적이 되어 곳곳에서 봉기하고 있다. 또한 먹을 것을 찾아 위험을 무릅쓰고 바다를 건너 다른 나라에까지 나아가고 있는 처참한 실정이다. 상층 신부 내부에서도 골품제의 폐쇄성에 대한 6두품 이하의 불만은 더욱 커져만 가고 있다. 이들은 능력에 따라 관리를 선발하는 보다 합리적인 관리임용제도가 마련되기를 기대하였으나 독서삼품과의 실패에서 보이듯이 신분제의 폐쇄성은 개선되지 못하였다. 그뿐 아니라 6두품은 진골 귀족의 권력 독점에 밀려 정치적으로 더욱 배척되고 있는 실정이다.

 신라의 지배층도 현재 벌어지고 있는 국가체제 동요의 심각성을 느끼고 있다고 보인다. 흥덕왕 9년 조서를 내린 것도 그러한 인식의 반영이라고 할 수 있다. 그러나 신라의 지배층이 내놓은 수습책은 실로 한심하기 짝이 없는 것이다. 자신들의 기득권을 지키기 위해 기존질서를 유지하겠다는 기조 위에 서 있기 때문이다. 골품제의 문제점이 심각한 상황에서 골품제를 강화하는 조서를 내린 것이 바로 그 예이다.

 신라의 지배층이 아직도 현 사태의 원인을 제대로 파악하지 못하고 있는 것인지 아니면 알면서도 애써 외면하고 있는 것인지 걱정스럽기 그지없다. 농민이 몰락하는 것은 귀족의 대토지 소유 강화와 사원 경제의 확대로 인해 농민의 삶의 기반이 산산이 파괴되고 있기 때문이며, 6두품의 불만이 터져 나오는 것은 진골 귀족들이 폐쇄적인 골품제를 고집하고 있기 때문이다. 이러한 상황에서 몰락한 농민들이 갈 곳이 과연 어디일 것이며, 자신의 능력이 현 체제에 수용되지 않을 때 6두품들이 취할 수 있는 행동이 무엇이겠는가? 결국에는 부패하고 폐쇄적인 신라사회를 무너뜨리는 대열에 나서게 될 것이다.

 신라의 지배층은 귀족의 대토지 소유와 사원경제의 확대, 인재등용의 폐쇄성 등 신라사회가 가지고 있는 근본문제에 대한 해결책을 제시하지 않는 한 현실의 위기를 타개할 수 없을 뿐만 아니라 체제 붕괴로 치달을 것임을 알아야겠다.

43
|

애장왕 체거에 동조한 왕,
반란군의 비보에
목 매어 자살하니

희강왕

新羅王朝實錄

희강왕 僖康王
김씨 왕 28대

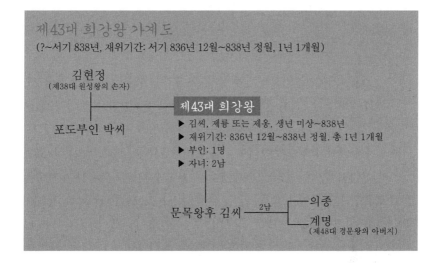

제43대 희강왕 가계도

(?~서기 838년, 재위기간: 서기 836년 12월~838년 정월, 1년 1개월)

김헌정
(제38대 원성왕의 손자)

포도부인 박씨

제43대 희강왕

▶ 김씨, 제륭 또는 제옹, 생년 미상~838년
▶ 재위기간: 836년 12월~838년 정월. 총 1년 1개월
▶ 부인: 1명
▶ 자녀: 2남

문목왕후 김씨 ───2남─── 의종
            계명
            (제48대 경문왕의 아버지)

?~838(희강왕 3). 신라 제43대 왕. 재위 836~838. 성은 김씨金氏. 이름은 제륭悌隆(혹은 개륭愷隆, 제옹悌顒). 아버지는 원성왕의 손자로 익성대왕翌成大王으로 추봉된 김헌정金憲貞(일명 초노草奴)이고, 어머니는 순성태후順成太后로 추봉된 아간大阿干 충연忠衍의 딸 포도부인包道夫人(혹은 미도美道, 양내梁乃, 파리부인巴利夫人)이다. 왕비는 충공갈문왕忠恭葛文王의 딸 문목부인 김씨文穆夫人金氏이다. 그리고 아들은 뒤에 의공대왕懿恭大王으로 봉해진 계명啓明이다.

왕이 되기 전 제륭의 행적에 대해서는 자세히 알 수 없다. 다만, 그의 아버지 헌정이 819년(헌덕왕 11)에 병으로 다닐 수 없게 되자 왕으로부터 금장식의 자색 단장檀杖이 하사되었다. 흥덕왕이 죽자 사촌동생인 균정均貞과 5촌 조카인 제륭이 서로 왕위를 다투게 되었다.

이에 시중인 김명金明과 아찬阿飡 이홍利弘, 배훤백裵萱伯 등은 제륭을 받들고, 아찬 김우징金祐徵과 조카인 예징禮徵 및 김양金陽은 균정을 받듦으로써 한때 궁궐에서 서로 싸우게 되었다.

이 싸움에서 균정은 전사하고 김양은 화살을 맞아 우징 등과 더불어 청해진대사淸海鎭大使 궁복弓福(장보고)에게로 달아나 의탁하였다. 싸움에 이긴 제륭이 즉위하였고, 김명이 상대등上大等에, 이홍이 시중에 임명되었다.

837년(희강왕 2) 정월에 왕은 사형에 처할 자 외에는 풀어주고, 선고를 추봉하여익성翌成 대왕으로 삼고 어머니 박씨를 순성順成 태후로 삼았다. 또한 시중 김양에게 상대등 벼슬을 내리고, 아찬 이홍을 시중으로 삼았다. 4월에 당 문종文宗이 당에서 숙위하던 왕자 김의종을 신라로 돌려보냈다.

한편, 아찬 우징은 부친 균정이 살해를 당하였으므로 원한을 담은 말을 하다가 김명, 이홍 등이 이를 불평하므로 화가 미칠 것을 두려워하다가 5월, 처자와 함께 황산의 진구津口(나루터)로 달아나서 배를 타고 청해진 대사 궁복에게로 가서 의지하였다. 6월에는 균정의 매서妹婿인 아찬 예징이 아찬 양순과 함께 도망하여 우징과 함께하였다. 당 문종은 숙위 김충신 등에게 비단 등을 하사하였다.

838년(희강왕 3) 정월에 상대등 김명과 시중 이홍이 군사를 일으켜 반란하여 왕의 좌우를 살해하자 왕은 자신의 생명을 보전하지 못할 것을 알고 곧 궁중에서 목을 매어 스스로 죽는 길을 택하였다. 희강이라 시호하였고 소산蘇山에 장사하였다.

● 희강왕대의 사람들

김귀金貴

생몰년 미상. 신라 민애왕 때의 상대등上大等. 838년(희강왕 3) 1월 상대등上大等으로서 실권을 장악하고 있던 김명金明이 희강왕을 핍박하여, 자살하게 한 뒤 민애왕으로 즉위하였다.

그해 3월 이찬伊飡으로서 상대등에 임명되고 있는데, 이는 민애왕의 즉위에 공을 세웠거나, 그 지지세력인 것과 관련 있는 것이다.

그런데 민애왕 정권은 이듬해인 839년 1월에 청해진대사淸海鎭大使 장보고張保皐의 군사를 이끌고 달구벌達句伐(지금의 대구)까지 진격해온 김우징金祐徵·김양金陽 등의 반란군을 막지 못하고, 도리어 크게 패하여 겨우 성립 1년 만에 무너지고 말았다. 민애왕 자신도 반란군에 피살되었다.

그는 이때 민애왕 정권의 붕괴와 더불어 운명을 같이한 것으로 보인다.

김균정金均貞

?~836(희강왕 1). 통일신라 후기의 왕족·정치가. 제38대 원성왕의 손자이며, 예영태자禮英太子의 아들이다.

처음에 진교부인眞矯夫人(또는 정교貞矯)과 혼인하고 뒤에 사촌형인 김충공金忠恭의 딸 조명부인照明夫人(또는 흔명昕明)과 혼인하였다. 진교부인과의 사이에서 제45대 신무왕을 낳고, 조명부인과의 사이에서 제47대 헌안왕을 낳았다. 802년애장왕 3 대아찬이 되었으며, 이 때 조정에서 그를 가왕자假王子로 삼아 일본에 인질로 보내려 했으나 사양하였다.

812년(헌덕왕 4) 봄에 시중侍中으로 승진했다가 814년 8월 김헌창金憲昌과 교체되었다. 822년 3월 웅천주도독熊川州都督이던 김헌창이 반란을 일으키자 이찬伊飡으로서 김웅원金雄元, 그리고 아들인 대아찬 우징祐徵과 함께 삼군을 장악해 단시일 내에 반란을 성공적으로 토벌하였다.

828년(홍덕왕 3) 7월에는 일가의 원찰인 경상북도 영일군 신광면 비학산飛鶴山의 법광사法光寺에 삼층석탑을 건립하였다.

835년 2월 김충공의 후임으로 상대등이 되었으나, 이듬 해 12월 홍덕왕이 아들 없이 죽자 아들 우징과 조카 예징禮徵 그리고 김양金陽 등의 추대를 받아 그의 종질 제륭悌隆과 왕위 경쟁에 나섰다. 그리하여 시중이던 김명金明 등의 지지를 받은 제륭과 궁궐 안에서 격전을 벌였으나 패배해 살해되었다. 뒤에 아들 우징이 왕위에 오르자 성덕대왕成德大王으로 추봉되었다.

김헌정金憲貞

생몰년 미상. 신라 원성왕의 왕자인 예영禮英의 아들. 일명 '초노草奴'·'헌정獻貞'라고도 하며, 희강왕의 아버지이다.

807년(애장왕 8) 1월부터 810년(헌덕왕 2) 1월까지 시중을 역임하였으며, 813년경에는 국상國相, 병부령 겸 수성부령兵部令兼修城府令의 관직을 가지고 있었다.

그 뒤 819년 1월 병으로 보행이 불가능하였다고 하는 ≪삼국사기≫의 기록으로 미루어 보아, 그 직후에 병으로 죽은 듯하다. 837년(희강왕 2)에 희강왕에 의하여 '익성대왕翼成大王'으로 추봉되었다.

신라 하대에 들어와서는 왕실 및 진골귀족집단 내부에서 혈족관념의 분지화 경향이 전대에 비하여 더욱 촉진되었다. 그리하여 원성왕계 내부에서도 왕위계승을 둘러싸고 인겸계仁謙系·예영계禮英系의 대립이 있었고, 예영계 내에서도 두 아들인 헌정과 균정均貞 양 계보의 알력이 있었다. 그래서 희강왕 이후의 왕위계승은 헌정계와 균정계의 연합과 대립의 관계 속에서 진행되었다고 할 수 있다.

배훤백裵萱伯

생몰년 미상. 신라 희강왕·민애왕 때의 정치가. 836년(홍덕왕 11) 12월 홍덕왕이 후사後嗣가 없이 죽은 뒤 근친 왕족 사이에 왕위 계승분쟁이 일어났을 때 시중侍中 김명金明(뒤의 민애왕), 아찬阿湌 이홍利弘과 함께 제륭悌隆(뒤의 희강왕)을 추대하였다.

이 때 제륭일파는 상대등上大等 균정均貞을 받드는 우징祐徵(뒤의 신무왕)·김양金陽 일파와 궁중에서 싸움을 벌였는데, 그는 활로 김양의 다리를 쏘아 맞추는 등 큰 공을 세웠다. 균정이 난중에 살해되자 그 일파는 도주하였고 마침내 제륭이 즉위하였다. 배훤백은 희강왕과 이어 그를 타도하고 즉위한 민애왕정권하에서 활약하였다.

839년 정월 민애왕이 청해진清海鎮의 군사를 끌고 쳐들어온 우징 일파에 의하여 타도된 뒤에는, 김양으로부터 지난날의 죄과를 너그러이 용서받아 목숨을 건졌다.

포도부인包道夫人

생몰년 미상. 신라 제43대 희강왕의 어머니. 성은 박씨朴氏. 일명 미도부인美道夫人·심내부인深乃夫人·파리부인巴利夫人. 대아간大阿干 충연忠衍의 딸이다. 남편은 원성왕의 손자인 각간角干 김헌정金憲貞이다. 아들 김제륭金悌隆(뒤의 희강왕)이 왕위에 오른 뒤, 837년(희강왕 2) 정월에 순성태후順成太后로 추봉되었다.

이홍利弘

?~839(신무왕 1). 신라 희강왕 때의 시중. 관등은 아찬阿湌이었다.

836년(희강왕 1) 흥덕왕이 죽은 뒤 왕의 사촌동생 김균정金均貞과, 사촌동생 김헌정金憲貞의 아들인 제륭悌隆이 왕위를 다투게 되었을 때, 시중 김명金明·배훤백裵萱伯과 함께 제륭을 받들어 균정일파와 싸워 승리함으로써 제륭僖康王이 즉위하였다.

이 공으로 837년 정월 상대등이 된 김명의 뒤를 이어 시중이 되었다. 그러나 838년 정월에는 상대등 김명을 도와 난을 일으켜 왕의 근신을 살해하니, 희강왕은 온전하지 못할 것을 염려하여 자결하였다. 이에 김명(민애왕)이 즉위하였다.

그 해(민애왕 1) 12월에 균정의 즉위를 지지하였던 김양金陽과 균정의 아들 우징祐徵이 청해진대사淸海鎭大使 장보고張保皐의 군사를 빌려 공격하여왔다. 이에 민애왕은 김민주金敏周로 하여금 막게 하였으나 실패하였고, 839년 정월에는 달벌達伐(지금의 대구)에 도착한 적을 이찬伊飡 대흔大昕, 대아찬 윤린允璘·의훈疑勛 등으로 하여금 막게 하였으나 또한 실패하여 김양의 군대에게 시해되었다.

그리하여 김우징(신무왕)이 즉위하자, 이홍은 화를 두려워하여 처자를 버리고 산림으로 도망하였으나, 체포되어 처형되었다.

박귀보부인朴貴寶夫人

신라新羅 대아찬大阿飡 충공中恭의 부인, 아들인 김명金明(민애왕閔哀王)이 이홍利弘 등과 군사를 일으켜 희강왕僖康王을 협박하여 이를 죽이고 스스로 왕이 되었을 때 선의대후善懿大后로 추봉되었다.

● 희강왕 시대의 세계동향

▶ 동양

　837년 4월 유공권柳公權 간의대부諫議大夫가 됨

　　　6월 이집방李執方 하양군河陽軍의 반란을 진압

　　　10월 국자감석경國子監石經 이룩됨

▶ 서양

　837년 6월 웨섹스 왕 어그버트 죽음

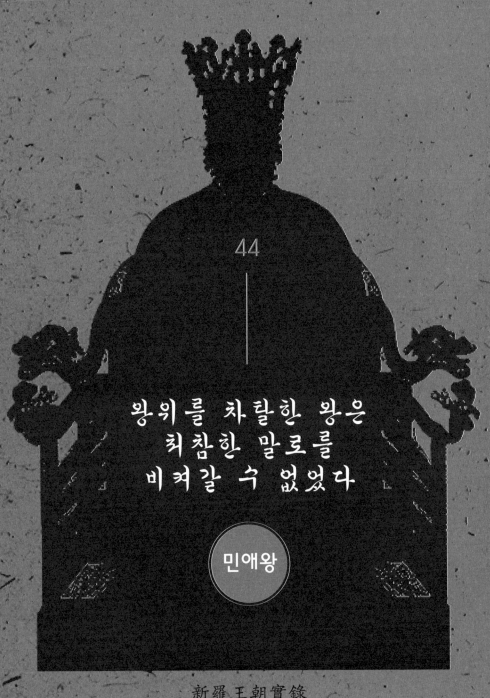

44

왕위를 차탈한 왕은
처참한 말로를
비켜갈 수 없었다

민애왕

新羅王朝實錄

민애왕 閔哀王
김씨 왕 29대

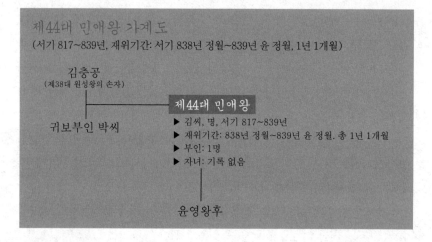

제44대 민애왕 가계도

(서기 817~839년, 재위기간: 서기 838년 정월~839년 윤 정월. 1년 1개월)

김충공
(제38대 원성왕의 손자)

귀보부인 박씨

제44대 민애왕

▶ 김씨, 명, 서기 817~839년
▶ 재위기간: 838년 정월~839년 윤 정월. 총 1년 1개월
▶ 부인: 1명
▶ 자녀: 기록 없음

윤영왕후

817(헌덕왕 9)~839(민애왕 2). 신라 제44대 왕. 재위 838~839. 민애왕敏哀王이라고도 표기한다. 성은 김씨金氏이고, 이름은 명明이다. 아버지는 뒤에 선강대왕宣康大王으로 봉해진 김충공金忠恭이고, 어머니는 선의태후宣懿太后로 봉해진 귀보부인貴寶夫人 박씨朴氏이다.

할아버지는 원성왕元聖王의 큰아들로 혜충태자惠忠太子로 봉해졌으나 왕위에 오르지 못하고 일찍 죽은 김인겸金仁謙이고, 할머니는 성목태후聖穆太后 김씨이다. 비妃는 각간角干 영공永公의 딸 윤용부인允容夫人 김씨이다.

본래 김명은 희강왕僖康王이 되는 제륭悌隆과 정치적 입장을 같이 해왔다. 흥덕왕興德王이 죽자 그 사촌 동생인 균정均貞과 5촌 조카인 제륭균정과는 삼촌임이 서로 왕위를 다투게 되었다.

이에 시중侍中인 김명과 아찬阿湌 이홍利弘, 배훤백裴萱伯 등은 제륭을 받들고, 아찬 김우징金祐徵과 조카 김예징金禮徵 및 김양金陽은 균정을 받듦으로써, 한때 궁궐에서 서로 싸우게 되었다. 이 싸움에서 균정은 전사하고 김양이 화살에 맞아 김우징 등과 더불어 청해진淸海鎭의 장보고에게 도망해 의탁하였다.

싸움에 이긴 제륭이 즉위하였으나, 불만을 가진 김명이 이홍과 같이 다시 난을 일으키자, 희강왕은 자진하고 김명이 왕위에 올랐다. 그러나 왕위에 오른 김명(민애왕)은 다시 균정계 세력의 도전을 받게 되었다.

838년 청해진에 의탁하고 있던 우징 등이 장보고의 군사 5,000명을 이끌고 민애왕을 토벌하기 위해 진격해 왔다. 김양·염장閻長·장변張弁·정년鄭年·낙금駱金·장건영張建榮·이순행李順行 등 장수들이 우징을 받들고 있었다. 이해 12월 민애왕은 김민주金敏周 등을 파견해 무주武州 철야현鐵冶縣(지금의 나주 부근)에서 토벌군을 맞아 싸우게 했으나 패배하고, 다음 해인 839년 1월 달벌達伐(지금의 대구)에서의 싸움에서도 대패하였다.

민애왕은 월유댁月遊宅으로 도망갔으나 병사들에게 살해되었다. 장지는 알 수 없으나, 현재 경주에는 민애왕릉이라고 전해 오는 왕릉이 있다.

838년(민애왕 원년) 선고를 추봉하여 선강宣康 대왕으로 삼고 어머니 박씨 귀보貴寶 부인을 선의宣懿 태후로 삼고 아내 김씨를 윤용允容 왕후로 삼았다. 또한 이찬 김귀金貴를 상대등으로 삼고 아찬 헌종憲崇을 중시로 삼았다. 2월에는 김양이 병사를 모집하여 가지고 청해진으로 들어가서 우징을 알견하였다. 아찬 우징은 청해진에 있으면서 김명이 찬위하였다는 말을 듣고 청해진 대사 궁복에게 말하기를

"김명은 섬기던 왕을 죽이고 스스로 왕위에 올랐으며 이홍은 만백성의 아버지인 군부를 억울하게 죽였으니 그와 함께 하늘을 볼 수 없다. 원컨대 장군의 군사를 의지하여 군부의 원수를 갚겠다."

하자 궁복은 말하기를

"옛 사람의 말에 의義를 보고 행동하지 않는 자는 용맹함이 없다 하였으니 내 비록

용렬하나 명령을 좇겠습니다."

하였다. 그리고 곧 군사 5천 명을 나누어서 그의 벗 정연鄭年에게 주며 말하
기를

"그대가 아니면 능히 환란은 평정하지 못한다."

하고 군사를 일으켰다. 12월에 궁복은 김양을 평동平東 장군으로 하고 염
장閻長, 장변張弁, 정연鄭年, 낙금駱金, 장건영張建榮, 이순행李順行과 더불어
군사를 거느리고 무주 철야현鐵冶縣(현 나주군 남평南平)에 이르니 왕은 대감
김민주金敏周로 하여금 군사를 거느리고 나가 마주 싸우게 하였다. 이때 김
양은 낙금과 이순행을 파견하여 기병 3천 명으로 돌격하여 거의 다 섬멸시
켰다.

839년(민애왕 2) 윤 5월에 김양이 주야로 움직여 19일에는 달벌구達伐丘에
이르니 민애왕은 반란군이 온다는 말을 듣고 이찬 대흔大昕과 대아찬 윤
린允璘 및 억훈嶷勛 등에게 명령하여 군사를 거느리고 나가 이를 막게 하였
다. 그러나 김양의 군사는 한번 싸워 또한 크게 이기고 쳐들어오니 신라 군
사의 반수가 죽음을 면치 못하였다.

이때에 왕은 서쪽 교외의 커다란 나무 밑에 있었는데 좌우 근신이 모두 달
아나자 홀로 어찌할 바를 알지 못하고 월유택月遊宅으로 뛰어 들어갔으나
군사들이 이를 잡아내어 살해하였다. 그러나 군신들은 예로써 왕을 장사하
고 민애라고 시호하였다.

● 민애왕대의 사람들

김민주 金敏周

생몰년 미상. 신라 민애왕 때의 무장. 신라 하대에는 왕위가 정상적으로 계승되지 못하고 왕위를 무력으로 탈취하려는 싸움이 계속되었다.

836년에 김균정金均貞이 왕위계승 쟁탈전에서 김제륭金悌隆(희강왕)에게 패사敗死하자, 838년(민애왕 1)에 김균정의 아들 우징祐徵과 태종무열왕의 9세손인 김양金陽이 청해진清海鎭의 장보고張保皐 세력과 결탁하여 반란을 일으켰다.

당시 대감大監이던 김민주는 민애왕의 명령으로 무주武州 철야현鐵冶縣(지금의 나주군 남평면)에서 김우징의 반란군을 맞아 싸우다 전사하였다. 그가 패하자 이듬해 1월에 김우징은 민애왕을 몰아내고 신무왕으로 즉위하였다.

김영공 金永恭

생몰년 미상. 신라 하대의 진골귀족·정치가. 민애왕의 장인이며, 관등은 각간角干이다. 821년(헌덕왕 13) 시중 충공忠恭이 죽자 그 뒤를 이어 시중이 되었다가 827년(흥덕왕 2) 8월에 천변재이를 이유로 시중직을 물러났다. 딸은 민애왕의 비 윤용왕후允容王后이다.

김예징 金禮徵

?~849(문성왕 11). 통일신라의 정치가. 원성왕의 셋째아들인 예영禮英의 사위이며, 상대등 김균정金均貞의 매제이다.

836년 흥덕왕이 죽은 뒤에 벌어진 균정과 제륭悌隆의 왕위쟁탈전에서 균정의 아들 우징祐徵과 함께 균정을 받들었다. 그러나 반대파인 시중 김명金明, 아찬阿湌 이홍利弘 등에게 패하여, 균정은 죽임을 당하고 우징·김양순金良順

등과 함께 청해진으로 도망하여 장보고張保皐에게 몸을 의탁하였다.

839년(민애왕 2) 김양金陽 등과 민애왕을 타도하고 우징을 신무왕으로 즉위시키는 데 공을 세웠으며, 840년(문성왕 2) 상대등이 되었다.

낙금駱金

생몰년 미상. 신라 청해진대사淸海鎭大使 장보고張保皐 휘하의 장수.

838년(민애왕 1) 장보고가 중앙에서의 왕위계승 분쟁에 패배하여 청해진에 의탁해와 있던 김우징金祐徵을 도와 반격군을 파견할 때, 낙금은 이순행李順行·장변張弁·정년鄭年 등과 함께 청해진 군대 5,000인을 이끌고 출정하였다.

무주武州 철야현鐵冶縣에서 김민주金敏周 휘하의 중앙군과 싸울 때에 이순행과 함께 기병 3,000인을 이끌고 돌진하여 이를 격파하는 데 수훈을 세웠다. 이어 달구벌에서 민애왕의 군대를 대파하고 수도로 진입, 김우징을 즉위시키는 데 공을 세웠다.

염장閻長

생몰년 미상. 신라 하대의 무장. 무주武州사람이다. ≪속일본기續日本紀≫에는 염장閻丈·염문閻文으로 기술되어 있다. 장보고張保皐의 휘하에서 무장으로 활약하였다.

838년(민애왕 1) 장보고가 수도 경주에서의 왕위계승분쟁에서 패배하여 청해진淸海鎭(지금의 전라남도 완도)에 피신해 와있던 김우징金祐徵을 도와 반격군을 파견할 때, 염장은 이순행李順行·정년鄭年 등과 함께 5,000명의 군대를 이끌고 출정하였다.

무주 철야현鐵冶縣(지금의 나주羅州)에서 중앙군을 격파하고, 다시 달구벌達句伐(지금의 대구)에서 김흔金昕이 지휘하는 민애왕의 군대를 대파하고, 수도에 입성해 김우징을 신무왕으로 즉위하게 하는 데에 일익을 담당하였다. 그 공으로 무주별가武州別駕에 제수되었던 것으로 보인다.

뒤에 장보고의 딸을 문성왕의 왕비로 맞아들이는데 대한 신라조정의 반대를 계기로 벌어진 장보고 세력과 중앙정부간의 대결에서 염장은 중앙정부측에 가담하게 되었다.

그는 거짓으로 다시 장보고의 막하에 투신하였다. 장보고가 그를 의심하지 않고 받아들여 주연을 베풀었다. 그는 주연석상에서 틈을 타 장보고를 암살하고 돌아갔다.

그 공으로 중앙정부로부터 아간阿干의 관계를 받게 되었다. 장보고가 죽은 뒤, 그의 부장이었던 이창진李昌珍 등이 청해진을 근거로 계속 저항을 기도하자, 염장은 다시 군대를 이끌고 가서 이를 평정하였다.

그리고 이창진 등이 일본에 파견한 청해진의 무역선과 그 책임자였던 이충李忠 등에 대해서 염장은 이소정李少貞 등을 일본정부에 보내 압송해줄 것을 요청하기도 하였다. 이소정은 장보고의 부하였는데 이때는 염장의 휘하에 투신한 뒤였다. 그러나 염장의 요구를 일본정부가 거부하였다.

이 후, 염장의 동정에 관한 기록은 전해지는 바가 없다. 아마도 851년(문성왕 13) 청해진 주민들을 벽골군碧骨郡으로 강제이주 시킬 때까지 청해진방면의 평정사업에 종사했을 것으로 보인다.

헌승憲崇

생몰년 미상. 신라 하대의 무장. 838년(민애왕 1) 아찬阿飡의 관등으로서 시중侍中에 임명되었다. 840년(문성왕 2) 1월까지 약 2년 동안 재임하다가 물러난 듯하다.

장건영張建榮

생몰년 미상. 신라 하대의 무장. 장보고張保皐휘하의 장수로서, 838년(민애왕 1) 장보고가 중앙에서의 왕위계승분쟁에서 패배하여 청해진淸海鎭에 피신해와 있던 김우징金祐徵(뒤의 신무왕)을 도와 반격군을 일으킬 때에 출정하였다. 정년鄭年·이순행李順行 등과 함께 청해진 군대 5,000명을 끌고 진격하여, 무주武州 철야현鐵冶縣에서 김민주金敏周휘하의 중앙군을 격파하고 이어 달구벌達丘伐(지금의 대구)에서 김흔金昕이 지휘한 민애왕의 군대를 대파하였다. 수도로 진입하여 민애왕을 죽이고 김우징이 즉위하는 데 공을 세웠다.

장변張弁

생몰년 미상. 신라 청해진대사淸海鎭大使 장보고張保皐 휘하의 장수.
838년(민애왕 3) 장보고가 중앙에서의 왕위계승분쟁에 패배하여 청해진에 의탁해와 있던 김우징金祐徵을 도와 반격군을 파견할 때, 이순행李順行·정년鄭年 등과 함께 청해진의 군대 5,000명을 이끌고 출정하였다.
무주武州 철야현鐵冶縣에서 김민주金敏周가 이끈 중앙군을 격파하고, 이어 달구벌達丘伐(지금의 대구)에서 김흔金昕이 지휘한 민애왕의 군대를 크게 무찌르고 경주에 입성하여, 김우징을 도와 왕으로 즉위하는 데에 큰 공을 세웠다.

의훈嶷勛

생몰년 미상. 신라 민애왕 때의 관료. 관등은 대아찬大阿湌에 이르렀다.
839년(애장왕 2) 윤정월에 김양金陽이 이끄는 반란군이 달벌達伐(지금의 대구)에 이르자, 이찬伊湌 대흔大昕 및 대아찬 윤린允璘과 함께 왕명을 받아 군사를 이끌고 이를 진압하러 갔으나 패배하였다.

김씨윤용부인金氏允容夫人

신라新羅 각간 영공永恭의 딸. 민애왕閔哀王의 비妃가 되었다.

헌종憲宗

838년(민애왕 1) 벼슬은 아찬阿飡을 거쳐 시중侍中이 되었다.

◉민애왕 시대의 세계동향

▶ 동양

838년 9월 의무절도사義武節度使 장번張璠 죽음

▶ 서양

838년 9월 프랑크의 피핀 죽고 카알 대제 부자, 이키타니아 통치로 다툼

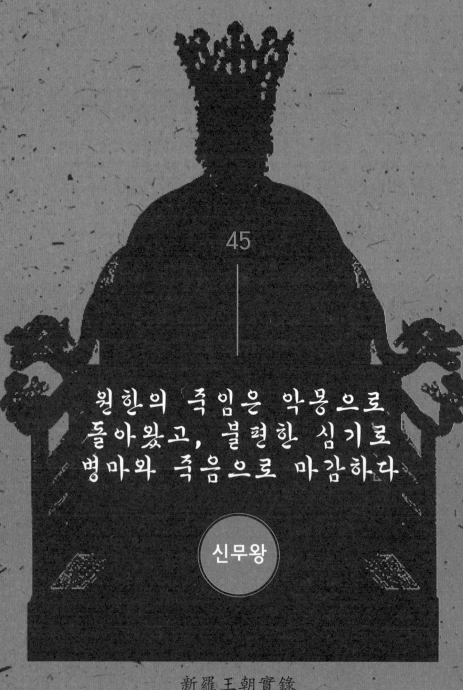

45

원한의 죽임은 악몽으로
돌아왔고, 불편한 심기로
병마와 죽음으로 마감하다

신무왕

新羅王朝實錄

新羅王朝實錄

신무왕 神武王
김씨 왕 30대

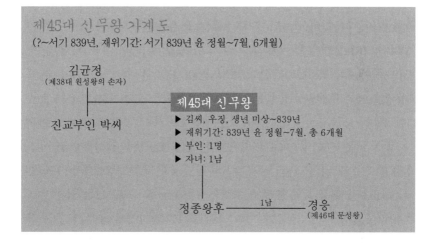

제45대 신무왕 가계도
(?~서기 839년, 재위기간: 서기 839년 윤 정월~7월, 6개월)

김균정
(제38대 원성왕의 손자)

진교부인 박씨

제45대 신무왕
▶ 김씨, 우징, 생년 미상~839년
▶ 재위기간: 839년 윤 정월~7월. 총 6개월
▶ 부인: 1명
▶ 자녀: 1남

정종왕후 ──── 1남 ──── 경응
(제46대 문성왕)

?~839(신무왕 1). 신라 제45대 왕. 재위 839년 4~7월. 성은 김씨金氏. 이름은 우
징祐徵. 할아버지는 혜강대왕惠康大王으로 추봉追封된 원성왕元聖王의 아들 예
영禮英, 아버지는 성덕대왕成德大王으로 봉해진 균정均貞, 어머니는 헌목태후憲穆
太后로 봉해진 진교부인眞橋夫人 박씨이다.

그가 아버지 균정과 함께 정치세력을 형성해 부상한 시기는 헌덕왕憲德王 때였
다. 812년(헌덕왕 4)에 균정은 시중侍中에 임명되었으며, 822년 김헌창金憲昌의 난
이 일어나자 우징 부자는 왕을 도와 반란군을 평정하는 데 지대한 공을 세웠다.
828년(흥덕왕 3)에 우징은 시중에 임명되었다. 834년에 균정이 상대등上大等에
피임되자 우징은 아버지가 재상宰相이 되었다는 이유로 시중직을 사퇴하고 대
신 김명金明(민애왕)이 시중이 되었다. 그러나 이 조치는 균정과 김명 간의 대립
으로 이해되어야 한다.

169

흥덕왕이 죽자 그 사촌동생인 균정과 오촌 조카인 제륭悌隆(희강왕)이 서로 왕위를 다투게 되었다.

이 때 김명과 아찬阿湌 이홍利弘, 배훤백裵萱伯 등은 제륭을 받들고 우징과 조카인 예징禮徵 및 김양金陽은 균정을 받들게 되면서 한때 궁궐에서 암투가 벌어졌다. 그러나 균정은 전사하고, 우징은 김양 등과 더불어 청해진淸海鎭으로 도망하여 장보고張保皐에게 의탁하였다.

싸움에서 이긴 제륭은 희강왕이 되었으나, 838년(희강왕 3)에 김명이 이홍 등과 함께 다시 난을 일으키자 스스로를 보전할 수 없음을 알고 자진하였다. 스스로 왕위에 오른 김명 역시 그 뒤 균정계 세력의 도전을 받게 되었다.

838년(민애왕 1) 청해진에 의탁해 있던 우징 등이 장보고의 군사 5,000명을 이끌고 민애왕閔哀王을 토벌하기 위해 진격해 왔다. 김양·염장閻長·장변張弁·정년鄭年·낙금駱金·장건영張建榮·이순행李順行 등이 우징을 받들고 있었다.

이 해 12월 민애왕은 김민주金敏周 등을 파견하여 무주武州(지금의 광주光州)에서 토벌군과 싸우게 하였으나 패배하고, 그 다음해 정월 달벌達伐(지금의 대구大邱)지역에서 왕군王軍과 토벌군이 맞부닥치게 되었다. 이 때 민애왕을 대신하여 왕군을 이끈 자는 대흔大昕·윤린允璘 등이었는데, 토벌군에게 대패하였다.

민애왕은 난중에 월유댁月遊宅으로 도망갔으나 병사들에게 살해당했고, 우징이 왕이 되었다.

신무왕의 즉위는 원성왕의 큰아들인 인겸계仁謙系와 균정계 세력의 대립 속에서 균정계가 승리했음을 의미한다. 균정계가 승리한 데에는 청해진 세력과 이미 거세된 김주원계金周元系의 후손인 김양의 도움이 컸다.

신무왕은 즉위한 지 반 년도 못 되어 죽었기 때문에 별다른 경륜을 펴지 못하였으나, 다만 그는 장보고나 김양에 대하여 배려하고 있었던 듯하다.

839년에 장보고를 감의군사感義軍使로 삼아 2,000호戶의 실봉實封을 내렸다. 반면 장보고도 이에 그치지 않고 자신의 딸을 왕비로 세우려 하였다. 이것은 청해진세력의 강대함을 알려준다. 신무왕은 장보고 등 왕권에 압력을 가하는 세력을 제압해야 하는 과업을 앞두고 죽었다. 능은 제형산弟兄山 서북에 있다. 시호는 신무神武이다.

왕은 선조 이찬 예영禮英(또는 효진孝眞)을 추존하여 혜강惠康 대왕으로 삼고, 선고를 성덕成德 대왕으로 삼고, 어머니 박씨 진교眞矯 부인을 헌목憲穆 태후로 삼았으며, 아들 경응慶膺을 세워 태자로 삼았다.

또한 청해진 대사 궁복을 봉하여 감의군사感義軍使로 삼고 식실食實(토지) 2천호를 봉하였다. 한편 뒷일이 두려워진 이홍은 처자를 버리고 산속으로 도망하였는데, 왕은 병사를 파견하여 그를 잡아 죽였다.

7월에는 사신을 당으로 혜 노비를 치청淄靑(현 중국 산동성) 절도사에게 주니 당의 문종은 이를 듣고 먼 곳에서 온 사람들을 가엽게 여기고 조서를 내려 이들을 본국으로 돌아가도록 하였다.

한편 신무왕은 병환으로 누웠다가 꿈에 이홍이 쏜 화살이 등에 맞았는데 깨어보니 화살에 맞은 그 자리에 등창이 났다. 이로 인하여 7월 23일에 서거하므로 신무라 시호하고 제형산弟兄山 서북편에 장사하였다.

논컨대 구양자歐陽子의 논에 말하기를 노나라의 환공桓公은 은공隱公을 시해하고서 왕위에 올랐고, 선공宣公은 자적子赤을 시해하고서 왕위에 올랐고, 정려공鄭厲公은 세자 홀忽을 내쫓고서 왕위에 올랐고 위공손표衛公孫剽는 그 군간君衎을 내쫓고서 왕위에 오른 것인데, 성인 공자孔子는 《춘추》에 모두 그들이 군주로 있는 것을 끊어버리지 않았다. 이는 모두 그 사실을 전하여 후세의 사람들로 하여금 알도록 한 것이다.

그런즉 이 사군四君의 죄는 가히 사람들의 귀를 가릴 수 없는 사실이니 곧 사람들은 악함을 깨닫고 이를 그칠 만하다. 신라의 언승은 애장왕을 시해하고서 즉위하고, 김명은 희강왕을 시해하고서 즉위하고, 우징은 민애왕을 시해하고 즉위한 것이니 이렇게 모두 그 사실을 적은 것도 또한 《춘추》의 뜻이라 하겠다.

● 신무왕대의 사람들

정계부인貞繼夫人

생몰년 미상. 신라 신무왕의 비. 문성왕의 어머니이다. 명해明海의 딸이다. 정종태후貞從太后(또는 定宗大后)라고 하는데, 아들 경응慶膺이 왕위에 올라 문성왕이 되었다.

박진교부인朴眞矯夫人

신라新羅 상대등上大等 균정의 부인夫人으로 아들이 신무왕神武王이 되어 모친을 헌목태후憲穆太后로 추존追尊하였다.

● 신무왕 시대의 세계동향

▶ 동양
839년 3월 배도裴度 죽음

◉ 선도산

선도성모가 사는 신령스런 산

대체로 고을의 남쪽 산은 남산, 서쪽 산은 서산이라 부른다. 경주의 서산은 선도산仙桃山이라는 아름다운 이름의 산인데, 서술산西述山·서연산西鳶山·서형산西兄山·서악西岳이라고도 부른다.

서술산은 순우리말 '쇠수리'를 한자를 빌어 쓰다 보니 '서술'이 된 것이다. 경주평야에서 보면 서西쪽이니까 서수리도 맞지만 그보다 먼저 서라벌, 서벌, 새벌의 우뚝한 산(380m)이라고 서수리라 한 것이다. '서'나 '새'나 '쇠'는 본디 우리말의 '해뜨는 곳' 한문의 동東쪽이라는 말이고, 벌은 벌판을 말한다. '수리'는 높고 우뚝한 것을 표현한 것이니 정수리, 수리봉 등과 같은 뜻이다. 수리를 한자로 적으니 술述, 혹은 연鳶(솔개, 소리개, 수리과에 속하는 새)이 된 것이다. 그래서 선도성모선도성모 설화에 솔개·독수리가 등장한 것이다.

아주 옛날 중국 황제의 딸인 사소娑蘇가 일찍이 신선술神仙術을 익혀 해동海東인 우리 땅에 와서 머물며 오랫동안 돌아가지 않았더니 아버지 황제가 솔개 발에 편지글을 매어 부쳐 이르기를

"솔개가 머무르는 곳에다가 집을 짓고 살아라."

하였다.

사소가 전령傳令을 받고 솔개[연鳶]를 놓아 띄우니 날아서 이 산에 이르러 머물므로 따라와서 이곳을 집으로 삼고 땅신선[지선地仙]이 되었다. 이 때문에 산이름을 서연산西鳶山이라 하였다.

신모가 오랫동안 이 산에 자리를 잡고 나라를 보위하니 신령한 이적이 매우 많았다. 나라가 세워진 이래로 언제나 3사三祀(나라에서 지내는 제사)의 하나로, 여러 가지 산천제사의 윗자리를 차지하였다. 그가 처음으로 진한辰韓에

에 이르러 신령한 아들을 낳아 동쪽 나라의 첫 임금을 삼았으니 혁거세赫居
世와 알영閼英 두 성인의 시초가 된다.

(≪삼국유사≫ 제5권)

신라 건국 이전부터 이 산은 신령한 곳이었고 땅의 신이 함께 하는 곳으
로 여겼다. 산 정상 조금 아래 북동쪽에 성모사聖母祠 유허비遺墟碑가 있는데
1832년(조선 순조 32)에 세운 것이고, 지금은 성모사西鳶山를 새로 지어 곱게
단청까지 칠했는데 박씨朴氏들이 마애삼존불 옆의 바위에 의지해 세웠다.
신라에 불교가 널리 퍼졌을 무렵 선도산은 서방 극락정토로 여겨져 산마
루에 아미타여래를 모시고 극락왕생하기를 기원했다. 본존불은 돌을 새김
했지만, 바위의 결이 깨어지기 쉬운 할석割石인지라 왼편의 관세음보살과
오른편의 대세지보살은 다듬기 좋은 화강석을 밑에서 운반해다가 여러 조
각의 돌을 조립하여 세워 놓은 것이 특이한 구조다. 이 삼존불 정면을 따라
눈을 돌려 보면 경주 시가지가 펼쳐 보인다.
지금은 일관도一貫道 계통의 도덕회道德會에서 암자를 운영하고 있다.
산의 8부 능선쯤에는 돌로 쌓은 산성이 있다. 시루에 테를 돌린 것처럼 산
허리를 돌아가며 쌓았다고 '테뫼식 산성'이라 부르는 방법으로 쌓은 산성이
다. 이 성을 서형산성西兄山城이라고 하며 593년(진평왕 15) 이전에 쌓은 것을
673년(문무왕 13)에 증축했는데 둘레는 2,000보步로 대략 2,900m쯤 된다. 서
형산성은 서라벌 금성의 서쪽을 방어하던 중요한 산성이었다.
신라 때에는 이 산 아래에서 금성, 월성으로 드나들던 다리가 서천西川에
걸쳐 있었는데 다리 이름은 '금교金橋' 혹은 '송교松橋'라 했다. 금교는 쇠다
리, 즉 새, 서(동쪽의 순 우리말)다리이니 '솔다리'라고도 불렀다. 이 다리는 흥
륜사 서쪽에 놓였다 했는데 흥륜사터는 지금의 경주공업고등학교가 있는
곳이라는 것이 거의 정설로 되어 있다.
선도산 자락에는 무덤의 피장자가 확실한 태종무열왕릉이 있다. 무열왕릉
위쪽 등성이에는 커다란 고분 4기基가 있는데 아마도 무열왕 선조들의 무
덤이 아니겠는가 여기고 있다.

무열왕릉 아래쪽에는 둘째 아들이자 학문에 능통한 학자였고, 붓을 들면 명필이요, 글을 쓰면 문장이고, 전투에서는 대장군이었고, 당나라에 가서는 큰 외교관으로 활약한 김인문金仁問의 묘가 있다.

또한 김인문 묘 곁에는 김양金陽의 묘가 있는데 무열왕의 18대손으로 왕실의 기강이 해이해졌을 때 45대 왕에 오른 신무왕(김우징金佑徵)을 받들어 기강을 바로 세운 장수였는데, 그의 유언에 따라 위대한 선조 무열왕릉 옆에 묻힌 것이다.

이 밖에도 산의 남동쪽 장매[장산長山]에서 북동쪽 자락까지 2km에 걸쳐 고분들이 산재해 있다.

또한 석탑이 2기 있는데 서악동 3층석탑과 효현동 3층석탑이다.

경주직업전문학교 옆에는 서악서원西岳書院이 있는데 1561년(조선 명종 16)에 김유신, 설총, 최치원을 향사하고자 세운 것이다.

일제 때 무열왕릉과 김인문묘 사이로 낸 국도 7호선이 좁아 2, 3년 전에 산의 북쪽으로 도로를 내어 알마릿고개를 넘어 광명동에서 만나게 했다. 산 북쪽에는 월성중학교·경주정보고등학교·서라벌대학·신라고등학교가 아늑히 자리잡고 있으며, 산 서쪽에는 경주대학교가 소나무 숲속에 위치하고 있다.

전설도 많고 유적도 다양하지만 해뜰 때와 해질 때, 선도산은 신비한 모습이어서 '서산연모西山煙暮'라 하여 경주의 팔괴 중에 하나로 꼽았다.

46

장보고와의 약속을
파기한 후 불안감에
시달리던 왕의 처지

문성왕

新羅王朝實錄

문성왕 文聖王
김씨 왕 31대

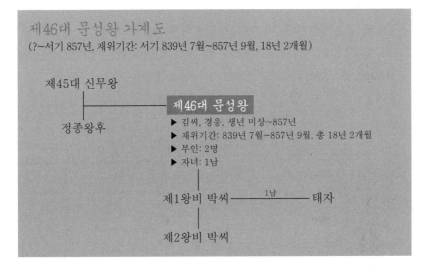

제46대 문성왕 가계도
(?~서기 857년, 재위기간: 서기 839년 7월~857년 9월, 18년 2개월)

제45대 신무왕

정종왕후

제46대 문성왕

▶ 김씨, 경응, 생년 미상~857년
▶ 재위기간: 839년 7월~857년 9월. 총 18년 2개월
▶ 부인: 2명
▶ 자녀: 1남

제1왕비 박씨 ——— 1남 ——— 태자

제2왕비 박씨

?~857(문성왕 19). 신라 제46대 왕. 재위 839~857. 성은 김씨金氏, 이름은 경응慶
應이다. 신무왕神武王의 태자이며, 어머니는 정계부인貞繼夫人(또는 정종태후定宗太
后, 貞從太后)이다. 할아버지는 원성왕元聖王의 손자이며 뒤에 성덕대왕成德大王으
로 봉해진 균정均貞이고, 할머니는 뒤에 헌목태후憲穆太后로 봉해진 진교부인眞
矯夫人 박씨朴氏이다. 비妃는 소명왕후昭明王后이다.

본래 부인으로 박씨朴氏가 있었고 뒤에 위흔魏昕의 딸을 비로 삼은 일이 있는데,
소명왕후는 이 중의 한 사람으로 여겨진다.

신무왕은 흥덕왕이 죽은 뒤 왕위쟁탈전에서 승리하여 즉위하였지만 6개월도
못 되어 죽어, 왕위쟁탈 과정에서 쌓인 많은 모순이 해결되지 못하였다. 그러한
숙제는 그의 아들인 문성왕대로 고스란히 넘어와 또 다른 갈등을 야기시키는

계기가 되었다.

홍덕왕이 죽은 뒤, 왕위를 둘러싼 균정계均貞系와 원성왕의 장자 인겸仁謙의 아들인 충공계忠恭系와의 대립이 노골화되었다. 이 싸움에서 일단 패한 균정계의 우징祐徵은 청해진대사淸海鎭大使 장보고張保皐와 김주원金周元의 후손 김양金陽의 도움을 받아 민애왕을 살해하고, 왕위에 올라 신문왕이 되었다.

그 결과 장보고와 김양 등 신무왕을 도운 귀족세력은 그에 상응한 정치권력을 가지게 되었다. 문성왕은 즉위하자 장보고를 진해장군鎭海將軍으로 봉하고, 예징禮徵을 상대등上大等에 임명했으며, 김양에게 소판蘇判의 관등을 주면서 병부령兵部令으로 임명하였다.

그러나 이와 같은 귀족세력은 왕권을 제약하는 요소로 작용하였다. 841년(문성왕3) 홍필弘弼의 모반은 그러한 모순의 첫 번째 노출로 볼 수 있다.

846년에는 장보고가 딸을 왕의 차비次妃로 세우려 하자, 조신들이 해도海島사람의 딸을 왕비로 맞을 수 없다고 반대하여, 청해진을 거점으로 하는 반란을 일으켰다. 이 난은 염장閻長에 의해 진압되었다. 일설에는 장보고의 딸을 왕비로 맞아들이는 데 반대한 인물이 김양이라 하는데, 842년 김양이 그의 딸을 왕비로 세우는 기사가 이러한 추측을 낳게 한다.

장보고의 난이 진압되자 851년 청해진을 혁파하였으며, 그곳 민호民戶를 벽골군碧骨郡으로 이주시켰다. 궁복弓福(장보고張保皐의 별명)의 난 이후에도 정치적인 불안은 계속되었다.

847년 이찬伊湌 양순良順과 파진찬波珍湌 홍종興宗의 반란이 있었고, 849년 이찬 김식金式, 대흔大昕의 반란이 있었다. 양순이나 대흔은 모두 신무왕을 도와 민애왕을 몰아내는 데 공을 세웠던 인물이다. 전래로부터 계속된 왕위다툼은 그대로 계속되다가, 857년 문성왕은 숙부 의정誼靖에게 왕위를 계승시킨다는 유조遺詔를 내리고 죽었다.

이것은 그 한 달 전에 문성왕을 도와왔던 김양이 죽자, 상대등 의정과 시중 계명啓明이 결합, 왕을 핍박해 왕위에서 물러나게 하였다는 추측을 가능하게도 한다.

839년(문성왕 원년) 8월, 죄수를 대사하고 하교하기를

"청해진 대사 궁복은 일찍 군사로서 신고神考를 돕고 선조先朝의 큰 적을 토벌하였으니 그 공로를 잊으랴."

하고 진해鎭海 장군으로 삼고 겸하여 의복을 하사하였다.

840년(문성왕 2) 정월에 예징은 상대등으로, 의종은 시중으로, 양순良順은 이찬으로 임명하였다. 4월부터 6월에 이르기까지 비가 오지 않았다. 당의 문종은 홍려사에 칙명하여 볼모를 돌려보내고 정년이 된 국학생 105명도 모두 돌려보냈다. 여름의 가뭄에 이어 겨울에는 기근이 심하였다.

841년(문성왕 3) 봄, 서울에 병이 유행하였다. 일길찬 홍필弘弼이 모반하려다 그 사실이 발각되자 섬으로 도망하여 잡으려 하였으나 실패하였다. 7월에 당 무종은 칙서를 내려 신라의 관리를 귀국시키고, 먼저 신라에 들어와 있던 선위부사 충기주도독부사마사비어대宣慰副使充奇州都督府司馬賜緋魚袋 김운경金雲卿을 치주장사淄州長史로 삼고 이어 김운경을 칙사로 하여, 왕을 개부의동삼사검교대위사지절대도독계림주제군사겸지절충녕해군사상주국신라왕開府儀同三司檢校大尉使持節大都督鷄林州諸軍事兼持節充寧海軍使上柱國新羅王으로 책봉하고 아내 박씨朴氏를 왕비로 삼았다.

842년(문성왕 4) 3월에 이찬 위흔魏昕의 딸을 맞아 비로 삼았다.

843년(문성왕 5) 정월에 시중 의종이 병으로 면직하므로 이찬 양순을 시중으로 삼았다. 7월에 호랑이 다섯 마리가 신궁神宮의 정원 안으로 들어왔다.

844년(문성왕 6) 2월 1일에 일식이 있었으며 같은 달, 태백성이 진성을 범하였고 3월에는 서울에 우박이 내렸다. 시중 양순이 퇴직하므로 대아찬 김여金茹를 시중으로 삼았다. 8월에 혈구진穴口鎭(현 강화江華)을 설치하고 아찬 계홍啓弘 진두鎭頭로 임명하였다.

845년(문성왕 7) 3월에 왕은 청해진 대사 궁복의 딸을 두 번째 비로 맞으려고 하였으나 조정의 신하들이 간하기를

"부부 사이의 도는 사람에게 있어 큰 윤리입니다. 그런 까닭으로 하나라 우왕禹王은 아내 도산씨塗山氏로써 흥하고, 은나라 탕왕湯王은 아내 신씨㜣氏로써 창성

하고, 주나라 유왕幽王은 총애하던 포사褒姒로 인하여 멸망하고 진나라 헌공獻
公은 왕비 여희驪姬로 인하여 문란하게 되었은즉 국가의 존망은 이와 같은데 있으
니 가히 삼가지 않을 수 없습니다. 지금 궁복은 섬사람으로 그의 딸이 어찌 왕실의
배필이 될 수 있겠사옵니까."

하자 문성왕은 그 말을 들었다. 11월에는 천둥이 치고, 눈이 오지 아니하였다.
12월 1일에는 해 3개가 3일 동안 나타났다.
 846년(문성왕 8) 봄에 청해진 대사 궁복은 왕이 자신의 딸을 비로 맞아들이지 않
는 것을 원망하고 청해진을 근거로 하여 모반하자, 조정에서는 이를 토평하려
하셨으나 곧 불의의 환난이 있을까 두려워하였다. 궁복의 죄를 용서할 수 없어
서 근심하면서도 어찌할 바를 알지 못하고 있는데, 무주의 염장이라는 용사가
이 말을 듣고 아뢰기를

"조정에서 만약 나의 말을 들어 준다면 나는 일개의 군사로서 번거롭지 않게 빈주
먹을 가지고 궁복을 참살하여 바치겠다."

하였다. 왕은 이 말에 따라 염장을 거짓으로 나라에 반기를 일으킨 것처럼 꾸며
청해진으로 투입했다. 궁복은 염장을 아끼게 되어 의심 없이 불러 상객으로 하
고 그와 더불어 술을 마시며 즐거움이 극진하였는데 그가 취하였을 때, 궁복의
칼을 빼앗아 참살하여 버렸다. 곧 그 무리를 불러 이를 설득시키니 남은 무리들
은 감히 동요하지 않고 모두 굴복하였다.
 847년(문성왕 9) 2월에 평의전과 임해전을 수리하였다. 5월에 이찬 양순과 파진
찬 흥종 등이 모반하다가 복주되었다. 8월에는 왕자를 봉하여 왕태자로 삼았으
며, 시중 김여가 죽자 이찬 위흔을 시중으로 임명하였다.
 848년(문성왕 10) 봄과 여름에 한재가 들었다. 시중 위흔이 퇴직하므로 파진찬
김계명金啓明을 시중으로 삼았다. 10월에 하늘에서 소리가 있었는데 우레와 같
았다.
 849년(문성왕 11) 정월에 상대등 예징이 죽으므로 이찬 의정을 상대등으로 삼았

다. 9월에는 이찬 김식과 대흔 등이 모반하다가 발각되어 복주되고 대아찬 흔린(昕隣)이 이에 연좌되어 논죄되었다.

850년(문성왕 12) 정월에 토성이 달로 들어갔으며, 서울에 흙비가 오고 대풍이 불어 나무가 뽑혀 나갔다. 사형이 선고된 죄수 이외의 죄수들은 사면하였다.

851년(문성왕 13) 2월에 청해진을 없애고 그곳 백성들을 벽골군(碧骨郡)(현 김제)으로 옮겼다. 4월에 서리가 내렸다. 입당사(入唐使) 아찬 원홍(元弘)이 불경과 아울러 불사를 가지고 왔으므로 왕은 교외까지 나가서 그를 맞았다.

852년(문성왕 14) 2월에 파진찬 진량(眞亮)를 웅주 도독으로 삼았다. 조부(調府)가 화재를 당하였다. 7월에 명학루(鳴鶴樓)를 수리하였다. 11월에 왕태자가 죽었다.

853년(문성왕 15) 6월에는 큰 화재가 있었으며 8월에는 서남쪽 주군에 메뚜기로 인한 피해가 있었다.

855년(문성왕 17) 정월에 왕은 사자를 파견하여 서남 주군의 백성들을 위문하였다. 12월에는 진각성(珍閣省)(예궁전稱宮典)이 불에 탔으며 토성이 달로 들어갔다.

857년(문성왕 19) 9월에 왕이 병들었는데 유서를 내려 말하기를

<과인이 미미한 자질을 가지고 숭고한 자리에 처하니 위로는 하늘에 죄를 얻을까 두려워하고 아래로는 백성을 실망하게 할까 근심이 되어 아침저녁으로 전전긍긍함이 마치 깊은 물과 얇은 얼음장을 건너는 것과 같았다. 그러나 삼사 대부와 여러 신하들이 좌우에서 보필하여 임금의 자리를 실추시키지 아니하였다.

그런데 요즈음 홀연히 질병에 감염되어 10일 동안이 되었으나 더욱 심하고 정신이 혼몽하여 아침 이슬과 같이 사라질까 두렵다.

생각하면 조종(祖宗)의 대업은 가히 군주가 없어서는 안 되고 나라의 정무는 가히 잠시라도 폐하여서는 아니된다. 생각하건데 서불한 의정(誼靖)은 선황제의 영손이고 과인의 숙부로서 부모에 대한 효성과 형제에 대한 우애가 깊고 명민하며 마음이 너그럽고 인자하여 오래도록 권좌에 있으면서 왕정을 함에 있어 힘을 합하여 도우니 가히 위로는 종묘를 받들고 아래로는 백성을 돌볼 만하다. 이제 무거운 짐을 풀어 어진 덕을 가진 자에게 맡기고자 하는데 부탁할 사람을

얻었으니 모든 일을 어찌 다시 한탄하겠는가. 하물며 살고 죽음의 시작과 끝은 만물의 기한이 있고 수명의 길고 짧음은 일정하게 정해져 있으므로 사람이 죽는 것은 당연한 이치이니 사는 사람은 과히 슬퍼하지 말 것이다.

 여러 선비들은 힘을 다하고 충성을 다하여 죽어서 가는 사람은 보내고 살아있는 사람을 섬김에 조금도 어그러짐이 없도록 하라. 이 뜻을 국내에 똑똑히 밝혀 알게 하라.>

하였다. 7일에 왕이 서거하시자 문성이라 시호하고 공작지孔雀趾(현 경주 서편 산기슭)에 장사하였다.

● 문성왕대의 사람들

장보고張保皐

?~846(문성왕 8). 신라 하대의 호족·대상인. 장보고張寶高라고도 한다. 본명은 궁복弓福 또는 궁파弓巴로, '활보', 즉 '활 잘 쏘는 사람'이라는 뜻이다. 한미한 평민 출신으로 여겨진다. 장보고라는 이름은 중국 당나라에 건너가 대성大姓인 장씨張氏를 모칭하여 쓴 것이다.

어려서부터 무예에 뛰어났고 물에 익숙하였다. 청년기에 친구 정년鄭年과 함께 당나라에 건너가 생활하다가, 서주徐州 무령군武寧軍에 복무해 장교가 되었다. 당시 당나라는 각지에 절도사節度使들이 할거하고 있었다. 이 시기에 장보고는 그러한 지방군벌의 속성과 그들의 군대양성 방법을 익혔던 것으로 보인다.

당시 중국의 동해안 지역에는, 남으로는 양자강 하구 주변에서 북으로는 산동성山東省 등주登州까지 많은 신라인들이 거주하고 있었다. 그들 중에는 연안 운송업과 상업에 종사하는 자들도 있었고, 양주揚州·소주蘇州·명주明州 등지에서 아라비아·페르시아 상인과 교역하는 한편, 중국과 신라·일본을 내왕하며 국제무역에 종사하던 자들도 많았다. 해안지역 출신으로 바다에 익숙했던 장보고는 이러한 해상무역에 대해 깊은 인상과 이해를 얻었다.

또한 그 무렵 당나라나 신라 모두 중앙 집권력이 이완되어, 흉년과 기근이 들면서 잇달아 각지에서 도적이 횡행하였다. 바다에서도 그러하여 해적이 신라 해안에 출몰해 많은 주민들을 포획하여 중국에 노예로 팔았으며 무역선도 해적의 위협을 받았다. 이러한 상황에서 장보고는 신라인에 대한 해적들의 포획에 대하여 분노하였고, 국제무역에 대한 강렬한 욕망을 가졌으며, 스스로 해상권을 통괄해 독자적인 세력을 키워볼 야망을 불태웠다.

마침내 828년(흥덕왕 3) 중국에서 크게 입신하지 못한 처지를 떨쳐버리고 귀국하였다. 그리고 왕에게 남해의 해상교통의 요지인 완도에 해군기지를 건설해 황해의 무역로를 보호하고 해적을 근절시킬 것을 주청하였다.

당시 진골귀족간의 대립이 심하였고, 귀족 연립정권적인 성격을 띤 중앙정부는 거기에까지 적극적인 힘을 뻗칠 여력이 없었다.

이에 그는 왕의 승인을 받고 지방민을 규합해 일종의 민군民軍 조직으로 1만여 명의 군대를 확보해 완도에 청해진清海鎭을 건설하였다. 청해진은 건설될 때부터 장보고를 중심으로 독자적인 세력의 성격을 띠었던 것이다. 그에게 내려진 청해진대사清海鎭大使라는 벼슬도 신라의 관직 체계에는 없는 별도의 직함이었던 점도 이러한 사실을 증명해준다.

청해진을 건설한 뒤, 곧 해적을 소탕해 동중국해 일대의 해상권을 장악하였다. 이 해상권을 토대로 당·신라·일본을 잇는 국제무역을 주도해 나갔다. 8세기 중엽 이후 신라 무역상들이 취급한 물품은 752년 일본이 신라 상인으로부터 매입한 물품목록에서 그 일면을 찾아볼 수 있다.

이에는 구리 거울 등의 금속제품과 화전花氈 등의 모직물 같은 신라산 물품과 향료·염료·안료 등을 비롯한 당 및 당을 중계지로 한 동남아시아와 서아시아 방면의 물품이 적혀 있다. 신라상인은 그 대가로 풀솜[綿]과 비단[絹] 등을 가져갔다.

당나라와의 교역에서도 통일기 전에는 주로 토산품이 수출되었으나, 통일기 이후에는 고급 직물과 비단 및 금은 세공품이 수출되었다. 또한 당시 신라 귀족들이 애용했던 향료 등의 동남아시아 및 서남아시아산 물품들도 신라 상인의 중계무역으로 수입된 것이다. 장보고의 무역선도 대체로 이러한 물품들과 피혁제품·문방구류들을 취급했던 것으로 여겨진다. 장보고는 무역 활동과 함께 외교 교섭까지 시도하였다.

840년(문성왕 2)에 무역선과 함께 회역사廻易使를 파견해 일본 조정에 서신과 공물을 보냈다. 이러한 시도는 일본측의 국제관례에 따라 거부되었지만 무역은 계속되었다.

또한 당나라에는 견당매물사遣唐賣物使의 인솔하에 교관선交關船을 보내어 교역을 활발히 하였다. 회역사와 견당매물사의 칭호가 붙은 교역사절을 파견했다는 사실은 그가 일반 무역상인과는 달리 독자적인 세력집단을 형성하고 있었음을 말해준다.

일본의 지방관과 승려 엔닌[圓仁]이 장보고에게서신을 보내어 그의 귀국을 보살펴줄 것을 탄원했다는 것은 일본·신라·당을 잇는 당대의 해상교통로에서 그의 위세가 국제적으로 인정되었음을 보여준다.

그는 산동성 문등현文登縣 적산촌赤山村에 법화원法華院을 건립하고 이를 지원하였다. 이 법화원은 상주하는 승려가 30여 명이 되며, 연간 500석을 추수하는 장전莊田을 가지고 있었다. 이 지역 신라인의 정신적인 중심지로서 법회 때에는 한꺼번에 250여 명이 참석했던 적도 있었다.

이처럼 장보고의 세력이 중국 동해안의 신라인 사회에도 큰 영향력을 끼치고 있었다. 또한 그 자신이 미천한 신분 출신이었으므로, 골품제와 같은 기존의 신분제에 구애됨이 없이 유능한 인재들을 널리 받아들여 그들의 능력을 적극 발휘할 수 있게 하였다.

812년(헌덕왕 4) 흉년이 들자 170여 명의 굶주린 자들이 바다 건너 중국의 저장浙江지역에 먹을 것을 구하러 갔으며, 이 무렵 일본에 300여 명이 건너간 것과 같은 사실에서 보이듯, 사회분화의 진전과 중앙정부의 통제력의 이완에 따라 흉년이라도 들면 많은 빈민들이 삶을 찾아 바다로 나가거나 떠돌아다녔다.

이러한 빈민들을 규합하고, 새로운 활동무대를 찾아 모여든 인재들을 포용하여, 8세기 이래로 왕성했던 신라인의 해상 활동 능력을 적극 활용, 이것들을 묶어 조직화함으로써 그의 세력이 급속도로 성장하는 토대가 이루어졌던 것이다. 이제 강력한 군대와 많은 선박을 보유하고 부를 축적하여 하나의 큰 지방세력으로 성장함에 따라 중앙정부의 정치적 분쟁에도 자연히 관여하게 되어졌다.

836년(희강왕 1) 수도에서 왕위계승분쟁에 패배한 김우징金祐徵(뒤의 신무왕) 일파가 청해진으로 피난 와서 그에게 의탁하였다.

838년(희강왕 3) 수도에서 다시 왕위를 둘러싼 분쟁이 터져 희강왕이 피살되고, 민애왕이 즉위하였다. 이 정변을 틈타 장보고는 김우징 일파를 강력히 지원하여 군대를 보내어 경주로 반격하게 하여, 김우징이 왕으로 즉위하는 데 큰 공을 세웠다.

신무왕은 그를 감의군사感義軍使로 삼는 동시에 식실봉 이천호食實封二千戶

를 봉했고, 그의 세력은 중앙정부를 위협할 정도가 되었다.

이에 두려움을 느낀 중앙귀족들은 그의 딸을 문성왕의 왕비로 맞아들이는 것을 반대하였다. 그 뒤 청해진과 중앙정부 사이에는 대립과 반목이 심화되었다. 그러자 중앙정부에서 한때 장보고의 부하였던 염장閻長을 보내어, 짐짓 그의 막하에 투항한 척하다가 그를 암살하게 하였다.

그의 암살 뒤 그의 아들과 부장 이창진李昌珍에 의해 청해진 세력은 얼마간 유지되어, 일본에 무역선과 회역사를 보내어 교역을 계속하기도 하였다. 그러나 곧 이어 염장을 비롯한 중앙군의 토벌을 받아 청해진은 완전 궤멸되었다. 851년(문성왕 13) 청해진의 주민을 벽골군碧骨郡(지금의 전라북도 김제)에 이주시키고, 청해진을 없애버렸다.

장보고는 불의에 피살되었으나, 그는 8세기 후반 이후 신라인의 해상활동의 한 정점이 되었다. 또한 신라 말기 각지에서 등장하는 호족세력의 선구적 존재이기도 하였다.

최치원崔致遠

857(문성왕 19)~? 신라 말기의 학자·문장가. 본관은 경주慶州. 자는 고운孤雲·해운海雲. 경주 사량부沙梁部(또는 본피부本彼部)출신. 견일肩逸의 아들이다.

신라 골품제에서 6두품六頭品으로 신라의 유교를 대표할 만한 많은 학자들을 배출한 최씨 가문출신이다. 특히, 최씨 가문 중에서도 이른바 '신라 말기 3최崔'의 한 사람으로서, 새로 성장하는 6두품출신의 지식인 중 가장 대표적인 인물이었다. 세계世系는 자세히 알 수 없으나, 아버지 견일은 원성왕의 원찰인 숭복사崇福寺의 창건에 관계하였다.

최치원이 868년(경문왕 8)에 12세의 어린 나이로 중국 당나라에 유학을 떠나게 되었을 때, 아버지 견일은 그에게

"10년동안에 과거에 합격하지 못하면 내 아들이 아니다."

라고 격려하였다고 한다. 이러한 이야기는 뒷날 최치원 자신이 6두품을 '득난得難'이라고도 한다고 하여 자랑스럽게 말하고 있었던 점과 아울러 신흥 가문출신의 기백을 잘 나타내주고 있다.

당나라에 유학한지 7년만인 874년에 18세의 나이로 예부시랑禮部侍郎 배찬裵瓚이 주관한 빈공과賓貢科에 합격하였다. 그리고 2년간 낙양洛陽을 유랑하면서 시작詩作에 몰두하였다. 그 때 지은 작품이 ≪금체시今體詩≫ 5수 1권, ≪오언칠언금체시五言七言今體詩≫ 100수 1권, ≪잡시부雜詩賦≫ 30수 1권 등이다.

그 뒤, 876년(헌강왕 2) 당나라의 선주宣州 표수현위漂水縣尉가 되었다. 이때 공사간公私間에 지은 글들을 추려 모은 것이 ≪중산복궤집中山覆簣集≫ 1부部 5권이다. 그 뒤, 877년 겨울 표수현위를 사직하고 일시 경제적 곤란을 받게 되었으나, 양양襄陽 이위李蔚의 문객門客이 되었다. 곧 이어 회남절도사淮南節度使 고변高騈의 추천으로 관역순관館驛巡官이 되었다.

그러나 문명文名을 천하에 떨치게 된 것은 879년 황소黃巢가 반란을 일으키자 고변이 제도행영병마도통諸道行營兵馬都統이 되어 이를 칠 때 고변의 종사관從事官이 되어 서기의 책임을 맡으면서부터였다. 그 뒤 4년간 고변의 군막軍幕에서 표表·장狀·서계書啓·격문檄文 등을 제작하는 일을 맡게 되었다. 그 공적으로 879년 승무랑 전중시어사 내공봉承務郎殿中侍御史內供奉으로 도통순관都統巡官에 승차되었으며, 겸하여 포장으로 비은어대緋銀魚袋를 하사받았으며, 이어 882년에는 자금어대紫金魚袋를 하사받았다.

고변의 종사관으로 있을 때, 공사간에 지은 글이 표表·장狀·격檄·서書·위곡委曲·거첩擧牒·제문祭文·소계장疏啓狀·잡서雜書·시 등 1만여 수에 달하였는데, 귀국 후 정선하여 ≪계원필경桂苑筆耕≫ 20권을 이루게 되었다. 이 중 특히 <토황소격討黃巢檄>은 명문으로 이름이 높다.

885년 귀국할 때까지 17년 동안 당나라에 머물러 있는 동안 고운顧雲·나은羅隱 등 당나라의 여러 문인들과 사귀어 그의 글재주는 더욱 빛나게 되었다. 이로 인해 ≪당서唐書≫ 예문지藝文志에도 그의 저서명이 수록되었다.

이규보李奎報는 ≪동국이상국집≫ 권22 잡문雜文의 <당서에 최치원전을

세우지 않은 데 대한 논의(唐書不立崔致遠傳議)>에서 ≪당서≫ 열전列傳에 최치원의 전기가 들어 있지 않은 것은 중국인들이 그의 글재주를 시기한 때문일 것이라고까지 말하고 있다.

29세로 신라에 돌아오자, 헌강왕에 의해 시독 겸 한림학사 수병부시랑 지서서감사侍讀兼翰林學士守兵部侍郎知瑞書監事에 임명되었다. 그리고 국내에서도 문명을 떨쳐 귀국한 다음해에 왕명으로 <대숭복사비문大崇福寺碑文> 등의 명문을 남겼고, 당나라에서 지은 저작들을 정리해 국왕에게 진헌하였다.

그러나 당시의 신라사회는 이미 붕괴를 눈앞에 두고 있었다. 무엇보다도 지방에서 호족세력이 대두하면서 중앙정부는 주州·군郡의 공부貢賦도 제대로 거두지 못해 국가의 창고가 비고, 재정이 궁핍한 실정이었다.

889년(진성여왕 3)에는 마침내 주·군의 공부를 독촉하자 농민들이 사방에서 봉기해 전국적인 내란에 들어가게 되었다.

이에 최치원은 895년 전국적인 내란의 와중에서 사찰을 지키다가 전몰한 승병들을 위해 만든 해인사海印寺 경내의 한 공양탑供養塔의 기문記文에서 '당토唐土에서 벌어진 병兵·흉凶 두 가지 재앙이 서쪽 당에서는 멈추었고, 동쪽 신라로 옮겨와 그 험악한 중에도 더욱 험악해 굶어서 죽고 전쟁으로 죽은 시체가 들판에 별처럼 흐트러져 있었다.'고 당시의 처참한 상태를 적었다. 당나라에서 직접 황소의 반란을 체험한 바 있는 그에게는 고국에서 벌어지고 있던 전쟁과 재앙이 당나라의 그것이 파급, 연장된 것으로 느껴졌던 모양으로, 당대 제일의 국제통國際通다운 시대감각이라 아니할 수 없다.

귀국한 뒤, 처음에는 상당한 의욕을 가지고 당나라에서 배운 경륜을 펴보려 하였으나, 진골귀족 중심의 독점적인 신분체제의 한계와 국정의 문란함을 깨닫고 외직外職을 원하여 890년에 대산군大山郡(지금의 전라북도 태인)·천령군天嶺郡: 지금의 경상남도 함양·부성군富城郡(지금의 충청남도 서산) 등지의 태수太守를 역임하였다. 부성군 태수로 있던 893년 하정사賀正使에 임명되었으나 도둑들의 횡행으로 가지 못하고, 그 뒤에 다시 사신으로 당나라에 간 일이 있다.

894년에는 시무책時務策 10여 조를 진성여왕에게 올려서 문란한 정치를 바로잡으려고 노력하기도 하였다. 10여 년 동안 중앙의 관직과 지방관직을 역임하면서, 중앙 진골귀족의 부패와 지방세력의 반란 등의 사회모순을 직접적으로 목격한 결과, 그 구체적인 개혁안을 제시하기에 이른 것이다.

시무책은 진성여왕에게 받아들여져서 6두품의 신분으로서는 최고의 관등인 아찬阿湌에 올랐으나 그의 정치적인 개혁안은 실현될 수 없는 것이었다. 당시의 사회모순을 외면하고 있던 진골귀족들에게 그 개혁안이 받아들여질 리는 만무했던 것이다.

그리고 얼마 후, 실정을 거듭하던 진성여왕이 즉위한지 11년만에 정치문란의 책임을 지고 효공왕에게 선양禪讓하기에 이르렀다. 최치원은 퇴위하고자 하는 진성여왕과 그 뒤를 이어 새로이 즉위한 효공왕을 위해 대리 작성한 각각의 상표문上表文에서 신라가 이미 돌이킬 수 없는 멸망의 길로 들어서고 있었던 것을 박진감 나게 묘사하였다.

이에 이르자 최치원은 신라왕실에 대한 실망과 좌절감을 느낀 나머지 40여 세 장년의 나이로 관직을 버리고 소요자방逍遙自放하다가 마침내 은거를 결심하였다. 당시의 사회적 현실과 자신의 정치적 이상과의 사이에서 빚어지는 심각한 고민을 해결하지 못하고 결국 은퇴의 길을 택하지 않을 수 없었던 것 같다.

즐겨 찾은 곳은 경주의 남산南山, 강주剛州(지금의 의성義城)의 빙산氷山, 합천陝川의 청량사淸涼寺, 지리산의 쌍계사雙磎寺, 합포현合浦縣(지금의 창원昌原)의 별서別墅 등이었다고 하는데, 이 밖에도 동래東萊의 해운대海雲臺를 비롯해 그의 발자취가 머물렀다고 전하는 곳이 여러 곳 있다.

만년에는 모형母兄인 승 현준賢俊 및 정현사定玄師와 도우道友를 맺고 가야산 해인사에 들어가 머물렀다. 해인사에서 언제 세상을 떠났는지 알 길이 없으나, 그가 지은 <신라수창군호국성팔각등루기新羅壽昌郡護國城八角燈樓記>에 의하면 908년(효공왕 12) 말까지 생존했던 것은 분명하다.

그 뒤의 행적은 전혀 알 수 없으나, 물외인物外人으로 산수간에서 방랑하다가 죽었다고도 하며 또는 신선이 되었다는 속설도 전해오고 있으나, 자살한 것이 아닌가 하는 새로운 주장도 있다.

<최치원전>에 의하면 고려 왕건王建에게 서한을 노냈는데 그 가운데 '계림은 시들어가는 누런 잎이고, 개경의 곡령은 푸른 솔(鷄林黃葉 鵠嶺靑松)'이라는 구절이 들어 있어 신라가 망하고 고려가 새로 일어날 것을 미리 내다보고 있었다고 한다.

최치원이 실제 왕건에게 서신을 보낸 사실이 있었는지 확인할 길은 없으나, 그가 송악松岳지방에서 새로 대두하고 있던 왕건세력에 주목하고 있었던 것은 사실인 것 같다. 은거하고 있던 해인사에는 희랑希朗과 관혜觀惠 등 두 사람의 화엄종장華嚴宗匠이 있어서 서로 정치적 견해를 달리하며 대립하고 있었다. 즉, 희랑은 왕건을 지지한 반면, 관혜는 견훤甄萱의 지지를 표방하고 있었다.

그 때에 최치원이 희랑과 교분을 가지고 그를 위해 시 6수를 지어준 것이 오늘날까지 남아 있다. 이로 보아 최치원은 희랑을 통해서도 왕건의 소식을 듣고 있었고, 나아가 고려의 흥기에 기대를 걸었을 가능성을 생각할 수 있다.

그는 역사의 중심무대가 경주에서 송악지방으로 옮겨지고 또 그 주인공도 경주의 진골귀족이 몰락하는 대신에 지방의 호족세력이 새로 대두하고 있던 역사적 현실을 직접 눈으로 내다보면서 살다간 사람이었다.

비록 그 어느 편에도 적극적으로 가담해서 사회적인 전환과정에서 주동적인 역할을 하지 못하고 이미 잔존세력에 불과하던 신라인으로 남아서 은거생활로 일생을 마치고 말았으나, 역사적 현실에 대한 고민은 그의 후계자들에게 영향을 주어, 문인門人들이 대거 고려정권에 참가해 새로운 성격의 지배층을 형성함으로써 신흥고려의 새로운 정치질서·사회질서의 수립에 선구적인 역할을 담당하였다.

한편, 최치원이 살던 시대는 사회적 전환기일 뿐만 아니라 그에 상응하는 정신계의 변화도 활발하게 전개되고 있었다. 이러한 상황에서 그는 정신계의 변화면에 있어서도 중요한 위치를 점하고 있었다. 자신을 '부유腐儒', '유문말학儒門末學' 등으로 표현했던 것으로 보아, 학문의 기본적 입장은 유학儒學이었던 것을 알 수 있다.

그는 유학을 단순히 불교의 부수적인 것으로 이해하거나, 왕자王者의 권위 수식에만 이용하던 단계를 지나 새로운 정치이념으로 내세우면서, 골품제 도라는 신라사회의 족적 편제방법族的編制方法을 부정하는 방향으로까지 발전시켰다.

유교에 있어서의 선구적 업적은 뒷날 최승로崔承老로 이어져 고려국가의 정치이념으로 확립을 보기에 이르렀다. 그는 유교사관儒教史觀에 입각해서 역사를 정리하였다.

그 가운데 가장 대표적인 것이 연표형식으로 정리한 ≪제왕연대력帝王年代曆≫이다. ≪제왕연대력≫에서는 거서간居西干·차차웅次次雄·이사금尼師今·마립간麻立干 등 신라왕의 고유한 명칭은 모두 야비하여 족히 칭할 만한 것이 못된다고 하면서 왕王으로 바꾸었는데, 그것은 유교사관에 입각해서 신라문화를 이해하려는 역사인식에서 말미암은 것이었다. 이러한 최치원의 유교사관은 유교에 대한 이해가 보다 깊어지는 김부식金富軾의 그것에 비해서 냉정한 면이 결여된 만큼 모방적인 성격이 강했음을 나타내주는 것이었다.

≪제왕연대력≫은 오늘날 남아 있지 않아 그 내용은 알 수 없으나 가야를 포함해 삼국, 통일신라, 중국의 연표가 들어 있을 것으로 보인다. 그러나 <사불허북국거상표謝不許北國居上表>나 <상태사시중장上太師侍中狀> 등에서 나타난 발해인에 대한 강한 적개심으로 보아 발해사渤海史는 제외되었을 것으로 추측된다.

그런데 <상태사시중장>에서는 마한은 고구려, 변한은 백제, 진한은 신라로 발전한 것으로 인식하고, 발해는 고구려의 후예들이 건국한 것으로 이해하고 있었다.

이로 보아 그가 인식한 한국고대사체계는 삼한 → 삼국 → 통일신라와 발해로 이어져오는 것이었고, 나아가 그 자신의 시대에 와서 통일신라 자체도 이미 붕괴되고 있었던 것으로 인식하고 있는 것 같다.

그리고 유교에 있어서의 선구적인 역할과 아울러 빼놓을 수 없는 것이 한문학사漢文學史에 있어서의 업적이다. 그의 한문학은 중국문학의 차용借用

을 통해서 형성되었는데, 신라의 문화적 전통 속에서 성립된 향가문학鄕歌文學과 대립되는 새로운 문학장르를 개척한 것이다. 문장은 문사를 아름답게 다듬고 형식미가 정제된 변려문체騈儷文體였다.

≪동문선≫과 ≪계원필경≫에 상당수의 시문이 수록되어 전하고 있으며, 평이근아平易近雅하여 당시 만당시풍晚唐詩風과 구별되었다.

최치원은 그 자신 유학자로 자처하면서도 불교에도 깊은 관심을 가져 승려들과 교유하고, 불교관계의 글들을 많이 남기고 있었다. 불교 중에서도 특히 종래의 학문불교·체제불교인 화엄종의 한계와 모순에 대해서 비판하는 성격을 가진 선종禪宗의 대두를 주목하고 있었다. 지증智證·낭혜朗慧·진감眞鑑 등 선승들의 탑비문塔碑文을 찬술하였다.

그 중 특히, <지증대사비문智證大師碑文>에서는 신라선종사新羅禪宗史를 간명하게 기술한 것으로 유명한데, 신라의 불교사를 세 시기로 구분해 이해한 것은 말대사관末代史觀에 입각한 것으로서 주목된다.

그러나 불교 중에서 주목한 것은 선종만이 아니었다. 오히려 더욱 깊은 관심을 가진 것은 종래의 지배적 불교인 화엄종이었다. 화엄종관계의 글을 많이 남기고 있어서 오늘날 확인되는 것만도 20여 종에 이르고 있다. 특히, 화엄종 사찰인 해인사에 은거한 뒤부터는 해인사관계의 글을 많이 남겼다.

화엄종관계의 글 중에는 ≪법장화상전法藏和尙傳≫·≪부석존자전浮石尊者傳≫·≪석순응전釋順應傳≫·≪석이정전釋利貞傳≫ 등이 있었던 것이 확인되는데, 이로 보아 신라화엄종사新羅華嚴宗史의 주류를 의상義湘 → 신림神琳 → 순응順應 → 이정利貞 → 희랑으로 이어지는 계통으로 이해한 것으로 보인다.

그리고 화엄학 외에도 유식학자唯識學者인 원측圓測과 태현太賢 등에 대해서도 언급하고 있어, 화엄학과 함께 신라불교의 양대 조류를 이루었던 유식학唯識學도 이해하고 있었던 것으로 주목된다.

유교와 불교 외에 기타 사상으로서 지적할 수 있는 것은 도교道敎와 노장사상老莊思想·풍수지리설風水地理說이었다. 당나라에 있을 때 도교의 신자였던 고변의 종사관으로 있으면서 도교에 관한 글을 남기고 있었던 것을 보아 그 영향을 받았을 것을 짐작할 수 있다. 특히, ≪계원필경≫ 권15에 수록된

<재사齋詞>에서 그의 도교에 대한 이해를 보여주고 있다.

그리고 귀국한 뒤 정치개혁을 주장하다가 진골귀족의 배척을 받아 관직을 떠난 뒤에는 현실적인 불운을 노장적老莊的인 분위기 속에서 자족하려고 하는 면이 시에 잘 나타나 있다. 이러한 현실도피적인 행동이 뒷날 도교의 인물로까지 잘못 전해지게 되었던 것이다.

또한 그가 찬술한 <대숭복사비문>에 의하면, 예언적인 도참신앙圖讖信仰과 결부되어 국토재계획안적인 성격을 가지고 사회적 전환의 추진력이 되고 있었던 풍수지리설에도 상당한 이해를 가지고 있었던 것을 알 수 있다. 그리고 그의 사회에 대한 인식이나 역사적인 위치가 선승禪僧이자 풍수지리설의 대가였던 도선道詵과 비슷한 점은 주목할 만한 것이다.

이처럼 유학자라고 자처하면서 유교 외에 불교나 노장사상, 심지어는 풍수지리설까지도 아무 모순 없이 복합해 이해하고 있었던 것이다. 특히, 유교와 불교의 조화에 노력한 면이 <난랑비서문鸞郎碑序文>을 비롯한 그의 글 여러 곳에서 나타나고 있다.

그런데 이러한 사상적인 복합화가 중앙의 진골귀족들의 독점적인 지배체제와 그들의 고대적인 사유방식에 반발하던 6두품출신의 최치원에 의해 추진되었다는 사실은 신라고대문화의 한계를 극복하려는 새로운 사상운동으로서의 성격을 가지게 하였던 것이다.

그러나 말년에 와서의 소극적이며 은둔적인 생활은 시대적인 제약성을 스스로 극복하지 못함으로써 신라 말 고려 초의 사회적인 전환기에서 중세적 지성의 선구자로 머물다간 아쉬움을 남겼다.

1020년(현종 11) 현종에 의해 내사령內史令에 추증, 다음해에 문창후文昌侯에 추시追諡되어 문묘에 배향되었다. 조선시대에 태인泰仁의 무성서원武城書院, 경주의 서악서원西嶽書院, 함양의 백연서원柏淵書院, 영평永平의 고운영당孤雲影堂, 대구 해안현解顏縣의 계림사桂林祠 등에 제향되었다.

저술로는 시문집으로 ≪계원필경≫ 20권, ≪금체시≫ 5수 1권, ≪오언칠언금체시≫ 100수 1권, ≪잡시부≫ 30수 1권, ≪중산복궤집≫ 1부 5권, ≪사륙집四六集≫ 1권, 문집 30권 등이 있었다. 사서史書로는 ≪제왕연대력≫

이 있었으며, 불교에 관계되는 저술로는 ≪부석존자전≫ 1권, ≪법장화상전≫ 1권과 ≪석이정전≫·≪석순응전≫·≪사산비명四山碑銘≫ 등이 있었으나, 오늘날 전하는 것은 ≪계원필경≫·≪법장화상전≫·≪사산비명≫뿐이고, 그 외는 ≪동문선≫에 시문 약간, 사기寺記 등에 기기·원문願文·찬讚 등 그 편린만이 전한다. 글씨도 잘 썼는데, 오늘날 남아 있는 것으로는 쌍계사의 <진감선사비문>이 유명하다.

그리고 전해오는 많은 설화 중에서 가장 대표적인 것으로는 조선시대 김집金集의 ≪신독재전집愼獨齋全集≫에 실린 <최문헌전崔文獻傳>이 있다.

대흔大昕

?~849. 신라 문성왕 때의 반란자. 민애왕 때 이찬伊飡의 관등에 있었다.
839년(민애왕 2) 윤 정월 김우징金祐徵을 받드는 김양金陽의 반란군을 맞아 대아찬大阿飡 윤린允璘, 의훈嶷勛 등과 싸웠다. 그러나 김양의 군대가 크게 승리하여 공격해오니 싸움은 더욱 더 치열해졌고, 관군은 점차 후퇴하기에 이르렀다. 이때 민애왕이 살해되고, 김우징이 왕위에 올라 신무왕이 되었다. 그러나 불과 수개월 뒤에 죽자 아들 문성왕이 즉위하였다.
849년(문성왕 11) 9월 이찬 김식金式과 함께 모반하다가 발각되어 죽음을 당하였다. 이때 대아찬 흔린昕鄰도 이에 연좌되어 벌을 받았다.

소명왕후炤明王后

생몰년 미상. 신라 문성왕의 비. 이찬伊飡 위흔魏昕의 딸이다. 842년(문성왕 4) 3월에 문성왕에게 출가하였다. 845년 3월에 문성왕이 청해진대사淸海鎭大使 궁복弓福(장보고張保皐)의 딸을 취하여 차비次妃로 삼으려 했으나 귀족들의 반대로 그치었다. 이에 이듬해에 장보고가 반란을 일으켰지만 곧 평정되었다. 아버지 위흔은 847년 8월에 시중侍中이 되었다.

염거廉居

?~844(문성왕 6). 신라 말의 선승禪僧. 염거廉巨라고도 하며, 가지산파迦智山派의 2대 조사祖師이다. 도의道義의 제자로서, 도의가 진전사陳田寺에서 입적할 때 오직 그에게 전심傳心하고 선을 널리 펼 것을 당부하였다.

주로 설악산 억성사億聖寺에 머무르면서 선법의 홍포에 주력하였고, 사교邪教를 배척하였다. 항상 일심一心을 닦고 밝혀서 삼계三界의 고통으로부터 벗어나야 함을 강조하였다.

선에 대한 이해가 거의 없었던 시대에 오직 일념무주一念無住만을 의지하고 지내다가, 체징體澄에게 법맥을 전하여 가지산파를 대성시킬 수 있는 기반을 마련한 뒤 입적하였다.

탑은 원래 원주시 지정면 안창리 흥법사지興法寺址에 있었으나, 현재 국보 제104호로 지정되어 국립중앙박물관에 있으며, 이전 때 발견된 지판誌版도 국립중앙박물관에 있다.

원홍元弘

생몰년 미상. 신라 문성왕 때 당나라에 다녀온 사신. 관등은 아찬阿湌이었다. 신라 문성왕이 당나라 선종宣宗에게 파견하였던 사절이 851년(문성왕 13) 4월에 돌아올 때 사신 원홍이 불경과 부처 어금니를 가지고 왔다. 이에 문성왕은 몸소 백관과 더불어 교외에 나와 맞이하였다.

흔린昕隣

생몰년 미상. 신라 문성왕 때의 귀족. 관등은 대아찬大阿湌에 이르렀으며, 849년(문성왕 11) 9월 이찬伊湌 김식金式과 대흔大昕 등이 모반을 도모하다가 적발되어 처형당할 때, 이 사건에 연좌되어 처벌을 받았다.

진량眞亮

생몰년 미상. 신라 문성왕 때의 지방관. 852년(문성왕 14) 2월에 파진찬波珍湌의 관등으로 웅주도독熊州都督에 임명되었다. 관등과 관직으로 보아 진골 출신인 듯 하나 자세한 것은 알 수 없다.

의정義正

생몰년 미상. 신라 문성왕 때의 상대등上大等. 관등은 이찬伊湌이었다. 849년(문성왕 11) 1월에 상대등에 임명되어서 857년(헌안왕 1)까지 재임한 것으로 보인다.

확종確宗

성은 김金. 벼슬은 사병원외司兵員外. 진공대사眞空大師의 아버지이다.

홍필弘弼

841년(문성왕 3) 벼슬은 일길찬一吉湌, 모반하려다가 사실이 발각되자 도망하여 해도海島로 들어갔는데 잡히지 않았다.

진공대사眞空大師

855년(문성왕 17)~937년(태조 20) 중. 성은 김金. 사병원외司兵員外 확종確宗의 아들. 젊어서 가야산迦倻山 선융善融에게서 중이 되고, 874년(경문왕 14) 가야산 수도원修道院에서 구족계具足戒를 받고, 삼장三藏을 연구, 일납一納의 초막과 설악산雪嶽山 원효元曉의 옛터를 찾는 등 선림禪林을 역방했다.
소백산사小白山寺에 있을 때 내방한 고려 태조의 찬앙贊仰을 받고, 고려 태조가 삼국을 통일하자 서울에 올라가 이를 진하陳賀했다. 시호는 진공眞空, 탑호塔號는 보법普法.

김운경 金雲卿

당나라에 들어가서 빈공과賓貢科에 급제하고, 곤주 도독부 사마昆州都督府司馬·치주 장사淄州長史 등을 지낸 뒤 841년(문성왕 3) 선위사宣慰寺로 문성왕에 대한 책봉 칙서冊封勅書를 가지고 귀국했다.

혜강 慧江

842년(문성왕 4) 중. 924년(경애왕 1)에 세운 문경군聞慶郡 봉암사鳳巖寺의 지증대사 적조탑비智證大師寂照塔碑를 쓴 명필名筆이다.

위흔 魏昕

신라新羅 문성왕文聖王 때 이찬伊湌. 그의 딸이 소명부인昭明夫人으로 문성왕의 비妃가 되었다.

계홍 啓弘

생몰년 미상. 신라 문성왕 때의 관리. 아찬阿湌 벼슬을 지내다가 844년(문성왕 6) 8월에 혈구진穴口鎭의 진두鎭頭가 되었다.

그때 문성왕이 선왕과의 친분을 생각하여 장보고張保皐의 딸을 둘째 왕비로 삼으려고 하자, 상대등 예징禮徵과 대아찬大阿湌 김여金茹 등이 장보고의 딸이 진골의 혈통이 아닌 무명의 섬처녀라는 이유로 반대하였다.

그리하여 찬성하였던 양순良順은 시중직을 퇴직당하게 되었고, 결국 계홍의 주장대로 왕비 간택은 이루어지지 못하였다. 이로 인하여 장보고는 반란을 일으켰다.

김식金式

?~849(문성왕 11). 신라 하대의 장군. 관등은 이찬伊飡이었다. ≪동국통감≫에는 '김이金貳'로 표기되어 있다. 849년 9월에 이찬 대흔大昕 등과 더불어 반란을 꾀하다가 죽임을 당하였다. 이때 대아찬大阿飡 흔린昕鄰도 이 사건에 연좌되어 처형되었다. 이 사건의 목적이나 규모에 대해서는 알 수 없다.

김운경金雲卿

생몰년 미상. 신라 말기의 문인. 신라의 숙위학생宿衛學生으로서는 처음으로 821년(헌덕왕 13)에 당나라의 빈공과賓貢科에 합격, 우감문위수부병조참군右監門衛率府兵曹參軍과 연주도독부사마兗州都督府司馬를 지냈다.
841년(문성왕 3)에 선위부사宣慰副使로 귀국하여 왕을 책봉하였다. 이 때 그의 시우詩友였던 주한周翰의 이별시가 한 수 남아 있다. 그러나 그의 귀국 후의 활동에 대해서는 잘 알려져 있지 않다.

김양순金良順

?~847(문성왕 9). 신라의 대신. '양순亮詢'이라고도 표기한다. 흥덕왕이 죽은 뒤 벌어진 왕위계승전에서 김제륭金悌隆이 김균정金均貞을 죽이고 희강왕이 되자, 김균정을 지지하던 김예징金禮徵과 함께 837년(희강왕 2)에 장보고張保皐에게 투탁하였다.
≪삼국사기≫ 김양전金陽傳에는 838년(민애왕 1) 12월에 무주군鵡洲軍을 거느리고 김균정의 아들 우징祐徵에게 투탁하였다고도 한다.
839년 김양이 평동장군平東將軍이 되어 우징군의 선봉으로서 민애왕의 군대를 격파하고 왕을 살해하자,

"본래의 목적한 원수를 갚게 되었으나 지금 괴수가 죽음으로써 모든 관리와 백성들이 안정을 얻지 못할 것이다."

라고 권고하며, 김양을 왕성으로 들어가게 하여 민심을 안정시켰다. 우징은 즉위하여 신무왕이 되었으나, 곧 죽고 태자가 문성왕이 되었다.

840년(문성왕 2)에 김예징이 상대등上大等이 되자 이찬伊湌에 임명되었으며, 843년에 시중에 올랐다. 그러나 다음해 시중직에서 해임되고, 847년 5월에 파진찬波珍湌 홍종興宗 등과 함께 모반하였다가 죽음을 당하였다. 이는 846년에 행해진 장보고세력의 제거와도 관련이 있는 것으로 보인다.

김양金陽

808(애장왕 9)~857(문성왕 19). 신라의 왕족·정치가. 자는 위흔魏昕. 태종무열왕의 9대 손이며, 증조부는 이찬 주원周元, 할아버지는 소판 종기宗基, 아버지는 파진찬 정여貞茹이다.

그의 집안은 780년(혜공왕 16)에 태종무열왕계의 왕통이 무너진 뒤에도 계속 건재해, 대대로 시중侍中을 역임하는 등 정계에서 요직을 차지하였다.

특히 822년(헌덕왕 14)에 그의 할아버지와 형제 항렬인 김헌창金憲昌이 반란을 일으켰다가 실패해 그 일당이 모두 살해되었음에도 종기의 집안만은 피해를 입지 않은 채 정계에서 활약하였다.

828년(흥덕왕 3)에 고성군태수固城郡太守가 되고 이어 중원소경中原小京 대윤大尹, 무주도독武州都督을 역임했는데, 가는 곳마다 치적을 남겨 명성이 높았다고 한다.

836년 12월 흥덕왕이 죽은 뒤 균정均貞과 제륭悌隆 사이에 왕위 쟁탈전이 벌어졌을 때, 그는 균정을 왕으로 추대하고 적판궁積板宮에 들어가 족병族兵으로써 숙위했으나 제륭 일파의 기습을 받아 중과부적으로 패배하였다. 이 때 그는 제륭의 부하인 배훤백裵萱伯이 쏜 화살에 다리를 맞은 채, 포위망을 뚫고 경주 북쪽인 한기漢岐 방면으로 탈출하는 데 성공하였다.

그 뒤 838년(희강왕 3) 1월에 상대등 김명金明이 희강왕을 죽이고 왕위에 오르자, 그는 2월에 병사를 모집해 청해진淸海鎭으로 떠났다.

이 때 청해진에는 균정의 아들 우징祐徵이 청해진 대사大使인 장보고張保皐와 더불어 복수를 꾀하고 있었는데, 그는 우징·장보고와 함께 민애왕을 타도하기로 모의하고 그 해 3월 강병 5,000명으로 무주를 습격, 함락시키고 다시 남원으로 진출해 정부군을 격파하였다.

그러나 병사들이 피로한 기색을 보이자 일단 청해진으로 철수했다가 다시 12월에 평동장군平東將軍으로서 장보고 휘하의 강병 5,000명을 이끌고 경주를 향해 진격하였다. 이 때 그의 군대는 무주 철야현鐵冶縣에서 김민주金敏周 휘하 정부군의 저항을 받았으나, 기병 3,000명으로써 적진에 돌격해 이를 섬멸하였다.

이어 839년 1월에는 대구大丘로 진격해 민애왕이 거느리는 정부군을 격파하고 왕도 죽였다. 이로써 경주의 왕성王城을 수복한 그는 4월에 우징을 왕으로 추대하였다. 이 때 배훤백을 비롯해 민애왕 정권의 요직에 있던 사람들을 관대하게 용서해 인심을 얻었다.

7월 신무왕이 재위 3개월 만에 죽자 아들 문성왕이 즉위했는데, 그는 반정공로反正功勞로 소판 겸 창부령倉部令을 제수받았다. 그 뒤 이찬에 오르고, 847년(문성왕 9) 8월 시중이 되어 이듬 해까지 재임하였다. 시중 퇴직 뒤에도 병부령兵部令으로서 문성왕에 중용되었다.

한편, 그는 당나라로부터 검교위위경檢校衛尉卿을 받기도 하였다. 857년 8월 13일에 50세의 나이로 죽었다. 부음이 전해지자 문성왕은 서발한舒發翰으로 추증하고, 부의賻儀와 염장殮葬을 모두 김유신金庾信의 예에 따르게 하였다. 그 해 12월 8일 태종무열왕의 능렬陵列에 배장陪葬되었다.

김여 金茹

?~847(문성왕 9). 신라 문성왕 때의 정치가. 관등은 대아찬大阿湌. 844년(문성왕 6)에 대아찬大阿湌의 관등으로 김양순金良順의 후임으로 시중이 되었다.

김예金銳

?~868(경문왕 8). 신라 문성왕의 종제從弟. 855년(문성왕 17) 4월에 건립된 경주의 창림사무구정탑昌林寺無垢淨塔 원기願記에 의하면, 당시 그의 관직은 선수조탑사 종제 사지 행웅주기량현령宣修造塔使從弟舍知行熊州祁梁縣令으로 되어 있다. 왕의 가까운 친척임에도 신라 골품제사회에서 아주 낮은 관등인 사지舍知와 현령縣令을 행직行職으로 받고 있었다. 868년에는 이찬伊湌으로서 김현金鉉 등과 모반을 꾀하다가 죽음을 당했다.

김흔金昕

803(애장왕 4)~849(문성왕 11). 신라의 정치가. 자는 태泰. 태종무열왕의 9세손으로, 증조부는 상재上宰를 지낸 이찬伊湌 김주원金周元, 할아버지는 시중侍中을 지낸 소판蘇判 종기宗基, 아버지는 시중을 지낸 파진찬波珍湌 장여璋如이며, 양陽의 사촌형이다.

822년(헌덕왕 14) 당나라에 건너가 숙위宿衛하고 1년 뒤에 귀국하였는데, 이때 당나라의 목종穆宗으로부터 금자광록대부 시태상경金紫光祿大夫試太常卿의 벼슬을 받았다. 다만 ≪삼국사기≫ 신라본기에는 그가 당나라에 간 해가 825년이라 하였다.

그는 귀국 즉시 사명을 잘 수행한 공으로 남원태수를 제수받고, 그 뒤 여러 번 승진하여 강주康州(지금의 진주晉州)의 대도독에 이르렀으며, 얼마 뒤 이찬에 올라 상국相國을 겸하였다.

839년(민애왕 2) 정월에는 대장군이 되어 군사 10만을 거느리고 김양 등이 지휘하는 김우징金祐徵(뒤의 신무왕神武王)의 군사를 대구에서 방어하다가 실패하여 정계에서 은퇴하였다.

그 뒤 소백산으로 들어가 승려들과 함께 지내다가 849년 8월 27일 산재山齋에서 47세로 죽었다. 그의 무덤은 나령군奈靈郡(영주榮州)에 있다.

명해 明海

생몰년 미상. 신라의 귀족. 신무왕의 장인이며, 문성왕의 외할아버지이다. ≪삼국사기≫에 의하면, '문성왕은 신무왕의 태자로 어머니는 정계부인貞繼夫人이고, 비는 소명부인昭明夫人으로 4년(842) 3월에 이찬伊飡 위흔魏昕의 딸을 맞이하여 비妃로 삼았다.'고 하고, 또 '문성왕은 아버지는 신호왕, 어머니는 정종부인貞從夫人, 비는 소명왕후昭明王后'라고 하였다.

이에 의하면 ≪동국통감≫은 ≪삼국유사≫에 의거한 것을 알 수 있다. 즉, '신무왕 비 진종부인은 명해明海의 딸이다.'라고 한 것이 그것이다.

그런데 ≪삼국사기≫나 ≪문헌비고≫에서 정계부인이라고 한 것은 '종'과 '계' 중에서 계를 따른 것이며, ≪문헌비고≫ 등에서 '진眞'으로 한 것은 정貞자의 착오에서 기인한 것이라고 할 수 있다. 다만 왕비의 아버지가 명해明海라 한 데는 이설이 없다.

● 문성왕 시대의 세계동향

▶ 동양

840년 1월 문종文宗 죽고 태제太弟 전이
　　　　　진왕陳王 성미成美를 죽이고 즉위
　　　9월 이덕유李德裕 대신이 됨
844년 3월 조귀진을 도문교수 선생으로 함
　　　8월 곽의, 유진劉稹 사형
846년 4월 조귀진趙歸眞 등 사형
850년 9월 토번吐藩 하서河西를 약탈
855년 윤 4월 주현에 차과부를 만들게 함
856년 1월 정랑鄭朗 대신이 됨

▶ 서양

842년 9월 니카이아 종교회의 우상숭배를 부활
843년 베르당 조약, 프랑크 왕국 3분됨
　　　로탈은 제호와 중부, 루드비히는 동부, 카알은 서부를 각각 가짐
846년 4월 사라센족 이태리 침략, 로마 포위
851년 데인족 캔터베리 및 런던을 침공
856년 5월 화란 해안 노르만족에게 약탈당함

● 김양묘

개는 주인이 아니면 짖는다

김양金陽은 태종 무열왕의 9세손이다. 증조할아버지는 이찬(신라 17관등 중 2등급) 김주원金周元이요, 할아버지는 소판(3등급) 종기宗基이고 아버지 정여貞茹는 파진찬(4등급)이었으니 대대로 모두가 높은 관직을 맡았다.

그는 808년에 태어났는데 어릴 때부터 영민하고 생각이 깊었다. 828년(흥덕왕 3) 21세 때 고성군 태수가 되었으며, 얼마 뒤에 중원대윤으로 임명되었다가 곧 무주도독으로 전직되었는데 가는 곳 마다 백성들을 잘 다스려 칭송을 들었다.

836년 흥덕왕興德王이 죽고 그 뒤를 이을 후사가 없자, 사촌동생인 김균정金均貞과 균정의 조카 제륭悌隆간에 왕위쟁탈전이 벌어졌다. 경주 말로 '아재비 조카'끼리 서로 왕이 되겠다고 맞붙은 것이다.

이때 김양은 웃어른을 받들어 왕으로 모시는 것이 순리에 따르는 길이라 믿고, 균정의 아들인 아찬 우징祐徵과 균정의 매부인 예징禮徵과 더불어, 균정을 왕으로 받들어 적판궁積板宮에 들어가 사병私兵을 데리고 지키고 있었다. 그때 제륭의 패거리인 김명金明·이홍李弘 등이 적판궁을 포위하였다. 김양은 군사들을 궁문에 배치하여 그들을 막으면서 호령하였다.

"새 임금이 여기 계시는데 너희들이 어찌 이토록 흉악하게 덤벼들 수 있느냐?"

드디어 활을 당겨 10여 명을 쏘아 죽였지만, 그는 제륭의 부하 배훤백裵萱伯이 쏜 활에 다리를 정통으로 맞았다.

균정이 걱정하며 말했다.

"저쪽은 군사가 많고 우리는 군사가 적으므로 그 세력을 막을 수 없다. 공은 물러나는 체하여 뒷날을 도모하라!"

이에 김양이 포위를 뚫고 나와서 한기마을에 이르렀고, 균정은 상대방 군사들에게 살해되었다. 그는 하늘을 우러러 울부짖으며 해를 두고 결심을 다진 다음, 아무도 모르게 산 속에 숨어서 때가 오기를 기다렸다.

다음 해(837년) 8월이 되자 균정의 아들 우징이 남은 군사를 수습하여 청해진(오늘날 완도)으로 가서 대사 장보고張保皐와 손을 잡고, 같은 하늘 아래 함께 살 수 없는 불공대천의 원수를 갚고자 하였다.

김양은 이 소식을 듣고 참모와 병졸들을 모집하여 그 다음 해(838년) 2월 청해진으로 들어가 우징을 만나 함께 원수 갚을 일을 의논하였다.

3월에 정예군 5천을 거느리고 무주를 습격하기 위해 성 밑에 다다르니, 지난날 자기들을 잘 보살펴 다스려준 은공에 감사하는 고을 사람들이 모두 항복하였다. 그들은 행군을 계속하여 남원에 이르러 관군과 싸워 승리했으나, 우징은 군사들이 오랜 싸움에 피로해졌다 하여 다시 청해진으로 돌아가 병사와 말들을 쉬게 하였다.

겨울에 살별(혜성)이 서쪽에 나타났는데 빛을 내는 꼬리가 동쪽에 뻗치니 여러 사람들이 서로 축하하며

"이는 낡은 것을 없애고 새 것이 득세할 징조이니, 원수를 갚고 치욕을 씻을 표징이다."

하고는 김양을 평동장군平東將軍이라 불렀다.

12월에 다시 출병하자 많은 군졸들이 그를 따라 모였는데, 군사들의 사기는 충천하여 가는 곳마다 상대방을 무찔렀다.

839년 정월 19일, 김양의 군사가 대구에 이르자 왕이 군사를 보내 반격하였다. 김양의 군사가 이들을 역습하니 왕군을 패하여 붙잡히거나 죽은 자가 수없이 많았다.

이때 왕(민애왕 김명)은 정신없이 도망치다가 군사들에게 붙잡혀 살해되었다.

김양이 좌우 장군에게 명하여 군사들을 다독거리고 널리 알렸다.

"이 싸움은 본래 원수를 갚기 위한 것이었다. 이제 그 우두머리가 죽었으니 관리들이나 장졸들과 백성들은 모두 안심하고 살 것이며 흔들림이 없게 하라."

그가 드디어 서라벌에 들어와 민심을 수습하니 백성들이 마음놓고 살게 되었다. 김양이 배훤백을 불러 말했다.

"개는 저마다 제 주인이 아니면 짖는 법이다. 네가 네 주인을 위하여 나를 쏘았으니 옳게 한 일이로다 내 탓하지 않을 테니, 너는 안심하고 두려워하지 말라!"

여러 사람이 이 말을 듣고는

"훤백에게도 저렇게 하니 다른 사람이야 무엇을 근심하랴?"

하면서 모두가 감격하였다. 왕궁을 깨끗이 정리하고 죽은 김균정의 아들 우징을 맞아들여 왕위에 오르게 하니, 이 분이 신무왕이다.

신무왕이 7월 23일에 죽고 태자가 뒤를 이으니 46대 문성왕이다. 왕은 김양의 공로를 추가로 기록하고 소판(3등급) 겸 창부령을 내리고 다시 시중(오늘날 내무장관) 겸 병부령(국방장관)으로 전임시켰다. 당나라에서는 공에게 검교위 위경을 제수하였다.

857년 8월 13일 김양이 집에서 죽으니 향년 50세였다. 부음이 알려지자 임금(헌안왕)은 슬퍼하며 서발한(1등급)을 추증하고, 장례에 드는 비용과 의식 절차 모두를 김유신의 장례 때와 같게 하여 그해 12월에 태종대왕의 능 옆에 묻었다.

(≪삼국사기 열저≫)

경주시 서악동 4번국도 서쪽에 태종무열왕릉이 있고 동쪽에 김인문묘가 있는데 그 중간, 도로 동쪽에 김양묘가 있다. 겉모양은 일반적인 둥근 흙무덤인데 밑둘레 60m, 높이 3m이다.

● 풍운아 '장보고' 피살

중앙 정계 진출의 꿈, 물거품으로 끝나
신라 정부, 반기든 장보고에 자객 보내 암살, 청해진 해체

846년 자신의 딸을 왕비로 맞아들이지 않는데 불만을 품고 청해진에서 반기를 들었던 해상왕 장보고가 중앙에서 보낸 자객에 의해 암살됐다.

845년 3월 문성왕(839~857)은 장보고의 딸을 차비次妃로 삼으려 했으나 중앙정부의 귀족들은 '천한 바다섬의 딸을 왕비로 맞아들인다는 것은 천만부당하다'는 이유로 강하게 반대했다. 이에 장보고는 '내 도움으로 왕위에 오른 문성왕이 내 요구를 거절할 수는 없는 일'이라며 분노, 이듬해 봄 청해진에서 반기를 들었었다.

이에 신라 조정은 장보고의 세력이 워낙 막강하여 직접 대결은 피하고 무주 출신의 자객 염장을 보냈다. 염장의 거짓 투항에 속은 장보고는 그를 자신의 측근에 두었다가 염장의 계략에 넘어가 결국 암살되고 말았다. 장보고 사후 문성왕은 851년(문성왕 13) 2월 청해진을 해체하고 그 곳 주민들을 전라도 김재 벽골제로 이주시켰다.

그 동안 신라의 진골 귀족은 장보고의 중앙정계 진출 문제로 골머리를 앓아왔다. 장보고의 딸을 왕비로 맞아들이는 것은 골품제를 철저히 고수하고 있는 진골 귀족들에게 도저히 받아들여질 수 없는 일이었다. 또한 현재 신라의 정치상황에서 중앙정계가 통제할 수 없는 막강한 사병을 거느리고 있는 장보고의 개입은 정치적으로 엄청난 사태를 몰고 올 것으로 우려되는 바였다.

하지만 중앙정부는 그를 제압할만한 힘을 가지고 있지 못했기에 장보고의 존재는 중앙관료에게 '공포의 대상'이 되어온 것이다. 그러나 장보고가 암살되고 청해진이 해체됨으로써 신라의 중앙 귀족은 커다란 정치적 부담을 덜게 됐다.

장보고는 누구인가?
청해진 설치, 해적 소탕, 해상자본가로 성장
왕위 다툼 밀려난 귀족 돌봐주다 중앙정계와 인연

친구 정년과 더불어 당에 건너가 서주徐州 지방에 있는 무령군의 소장小
將으로 있었던 장보고는 중국 해적에 의해 신라인이 노예로 붙잡혀와 고통
을 받는 참상을 목격하고 의분을 느껴 신라로 귀국했다. 당시 당나라의 해
적은 신라의 연해안과 무역선을 습격, 사람들을 약탈하여 노예로 팔거나 고
된 일을 시켰다.

신라 흥덕왕을 찾아가 왕의 허락을 받은 장보고는 828~9년 사이에 군사 1
만으로 청해에 진영을 설치, 해적 토벌에 주력했다. 이후 이 지역의 해상권
을 장악한 장보고는 청해진을 경유하는 당이나 일본의 선박에 통행세를 부
과하는 한편 당·일본과 무역을 전개하여 해상자본가로 성장했다.

이때 중앙정계에서 희강왕과 왕위 다툼을 벌이다 패배한 김균정의 아들
김우징은 자신에게 화가 미칠 것을 우려해 836년 청해진으로 피신해오고,
이듬해에는 김균정의 사위 두 사람까지 피신해옴으로써 장보고는 이들을
통해 중앙정계와 관련을 맺게 된다.

838년 희강왕을 살해한 김명이 민애왕으로 즉위하자 이때 김명과 갈등 관
계에 있던 김양은 왕위 다툼에 장보고를 끌어들여 민애왕을 제거하는데 성
공하고 839년 김우징을 신무왕으로 즉위시키게 된다. 김우징이 왕이 되는
데 큰 공을 세운 장보고는 문성왕 때 청해장군으로 임명됐다.

청해진의 지정학적 특성

해상 군사기지로서의 조건을 기본적으로 갖추고 있을 뿐 아니라 해상교통
의 심장로에 위치하고 있다. 산동반도 및 양자강 하구 등 당나라의 여러 국
제항으로 가는 항로가 뻗쳐 있으며, 다시 동남으로 일본의 구주九州에 이르
는 항로가 있어 당은 물론 일본으로 향하는 길의 중심지로 자리하고 있다.

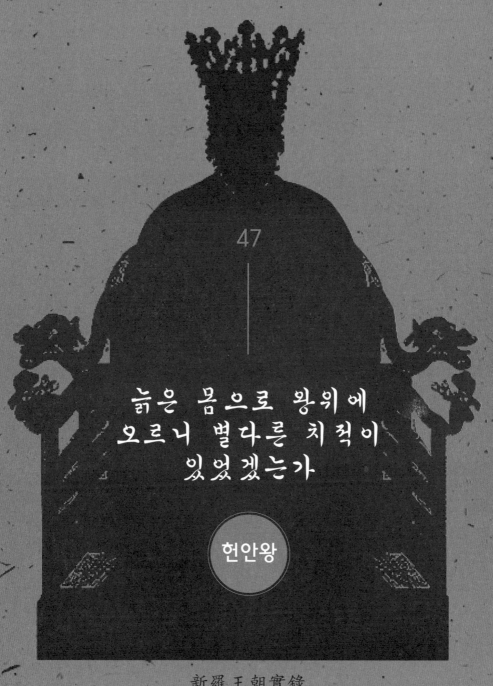

47
—

늙은 몸으로 왕위에
오르니 별다른 치적이
있었겠는가

헌안왕

新羅王朝實錄

헌안왕 憲安王
김씨 왕 32대

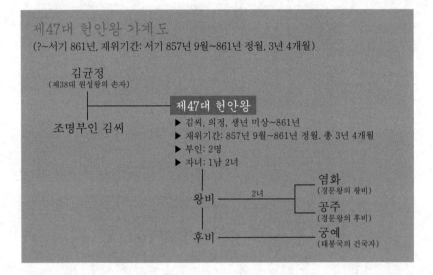

제47대 헌안왕 가계도
(?~서기 861년, 재위기간: 서기 857년 9월~861년 정월, 3년 4개월)

김균정
(제38대 원성왕의 손자)

조명부인 김씨

제47대 헌안왕
▶ 김씨, 의정, 생년 미상~861년
▶ 재위기간: 857년 9월~861년 정월. 총 3년 4개월
▶ 부인: 2명
▶ 자녀: 1남 2녀

왕비 ——— 2녀 ——— 염화
(경문왕의 왕비)
공주
(경문왕의 후비)

후비 ——— 궁예
(태봉국의 건국자)

　?~861(헌안왕 5). 신라 제47대 왕. 재위 857~861. 성은 김씨金氏. 이름은 의정誼靖·우정祐靖. 신무왕神武王의 이복동생으로, 아버지는 성덕대왕成德大王으로 봉해진 균정均貞이고, 어머니는 충공忠恭의 딸 조명부인照明夫人(또는 昕明夫人) 김씨이며, 할아버지는 예영禮英으로 원성왕元聖王의 아들이다. 슬하에 딸이 둘 있었는데 모두 다음 왕인 경문왕景文王의 비妃가 되었다. 그리고 궁예弓裔는 왕의 서자庶子로 알려져 있다.

　왕위에 오르기 전의 행적은 잘 알 수 없으나 아마 아버지인 상대등上大等 균정과 처남인 시중 김명金明 사이에 왕위계승 문제로 암투가 격심하던 흥덕왕興德王 말년(836)에 중국 당나라에 사행使行하였고, 왕위계승쟁탈전이 일단락된 뒤, 즉 문성왕文聖王이 즉위한 직후에는 시중侍中을, 그 뒤에는 병부령兵部令을 거쳤다가 다시 849년(문성왕 11)에는 상대등에 임명된 듯하다.

861년 1월, 병이 들어 자리에 누운 지 오래되었으므로 왕위를 사위인 응렴에게 선위禪位하였다. 그 달 29일에 승하하였으며, 공작지孔雀趾에 장사하였다.

857년(헌안왕 원년), 즉위 초에 비가 오지 않고 흉년이 들어 굶주리는 사람이 많자, 제방을 수리하게 하고 농사를 권장하였다.

858년(헌안왕 2) 정월에 왕은 친히 내을신궁에 제사를 지냈다. 4월에는 서리가 내리고 5월부터 7월까지는 비가 오지 않았으며 당성군唐城郡(현 수원군 水原郡 장덕張德) 남쪽 개울가에서 큰 고기가 나왔는데 길이는 40보에 높이가 60장이나 되었다.

859년(헌안왕 3) 봄에는 전해의 가뭄으로 곡식이 귀하여 기근이 심하였으므로 왕은 사자를 파견하여 이를 구제하였다 4월에는 하교하여 제방을 완전히 수리하게 하고 농사를 장려하였다.

860년(헌안왕 4) 9월에 왕은 군신들을 임해전에 모아 잔치를 열었는데 15세 된 왕족 응렴膺廉도 와 있었다. 왕은 그의 뜻을 알아보기 위하여 문득 한 가지 질문을 하였다.

"너는 얼마간 유학을 하였는데 착한 사람을 보아 깨달은 일은 없느냐?"
"신이 일찍 세 사람을 보았는데, 몰래 착한 행실을 하는 것으로 생각 하였습니다."
"어떠한 착한 행실인가?"

하고 왕이 다시 물으니 응렴이 대답하기를

"한 사람은 지체 높은 집안의 자제로서 그가 사람과 사귐에 있어서 무엇이든지 자기가 먼저 나서지 않고 남의 밑에 처하는 것이요, 하나는 집이 부유하여 재물이 많아도 사치스러운 의복을 입지 않고 항상 삼베로 된 옷을 입으면서도 늘 기뻐하는 것이요. 하나는 세도와 영화를 누리는 가문이라 하더라도 그 세력을 남에게 가하려 하지 아니하는 것인데 신이 보고 생각한 바는 이러합니다."

하니 왕은 묵연히 있다가 왕후의 귀에 가만히 말하기를

"짐이 사람을 많이 보았으나 응렴과 같은 자는 없었으니 우리 딸을 그의 아내로 삼는 것이 좋겠소."

하고는 응렴을 돌아보고 말하기를

"원컨대 낭郎은 스스로를 아끼며 삼가 품행을 바르게 하라. 짐에게 딸이 있는데 그대를 배필로 삼으려 한다."

하고 다시 주연을 베풀고 함께 마시면서 조용히 말하기를

"나에게 두 딸이 있는데 언니는 올해에 20세고 아우는 19세이니 그대의 생각대로 아내로 맞으라."

하였다. 응렴은 사양하며 곧 취하지 않고 일어나서 절하며 사례하고 집으로 돌아와서 부모에게 이 사실을 알리니 부모는 말하기를

"두 딸의 용모를 듣건대 언니는 동생만 못하다고 하니 만약 취한다면 그 아우를 아내로 맞는 것이 옳겠다."

하였으나 응렴은 의심이 되어 뜻을 결정하지 못하고 흥륜사의 승려를 찾아 그 의견을 물었다. 승려가 말하기를

"언니를 아내로 맞으면 3가지 유익한 일이 있고 동생을 아내로 맞으면 도리어 3가지 손해가 있다."

하였다. 이에 응렴은 곧 왕에게 아뢰기를

"신은 감히 스스로 결정하지 못하겠으므로 다만 명령하는 대로 따르겠나이다."

하였다. 이때에 왕은 장녀를 응렴에게 시집보내었다.

861년(헌안왕 5) 정월에 왕은 심한 병환으로 오래 누워 있다가 좌우의 신하들에게 말하기를

"과인이 불행하여 아들이 없고 딸만 있다. 비록 우리나라에 선덕과 진덕의 두 여왕이 있으나 빈계牝雞(암탉)가 새벽을 알리는 일에 가까운 것이므로 가히 그 법을 본받을 수 없다. 사위 응렴은 나이는 비록 어리나 성숙한 덕이 있고 세상일에 노련하니 경 등은 이를 세우고 잘 섬기면 반드시 조종의 영서令緖를 떨어뜨리지 않을 것인즉 과인은 죽어도 잊지 않을것이다."

하였다. 이달 29일에 왕이 서거하므로 헌안이라 시호하고 공작지에 장사하였다.

● 헌안왕대의 사람들

김가기金可紀

?~859(헌안왕 3). 신라시대의 도교가道敎家·문장가. 이규경李圭景의 ≪오주
연문장전산고≫ 43 <원효의상변증설元曉義湘辨證說>에 인용된 ≪해동전
도록海東傳道錄≫에 의하면, 그는 당나라 문종文宗 때 최승우崔承祐·자혜慈惠(
후의 의상義湘)와 함께 당나라에 유학하였는데, 당시에 외국인을 위해 실시하
던 과거제도인 빈공과賓貢科에 먼저 급제하여 진사가 되었다. 또, 일설에는
벼슬이 화주참군華洲參軍과 장안위長安尉에 이르렀다고도 한다.

그는 본래 성품이 고요하여 사치를 멀리하였으며 도道를 탐구하기 좋아하
여 이에 대한 학문을 널리 배우고 익혔다. 또, 신선의 경지에 이르는 술법의
일종인 복기법服氣法을 수련하는 등 도교의 수행에도 힘썼다.

마침내 벼슬까지 그만두고 종남산終南山의 자오곡子午谷에 은거하여 손수
기화방초奇花芳草를 가꾸고 항상 향을 피우고 정좌하여 명상에 잠겼으며, 주
로 노자老子의 ≪도덕경≫과 기타 선서仙書를 심독했는데 3년 동안 쉬지 않
고 공부한 뒤 신라로 귀국하였다. 이때 당나라 시인 장효표章孝標가 이별의
시를 지었다고 하는데, 홍만종洪萬宗의 ≪해동이적海東異蹟≫에는 그 시의
전문이 수록되어 있다.

≪해동전도록≫을 보면, 김가기·최승우·자혜를 신라에 최초로 도교를 전한
인물로 기록하고 있다. 종리는 중국 도교의 남종南宗에 속하는데 김가기가
그에게서 도를 전수받은 것으로 본다면, 김가기는 중국의 도교와 도교 경
전을 신라에 전한 최초의 인물이라 추측된다. 결국 그는 당시 신라의 숙위
학생宿衛學生으로 당나라에서 과거에 급제한 다섯 명 가운데 한 사람이었고,
또 귀국하지 않았기 때문에 국내보다 중국에서 더 유명하였다.

≪택리지≫에는 김가기가 전라남도 영암군에서 배를 타고 당나라로 갔다
고 기록하고 있다.

김안金安

생몰년 미상. 신라 헌안왕 때의 상대등上大等. 857년(문성왕 1) 이찬伊飡의 관등으로서 상대등에 임명되었고, 862년(경문왕 2)에 김정金正이 상대등에 임명될 때까지의 헌안왕 재위기간 동안 약 6년간 상대등으로 있었다. 신무왕 이후에 조성되기 시작한 지방세력의 위협에 대처하기 위한 중앙귀족세력의 결합의 매개체 구실을 한 인물로 추측되고 있다.

문의부인文懿夫人

일명 영화부인寧花夫人이라고도 함. 헌안왕憲安王의 장녀長女. 왕족王族 응렴膺廉(경문왕景文王)의 처妻가 되어, 헌강왕憲康王)을 낳았다.

● 헌안왕 시대의 세계동향

▶ 동양
  858년 5월 유전 죽음
      6월 남만, 안남安南(월남)에 침입함

▶ 서양
  858년 6월 사라센군 소小아세아에서 동東로마군과 크게 싸움

48

음흉한 본성과 지나친 욕심에
백성들은 등을 돌리고

경문왕

新羅王朝實錄

경문왕 景文王
김씨 왕 33대

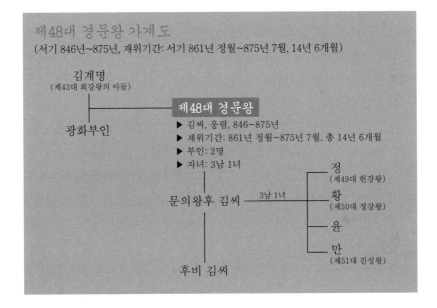

제48대 경문왕 가계도

(서기 846년~875년, 재위기간: 서기 861년 정월~875년 7월, 14년 6개월)

김계명
(제43대 희강왕의 아들)

광화부인

제48대 경문왕

▶ 김씨, 응렴, 846~875년
▶ 재위기간: 861년 정월~875년 7월. 총 14년 6개월
▶ 부인: 2명
▶ 자녀: 3남 1녀

문의왕후 김씨 ── 3남 1녀

정 (제49대 헌강왕)
황 (제50대 정강왕)
윤
만 (제51대 진성왕)

후비 김씨

?~875(경문왕 15). 신라 제48대 왕. 재위 861~875. 성은 김씨, 이름은 응렴膺廉 혹은 의렴疑廉. 아버지는 계명啓明이며, 어머니는 광화부인光和夫人이다. 할아버지는 희강왕이며, 할머니는 충공忠恭의 딸인 문목부인文穆夫人 김씨이고, 왕비는 헌안왕의 큰딸인 영화부인寧花夫人 김씨이다. 또, 뒤에 헌안왕의 작은딸도 왕비로 삼았다. 아들은 황晃(정강왕)·정晸(헌강왕)·윤胤이고, 딸은 만曼(진성여왕)이며, 동생으로 위홍魏弘이 있었다.

왕위에 오르기 전에 일찍이 국선國仙이 되었는데, 헌안왕이 불러 나라 안을 돌아다니면서 본 일을 묻자 선행한 세 사람을 말하였는데, 첫째는 남의 윗자리에

217

있을 만하나 겸손해 남의 밑에 있는 사람이요, 둘째는 부호이면서 검소하게 옷을 입은 사람이요, 셋째는 고귀한 세력가이면서 그 위엄을 보이지 아니한 사람이라 하였다. 이 말을 들은 헌안왕이 그가 어짐을 알고 사위로 삼고자 해 두 딸 가운데 한 사람을 택하게 하였다.

이에 낭도인 범교사範敎師(삼국사기에는 흥륜사승興輪寺僧이라고 함)의 조언을 받아들여 왕의 큰딸과 결혼해 왕위에 오를 수 있었다. 경문왕은 불교에 많은 관심을 나타내었으므로, 낭도 중에는 승려가 많았다.

864년 감은사에 행차했고, 866년 황룡사에 행차하여 연등을 구경하기도 했다. 871년에는 황룡사구층탑을 개조하였다. 경문왕은 불교와 아울러 국학에 대한 관심을 나타내었다. 864년에는 국학에 행차해 박사로 하여금 경전의 뜻을 강론하게 하였다. 이러한 경문왕의 관심은 즉위한 직후 나라를 잘 다스려 보려는 의지의 표현이었다.

이 때 왕의 정치를 도운 사람들 중에는 국선 출신이 많았는데, 곧 요원랑邈元郎·예흔랑譽昕郎 등이다. 이들은 국토를 유람하면서 은근히 왕을 위하여 치국의 뜻을 노래로 짓고, 이를 다시 사지舍知인 심필心弼을 시켜 대구화상大矩和尙에게 보내어 <현금포곡玄琴抱曲>·<대도곡大道曲>·<문상곡門詳曲> 등 3수의 노래를 짓게 하였는데, 경문왕이 이를 보고 크게 기뻐하여 칭찬하였다고 하는데 가사는 현재 전하지 않는다.

866년에는 아버지 계명을 의공대왕懿恭大王, 어머니 광화부인을 광의왕태후光懿王太后, 왕비를 문의왕비文懿王妃로 봉하고 왕자 정을 태자로 삼는 등 열의를 가지고 치국에 임했지만 진골귀족간의 오랜 분쟁은 일시에 바로잡을 수 없게 되었다. 그 결과 중대 이후에는 반란 사건이 계속 일어났다.

866년 이찬 윤흥允興과 그 동생 숙흥叔興·계흥季興의 모역과, 868년 이찬 김예金銳·김현金鉉 등의 모반, 874년 근종近宗 등의 모역이 있었다. 그러나 경문왕은 하대사회의 혼란을 수습하지 못하고 죽었다.

한편, 경문왕은 산 뱀을 가슴에 덮고 잠자는 나쁜 습성이 있다고 알려져 있을 뿐 아니라, 당나귀의 귀와 같은 큰 귀를 가졌다는 소문도 퍼져 있었다. 이 이야기는 역시 당시 혼란한 사회상 속에서 만들어졌을 것이다. 시호는 경문景文이다.

861년(경문왕 원년) 3월에 왕은 무평문武平門에 나가 죄수를 대사하였다.

862년(경문왕 2) 정월에 이찬 김정金正을 상대등으로, 아찬위진魏珍은 중시로 임명하였다. 2월에 왕은 친히 신궁에 제사를 지냈다. 7월에는 사신을 당으로 파견하여 예물을 보냈다. 8월에는 입당사인 아찬 부량富良 등 일행이 바닷물에 빠져 죽었다.

863년(경문왕 3) 2월에 왕은 국학에 행차하여 박사 이하의 학사로 하여금 경서의 뜻을 강론케 하고 물품을 하사하였다. 10월에 복숭아와 자두나무의 꽃이 다시 피었으며 11월에는 눈이 오지 않는 등 기상 이변이 있었다. 왕은 영화 부인의 동생을 맞아 차비로 삼았다. 이후 왕이 흥륜사의 승려에게 묻기를

"대사께서 먼저 장녀를 맞으면 3가지 유익한 일이 있다고 말하였는데 무엇인가?"

하니 승려가 대답하기를

"그때 왕과 왕비께서는 그 뜻과 같이 된 것을 기뻐하여 총애를 깊이하게 된 것이 첫째요, 그로 인하여 이와 같이 왕위로 계승하게 된 것이 그 둘째요, 이와 아울러 앞서 구하고자 하던 둘째 왕녀까지 아내로 맞을 수 있게 된 것이 셋째입니다."

하자 경문왕은 크게 웃었다.

864년(경문왕 4) 2월에 왕은 감은사로 행차하여 바다를 살폈다. 4월에는 일본의 사신이 입조하였다.

865년(경문왕 5) 4월에 당의 의종懿宗은 정사正使 태자우유덕어사중승太子右諭德御史中丞 호귀후胡歸厚와 부사副使 광록주부겸감찰어사光祿主簿兼監察御史 배광襄光 등을 신라로 파견하여 선왕을 조제하고 겸하여 부의로 비단 1천 필을 내주고 왕을 책봉하여 개부의동삼사검교대위지절대도독계림주제군사상주국신라왕開府儀同三司檢校大尉持寺節大都督雞林州諸軍事上柱國新羅王으로 삼고 왕에게 관작을 내리는 문서와 정절旌節 1벌과 비단 5백 필과 의복 2벌과 금은 그릇 7개를 하사하였다. 그리고 왕비에게는 비단 50필과 의복 1벌과 은기 2개를 하사하고, 왕태

자에게는 비단 40필과 의복 1벌과 은그릇 1개를 하사하였다. 또한 대재상에게 비단 30필과 의복 1벌과 은그릇 1개를 하사하고, 차재상에게는 비단 20필과 의복 1벌과 은그릇 1개를 하사하였다.

866년(경문왕 6) 정월에 왕은 선고 계명을 봉하여 의공懿恭 대왕으로 추존하고, 어머니 박씨朴氏 광화光和 부인을 광의光懿 왕태후로 추봉하였으며, 부인 김씨를 문의文懿 왕비로 삼고 왕자 정晸을 세워 왕태자로 삼았다. 이달 15일에는 황룡사로 행차하여 연등을 보고 백관들에게 잔치를 베풀어 주었다. 10월에 이찬 윤흥允興은 아우 숙흥叔興, 계흥系興과 반역을 도모하다가 일이 발각되어 대산군岱山郡(현 성주星州)으로 도망하였으나 경문왕은 이들을 잡아 죽이고 그 일족을 멸하였다.

867년(경문왕 7) 정월에 임해전을 수리하였다. 5월에는 서울에 병이 유행하고, 8월에는 비 피해가 심해 곡식이 여물지 아니하였다. 10월에 왕은 사자를 각 도로 나누어 보내서 백성들을 위문하였다. 12월에 객성客星(혜성)이 태백성을 범하였다.

868년(경문왕 8) 정월에 이찬 김예金銳, 김현金鉉 등이 모반하다가 복주되었다. 6월에 황룡사의 탑이 진동하였다. 8월에 조원전을 수리하였다.

869년(경문왕 9) 7월에 왕자 소판 김윤金胤 등을 당으로 파견하여 사은하고 겸하여 말 2필, 맥금麥金 1백 냥, 은 2백 냥, 우황 15냥, 인삼 1백 근, 큰 꽃무늬가 있는 어아금魚牙錦 10필, 작은 꽃무늬가 있는 어아금 10필, 조하금朝霞錦(비단) 20필, 40새 짜리 흰 모직포 40필, 30새 짜리 모시 옷감 40필, 4척 5촌 짜리 머리카락 150냥, 3척 5촌 되는 머리카락 백 냥, 금비녀와 머리에 쓰는 오색 비단 띠와 반흉班胸 각 10조, 매 모양 금 쇠사슬을 매달아 무늬를 새긴 붉은 칼전대 20부副, 또 새로운 형태의 매 모양으로 금 쇠사슬을 매달아 무늬를 새긴 5색 칼전대 30부, 매 모양의 은 쇠사슬을 매달아 무늬를 새긴 붉은 칼전대 20부, 새로운 매 모양의 은 쇠사슬을 만들어 무늬를 새긴 오색 칼전대 30부, 새로운 모양의 금 쇠사슬을 만들어 무늬를 새긴 붉은 칼전대 20부, 새로운 형식의 새매 모양 금 쇠사슬을 만들어 무늬를 새긴 오색 칼전대 30부, 새매 모양의 은 쇠사슬을 만들어 무늬를 새긴 붉은 칼전대 20부, 새로운 양식의 새 모양 은 사슬을 만들어 무늬를 새긴 오색 칼전대 30부, 금으로 꽃과 매를 새긴 방울 2백 과顆, 금으로 꽃과 새매를 새긴 방울 2백 과, 금으로 새겨 넣은 매 꼬리 모양의 통 50쌍, 금으로 새겨 넣은 새매 꼬리 모양의 통 50쌍, 은으로 새긴 매 꼬리 모양의 통 50쌍, 은으로 새긴 새매 꼬리 모양의 통 50쌍, 매를 묶는 무늬가 있는 비단 가죽 1백 쌍, 새매를 묶는 무늬가 있는 비단 가죽 1쌍, 곱게 무늬를 새겨 넣은 금 바늘통 30구, 금으로 꽃을 새긴 은 바늘통 30구, 바늘 1천5백 개를 보냈다. 또 학생 이동李同 등 3명을 진봉사 김윤을 따라 당으로 들여보내어 학업을 닦게 하고 또 책을 살 수 있도록 은 3백 냥을 주었다.

870년(경문왕 10) 2월에 사찬 김인金因을 당으로 파견하여 숙위하게 하였다. 4월에는 서울에 지진이 발생하고, 5월에는 왕비가 돌아가셨다. 또 7월에는 홍수가 발생하고 겨울에는 눈이 오지 않고 많은 사람들이 병에 걸리는 등 좋지 않은 일들이 많이 발생하였다.

871년(경문왕 11) 정월에 왕은 유사에게 명하여 황룡사의 탑을 개조하도록 하고 2월에는 월상루月上樓를 수리하였다.

872년(경문왕 12) 2월에 왕은 친히 신궁에 제사하였다. 4월에는 서울에 지진이 일어났고 8월에는 신라의 주와 군이 메뚜기떼의 피해를 입어 곡식이 상하였다.

873년(경문왕 13) 봄에 기근이 들고 병이 유행하니 왕은 사자를 보내어 구제하였다. 9월에 황룡사 탑의 수리가 마무리됐는데 9층으로 높이가 22척이었다.

874년(경문왕 14) 정월 상대등 금정金正이 죽음으로 시중 위진을 상대등으로 삼고 인흥藺興을 중시로 삼았다. 4월에 당의 희종僖宗이 사신을 파견하여 의유宜諭하였다. 5월에는 이찬 근종近宗이 모역하여 궁궐을 침범하므로 금군禁軍을 내어 이를 격파하니 근종은 자신의 무리를 이끌고 밤에 성을 빠져나가 도망하였는데, 결국 근종은 잡혀 차열형車裂刑에 처하여졌다. 9월에 월정당서月正堂을 수리하였다. 이때 최치원이 당에 있으면서 등과하였다.

875년(경문왕 15) 2월에 서울과 동쪽 지방에 지진이 있었고 패성이 동쪽으로 나타나서 20일 만에 없어졌다. 5월에 용이 궁성 우물에 나타났는데 운무가 사방에서 모여 하늘로 날아갔다. 7월 8일에 왕이 돌아가시니 경문이라 시호하였다.

● 경문왕대의 사람들

궁예 弓裔

?~918. 후고구려의 건국자·왕. 재위 901~918. 성은 김씨. 아버지는 신라 제47대 헌안왕이고, 어머니는 이름이 알려져 있지 않은 궁녀이다. 제48대 경문왕의 아들이라 하기도 한다.

그의 탄생설화에 의하면 5월 5일에 외가에서 출생하였는데, 일관日官이 말하기를 단오날 태어났으며 나면서부터 이가 나고 또한 이상한 빛까지 나타나므로, 그는 국가에 해로울 것이라고 했다. 왕이 이를 믿고 죽일 것을 명하자, 사자가 그 집에 가서 강보에 싸인 아이를 빼앗아 다락 밑으로 던졌다.

이때 유모가 다락 밑에 숨어 아이를 받았으나, 잘못하여 손가락으로 눈을 건드려 애꾸눈이 되었다고 한다. 이것은 그가 신라왕족이었으나 왕실의 내분으로 조정에서 용납되지 못하였음을 상징하는 것이다.

그 뒤 궁예는 유모에 의하여 키워졌으며, 세달사世達寺에 출가하여 선종善宗이라 하였다. 후고구려의 성립 당시의 신라왕실은 극도로 쇠약해져, 지방에서는 호족들이 대두하였다. 거듭되는 흉년으로 인하여 국고가 탕진되어 889년(진성여왕 3)에 과도하게 세금을 독촉하자 전국적으로 백성들이 유망하여 초적草賊으로 변하였다.

그들 가운데 두각을 나타낸 인물로 기훤箕萱과 양길梁吉이 있었다. 양길의 부하로 들어간 궁예는 양길의 군사를 나누어 받아 원주 치악산 석남사石南寺를 거쳐 동쪽으로 진출하여, 주천酒泉(지금의 예천醴泉)·내성奈城(지금의 영월寧越) 등 여러 현과 성을 정복하고 894년에는 명주溟州(지금의 강릉江陵)에 이르렀는데, 그 무리가 3,500명이나 되었다.

궁예는 이들을 14대로 편성하여 자기 세력기반으로 삼았고, 이들에 의하여 장군으로 추대되었다. 이를 기반으로 양기과 결별하고 독자적인 세력을 폈다. 901년에는 스스로 왕이라 칭하고 고구려의 계승자임을 자처하였으며, 904년에는 국호를 '마진摩震', 연호를 '무태武泰'라고 하였다.

그해 7월 청주인 1,000호를 철원으로 옮겨 그곳을 서울로 정하고 상주尙州

등 30여 현을 얻으니, 공주장군 홍기弘奇가 투항하여왔다.

905년 수도를 송악에서 철원으로 옮긴 궁예는 연호인 무태를 '성책聖冊'으로 고치고 패서의 13진鎭을 평정하였으며, 평양성주 금용黔用이 투항하여왔다. 그 뒤 궁예는 세력을 강성하여짐을 믿고 신라를 병합하려는 뜻을 품고 신라를 '멸도滅都'라 부르게 하였다.

911년 연호를 다시 '수덕만세水德萬歲'라 고치고, 국호를 '태봉泰封'이라 하였다. 913년에는 연호를 다시 '정개政開'라 고쳤다.

왕건을 추대한 홍유洪儒·배현경裵玄慶·신숭겸申崇謙·복지겸卜知謙 등에 의하여 918년 왕위에서 축출되어, 변복차림으로 도망하다가 부양斧壤(지금의 평강平康)에서 백성들에게 피살당하였다.

이동李同

생몰년 미상. 신라 경문왕 때 당나라에 간 숙위학생.

869년(경문왕 9) 왕자인 사은겸진봉사謝恩兼進奉使 소판蘇判 김윤金胤을 따라 당나라에 들어가 국학國學에 입학하여, 875년 당나라 예부시랑 최항崔沆 아래에서 빈공과賓貢科에 급제하였다. 이 때 함께 응시한 발해의 유학생 오소도烏昭度가 수석합격을 하고 이동이 차석을 차지함으로써 신라와 발해의 빈공과 쟁장사건賓貢科爭長事件의 발단이 되었다.

이로 인하여 신라는 906년에 실시된 빈공과에서 최언위崔彦僞가 오소도의 아들 오광찬烏光贊을 누르고 수석으로 합격할 때까지 30여 년간 커다란 수치감과 굴욕감을 인내해야 하였다.

최언위의 수석 차지는 마침 당나라에 사신으로 가 있던 오소도의 항의를 불러일으켜서, 이른바 신라와 발해의 당 빈공과 쟁장사건으로 번져 그 뒤 양국의 관계를 더욱 경쟁적으로 만들었다.

인흥蘭興

생몰년 미상. 신라 경문왕 때의 대신. 874년(경문왕 14) 정월에 상대등上大等 김정金正이 죽자 시중侍中 위진魏珍이 상대등이 되고 인흥이 시중에 임명되었다. 875년(헌강왕 1)에 예겸乂이 시중에 임명될 때까지 약 1년 동안 재직하였던 듯하다.

찬유璨幽

869(경문왕 9)~958(광종 9). 신라 말 고려 초의 선승禪僧. 자는 도광道光. 성은 김씨金氏. 계림鷄林 하남河南 출신. 아버지는 용容이다.

13세 때 상주 삼랑사三朗寺의 융제融諦를 찾아갔으나 융제는 그가 법기法器임을 알고 혜목산慧目山 심희審希를 스승으로 모시게 하였다.

890년(진성여왕 4) 삼각산 장의사莊義寺에서 구족계具足戒를 받고 광주 송계선원松溪禪院에서 심희의 권유에 따라 892년에 상선商船을 타고 입당入唐하여, 서주舒州 투자산投子山의 대동大同에게 선을 배우고 곧 도를 깨달았다.

그 뒤 중국의 여러 사찰들을 유람하다가 921년(경명왕 5) 귀국하여 심희를 찾아가자, 심희는 삼창사에 머물 것을 명하였다. 3년 동안 삼창사에 머물다가 고려 태조의 청에 따라 경주 사천왕사四天王寺에 머물렀으나, 곧 혜목산을 좋아하여 이주하였다. 이곳에서 많은 제자들을 배출하여 대선림大禪林을 이룩하였다.

혜종과 정종은 가사袈裟를 내렸고, 광종은 그를 왕사王師로 책봉하고 증진대사證眞大師라는 호를 내렸다. 광종은 또 개경 사나원舍那院에 머무르게 한 뒤 3일 만에 중광전重光殿에서 설법하게 하고 국사國師로 삼았으며, 은병·은향로·수정염주·법의 등을 내렸다. 뒤에 은퇴하여 혜목산에서 입적하였다.

혜목산 고달사高達寺에 세워졌던 그의 비는 현재 경복궁에 보존되어 있다. 제자로는 흔홍昕弘·동광同光·행근幸近·전인傳印 등 500여 명이 있었다.

탑호塔號는 혜진慧眞이며, 시호는 원종대사元宗大師이다.

부량富良

벼슬은 아찬阿湌. 862년(경문왕 2) 8월 당나라에 사신使臣으로 가다가 배가 침몰되어 바다에 빠져 죽었다.

계흥季興

벼슬은 이찬伊湌. 866년(경문왕 6) 형인 윤흥允興, 숙흥叔興과 함께 모역을 도모하다가 발각되어 대산군岱山郡으로 도망했으나 잡혀서 죽었다.

김용백金容白

신라新羅·고려高麗 869년(경문왕 9)~958년(광종 9) 중. 성은 김金. 자는 도광道光. 본관은 하남河南(하동河東). 882년(헌강왕 8) 중이 되어 상주尙州 삼랑사三郎寺의 융체선사融諦禪師에게 입문, 뒤에 요예선사遙詣禪師의 제자가 되었다.

891년(진성여왕 5) 삼각산三角山 장의사莊義寺에서 구족계具足戒를 받고 이듬해 중국에 건너가 자선화상子禪和尙에게 법을 받았다. 귀국 후 광주廣州 천왕사天王寺에 머물러 불법을 강론, 고려 정종定宗 때 국사國師가 되었다.

975년(광종 26) 고달사高達寺에 탑비塔碑가 세워졌다. 시호는 원종元宗.

김여엄金麗嚴

신라新羅·고려高麗 862년(경문왕 2)~930년(고려 태조 13) 중. 성은 김金. 본관은 경주慶州. 충남 남포藍浦 출신.

9세 때 무량수사無量壽寺에서 중이 되어 주종법사住宗法師에게 법法을 배우고, 19세에 구족계具足戒를 받았다. 뒤에 교종敎宗에서 선종禪宗으로 개종한 뒤 당나라에 가서 운거대사雲居大師의 심인心印을 얻고, 908년(효공왕 12) 귀국하여 소백산小白山에 은거했다.

그의 선덕禪德에 귀의歸依한 고려의 지기주제군사知基州諸軍事 강훤康萱이 고려 태조에게 상문上聞 함으로써 태조의 부름을 받아 지평砥平(양평군楊平郡) 보리사菩提寺의 주지住持로 있다가 죽었다. 보리사 터에 있던 그의 비鼻는 현재 경복궁에 있다. 시호는 대경大鏡, 탑호塔號는 현기玄機.

장경유張慶猷

871년(경문왕 11)~921년(경명왕 5, 고려 태조 4) 신라말 고려초의 고승高僧. 시호는 법경法鏡. 원조遠祖는 한漢의 종기宗技로서 어머니는 맹씨孟氏. 15세 때 훈종訓宗에 의하여 중이 되었으며, 888년(진성여왕 2)에 당나라에 가서 운거도응雲居道膺의 가르침을 받고 908년(효공왕 12)에 귀국, 914년(신덕왕 3)에 왕건이 고려 태조로 즉위한 뒤 그를 왕사王師로 섬겼다. 탑호는 보조혜광普照慧光, 비碑는 개성 영남면 용암산嶺南面 踊巖山의 오룡사五龍寺 터에 있다.

광화부인光和夫人

생몰년 미상. 신라 경문왕의 어머니. 일명 광의부인光義夫人. 신무왕의 딸이며, 문성왕과 오누이간이다. 남편은 희강왕의 아들인 각간角干 계명啓明이다. 아들 응렴膺廉은 헌안왕의 총애를 받았는데, 범교사範敎師의 충고대로 왕의 맏딸과 혼인하여 경문왕이 되었다. 866년(경문왕 6) 정월에 광의왕태후光懿王太后로 봉해졌다.

근종近宗

?~874(경문왕 14). 신라 경문왕 때의 반란자. 이찬伊湌으로 874년 5월에 반란을 일으켜 궁궐을 침범하였으나, 근위대에 의하여 격파되었다. 이에 무리를 이끌고 밤에 성을 빠져 나왔으나 곧 붙들려 거열형車裂刑에 처해졌다.

김윤金胤

생몰년 미상. 신라 경문왕의 왕자. 관등은 소판蘇判, 迊湌이었다.

869년(경문왕 9)에 사은사로 당나라에 파견되어 말 2필, 부금麩金 1백냥, 은 2백냥, 우황牛黃 15냥, 인삼 1백근 등을 진봉하였다. 아울러 학생 이동李同 등 3인을 데리고 가서 당나라에서 학업을 익히도록 하였다. 김윤이 사은사로 간 것은 865년 당나라에서 헌안왕의 조제사弔祭使를 보내어 후하게 부의賻儀한 데 대한 답례일 것이다.

김인金因

생몰년 미상. 신라 경문왕 때의 숙위학생宿衛學生. 관등은 사찬沙湌. 870년(경문왕 10)에 당나라에 가 숙위하였다. 이는 전년에 왕자 김윤金胤을 보내어 국학國學에 입학요청을 하는 등, 쇠락하는 국력의 회복에 새로운 노력을 꾀하는 과정에서 파견된 외교사였으며 또, 신라의 마지막 숙위파견이었다. 한편, 그의 신분이 경문왕의 왕자라고 보는 설도 있다.

김정金正

?~874(경문왕 14). 신라 경문왕 때의 정치가. 이찬伊湌의 관등으로 862년(경문왕 2)에 상대등上大等이 되었다. 874년 1월 죽을 때까지 12년간 시중侍中 위진魏珍 등과 함께 정사를 맡았다.

박거물朴居勿

생몰년 미상. 신라 경문왕 때를 전후하여 활약한 이름난 문장가. 숙위학생宿衛學生으로 당나라에 유학하였으며, 외국인을 위한 과거시험인 빈공과賓貢科에 급제한 듯하다. 귀국한 뒤 한림대翰林臺·숭문대崇文臺 등 주로 문한기구文翰機構에서 활동하였다.

872년(경문왕 12) 시독우군대감 겸 성공侍讀右軍大監兼省公의 관직에 있으면서 불교식 한문으로 된 황룡사구층목탑찰주본기皇龍寺九層木塔刹柱本記를 찬술하였는데 이것은 현재 남아 있다. 이밖에 정확한 연대는 알 수 없으나, 신라 말의 명필 요극일姚克一이 쓴 삼랑사비三郞寺碑를 찬하기도 하였는데, 이것은 현재 전하지 않는다.

숙흥叔興

?~866(경문왕 6). 신라 경문왕 때의 모반자. 진골 출신으로 이찬伊湌 윤흥允興의 아우이며, 계흥季興의 형이다. 866년(경문왕 6) 10월에 형 윤흥, 아우 계흥과 더불어 모반하다가 일이 발각되어 대산군岱山郡(지금의 성주星州?)으로 달아났으나, 추격병에게 잡혀 그 일족과 더불어 죽임을 당하였다.

안장安長

생몰년 미상. 신라시대 거문고의 명인. 경문왕 때 거문고의 거장 귀금선생貴金先生이 지리산에 들어가 나오지 아니하자 왕이 금도琴道의 단절을 우려하여 이찬伊湌 윤흥允興을 남원군수로 임명하고, 윤흥은 안장과 청장淸長을 간택해서 귀금에게 보내어 거문고를 배우게 하였다.

그리하여 안장은 <표풍飄風> 등 3곡을 전수받은 다음 그의 아들 극상克相과 극종克宗에게 이를 전함으로써 그로부터 거문고를 전업하는 악인이 점점 많아져 오늘에 이어졌다.

요극일姚克一

생몰년 미상. 신라 하대의 서예가. 필법은 당나라의 구양순歐陽詢의 체를 습득하여 필력이 힘찼으며, 비록 김생金生을 따르지는 못하더라도 기특한

품격이었다고 평가를 받았다.

872년(경문왕 12) 8월 14일에 만들어진 곡성 대안사적인선사탑비문大安寺寂忍禪師塔碑文의 글씨를 썼다. 이 때 관직명은 중사인中舍人이었다. 그리고 3개월 뒤인 11월 25일에 완성된 황룡사9층목탑찰주본기皇龍寺九層木塔利柱本記를 썼다. 여기에는 그의 관직을 숭문대랑겸춘궁중사성신崇文臺郞兼春宮中事省臣으로 표기하고 있다. 아마 문한기구인 숭문대의 낭으로서 중사인의 직을 겸대兼帶한 듯하다.

이밖에도 박거물朴居勿이 찬한 삼랑사비문三郞寺碑文을 썼고, 또한 흥덕왕릉비의 비문도 쓴 듯하다. ≪삼국사기≫ 권48 김생열전에 부기附記된 그의 전에는 관직이 시중겸시서학사侍中兼侍書學士에 이르렀다고 하였으나, ≪삼국사기≫ 신라본기에는 그가 시중을 맡았다는 기사가 없는 것으로 미루어 시중은 시랑侍郞의 착오가 아닌가 생각된다.

조선시대 서거정徐居正의 ≪필원잡기≫에서는 우리나라 필법으로서는 김생 다음으로 평가하고 있으며, 이수광李睟光의 ≪지봉유설≫에서도 동방서가東方書家의 이름 가운데 요극일을 들고 있다.

위진 魏珍

생몰년 미상. 신라 경문왕 때의 상대등. 862년(경문왕 2) 정월에 이찬伊湌 김정金正이 상대등이 되고 아찬阿湌 위진이 집사성執事省 시중이 되었다.

12년 뒤인 874년에 상대등 김정이 죽자, 시중 위진이 상대등에 임명되고 인흥藺興이 시중이 되었다. 위진은 이 때 이찬으로 승진하였을 것이다. 그 뒤 2년 후인 875년(헌강왕 1)에 물러나고 이찬 위홍魏弘이 상대등에 임명되었다.

윤흥 允興

?~866년(경문왕 6). 신라 하대의 진골귀족·반란자. 관등은 이찬伊湌에 이르

렀고 거문고 타는 법을 전수하는 데 공헌하였다.

거문고는 진나라 사람이 고구려에 보낸 칠현금七絃琴을 왕산악王山岳이 개량하여 하나의 악기로 발전시켰는데 신라에서는 지리산을 중심으로 옥보고玉寶高─속명득續命得─귀금貴金으로 전수되었다.

그런데 귀금이 지리산에 입산하여 나오지 않으므로 왕은 금도琴道가 단절될 것을 염려하였다. 이에 왕명을 받들어 남원경南原京의 사신仕臣이 되어, 총명한 소년 안장安長과 청장淸長 2인을 뽑아서 지리산 운상원雲上院에 보내어 귀금에게 거문고 타는 법을 배우게 하였으나 귀금은 그 기술을 다 가르쳐주지 않았다. 이에 윤흥이 귀금을 찾아가서 예의와 정성을 다하여 비법을 전수해줄 것을 청하였다. 이 후 귀금은 비법을 안장에게 전해주고 안장은 극종克宗에게 전하여 널리 퍼졌다 한다.

그런데 윤흥은 866년(경문왕 6) 10월에 동생인 숙흥叔興·계흥季興과 더불어 모반을 도모하였다. 이 모반은 그들이 문성왕대에 왕실측근으로 왕권에 밀착되어 활약하다가 경문왕이 왕위에 오름으로써 왕위가 균정계均貞系에서 헌정계憲貞系로 옮아감에 따라 균정내에서 불만이 쌓였고 이에 균정계에서 다시 왕위를 찾으려는 의도에서 일으킨 것이다. 그러나 일이 발각되어 대산군岱山郡(지금의 경상북도 성주)으로 달아났지만 체포되어 일족과 더불어 죽임을 당하였다.

최언위崔彦撝

868(경문왕 8)~944(혜종 1). 신라 말 고려 초의 문신. 본관은 경주慶州. 초명은 신지愼之·인연仁渷. 치원致遠의 종제이며, 문하평장사門下平章事 항沆의 할아버지이다.

885년(헌강왕 11)에 당나라에 유학하여 그곳에서 문과에 급제하였다. 909년(효공왕 13)에 귀국해 집사성시랑 서서원학사執事省侍郎瑞書院學士를 제수받았다.

935년(태조 18)에 신라 경순왕이 고려에 투항하자 그는 고려에 가서 태자사부太子師傅가 되었고, 문한文翰을 위임받았으며, 벼슬이 대상 원봉대학사 한림원령 평장사大相元鳳大學士翰林院令平章事에 이르렀다.

본래 성품이 너그럽고 글을 잘해 태자사부로 있을 때 궁원宮院의 액호額號는 모두 그가 찬정撰定한 것이었으며 섬기지 않는 사람이 없었다고 한다. 최치원·최승우崔承祐와 함께 일대삼최一代三崔라 한 것으로도 그의 문명이 짐작되는 바이다.

또한, 서법書法도 남달리 아름다워 성주사聖住寺의 <낭혜화상백월보광탑비朗慧和尙白月葆光塔碑>와 같은 비문을 쓰기도 하였으며, <낭원대사오진탑비명朗圓大師悟眞塔碑銘>·<법경대사자등지탑비명法鏡大師慈燈之塔碑銘> 등을 찬하기도 하였다.

아들로는 최광윤崔光胤·최행귀崔行歸·최광원崔光遠·최행종崔行宗 등이 있었는데, 광윤은 진晉에 유학을 가던 중 거란에게 붙잡혀 갔으나 재주를 인정받아 오히려 관직에 등용되어 구성龜城에서 근무하다가, 거란군이 고려를 침범할 것을 알고 고려에 서신으로 알려와 광군光軍 30만 명을 설치하게 하였다. 행귀도 오월국吳越國에 유학하여 비서랑祕書郎이 되었다. 정광政匡에 추증되었으며, 시호는 문영文英이다.

● 경문왕 시대의 세계동향

▶ 동양
861년 1월 백민중 파면

두종杜悰 대신이 됨

863년 1월 남·조南詔 교지交趾를 함락

868년 12월 방훈이 사주泗州를 침

874년 1월 노암 사사賜死

▶ 서양
862년 4월 루즈족族의 추장 루릭, 노브고로드를 지배 598년까지

8월 콘스탄틴 2세 스콧트 왕으로 즉위

868년 12월 데인족 마아샤를 침범

874년 8월 노르만족 아이슬랜드에 식민植民

● 경문왕과 산수유

임금님 귀는 당나귀 귀

국립경주박물관에 가면 본관 동쪽 제1별관(고분관) 둘레 북쪽과 서쪽에 산수유山茱萸나무 예닐곱 그루가 서 있다.

이른 봄 삼월 중순이면 가지 끝에 노란 꽃망울이 방긋이 벌어진다.

4월 중순쯤에는 노란색이 바래지면서 잎이 새록새록 돋아난다.

단오 때쯤이면 좁쌀만 하던 열매가 팥알만 해지면서 투명한 연두색이 초록색으로 진해졌다가 가을이 되면 잎은 노랗게 단풍이 들고 열매는 빨갛게 익어간다.

열매는 따서 속에 있는 씨를 발라내고 말려 강장 해열제와 요통·해수(기침) 등에 한약재로 쓰이고, 음력 구월 구일[중구重九]에 열매가지를 꺾어 머리에 꽂으면 나쁜 기氣를 쫓아낸다는 풍속도 있다.

이 산수유와 신라 48대 경문왕景文王에 얽힌 이야기가 있으니...

경문왕의 이름은 김응렴金膺廉이다. 열여덟에 국선國仙(화랑)이 되었고, 스무살 약관弱冠이 되었을 때 47대 헌안왕憲安王(김의정金誼靖)이 궁궐에 불러 잔치를 열고는 넌지시 물었다.

"낭郎은 화랑으로 여러 곳을 다녀보고 특별히 느낀 바가 있으면 말해 보라."

"저는 아름다운 일 세 가지를 보았심더."

"무엇인데?"

"남의 위에 앉을 만한 사람이 남 아래 있는 것이 하나이고, 부유한 사람이 검소한 모습으로 있는 티를 내지 않음이 둘이요, 권세 있는 사람이 힘을 쓰지 않음이 셋이옵니다."

이 말을 들은 왕은 눈물을 흘리며 응렴의 심성이 착하고 어짊에 감동하여 말하였다.

"나에게 두 딸이 있으니 그 중에 한 사람으로 낭의 시중을 들게 하겠노라."
즉, 사위를 보겠노라 하니 응렴은 흔감하여 두 번 절하고 자리를 물러나왔다.

헌안왕은 45대 신무왕神武王(김우징金祐徵)의 아우다. 아버지 균정均貞이 조카 제릉悌隆과 서로 왕위 다툼을 하다가 죽고, 형 우징과 함께 청해진(완도)의 장보고에게 피신해 있다가 우징이 44대 민애왕 김명金明을 죽이고 왕위에 올랐고, 그 아들 46대 문성왕이 후사 없이 죽자 조카의 뒤를 이어 왕이 되었다.

헌안왕과 응렴과의 관계를 살펴보면 형 신무왕의 딸이 김응렴의 어머니다. 즉 조카딸[질녀姪女]의 아들이 응렴이다. 세상이 잘 되어갈 때라면 위의 세 가지 좋은 일에 왕이 눈물을 흘릴 정도가 아닐 텐데. 당시의 형편은 그와 같은 일이 아름답게 보였고, 그것을 아름답게 본 응렴이 대견했던 것이다. 서로 왕이 되려고 피비린내 나는 장면을 겪은 헌안왕이었고, 귀족들은 사치에 흘러 백성들의 피땀을 쥐어짜서 개인의 향락만 누렸으니, 왕은 응렴이 보았던 세 가지 아름다움이 가슴 속에 울려와서 감동했던 것이다.

집에 돌아온 응렴이 부모님께 말씀 드렸더니 집안에서는 서로 의논하여 정하기를

"맏공주는 모양새가 지지리도 못났고, 둘째 공주는 생김새가 아름답기 짝이 없으니 둘째 공주를 택하자."

하였다. 그때 응렴이 이끄는 화랑무리 가운데 우두머리 되는 범교사範敎師가 와서 묻기를

"임금께서 낭郎을 부마로 삼으시려고 한다는데 누구를 택할랑기요?"

"부모님이 둘째 공주를 맞이하라 카니더."

"만약에 낭이 둘째 공주를 택한다카믄 나는 그 자리에서 죽어뿌고 말꺼시더. 그렇지마는 맏공주를 선택한다카모 세 가지 좋은 일이 있을 거니까 잘 생각해가 처리하이소!"

하고 물러났다. 그 후 대궐에서 사람을 보내니, 낭이 맏공주에게 장가 들겠다 하므로, 이 말을 들은 왕과 왕비는 기쁘기 한량없었다.

"짐에게 아들이 없으니(왕세자가 있었으나 먼저 죽었다) 맏사위에게 왕위를 잇도록 하라."

하신 뒤 돌아가시니 김응렴이 왕이 되었다. 즉위한 뒤에 범교사가 와서 말하기를

"제가 아뢴 세 가지 일이 지금 모두 이루어졌으니, 첫째는 맏공주를 맞이하므로 왕과 왕비가 기뻐하신 것이고, 둘째는 맏부마가 되었으니 왕이 된 것이고, 셋째는 지난날 탐내던 둘째 공주를 취할 수 있게 된 겁니더."

이에 왕은 고맙게 여겨 그에게 대덕大德이라는 작위를 내리고 금 130냥을 하사했다.

경문왕은 왕이 되고 난 뒤 귀가 갑자기 길어져서 당나귀 귀처럼 되었다. 왕비나 궁녀들조차 모르게 숨겼지만 복두장이[두공頭工]만은 어쩔 수 없이 알고 말았던 것이다. 잠잘 때도 머리 위에 쓰는 모자, 관冠을 만드는 복두장이인지라 왕은 절대로 말하지 말라고 닦달했다.

이 사실을 혼자만 알고 있는 복두장이는 하도 말을 하고 싶어 그만 울화병에 걸리고 말았다.

그리하여 하루는 인적이 드문 도림사道林寺 대나무숲에 들어가 행여나 누가 들을새라 땅을 손으로 후벼파고 구덩이를 만들어 거기다가 대고 고함을

질렀다.

"임금님 귀는 당나귀 귀다! 임금님 귀는 당나귀 귀다아!"

 구덩이를 덮고 나니 속이 후련해졌다.
 그런데 웬 걸? 그 뒤로 바람만 불면 우수수 댓잎 흔들리는 소리에 섞이여

"임금님 귀는 당나귀 귀다..."

하는 소리가 들리지 않는가! 임금님은 듣기에 몹시 언짢았다. 그래서 대나
무를 모두 베어내고 뿌리를 깡그리 파내어 거기다가 산수유나무를 심게 하
였다.
 산수유나무가 자라서, 바람이 불어대자 이번에도

"임금님 귀는 당나귀 귀다..."

라는 소리가 은은히 들려왔다. 임금도 속으로 이 정도는 괜찮다 싶던지 그
대로 두었다 한다.
 경주에는 산수유나무가 잘 자란다. 특히 서쪽의 화천花川 냇가에는 봄철이
면 노란 산수유꽃으로 뒤덮인다. 그러니 마을 이름도 아름다운 꽃내, 즉 화
천花川이다.
 방내도 마찬가지다. 방내芳內란 꽃 '방芳', 안'내內'이니 토박이 말로 꽃내, 곳
내, 곳안, 고단이라 부르기도 한다.
 산수유는 경주지방에 자생하고 번식이 잘되며 노란 꽃이 일찍 피는데다가
가을이면 빨간 열매가 익어 눈 속에서는 보석같이 아름다운 빛을 내고 그
대로 두면 꽃 필 때까지도 달여있는데, 따서는 약으로도 쓰니 정원수로는
아주 그만이다.
 경주문화원 정원의 몇 백 년된 산수유 고목나무에는 매화보다 2, 3일 일찍

꽃이 피고, 요즘 심은 분황사 옆이나 곳곳의 녹지대 등의 어린 나무는 봄의 전령사 역할을 하며 꽃을 피운다.

얼마 전 봄에 사진 찍으러 갔다가, 떨어진 열매를 주워와 산밑 밭 갓(가)에다가 한 움큼 심어 놓았으니 머잖아 싹이 나겠지.

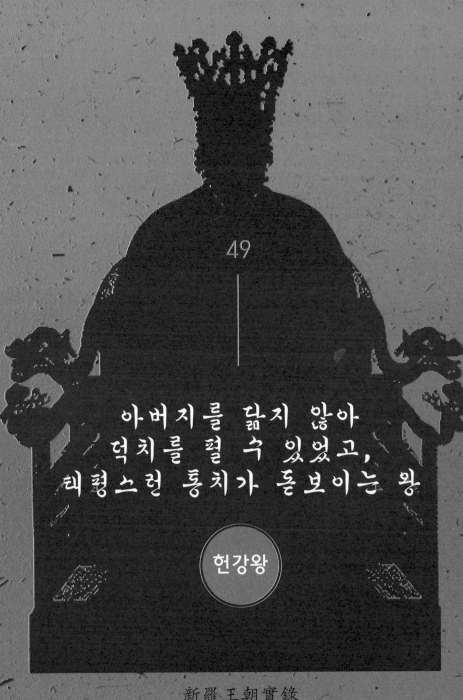

49

아버지를 닮지 않아
덕치를 펼 수 있었고,
태평스런 통치가 돋보이는 왕

헌강왕

新羅王朝實錄

헌강왕 憲康王
김씨 왕 34대

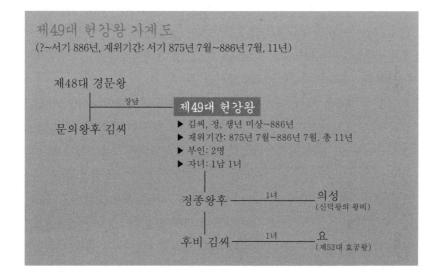

제49대 헌강왕 가계도

(?~서기 886년, 재위기간: 서기 875년 7월~886년 7월, 11년)

제48대 경문왕
┬ 장남
문의왕후 김씨

제49대 헌강왕

▶ 김씨, 정, 생년 미상~886년
▶ 재위기간: 875년 7월~886년 7월. 총 11년
▶ 부인: 2명
▶ 자녀: 1남 1녀

정종왕후 ──── 1녀 ──── 의성
(신덕왕의 왕비)

후비 김씨 ──── 1녀 ──── 요
(제52대 효공왕)

?~886(헌강왕 12). 신라 제49대 왕. 재위 875~886. 성은 김씨金氏. 이름은 정晸. 아버지는 경문왕景文王이고, 어머니는 문의왕후文懿王后로 봉해진 헌안왕憲安王의 큰딸 영화부인 김씨寧花夫人 金氏이다. 할아버지는 희강왕僖康王의 아들 계명啓明이고, 할머니는 광화부인光和夫人이다. 비는 의명부인懿明夫人이다.

동생으로 황晃(뒤의 정강왕)·만曼(뒤의 진성여왕)·윤胤이 있다. 서자인 요嶢는 뒤에 효공왕孝恭王이 되었고, 딸은 신덕왕비神德王妃가 되어 의성왕후義成王后에 봉해 졌다. 왕은 성격이 총명하고 민첩하여 독서를 즐겼는데 눈으로 한번 본 것은 모두 입으로 암송할 수 있었다.

즉위한 뒤 불교와 국학國學에 대한 관심을 아울러 가졌다. 876년(헌강왕 2)과 886

년에 황룡사皇龍寺에서 백고좌강경百高座講經을 설치하고 친히 가서 들었다. 이러한 왕의 사찰행寺刹幸은 불력에 의한 국가의 재건과 왕실의 안녕을 위한 출행이었다. 확실한 연대는 알 수 없으나, 망해사望海寺가 세워진 것도 헌강왕대이다.

879년 신홍信弘 등이 반란을 일으켰으나 곧 진압하였고, 그 뒤로 헌강왕대에는 신라가 태평성대를 누린 것으로 기록되었다.

880년 왕이 월상루月上樓에 올라 경주의 사방을 바라면서, 백성들의 지붕은 볏짚이 아닌 기와로 이어졌고, 밥할 때 장작이 아니라 숯을 땐다는 말을 들었다고 한다. 그러나 이러한 부유함은 신라 전체가 아닌, 이른바 금입택과 같은 진골귀족의 부강함을 나타내는 것으로 이해되고 있지만 오히려 신홍 등의 반란은 하대 사회의 모순을 드러내는 것으로 생각된다.

반면 헌강왕대에 신라 하대 사회의 위기의식을 나타낸 기록이 보이고 있다. 879년에 왕이 나라 동쪽의 주군州郡을 순행하였을 때 어디에서 왔는지 모르는 네 사람이 어가를 따르며 춤을 추었다는데, 당시 사람들은 그들을 산과 바다의 정령精靈이라 하였다. 이와 비슷한 이야기는 《삼국유사》에도 실려 있다.

헌강왕이 포석정鮑石亭에 갔을 때 남산신南山神이 나타나서 춤을 추니, 이 춤을 <어무상심御舞祥審>혹은 御舞山神이라 한다. 또한, 헌강왕이 금강령金剛嶺에 갔을 때 북악신北岳神과 지신地神이 나와 춤을 추었다. 그 춤에서 '지리다도파地理多都波'라 했는데, 이것은 지혜로 나라를 다스리는 사람이 미리 알고 도망해 도읍이 장차 파괴된다는 뜻이라 한다.

한편, 동해안의 개운포開雲浦에 놀러갔다가 동해 용왕龍王의 아들이라고 하는 처용處容을 만나 데리고 왔다. 그리하여 <처용가處容歌>가 만들어졌다. 그런데 처용을 지방세력가의 자제로 보아 헌강왕대에 기인제도其人制度가 나타난 것으로 이해하기도 한다.

또한 886년 봄에는 적국狄國인 보로국寶露國(지금의 안변군 서곡면으로 추정)과 흑수국黑水國 사람들이 신라와 통교를 청하기도 하였다. 그리고 헌강왕은 중국 당나라와 일본과의 교섭을 꾀하기도 하였다.

875년(헌강왕 원년) 왕은 이찬 위홍을 상대등으로 삼고 대아찬 예겸乂謙을 중시로 삼고 사형에 처할 죄를 제외하고는 대사하였다.

876년(헌강왕 2) 2월에 황룡사의 승려들에게 음식을 베풀고 백고좌를 열어 불경을 강독하게 하였는데 왕도 친히 행차하여 이를 들었다. 7월에 사자를 당으로 파견하여 예물을 보냈다.

877년(헌강왕 3) 정월에 태조太祖 대왕(고려 태조 왕건王建)이 송악에서 탄생하였다.

878년(헌강왕 4) 4월에 당의 희종僖宗이 사신을 신라로 파견하여 왕을 책봉하고 사지절개부의동삼사검교대위대도독계림주제군사신라왕使持節開府儀同三司檢校大尉大都督雞林州諸軍事新羅王으로 삼았다. 7월에 사신을 당으로 파견하려다가 황소와 그 무리들의 난이 있다는 말을 듣고 파견을 중지하였다. 8월에 일본의 사신이 왔으므로 왕은 조원전에서 그들을 인견하였다.

879년(헌강왕 5) 2월에 왕은 국학에 행차하여 박사 이하의 학사들에게 경서의 뜻을 강론케 하였다. 3월에 동쪽 지방의 주군을 순행하였는데 어디서 나타났는지 알지 못하는 이들 4명이 헌강왕의 앞에 나타서 노래하고 춤을 추었다. 그런데 그 모양이 괴이하고 또 의관도 다르므로 이때 사람들은 말하기를 산과 바다의 정령이라고 하였다. 옛 문헌에는 헌강왕 즉위 원년의 일이라고 기록되어 있다. 이 기록으로 헌강왕 즉위 무렵부터 신라의 상황이 불안했음을 유추해 볼 수 있다. 6월에 일길찬 신홍信弘이 모반하다가 복주되었다. 10월에는 왕이 준예문遵禮門에 나가 사격하는 것을 관람하였고, 11월에는 혈성원에서 사냥하였다.

880년(헌강왕 6) 2월에 태백성이 달을 침범하였다. 시중 예겸이 퇴직하므로 이찬 민공敏恭을 시중으로 삼았다. 8월에 웅주에서 가화를 바쳤다. 9월 9일에 왕은 좌우 군신과 더불어 월상투에 올라서 사방을 관망하였는데, 서울의 민가가 줄지어 늘어섰고 노래와 음악 소리가 연하여 들려왔다. 왕은 시중 민공에게 말하기를

"내 듣건대 지금 백성의 집을 기와로 덮고 짚으로 하지 않으며 밥을 짓는 데 있어서도 숯을 쓰고 나무를 때지 않는다 하더니 사실이 그런가?"

하자 민공이 대답하기를

"신도 일찍이 이와 같은 말을 듣고 있습니다."

하고 상주하기를

"폐하께서 즉위한 이래로 하늘과 땅 사이의 음양이 잘 조화되고 비바람이 순조로
워 해마다 풍년이 들고 백성들은 의식이 풍족하고 변방은 안정되므로 시정에서는
기뻐하게 되오니 이는 어진 덕의 소치입니다."

하니 왕이 홀연히 말하기를

"이는 실로 경의 힘이지 어찌 짐의 덕이라고 하리오."

하였다.

881년(헌강왕 7) 3월에 왕은 군신들을 임해전으로 불러 잔치를 베풀었는데,
술이 취하자 왕은 거문고를 타고 좌우 군신들은 모두 노래를 부르며 매우
즐겁게 놀고 파하였다.

882년(헌강왕 8) 4월에 일본 국왕이 사신을 파견하여 황금 3백 냥과 명주
10개를 진상하였다. 12월에 고미현枯彌縣(현 영암)에 사는 여자가 한 번에 아
들 셋을 낳았다.

883년(헌강왕 9) 2월에 왕은 삼랑사에 행차하여 문신에게 명하여 각각 시
한 수를 지어 부르게 하였다.

885년(헌강왕 11) 2월에 호랑이가 대궐 마당으로 뛰어들어 왔다. 3월에는
최치원이 당으로부터 돌아왔다. 10월 임자일壬子日에 태백성이 낮에 나타
나 보였다. 사신을 당으로 파견하여 황소의 난이 평정된 것을 축하하였다.

886년(헌강왕 12) 봄에 북진에서 알리기를

"오랑캐들이 변경의 군영으로 침입하여 편목片木을 나무에 걸어놓고는 돌아갔다."

하며 이것을 가져다 바쳤다. 그 편목에는 15자의 글이 쓰여 있었다.

<보로국寶露國(여진女眞)이 흑수黑水(말갈)와 함께 신라를 향하여 화친하려
한다.>

6월에 왕은 병환으로 눕게 되자 국내의 죄수를 사면하고, 또 황룡사에 백
고좌를 베풀고 불경을 강독하였다. 7월 5일에 왕이 서거하므로 헌강이라
시호하고 보제사菩提寺의 동남쪽에 장사하였다.

● 헌강왕대의 사람들

박예겸朴乂謙

신라新羅 추존선성대왕追尊宣聖大王. 876년(헌강왕 1)에 벼슬은 대아찬大阿湌을 거쳐 시중侍中이 되어 동왕同王 4년에 퇴직, 효공왕孝恭王 3년 그의 딸이 동왕同王의 비가 되었다. 효공왕孝恭王이 돌아가시므로 왕비의 동생인 경휘景暉가 신덕왕神德王으로 즉위하여 동년 5월에 선고先考 예겸乂謙을 선성대왕宣聖大王으로 추존追尊하였다.

최앙崔雩

헌강왕憲康王 때 당나라에 건너가 수학修學하고 과거에 급제하였다.

김충량金忠良

헌강왕憲康王 때 당나라에 건너가 창부랑중倉部郎中 벼슬을 제수除授했다.

김씨 문목부인金氏文穆夫人

신라新羅 대아찬大阿湌 충공忠恭의 딸. 헌강왕憲康王의 비妃가 되었다.

최광유崔匡裕

생몰년 미상. 신라 말기의 문인. 본관은 경주慶州. 885년(헌강왕 11) 왕이 시전중감試殿中監 김근金僅을 당나라에 경하부사慶賀副使로 보낼 때, 김무선金茂先·최환崔渙 등과 함께 파견되어 숙위학생宿衛學生으로 유학하여 당나라 빈공과賓貢科에 급제하였다.

시詩에 능하여 당나라에서 최치원崔致遠·최승우崔承祐·박인범朴仁範 등과 함께 신라 10현賢의 한 사람으로 일컬어졌다. ≪동문선≫에 칠언율시 10수가 실려 있는데, 이것은 거의 당나라에 있을 때 지었던 것으로 보인다. 그리고 고려시대에 간행된 ≪십초시十抄詩≫에도 그의 시가 수록되어 있다.

처용處容

신라 헌강왕 때의 관리. 처용랑處容郎이라고도 한다. 설화 상으로는 동해 용왕의 아들이다.

헌강왕이 개운포開雲浦(지금의 울산)에서 놀다가 돌아가려고 낮에 물가에서 쉬고 있었다. 이 때 갑자기 구름과 안개가 자욱해 길을 잃었다. 왕이 이상하게 여겨 신하들에게 까닭을 물으니, 일관日官이

"이는 동해 용의 조화이오니 좋은 일을 행해 풀어야 합니다"

라고 하였다. 이에 왕이 용을 위해 근처에 절을 지으라고 명령을 내리자 구름과 안개가 걷혔다. 그래서 이곳을 '개운포'라 하였다.

동해의 용이 기뻐해 아들 일곱을 거느리고 왕 앞에 나타나 덕을 찬양해 춤을 추고 음악을 연주하였다. 그 중 한 아들이 왕을 따라 서울로 와서 왕의 정사를 도왔으며, 이름을 처용이라 하였다. 왕이 그에게 아름다운 여자를 아내로 삼게 하여 머물러 있도록 하고, 급간級干의 관등을 주었다.

아내가 대단히 아름다워 역신疫神이 흠모한 나머지 사람으로 변하여 밤에 몰래 그 집에 가 동침하였다. 이 때 밖에서 돌아온 처용은 두 사람이 누워 있는 것을 보고 노래를 부르며 춤을 추었다. 이에 역신은 본래의 모양을 나타내어 처용 앞에 꿇어앉아

"내가 당신의 아내를 사모해 잘못을 저질렀으나 당신은 노여워하지 않으니 감동하여 아름답게 여긴다. 맹세코 이제부터는 당신의 모양을 그린 것만 보아도 그 문 안

에 들어가지 않겠다."

고 하였다. 이 일로 인해 나라 사람들은 처용의 모습을 그린 부적을 문에 붙여 귀신을 물리치고 경사스러운 일을 맞아 들였다. 이때 처용이 지어 부른 노래를 <처용가處容歌>라 하고, 춘 춤을 처용무處容舞라 하여 후대까지 전해 내려왔다.

한편, 설화에서는 처용을 동해 용왕의 아들이라고 하였으나, 실제로는 당시 울산지방에 있었던 호족豪族의 아들이라고도 하고, 혹은 당시 신라에 내왕하던 아라비아 상인일 것이라는 추측도 있다.

이현휘李玄暉

신라新羅·고려高麗 879년(헌강왕 5)~941년(고려 태조 24) 고승으로 시호는 법경法鏡대사, 본관은 남원南原, 덕순德順의 아들. 어머니는 이李씨.

나면서부터 거룩한 자태가 있고 보통 아이들 놀음은 전혀 안하고 모래 위에 돌을 모아 불탑을 쌓아올리는 놀이를 즐겨하였다. 부모에게 출가를 고하고 영각산사靈覺山寺에 들어가 심광深光대사를 만나고 898년(효공왕 2) 해인사海印寺에서 구족계具足戒를 받아 계주戒珠가 밝으며 도행이 더욱 높았다. 동지 10여인과 무주武州에 갔었는데 절에 도적이 침입하여 칼로 동지를 다 죽이고 휘에게 이르매 신색이 변치 않고 눈빛이 더욱 빛나며 조금도 두려워함이 없으니 도적이 엎드려 절하고 스승으로 섬기기를 원하였다.

906년(효공왕 10) 선편으로 당나라에 건너가 구봉산九峯山에 이르러 도건道乾 대사를 만나 참선參禪한지 한 달 만에 심요心要를 전해 받고 10년 동안 널리 성지를 순례하여 사명四明에까지 이르렀다. 본국에서 새로 고려가 건국되고 사회질서가 잡혔다는 소식을 듣고 924년에 돌아오니 태조가 사자를 보내어 맞아 국사의 예로써 대우하였다.

뒤에 중주中州의 정토사淨土寺에 있으면서 사방에서 모이는 승도들을 지도하며 종지宗旨를 선양하니 조정과 지방의 이름난 사람들이 많이 찾아왔다.

문인들에게 유계를 주고 죽으니 태조가 탑을 쌓아 자등慈燈이라 이름하고 문신 최언휘崔彦撝로 비문을 찬수케 하고 '유진고려국중원부고개천산정토사 교시법경대사자등의 탑有晉高麗國中原府故開天山淨土寺 教諡法鏡大師慈燈之塔'이라 쓴 비를 세웠는데 정석貞石이 아직 중원군 동량면 동사지中原郡東良面同寺地에 있다.

최광유崔匡裕

신라新羅 학자學者. 당나라에 유학, 학문이 깊고 시詩에 능하여 당나라에서 최치원崔致遠·최승우崔承祐·박인범朴仁範 등과 함께 신라 10현賢으로 일컬어졌다. 고려 때 간행된 ≪십초시十抄詩≫에 그의 시가 수록되어 있는데, 조선 문종 때 밀양부사密陽府使 이백상李伯常에 의해 중간重刊되었다.

의명부인懿明夫人

신라新羅 헌강왕憲康王의 비妃.

왕긍양王兢讓

신라新羅·고려高麗 878년(헌강왕 4)~956년(광종 7) 중. 일명 백암화상伯巖和尙. 본관은 공주公州, 양길亮吉의 아들.

899년(효공왕 3)에 당나라의 곡산谷山에서 도연道緣에게서 진성眞性을 닦고, 924년(경애왕 1)에 귀국하여 광주廣州 백암사伯巖寺의 주지를 지냈으며 경애왕으로부터 봉종대사奉宗大師의 호를 받았다.

그 후 고려를 섬겨 태조와 광종에게 법요法要를 가르치고 951년(광종 2) 사나선원舍那禪院에 있으면서 왕으로부터 증공대사證空大師의 존호를 받았다. 시호는 정진靜眞, 탑호는 원오圓悟.

효종랑孝宗郎

신라新羅 화랑花郎. 이름은 화달化達. 서발한舒發翰 인경仁慶의 아들이다. 효녀 지은知恩의 효성에 감복하여 부모에게 청해 조[粟] 100석과 의복을 보내어 지은의 살림을 돕고, 지은을 종으로 산 주인에게 곡식을 변상하여 줌으로써 양민良民이 되게 했다. 이 사실이 알려져 헌강왕의 딸을 아내로 맞게 되었다.

김원金遠

생몰년 미상. 통일신라시대의 서예가. 전라도 장흥군 유치면 보림사에 있는 <보림사보조선사창성탑비寶林寺普照禪師彰聖塔碑>보물 제158호를 썼다. 884년(헌강왕 10)에 건립된 이 비의 비문은 김영金穎이 짓고 무주곤미현령武州昆湄縣令 김원과 전 병부시랑 김언경金彦卿 두 사람이 서로 다른 글씨체로 쓴 특이한 예이다. 약 2,000자의 긴 비문 중 첫머리 부분부터 7행의 선자禪字까지는 김원이 해서체로 썼고, 그 이하는 김언경이 행서체로 썼다. 이 탑비는 우리나라 서예사상 글씨를 쓴 사람의 이름이 기록된 최고最古의 예로서 의의가 크다.

김원의 글씨는 중국 당나라 초기의 대가 구양통歐陽通에 가까운 면모를 지니고 있다. 통일신라시대에 유행했던 구양순체歐陽詢體의 종류이면서도 그 자획의 처리가 강경하여 힘이 배어나오는 것이 특징이다. 결구가 허술한 부분이 몇 군데 있지만, 서가의 개성이 분명하게 드러난 통일신라 비문 중 대표적인 명품이다.

이 비문의 탁본은 중국의 청나라에도 소개되어, 금석연구가 엽창치葉昌熾의 저술인 ≪어석語石≫에서 서체의 탁월성을 칭송받고 있다.

민공敏恭

생몰년 미상. 신라 헌강왕 때의 시중. 관등은 이찬伊湌이었다. 880년(헌강왕 6) 2월 예겸乂謙의 후임으로 시중에 임명되었다.

≪삼국사기≫에 의하면 그해 9월 시중侍中 헌강왕이 민공 등의 근신近臣과 함께 월상루月上樓에 올라가 사방을 바라보니 서울의 민가가 즐비하게 늘어섰고 집집마다 가락이 끊이지 않음을 보고, 서울의 민가가 모두 기와로 지붕을 덮고 나무 대신 숯으로 밥을 지을 정도로 융성하게 된 것은 모두 민공 등이 잘 보좌한 때문이라고 치하하였다고 한다.

헌강왕 때는 신라 하대의 정치적 불안기였다. 그럼에도 불구하고 경주에 40여 금입택金入宅이 존재하였을 정도로 번성할 수 있었던 것은 당시의 시중이었던 민공이 헌강왕을 잘 보필한 데도 어느 정도 기인한 듯하다. 특히, 민공은 6년 6개월 동안 시중직을 역임함으로써 신라 역사상 가장 오랫동안 시중직에 있었던 인물이다.

신홍信弘

?~813(헌강왕 5). 신라 헌강왕 때의 반역자. 일길찬一吉湌으로서 813년(헌강왕 5) 6월 반역하다가 복주伏誅되었다. 그와 그가 일으킨 반역에 대해서는 더 이상의 기록이 보이지 않으나, 그가 복주되고 난 이듬해 시중侍中 예겸乂謙이 은퇴한 것은 그의 반역사건과 관련된 것이라는 학설도 있다.

순지順之

생몰년 미상. 신라 헌강왕 때의 고승. 중국 선종禪宗 가운데 위앙종潙仰宗을 전래하였다. 성은 박씨朴氏. 패강浿江 출신. 20세경에 오관산五冠山에 들어가서 승려가 되었고, 속리산에서 구족계具足戒를 받았다.

859년(현안왕 3)에 당나라에 들어가서 앙산仰山의 제자가 되었다. 앙산의 법맥을 이은 뒤 헌강왕 초년에 귀국하여 원창왕후元昌王后와 그의 아들 위무대왕威武大王(태조의 아버지)의 시주로 창건한 오관산 용엄산龍嚴寺에 머무르면서 교화하다가 65세의 나이로 입적하였다.

저술은 전하지 않으나 《조당집祖堂集》에 <현법상표現法相表> 1편과 <삼편성불편三遍成佛篇> 1편이 전한다. 이 안에서 진리의 상징인 일원상一圓相을 4대8상四對八相으로 구분하여 설명하고 있고, 성불을 증리성불證理成佛·행만성불行滿成佛·시현성불示顯成佛로 나누어 설명하고 있는데, 이는 교종教宗 중심의 신라 불교계에 선종을 전파하기 위한 방편으로 이해된다.

이밖에도 도道를 증득해나가는 세 가지 길과 원상공안圓相公案 등이 수록되어 있다. 탑호塔號는 진원眞原이고, 시호는 요오선사了悟禪師이다.

순몽淳夢

생몰년 미상. 신라시대의 승려. 중국 구양순歐陽詢의 필체를 습득하여 글씨로써 일가一家를 이루었다. 대표적인 작품으로는 충청북도 제천시의 월광사月光寺에 있었던 원랑선사대보광선탑비圓朗禪師大寶光禪塔碑의 글씨를 들 수 있다. 이 비문에 의하면 그가 신라 헌강왕 때 오등산五騰山 보리담사菩提潭寺에 있었던 승려임을 알 수 있다.

홍각弘覺

? ~ 888(헌강왕 6). 신라 헌강왕 때의 선사禪師. 생애를 기록한 비석이 강원도 양양군 서면 미천리 사림사지沙林寺址에 있었으나, 현재 국립중앙박물관에 소장되어 있다. 비제碑題는 '홍각선사비弘覺禪師碑'라 되어 있으며, 비면이 심하게 마멸된 데다 군데군데 깨져 있어 판독이 어렵다.

그러나 그가 서사書史에 해박하며, 불경을 깊이 연구한 뒤 영산靈山의 선석禪席을 두루 찾아다니며 수행하였고, 수양이 깊어지자 많은 사람들이 찾아와서 도를 구하였던 당대의 고승이라는 사실만은 판독할 수가 있다.

이 비는 886년(헌강왕 12)에 세워진 것으로 추정되며, 승려 운철雲徹이 왕명을 받들어 왕희지王羲之의 글씨를 모아 비를 세웠다고 한다.

아자개 阿玆蓋

생몰년 미상. 신라 말, 고려 초 상주지방의 장군. 아자개阿慈介(또는 阿慈个 또는 阿字蓋), 원선元善이라고도 한다. 가계에 대해서는 ≪삼국유사≫ 권2 후백제견훤조에 인용된 ≪이제가기李磾家記≫에 의하면, 아자개는 신라진흥왕과 사도부인思刀夫人 사이에서 태어난 구륜공仇輪公의 후손이라고 한다.

그리고 부인으로는 상원부인上院夫人과 남원부인南院夫人이 있었으며, 자식은 5남 1녀 혹은 아들 4형제라고도 하며 장남이 바로 견훤甄萱이라고 한다. ≪삼국사기≫ 권50 견훤전에서도 견훤의 아버지가 아자개로 되어 있다. 아자개는 처음에는 농업에 종사하였지만, 신라 하대의 혼란기에 전국 각지에서 농민을 포함한 지방세력이 봉기하자, 그도 885년(헌강왕 11)~887년(진성여왕 1)에 사불성沙弗城(지금의 상주)을 근거지로 군대를 일으켜 장군을 자칭하였다.

그 뒤 그의 아들인 견훤이 892년 무진주武珍州를 점거하고, 900년(효공왕 4) 완산주完山州를 근거로 후백제를 세운 이후에도, 아자개는 계속해서 상주지방에 웅거하고 있었으며, 918년(태조 1) 7월에 마침내 고려에 항복하였다. 다만, ≪고려사≫ 태조 1년 9월 갑오조에는 9월에 항복한 것으로 되어 있다. 이와 같이, 아자개가 견훤과는 독자적인 움직임을 보이고 있는 바, 이 때문에 견훤은 아자개의 아들이 아니며, 양자는 출신 지방만 같을 뿐 전혀 별개의 지방세력이라는 견해도 있다.

지선 智詵

824(헌덕왕 16)~882(헌강왕 8). 신라 말기의 고승高僧. 본관은 경주, 호는 도헌道憲. 희양산문曦陽山門의 개산조開山祖. 성은 김씨金氏. 아버지는 찬양贊壤

이며, 어머니는 윤씨尹氏이다.

승견불勝見佛 때의 승려였던 자가 자주 분노하여 용이 되었는데, 이제 사람으로 태어나고자 하니 받아 줄 것을 간청하는 태몽을 꾸고 400일 만인 사월초파일에 낳았다. 태어나자 며칠 동안 젖을 먹지 않고 울기만 하였는데, 도인이 찾아와 어머니가 육식과 파·마늘 등을 금할 것을 깨우쳤다. 그대로 했더니 젖을 먹기 시작하였다.

9세에 출가하려 하였으나 어머니가 허락하지 않으므로 몰래 부석사浮石寺로 가서 범휴대덕梵休大德의 제자가 되었다. 어느 날 어머니의 병보를 듣고 집으로 돌아가자 어머니의 병은 저절로 나았으나 그가 중병에 걸려 백약이 무효하였다. 어머니가 부처에게 자식의 병을 낫게 해주면 곧 출가를 시키겠다고 맹세하자 병이 나았다. 그 뒤 정식으로 계를 받고 출가하였는데, 이 때 맑은 구슬 한 개를 얻었다고 한다.

840년(문성왕 2) 경의율사瓊儀律師로부터 구족계具足戒를 받고 계람산鷄藍山 수석사水石寺에서 고행정진하여 혜은惠隱의 선법禪法을 이어받았다. 경문왕이 사신을 보내어 청하였으나 응하지 않았고, 864년(경문왕 4) 현계산賢溪山 안락사安樂寺 주지로 있다가 심충沈忠의 청으로 희양산에 가서 절을 창건하고 머물렀다.

881년(헌강왕 7) 왕은 사신을 보내 주위의 땅을 사찰 소유로 정하고 사찰명을 봉암사鳳巖寺라 하였다. 그리고 산에서 나오게 하여 선원사禪院寺에 머물게 한 뒤 월지궁月池宮으로 초빙하여 심요心要를 물었다.

그 뒤 다시 봉암사로 돌아와서 59세로 입적入寂하였다. 탑호는 적조寂照이다. 현재 봉암사에 남아 있는 적조탑은 보물 제137호, 최치원이 지은 적조탑비는 보물 제138호로 지정되어 있다. 그의 법맥은 사조四祖 - 법랑法朗 - 신행信行 - 준범遵範 - 혜은 - 지증으로 이어지며, 제자로는 양부楊孚·성견性蠲·계휘繼徽 등이 있다. 시호는 지증智證이다.

● 헌강왕 시대의 세계동향

▶ 동양

875년 6월 왕선지王仙芝 여러 주州를 함락, 황소이에 응대함

876년 7월 송위 왕선지를 부숨

877년 2월 남조南詔의 추룡酋龍 죽음

　　　7월 왕선지, 황소 여러 주를 함락

878년 2월 증원유曾元裕 왕선지를 죽임

881년 4월 관군官軍 장안長安에 들어감

　　　8월 동창董昌 유한굉劉漢宏의 침입을 격파

884년 6월 상양尙讓 황소黃巢를 쳐서 격파

▶ 서양

875년 6월 이태리의 루드비히 2세 죽음(855~)

876년 6월 데인족 노잠부리아에 식민, 카알 3세 동 프랑크 왕이 됨

878년 2월 사라센 시라크사를 빼앗고 시실리아를 지배

884년 6월 동東 프랑크의 카알 3세 서西 프랑크의 왕王이 되어 제국통일

● 헌강왕릉

태평성대의 공을 신하에게 돌린 낙천주의자

능 주위를 돌아보던 김 주사는 눈길을 무덤 꼭대기에 돌리는 순간 붙어있던 간이 툭 떨어지는 것 같았다.

내리는 빗줄기 때문에 얼보였나 싶어 눈을 닦고 다시 보았지만, 왕릉 위가 움푹 들어간 것이 틀림없었다.

들었던 우산을 던져버리고 손발을 다 써가며 몇 번이나 미끄러지며 경우 왕릉 위로 올라가 보니, 너비가 한 발이나 되게 구멍이 휑뎅그렁하게 뚫려 속이 컴컴하였다. 부리나케 경주시 사적공원관리사무소에 신고를 하였다.

시에서는 즉각 문화재관리국 기념물광와 경북도청 문화체육과에 이 사실을 보고하였으니, 1993년 8월 12일이었다. 나중에 확인한 사실이지만 며칠 동안 내린 장마로, 도굴되었던 부분의 봉분이 내려앉은 것이었다.

이 때문에 헌강왕릉을 복원·보수하기 위해 경주문화재연구소와 유구 조사와 유물 확인을 했고, 문화재보수업체인 유성건설이 복원공사를 맡아했다.

신라 49대 헌강왕憲康王은 이름이 정晸이며, 경문왕의 맏아들이다. 그의 어머니는 문의황후이며, 왕비는 의명부인이다.

왕은 성품이 명민하였으며 글 읽기를 좋아하였는데 눈으로 한 번 보면 입으로 모두 외웠다.

왕 6년 9월 9일, 좌우 신하들과 더불어 월성루에 올라가 사방을 바라보니 서라벌에 민가가 즐비하고 노래 소리가 연이어 들렸다.

왕이 시중 민공敏恭을 돌아보면서

"내가 듣건대 지금 민간에서는 짚이 아닌 기와로 지붕을 덮고, 나무가 아닌 숯으로 밥을 짓는다 하니 과연 그러한가?"

라고 물었다. 민공이

"저도 일찍이 그렇다는 말을 들었습니다."

라고 대답하고, 이어서

"임금께서 즉위하신 이후로 음양이 조화를 이루고 바람과 비가 순조로워서 해마다 풍년이 들고, 백성들은 먹을 것이 넉넉하며, 변경이 안정되어 즐거워하니 이는 임금님의 어진 덕으로 이루어진 것입니다."

라고 말했다. 왕이 즐거워하며

"이는 그대들의 도움이지, 나에게 무슨 덕이 있겠는가?"

라고 말했다.
 다음 해 3월 임해전에서 여러 신하들과 연회를 베풀었는데, 왕이 취하여 거문고를 타고 신하들은 각각 가사를 지어 올리면서 마음껏 즐기다가 헤어졌다. (삼국사기)
 또 왕이 포석정에 나갔는데 남산신이 임금 앞에서 춤을 추므로 왕이 따라 추었는데, 그 춤 이름을 '어무산신춤御舞山神一', '어무상심御舞祥審'이라 한다. 또 왕이 금강령(서라벌 북쪽 산)에 갔을 때에 북악귀신이 춤을 추어 보였는데 춤이름이 '옥도검玉刀鈐'이었다. (삼국유사)

≪삼국유기≫에는

평화스런 어느 때 왕이 개운포開雲浦에 나가 놀다가 돌아오는 길에 바닷가에서 점심을 먹고 난 뒤 갑자기 구름과 안개가 자욱하게 끼어 길을 잃었다. 왕이 괴상하게 여겨 측근자에게 까닭을 물으니 천문 맡은 관리가 말하길

"이는 동해 용의 장난이니 좋은 일을 하여 풀어야만 하겠습니다."

하였다. 이에 관원에게 명령하여 용을 위해 근방에 절을 세우라고 했더니 이 명령이 떨어지자 구름이 걷히고 안개가 흩어져 버렸다. 이 때문에 이곳을 '개운포開雲浦(구름이 걷힌 포구: 지금 울산)'라고 이름 지었다.

동해 용이 기뻐하여 곧 아들 일곱을 데리고 임금이 탄 수레 앞에 나타나 왕의 덕행을 찬미하면서 춤과 노래를 연주하였다.

그의 아들 하나가 임금을 따라 서라벌에 들어와서 왕의 정치를 보좌케 되었는데 이름을 처용處容이라 하였다.

그 처용이 지은 노래와 춤은 '처용가무處容歌舞'로서 오늘날까지 전하고 있다.

≪삼국사기≫에는 왕 5년(879)에 동쪽 지방을 돌아보았는데, 그때 어디서 왔는지 알 수 없는 사람 넷이 왕 앞에 와서 노래 부르고 춤 추었다. 그들의 모양이 무섭고 차림새가 괴이하여, 당시 사람들이 그들을 일컬어 산과 바다에 사는 정령이라고 하였다고 기록되어 있어, 학자들은 2가지를 한 사건으로 보고 있다.

능의 겉모양은 아래쪽에 다듬은 돌을 4단으로 쌓아 흙이 무너지는 것을 막았는데 높이는 1미터가 된다. 밑둘레는 5미터이고, 둘레의 돌을 합친 전체 높이는 4미터인 둥근 흙무덤이다.

내부는 복판에 네모지게 돌로 널방을 만들고, 돌방 서쪽 벽에 붙여 돌 널받침을 놓고, 널받침 위에는 뒷머리와 어깨 받침돌을 놓았다. 아마도 그 위에 시신을 안치했을 것이다. 돌방 남쪽에는 동쪽으로 붙여 널길을 만들었다.

무덤 속은 여러 차례의 도굴로 말미암아 빗자루로 쓴 듯이 유물을 훔쳐 가버려 학술적으로 도움이 될만한 건더기가 거의 없었다. 나무 부스러기가 조금 있었는데 과학적인 분석 처리를 한 결과 소나무·굴참나무임이 드러났고, 그 밖에는 유리구슬 몇 조각과 아주 가는 금실과 자그마한 금판, 토기 조각이 남아있을 뿐이다.

왕은 12년을 다스리다가 886년에 돌아가시니 보리사 동남쪽에 장사지냈다한다. 지금 보리사라는 절이 능의 서북쪽에 있는데, 신라 때도 보리사였는지는 알 수 없다.

도굴을 당하지 않았으면 발굴할 리가 없었지만 그래도 유물 가운데 헌강왕릉임을 입증할 자료가 있었으면 하는 아쉬움이 있다.

● 처 용

귀신이 탐한 미모, 귀신까지 용서한 큰 도량

> 새벌 밝은 달에 밤들이 노니다가
> 들어와 자리 보니 가랑이 넷이어라.
> 둘은 내해였고 둘은 뉘해인고
> 본디 내해다마는 뺏는 걸 어찌할꼬

외간 남자와 붙어 자는 아내 잠자리를 바라본 사나이는 노래를 지어 부르고 춤추면서 물러났다. 밖에 나갔다가 집으로 들어온 처용의 대범한 행동에, 사람으로 변신해 누워있던 역신(천연두를 맡았다는 귀신)이 그 본 모습을 나타내어 무릎을 꿇고 말하기를

"내가 당신 아내를 탐하여 지금 그를 겁탈하였소. 그런데도 당신은 성 내기는커녕 용서해 주시니 흔감하고도 두렵습니다. 이제부터는 맹세코 당신의 얼굴만 그려 붙여 둔 것만 보아도 그 문 안에 들어가지 않겠소."

하였다. 이 때문에 우리나라 사람들이 처용 형상을 문에 그려 붙여 나쁜 귀신을 쫓고 복을 맞아들이는 풍습이 비롯된 것이다.

신라 49대 헌강대왕 시대에 서라벌로부터 동해 어구에 이르기까지 집들이

총총 늘어섰지만 초가집 한 채 볼 수 없었고, 길거리에서는 음악소리가 그치지 않았으며, 사철의 비바람마저 순조로웠다.

이때 왕이 개운포에 나가서 놀다가 돌아오는 길에 바닷가에서 점심을 들고 쉬던 중 갑자기 구름과 안개가 자욱하게 끼어들어 길을 잃어버렸다. 왕이 괴상하게 여겨 측근자에게 까닭을 물으니 천문 맡은 관리[일관日官]가 말하기를

"이는 동해 용의 장난이니 좋은 일을 하여 풀어야만 하겠습니다."

하였다. 이에 관원에게 명령하여 용을 위해 근방에 절을 세우라고 했더니 이 명령이 떨어지자 구름이 걷히고 안개가 흩어져 버렸다. 이 때문에 이곳을 '개운포開雲浦(구름이 걷힌 포구: 지금 울산시 온산석유화학공단 지역으로 처용암이 있다)'라고 이름 지었다.

동해 용이 기뻐하여 곧 아들 일곱을 데리고 임금이 탄 수레 앞에 나타나 왕의 덕행을 찬미하면서 춤과 노래를 연주하였다.

그의 아들 하나가 임금을 따라 서라벌에 들어와서 왕의 정치를 보좌케 되었는데 이름을 처용處容이라 하였다. 왕이 그를 미인에게 장가 들이고 마음을 안착시키고자 다시 급간級干 벼슬까지 시켰다.

그의 아내가 너무도 아름다웠기 때문에 역신이 탐을 내어 사람으로 변하여 밤이면 그 집에 가서 몰래 데리고 잤다.

왕은 돌아온 후에 즉시 영축산(울산에 있는 산) 동쪽 기슭에 좋은 자리를 잡아 절을 지었는데 망해사望海寺라고도 하고, 또 신방사新房寺라고도 불렀으니 이는 용을 위하여 세운 것이다.

(≪삼국유사≫권 제2)

이 처용설화와 그에 곁들인 처용가와 처용무에 관한 연구는 한국 국문학 연구에 있어서 단일 대상으로는 다른 어느 것보다도 가장 많이 전개되었다. 울산문화원이 펴낸(1989년)≪처용연구논총≫에 따르면 논문이 무려

151편이 발표되었고, 문헌자료만도 97건에 달한다.

연구방법론만 보더라도 가장 많은 민속학적 연구방법을 비롯하여 어문학적 연구방법, 역사학적 연구방법이 이용되었다. 그러나 70여 년간의 연구에도 불구하고 처용은 연구하는 사람마다 각인각색의 천의 얼굴을 가진 인물로 다가오고 있다.

처용이란는 이름에 대해서만 다음과 같은 설들이 있다.

(1)용 (2)무당 (3)사람이름 (4) 제웅 (5) 알 수 없다 (6) 외래인

그 가운데 이용범은 '처용은 아라비아 상인이었다'고 주장했는데, 그 학설에 무하마드 깐수는 한 술 더 떠서, 다음과 같은 사실을 들어 '처용은 자연인이며 외래인으로 서역인이다'는 주장을 하였다. 즉≪삼국사기≫에는

신라 49대 헌강왕 5년(879) 3월 왕이 동쪽 지방을 순행하는데 낯선 사람 넷이 어전에 나타나서 노래하고 춤을 추었다. 그 모양이 괴상하고, 또 의관이 다르므로 이때 사람들이 산해정령山海精靈이라 하였다.

고 적었다.

위의 두 문헌에 나타난 것을 비교해 보면≪삼국사기≫에는 처용이란 말이 없고, 두 책에 나오는 인원 수가 다른 점은 있지만, 동해 가에서 나타난 인물이 노래하고 춤춘 점은 같다.

고려 때 학자 이제현李齊賢이 쓴 ≪익제난고≫에 '처용은 푸른 바다에서 왔는데 용모가 특이하다' 했고, 조선시대 ≪악학궤범≫(1493년)에는 '산상山象 비슷이 무성한 눈썹, 우그러진 귀, 붉은 얼굴, 우뚝 솟은 코, 밀어나온 턱, 숙어진 어깨, 머리 위에는 꽃을 꽂고'라고 묘사하고 있으니 처용 모습은 어느 모로 보나 한국인 모습이 아니고, 움푹한 눈과 높은 코[심목고비深目高鼻]를 지닌 서역인(아리아 인종이나 터키 인종)을 연상하게 한다.

향가 연구가들에 의하면 신라 향가는 일반적으로 그 표현 수단과 방법에서 굴적적이고 내면적이며 형상성이 강한 것이 특징이다. 그러나 처용가는 그 감정 표현이 아주 솔직하고 대담하며 직선적이다. 이것은 신라 향가가

지니고 있는 일반적인 특징과 다른 점이며, 반면에 중세 페르시아나 아랍 문학에 나타나고 있는 경향과 상통하는 것인데, 이러한 점이 처용을 서역 인으로 볼 수 있는 근거가 된다고 꼽았다.

일반적으로 신화라는 것은 자연과 사회에서 일어나는 제반 현상에 대한 인식능력이 부족하여 그것을 초자연적이며 초인간적인 힘에 의한 불가사 의의 조화로 치부할 때나, 또한 그러한 현상에 대해 의도적인 미화나 윤색 이 필요할 때 생성되는 것이다.

이러한 이해에 기초하여 처용설화 중의 동해 용과 그 아들인 처용의 정체 를 살펴보면, 당시 국제항이던 개운포 앞바다에 출현한 이상한 생김새의 진객들, 게다가 그들에게는 처음 보는 물건도 있었을 것이고 또한 항해나 상술의 재간도 가지고 있었을 것이니 그들을 본 신라인들은 이것이야말로 '불가사의 한 천신의 조화'라고 믿지 않을 수 없었을 것이다.

따라서 고대부터 전승된 용 신앙을 빌어 행상 출현자들을 용신龍神으로 치 부하였을 것이라는 것은 '처용설화의 용은 당시 동해를 통해 들어온 기이 한 외래인 즉 무슬림이었으리라'는 주장이다.

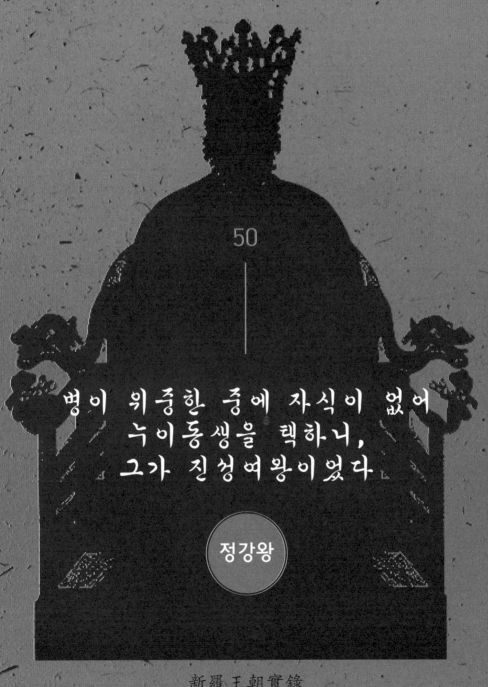

50

병이 위중한 중에 자식이 없어
누이동생을 택하니,
그가 진성여왕이었다

정강왕

新羅王朝實錄

정강왕 定康王
김씨 왕 35대

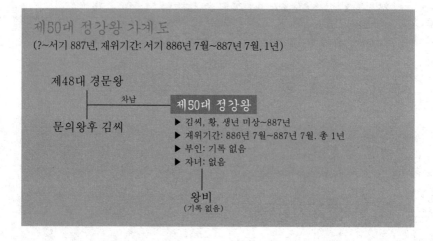

제50대 정강왕 가계도
(?~서기 887년, 재위기간: 서기 886년 7월~887년 7월, 1년)

제48대 경문왕
— 차남 —
문의왕후 김씨

제50대 정강왕
▶ 김씨, 황, 생년 미상~887년
▶ 재위기간: 886년 7월~887년 7월. 총 1년
▶ 부인: 기록 없음
▶ 자녀: 없음

왕비
(기록 없음)

?~887(정강왕 2). 신라 제50대 왕. 재위 886~887. 성은 김씨金氏. 이름은 황晃. 할아버지는 희강왕의 아들로 의공대왕懿恭大王으로 추봉된 계명啓明이고, 할머니는 광의왕태후光懿王太后로 추봉된 광화부인光和夫人이다. 아버지는 경문왕이고, 어머니는 헌안왕의 맏딸로 문의왕후文懿王后에 봉하여진 영화부인寧花夫人이다. 정晸(헌강왕)·만曼(진성여왕)·윤胤과 형제간이다. 짧은 재위기간 동안에 887년(정강왕 2) 정월 황룡사皇龍寺에서 백좌강경百座講經을 설치하였고, 이찬伊湌 김요金蕘가 한주漢州에서 반란을 일으키자 군사를 보내어 토벌하였다.

5월에 병이 들어 시중 준흥俊興에게 병이 위급하여 다시 일어나지 못할 것이니 아들이 없으므로 누이 만曼으로 왕위를 잇게 하라고 부탁하고, 7월 5일에 죽었다. 보리사菩提寺 동남쪽에 묻혔다. 시호는 정강定康이다.

886년(정강왕 원년) 8월에 이찬 준흥俊興을 시중으로 삼았다. 서쪽 지방에 가뭄이 심하여 흉년이 들었다.

887년(정강왕 2) 정월에 왕은 황룡사에 백고좌를 베풀고 친히 행차하여 청강하였다. 한주漢州에서 이찬 김요金蕘가 모반하므로 군사를 보내어 이를 잡아 죽였다. 5월에 왕은 병환으로 누워 시중 준흥에게 말하기를

"나는 병이 심하므로 다시 일어나지 못할 것 같으나 불행히 사자嗣子가 없다. 그러나 나의 누이 만曼은 타고난 기품이 총명하고 예리하며 골상이 장부와 같으니 경 등은 마땅히 선덕 여왕과 진덕 여왕의 고사를 본받아 왕으로 세우는 것이 좋겠다."

하고 7월 5일에 돌아가시므로 정강이라 시호하고 보제사 동남쪽에 장사하였다.

◉ 정강왕대의 사람들

준흥俊興

생몰년 미상. 신라 하대의 재상. 886년(정강왕 1) 정강왕의 즉위와 동시에 이찬伊飡으로서 시중侍中에 임명되었다. 진성여왕 때에도 계속 시중직을 수행하다가, 898년(효공왕 2) 1월에 효공왕의 즉위와 더불어 서불한舒佛邯으로 상대등上大等에 임명되었다. 906년까지 약 8년간 직무를 맡았던 것 같다.

◉ 정강왕 시대의 세계동향

▶ 동양

886년 8월 이전충李全忠 죽음

▶ 서양

886년 8월 동 로마 황제 레오 6세 즉위

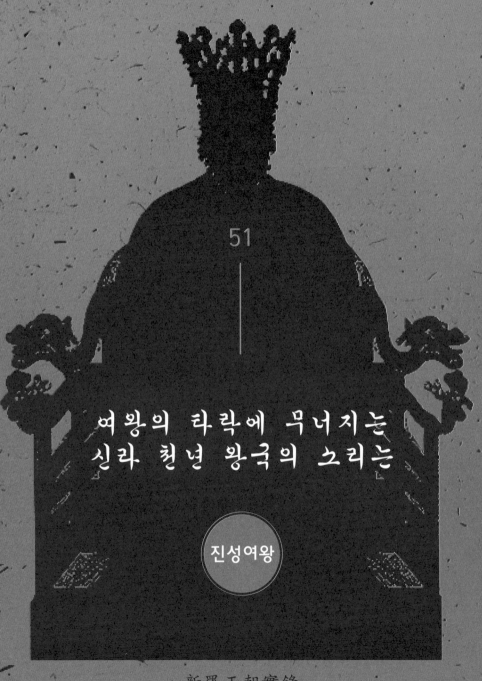

51

여왕의 타락에 무너지는
신라 천년 왕국의 소리는

진성여왕

新羅王朝實錄

진성여왕 眞聖女王
김씨 왕 36대

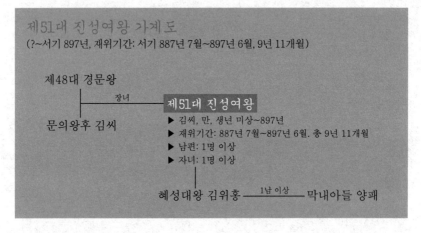

제51대 진성여왕 가계도
(?~서기 897년, 재위기간: 서기 887년 7월~897년 6월, 9년 11개월)

제48대 경문왕

장녀

문의왕후 김씨

제51대 진성여왕

▶ 김씨, 만, 생년 미상~897년
▶ 재위기간: 887년 7월~897년 6월. 총 9년 11개월
▶ 남편: 1명 이상
▶ 자녀: 1명 이상

혜성대왕 김위홍 ——1남 이상—— 막내아들 양패

?~897년(진성여왕 11). 신라 제51대 왕. 재위 887~897. 신라시대 3명의 여왕 중 마지막 여왕이다. 성은 김씨金氏. 이름은 만曼. 할아버지는 희강왕의 아들로 의 공대왕懿恭大王에 봉해진 김계명金啓明이며, 할머니는 광화부인光和夫人으로 광 의왕태후光義王太后로 봉해졌다. 아버지는 경문왕이고, 어머니는 헌안왕의 장녀 로 뒤에 문의왕후文懿王后에 봉해진 영화부인寧花夫人 김씨이다.

형제로는 정晸(헌강왕)·황晃(정강왕)·윤胤 등이 있다. 진성여왕은 즉위 직후 주州· 군郡에 1년의 조세를 면제해 주고, 황룡사皇龍寺에 백좌강경百座講經을 설치하는 등 민심 수습에 노력하였다.

그러나 887년(진성여왕 2) 2월 숙부叔父이자 남편이던 상대등上大等위홍魏弘이 죽 자 정치 기강이 갑자기 문란해졌다. 이와 함께 대야주大耶州에 은거하던 왕거 인王巨人의 국왕 비판 등이 있었으며, 888년부터는 주·군으로부터 세금이 들어

오지 않아서 국고가 비게 되었다. 이에 관리를 각지에 보내 세금을 독촉했고, 이를 계기로 사방에서 도적이 봉기하게 되었다. 이 때 원종元宗과 애노哀奴가 사벌주沙伐州(지금의 상주)에서 난을 일으켰으나 이를 토벌하지 못하였다. 이 난을 계기로 계속해서 적당賊黨의 난이 일어났다.

891년에 북원北原(지금의 원주)의 적수 양길梁吉이 부하인 궁예弓裔를 동쪽으로 원정시켜 명주溟州(지금의 강릉)까지 함락시켰다. 그 다음 해에는 완산주完山州(지금의 전주)에서 견훤甄萱이 후백제를 건국하자 무주武州(지금의 광주光州) 동남쪽의 군현이 모두 그에게 항복하였다.

895년에는 영주를 손에 넣은 궁예가 다시 저족猪足·생천生川을 거쳐 한주漢州·철원鐵圓까지 차지하게 되었다. 그리하여 신라의 실질적인 통치영역은 경주를 중심으로 한 주변지역에 그치고, 전 국토는 대부분 적당이나 지방 호족세력의 휘하에 들어갔다. 또 896년에는 이른바 적고적赤袴賊이 경주의 서부 모량리牟梁里까지 진출해 민가를 약탈하는 등 수도의 안위조차 불안해졌다.

이러한 상황 속에서 중국당나라에 유학하고 돌아온 최치원崔致遠은 894년에 시무10조時務十條를 제시하였다. 이 제의는 받아들여진 것으로 기록되어 있으나 실제로는 진골귀족의 반대로 시행되지는 않았다. 최치원의 개혁안은 육두품 중심의 유교적 정치이념을 강조함으로써 왕권을 강화시키고자 했으므로 진골귀족의 이익과는 배치될 수밖에 없었다. 이 개혁안이 시대적 한계로 인해 시행되지 못함으로써 신라의 붕괴를 막을 수 없었고 후삼국이 정립하게 되었다.

897년 6월 조카인 헌강왕의 아들 요嶢(뒤의 효공왕)에게 왕위를 물려주고 그 해 12월에 죽었고 황산黃山에 장사지냈다. 한편, 진성여왕 때의 거타지居陀知 설화가 알려져 있는데, 그 내용은 고려 태조 왕건王建의 할아버지인 작제건作帝建이 용녀龍女를 아내로 맞이하는 설화와 비슷하다. 시호는 진성眞聖이다.

887년(진성여왕 원년) 진성 여왕은 곧 죄수를 대사하고, 모든 주군의 조세를 1년 동안 면제하였다. 또한 백좌를 황룡사에 베풀고 친히 행차하여 설법을 들었다. 겨울에 눈이 내리지 않았다.

888년(진성여왕 2) 2월에 소양리小梁里에 있는 돌이 저절로 움직여 옮겨 갔다. 진성 여왕은 평소에 숙부인 각간 위홍과 정을 통하였는데, 즉위 이후에는 남편으로서 인정하고 떳떳이 위홍을 궁내로 불러 일을 보게 하였다. 여왕은 그에게 명하여 대구 화상大矩和尙과 함께 향가鄕歌를 모아 수집하게 하고, 이를 엮어 ≪삼대목三代目≫이라 하였다.

각간 위홍이 죽자 추시하여 혜성惠成 대왕으로 삼았다. 이 뒤에 여왕은 남몰래 아름다운 젊은 남자 2~3명을 궁중으로 끌어들여 음사를 즐겼으며, 또한 그들에게 요직을 주어 국정을 맡기기까지 하였다. 이로 인하여 아첨으로 요행을 얻은 이들이 방자하게 굴고 뇌물이 공공연히 오갔으며, 상벌이 공평치 못하여 나라의 기강 무너졌다.

이때에 누군가가 시정을 비방하는 글을 조정의 큰 길 앞에 걸어 놓았으므로 여왕은 사람에게 명하여 그 사람을 수색하게 하였으나 찾을 수가 없었다. 한 신하가 여왕에게 알리기를

"이는 반드시 문인文人으로 뜻을 이루지 못한 자의 소행일 것입니다. 아마도 대야주에 은거하고 있는 거인巨仁이 아닌가 하옵니다."

하니 여왕은 곧 거인을 잡아들여 서울의 감옥에 가두고 장차 죽이려 하였다. 이에 거인은 억울하고 분한 마음에 글을 지어 감옥의 벽에 쓰기를

우공于公이 통곡하니 3년 동안 한재가 들고
추연鄒衍이 슬픔을 머금으니 5월에 서리가 왔다.
지금 나의 깊은 근심은 옛일과 다름이 없는데,
황천은 말이 없이 다만 창창蒼蒼할 뿐이로다.

하였는데, 그날 밤에 갑자기 구름과 안개가 끼더니 우레가 일어나고 우박이 쏟아지므로 여왕은 크게 두려움을 느끼며 거인을 돌려보냈다.

3월 1일에 일식이 있었다. 왕이 병환으로 누워 죄수를 살펴 사형에 처할 죄수를 제외한 죄수들을 사면하고 고승 60명으로 하여금 기도하게 하였는데, 왕의 병환이 나았다. 5월에 가뭄이 심하였다.

889년(진성여왕 3)에 국내의 모든 주군에서 공부貢賦(세금)를 바치지 않으므로 창고가 비어 국가의 재정이 궁핍하였다. 이에 여왕은 사자를 내어 공부를 바칠 것을 독촉하였는데, 이로 인하여 사방에서 도적이 봉기하였다. 이때 원종元宗, 애노哀奴 등은 사벌주에 웅거하여 반란을 일으켰으므로 여왕은 나마 영기令奇에게 명하여 도적들을 잡게 하였는데, 영기는 적의 성루를 바라보고 두려워하며 진격하지 못하였고 촌주 우연祐連은 온힘을 다하여 싸웠으나 전사하였다. 여왕은 칙령을 내려 영기의 목을 베어 죽이고 10세 된 우연의 아들을 촌주로 임명하였다.

890년(진성여왕 4) 정월에 햇무리 다섯 겹이 비추었다. 15일에 여왕은 황룡사로 행차하여 연등을 보았다.

891년(진성여왕 5) 10월에 북원 적수 양길粱吉이 그를 보좌하는 궁예弓裔로 하여금 1백여 기병을 거느리고 북원동 부락과 명주 관내와 주천酒泉(현 원주 부근) 등의 10여 군현을 습격하였다.

892년(진성여왕 6) 견훤甄萱이 완산주에 웅거하여 자칭 후백제後百濟라 하니 무주의 동남쪽에 있는 군현이 그에게 항복하였다.

893년(진성여왕 7)에 병부시랑 김처회金處誨를 당으로 파견하여 정절旌節을 드리려 하였는데, 그만 바다에 빠져 죽었다.

894년(진성여왕 8) 2월에 최치원이 시무 10여 조를 올리므로 여왕은 이를 받아들이고 최치원을 아찬으로 삼았다. 10월에 궁예가 북원으로부터 하슬라로 들어갔는데, 그 무리가 6백여 명으로 자칭 장군이라 하였다.

895년(진성여왕 9) 8월에 궁예는 저족猪足(현 인제麟蹄) 성천狌川(현 양구楊口)의 2군을 공격하여 취하고 또 한주 관내의 부약夫若(현 춘천), 철원鐵圓(현 철원) 등 10여 군현을 격파하였다.

10월에 여왕은 헌강왕의 서자 요를 세워 태자로 삼았다. 먼저 헌강왕이 사냥하는 것을 볼 때 큰길가에 한 여자가 나타났는데, 바탕이 매우 아름다우므로 왕은 마음속으로 이를 사랑하여 뒤차에 신도록 명령하고 행재소에 이끌어 들여 야합하였는데, 곧 아이를 배어 아들을 낳았다. 그는 자랄수록 몸이 건장하고 재주가 뛰어나므로 이름을 요라 하였다. 진성 여왕이 이 말을

들고 그를 궁내로 불러들여 손으로 그의 등을 어루만지며 말하기를

"나의 형제자매의 아들이라."

하고 유사에게 명하여 예를 갖추어 태자로 봉한 것이다.

896년(진성여왕 10)에 적들이 서남 지방에서 일어났는데, 붉은 바지를 입어 스스로 남들과 달리 보이도록 하였으므로 사람들은 적고적赤袴賊이라고 말하였다. 적들은 주현을 침략하여 노략질을 하며, 사람들을 해치고 경서부京西部 모량리牟梁里까지 들어와 인가의 재물을 약탈하여 갔다.

897년(진성여왕 11) 6월에 여왕은 좌우 군신들에게 말하기를

"근년 이래로 백성들은 곤궁하고 도적이 봉기하니 이는 나의 덕이 부족한 탓이므로 어진 사람에게 양위하고 자리를 피할 것을 결심하였다."

하고 태자 요에게 선위하였다. 이때에 사신을 당으로 파견하여 글로 아뢰기를

<희중羲仲의 관官에 거하는 것은 신의 본분이 아니고 연릉延陵의 절節을 지키는 것이 신의 좋은 생각일 것이라. 조카 요는 죽은 오라버니 정의 아들로서 나이가 학문에 뜻할 만하고, 그 기틀이 가히 조정을 일으킬 만하기에 별달리 밖으로 구하지 아니하고 안에서 이를 천거하여 요즘 정권을 바르게 하고 국가 재앙을 눌러 편안하게 하려 합니다.>

하였다. 12월 을사乙巳에 여왕이 북궁北宮에서 돌아가시므로 진성이라 시호하고 황산에 장사하였다.

● 진성여왕대의 사람들

최승우崔承祐

신라新羅 학자學者. 890년(진성여왕 4) 당나라에 건너가 국학國學에서 3년간 공부하여 빈공과賓貢科에 급제하고 귀국했다. 후에 견훤甄萱이 고려 태조에게 보내는 격서檄書를 지었고 문집으로 ≪호본집餬本集≫을 남겼다. 문장이 뛰어나 최치원崔致遠·최언위崔彦撝 능과 함께 삼최三崔로 불렸다.

김처회金處誨

895년(진성여왕 7) 벼슬은 병부시랑兵部侍郎 선왕先王의 정절사旌節使가 되어 당唐나라로 가다가 바다에 빠져 죽었다.

원종元宗

891년(진성여왕 3) 그는 애노哀奴와 더불어 사벌주沙伐州 상주尙州에 웅거하면서 반란을 일으키므로 왕王은 내마奈麻 영기令奇에게 명命하여 반란자들을 잡게 하였는데 영기令奇는 적의 성城을 바라보고 두려워하며 진격하지 못하고 촌주村主 우달祐達은 역전力戰하였으나 중과부족으로 전사戰死하였다. 왕王은 칙령勅令을 내려 영기令奇를 참형斬刑에 처하고 나이 10세가 된 우달祐達의 아들을 촌주村主로 임명했다.

기훤箕萱

생몰년 미상. 신라 진성여왕 때의 반란 주도자. 집안이나 출생지에 대해서는 알려진 바 없다. 진성여왕이 즉위하면서 실정이 겹치고 재해가 잇달아 일어나던 중 889년(진성여왕 3)에는 국내의 여러 주와 군에서 공물과 조세를 바치지 않으므로 국고가 비어 재정이 궁핍하였다. 이에 왕이 관리를 보내어 공부貢賦를 독촉하자 전국에 도둑이 벌떼처럼 일어났다.

원종元宗과 애노哀奴가 사벌주沙伐州(지금의 상주)에 웅거하여 반란을 일으키는 것을 계기로 일어난 초적草賊 세력은 신라 조정에 대하여 공공연하게 반기를 들었는데, 이때 기훤은 죽주竹州(지금의 죽산)에서 반란을 일으켰다.

당시 그의 세력은 궁예弓裔와의 관계에서 어느 정도 유추할 수 있다. 891년 궁예는 기훤에게 몸을 의탁하여왔는데, 기훤은 오만하여 그를 예로써 대하지 않았다고 한다. 울분에 싸인 궁예는 기훤의 부하인 원회元會·신훤申煊 등과 결탁하여 892년 북원北原(지금의 원주)의 적괴 양길梁吉에게로 몸을 의탁하였다.

이처럼 기록에는 궁예가 기훤을 배반하고 양길의 부하로 옮겨가게 되는 것이 기훤의 소홀한 대우로 말미암은 것처럼 되어 있으나, 그 당시 날뛰던 초적들의 상호항쟁에서 기훤이 약세를 보인 탓이라고 생각된다. 특히, 기훤의 부하인 원회·신훤 등이 배반은 기훤의 세력이 붕괴되고 있음을 뜻한다.

그 뒤 죽주를 중심으로 한 기훤 세력의 몰락과정에 대하여 자세한 것은 알 수 없으나, 아마도 이때를 지나 멀지 않은 시기에 무너진 것으로 짐작된다.

김영기金令奇

?~889(진성여왕 3). 신라 진성여왕 때의 정치가. 관등은 나마奈麻였다. 889년 전국 각지에서 도적이 봉기하였는데, 그 가운데에서 원종元宗·애노哀奴 등이 사벌성沙伐城에 웅거하면서 반란을 일으켰다.

이때 이를 쳐부수라는 왕명을 받았으나 반란군의 세력을 보고 두려워하여 진군하지 않아 죽임을 당하였다.

대구大矩

생몰년 미상. 신라 때의 승려. ≪삼국사기≫에 따르면 진성여왕 2년, 왕이 각간 위홍魏弘에게 명하여 화상和尙인 대구와 함께 향가를 수집하게 하였는데, 이것이 ≪삼대목三大目≫이다. 현재 전하지 않으므로 그 내용은 알 수 없지만, 이것이 향가집인 것은 틀림없다.

그런데 이 기사가 실려 있는 ≪삼국사기≫에는 주로 진성여왕의 실정失政을 적고 있으며, 특히 진성여왕이 위홍과 내통한 사실을 폭로하고 있는 것으로 보아, 위홍이 무상으로 대궐에 출입하여 권세를 전횡한 사실을 합리화하기 위하여 대구와 함께 ≪삼대목≫을 편찬하게 한 것으로 보인다.

수철秀澈

817(헌덕왕 9)~893(진성여왕 7). 신라 말의 선사禪師. 어려서 부모를 여의고 출가하여 연허緣虛의 제자가 되었으며, 대덕大德 천숭天崇에게 불경을 배우고 동원경東原京 복천사福泉寺에서 윤법潤法으로부터 구족계具足戒를 받았다.

그 뒤 명산을 찾아다니며 선을 닦는 여가에 ≪화엄경≫을 공부하였고, 지리산 지실사知實寺에 가서 모든 장소章疏를 열람하였다. 지리산 실상산파實相山派의 개산조開山祖인 홍척洪陟의 법을 이었으며, 많은 제자들이 찾아와서 지도를 청하였다.

867년(경문왕 7)에 경문왕이 궁궐로 청하여 선禪과 교敎의 같고 다른 점을 물었으며, 헌강왕도 경신敬信하여 그를 심원사深遠寺에 머무르게 하였다. 그 뒤 지리산 실상사에서 후학들을 지도하다가 제자들을 불러

"나는 가려 한다."

라는 말을 마치자 열반에 들었다. 나이는 76세, 법랍은 58세였다. 시호를 추증하여 수철秀澈이라 하였고, 탑호塔號는 능가보월楞伽寶月이라 하였으며,

그 뒤 재齋를 지내는 데 필요한 차茶와 향 등을 왕실에서 모두 보내주었다. 대표적인 제자로는 수인粹忍·의광義光 등이 있다.

그의 탑과 탑비는 전라북도 남원시 지리산 실상사에 있으며, 탑은 보물 제33호, 탑비는 보물 제34호로 지정되어 있다. 시호는 수철秀澈이다.

최원 崔元

생몰년 미상. 신라 하대의 외교관. ≪최문창후전집崔文昌候全集≫에 실린 <견숙위학생수령등입조장遣宿衛學生首領等入朝狀>과 <사은표謝恩表> 등에 의하면 최원은 최치원과 거의 동시대 사람으로 891년(진성여왕 5)에 당나라 소종昭宗의 등극을 축하하는 사행使行의 판관判官으로 갔다가 6년간 당나라에 머문 뒤 897년(효공왕 1) 7월 5일에 돌아왔다.

당나라에 갔을 때의 관직은 검교사부낭중檢校祠部郎中이었으나 돌아올 때는 사자금어대신賜紫金魚袋臣이 되어서 왔다. 한편, 돌아올 때에 효공왕의 할아버지 경문왕과 아버지 헌강왕의 증직관고贈職官告를 가지고 왔다.

왕거인 王巨仁

생몰년 미상. 신라 진성여왕 때의 문인.

888년(진성여왕 2) 중앙귀족들의 부패와 진성여왕의 실정으로 정치기강이 문란해지자, 누군가 익명으로 시정時政을 비방하는 문자를 나열해 대로 상에 게시한 사건이 있었는데, ≪삼국유사≫ 권2 진성여왕조에 의하면, 이 때 게시된 문자는 다라니陀羅尼의 은어隱語로서, 그 내용은 '南無亡國 刹尼那帝 判尼判尼 蘇判尼 于于三阿干 鳧伊裟婆訶'였다 한다.

해독자가 찰리나제刹尼那帝는 여왕을 말한 것이요, 판니판니判尼判尼 소판니蘇判尼는 두 소판을 말한 것이요, 우우于于는 세 아간阿干을 말한 것이며, 부이鳧伊는 부호鳧好(위홍魏弘)의 처의 뜻이라고 하자, 진성여왕은 곧 범인을 수색하게 했으나 잡지 못하였다.

그러자 이는 뜻을 잃은 문인文人의 소행일 것으로 간주하고, 그 용의자로 대야주大耶州의 왕거인을 지목하게 되었다고 한다. 왕거인은 당나라 유학생 출신인지 아닌지는 알 수 없으나, 유교를 새로 받아들이면서 중앙 진골귀족眞骨貴族 중심의 지배체제의 모순에 대해 비판하던 신진지식계급의 대표적 인물이었던 것으로 짐작된다.

그는 마침내 괘서사건의 용의자로 체포되어 서울의 감옥에 갇혀 형벌을 받게 되었다. 이에 그는 자신의 억울한 심정을 시로 지어 감옥의 벽에 썼다. 그 내용은 ≪삼국사기≫에 의하면,'우공于公이 통곡하매, 3년 동안 날이 가물었고, 추연鄒衍이 슬픔을 품으매 5월에도 서리가 내렸다. 지금 이내 근심도 예나 다름이 없는데, 황천皇天은 아무 말도 없이 창창蒼蒼할 뿐이로구나(于公慟哭三年旱 鄒衍含悲五月霜 今我幽愁還似古 皇天無語但蒼蒼)' 라고 하였다. 그런데 그 날 저녁에 홀연히 구름과 안개가 끼고 벼락이 치고 우박이 쏟아지자, 그것을 두려워한 진성여왕은 곧 왕거인을 내놓아 돌려보냈다고 한다.

≪삼국유사≫에서는 이와 달리, 하늘이 그 옥에 벼락을 쳐서 그를 놓아주었다고 하였다. 그런데 이러한 이야기는 설화적인 성격의 것으로서 그대로 사실로 받아들일 수는 없으나, 이 왕거인 사건은 진골귀족 중심의 골품체제의 모순에 대한 육두품 이하 출신들의 비판적 태와, 그 비판의 결과 진골귀족들의 탄압을 받아 육두품 이하 출신들이 결국 밀려나고 마는 정치적 상황을 짐작하게 해주는 사료로서 중요한 의미를 가지는 것이다.

양길梁吉

생몰년 미상. 신라 진성여왕 때 반란을 주도한 적당賊黨의 괴수. 양길良吉이라고도 한다. 가계나 출생지에 대해서는 알 길이 없다.

진성여왕이 즉위하면서 실정이 겹치고 재해가 잇달아 일어났다. 889년(진성여왕 3)에 국고가 비게 되자, 사자使者를 지방에 파견하여 세금을 독촉한 것을 계기로 전국에 초적草賊이 벌떼처럼 일어났다.

원종元宗과 애노哀奴가 사벌주沙伐州(지금의 상주)에 웅거하여 반란을 일으킨 뒤 도적의 무리들은 공공연하게 신라 중앙정부에 반기를 들었다. 그러한 적당세력 중 손꼽을 만한 자가 죽주竹州(지금의 죽산)의 기훤箕萱과 북원北原(지금의 원주)의 양길이었다.

북원에 웅거한 양길의 세력이 어느 정도였는지는 확실히 알 수 없고, 궁예弓裔가 그의 부하로 활동한 것으로 미루어 추측될 수 있다. 892년 궁예는 기훤의 휘하에서 나와 양길에게 몸을 의탁하게 된다.

이때까지만 해도 양길이 세력을 크게 떨치지는 않았다. 무진주武珍州(지금의 광주)를 습취한 뒤 스스로 왕이라 칭한 견훤甄萱이 양길에게 비장裨將이라는 벼슬을 내린 일이 있는데, 견훤의 그러한 행동은 선전효과를 노린 것이겠지만 상대적으로 양길의 세력도 그렇게 강하지 못하였음을 알려준다.

그러다가 궁예의 투항을 받고 난 뒤부터 양길의 세력은 점차 커졌다. 양길은 궁예를 우대하여 모든 일을 위임하였으며 군사를 나누어주어 동쪽으로 원정하게 하였다. 궁예는 군사를 거느리고 치악산 석남사石南寺로부터 주천酒泉(지금의 예천)·내성奈城(지금의 영월)·울오鬱烏(지금의 평창平昌)·어진御珍(지금의 울진) 등의 현을 습격하여 항복을 받고, 894년에 명주溟州: 지금의 강릉에 이르렀는데 그 무리가 모두 3,500명이었다.

그러나 ≪삼국사기≫ 신라본기 진성왕 8년 조에는 궁예의 무리 600여 명이 명주에 이르렀다고 되어 있다. 이러한 상이한 기록에 대해 600명은 궁예가 양길로부터 빌린 군대였을 것이며, 그들이 명주에 이르렀을 때에는 3,500명으로 불어났을 것으로 해석된다.

명주에 들어온 무리가 모두 양길의 직접적인 세력기반이 아니었을지라도, 그 뒤 양길은 사실상 강원도 일대에서 세력을 떨치게 되었다. 이어 궁예는 저족猪足(지금의 인제)·생천牲川(지금의 양구)·부약夫若(지금의 춘천)·금성金城·철원 등지를 점령하니, 군세軍勢가 심히 강하여 패서浿西의 적들이 항복해오는 무리가 많았다.

그러나 당시 점령한 지역들이 바로 양길의 세력권에 흡수되기보다는 궁예의 세력기반이 되었다. 이때부터 궁예는 무리가 많고 세력이 커지자 스스로 나라를 세우고 왕이라 칭할 만하다고 여겨 내외 관직을 설정하였다.

곧 궁예는 양길의 휘하에서 벗어나 독립세력을 구축했고 송악군松嶽郡(지금의 개성)으로부터 왕건王建의 투항을 받으면서 후삼국시대의 강력한 지배자로 등장할 수 있었다.

이 때 양길은 북원에 국원國原(지금의 충주) 등 30여 성을 가진 강대한 세력을 형성하고 있었다. 궁예의 영토가 넓어지고 인구가 많다는 말을 들은 양길은 그를 습격하려 하였으나, 이 사실을 알아차린 궁예에게 오히려 습격당해 크게 패하였다. 그 뒤 양길의 행적에 대해서는 알려진 바가 없다.

그러나 양길의 세력권이 궁예의 수중으로 완전히 들어오게 된 것은 이보다 훨씬 뒤인 900년(효공왕 4) 왕건이 궁예의 명령을 받아 광주廣州·충주·당성唐城: 지금의 남양·청주·괴양槐壤(지금의 괴산) 등을 평정한 뒤이다.

신라 하대가 되면서 지방호족이 대두하였다. 처음 지방호족은 중앙왕실의 권위를 인정하여 중앙정부와도 어느 정도 연결을 가지면서 독립된 세력기반을 형성하였다. 진성여왕이 즉위하면서 그들은 중앙왕실의 권위를 점차 인정하지 않게 되고, 초적의 발호는 이와 같은 사태를 부채질하였다.

양길의 등장은 초적세력을 규합해 신라 고대국가의 붕괴를 촉진시키는 구실을 하였다. 그러나 양길은 붕괴되어 가는 고대사회를 새로운 방향으로 이끌어갈 수 있는 경륜을 가진 자가 아니었다. 뿐만 아니라 양길은 초적 사이의 세력다툼에서도 패배하였다.

그가 궁예로 하여금 철원 등의 지역을 병합하게 했지만 실제 그 곳은 궁예의 세력기반이 되었고, 나중에 궁예는 이 지방에 웅거해 그에게 공공연한 적대행위를 자행하였다. 즉, 양길은 견훤 및 신라조정과 적대관계라는 부담을 안고 북방의 궁예와 패권을 다투는 과정에서 거세될 수밖에 없었다.

최승우崔承祐

생몰년 미상. 신라 말기의 문인. 본관은 경주慶州. 890년(진성여왕 4) 중국당나라에 건너가 국학에서 3년간 공부하고, 893년 당나라의 예부시랑양섭楊涉 아래에서 빈공과賓貢科에 급제한 뒤 관직에 있다가 귀국하였다.

신라 말기의 6두품六頭品 출신 중에서 새로운 지식계급으로 대두하는 가장 대표적인 가문인 경주 최씨 출신으로서, 특히 경주 최씨 중에서도 최치원崔致遠·최언위崔彦撝와 더불어 '신라 말기의 3최三崔'의 한 사람으로 이름을 날렸다.

경주 최씨들이 대개 뒤에 고려의 왕건王建에게로 가 문한직文翰職을 맡았던 것과는 달리, 후백제의 견훤甄萱 아래에서 봉사하였다. 그리하여 견훤을 대신해 고려태조에게 보내는 격서를 짓기도 하였는데, 대표적인 것이 927년(견훤 36)의 <대견훤기고려왕서代甄萱寄高麗王書>로서, 지금도 ≪삼국사기≫·≪고려사≫·≪고려사절요≫·≪동문선≫ 등에 실려 있다.

한편 ≪동문선≫ 권12에는 <경호鏡湖>를 비롯한 칠언율시 10수가 수록되어 있는데, 이들 작품들은 당나라 말기의 재상 위소도韋昭度와 중서사인中書舍人 이모李某 또는 진사 조송曹松·진책陳策 등에게 주는 형식으로 된 것을 보면, 당나라에 있는 동안 그의 교제범위가 최치원 못지않았던 것으로 추측되며, 아마도 절도사의 막부에서 종사했을 가능성이 크다. 특히 문장에 능하여 사륙집四六集 5권을 저술하여 ≪호본집觚本集≫이라고 이름 붙였다. 그러나 오늘날 전하지 않는다.

지은知恩

생몰년 미상. 신라 진성여왕 때의 효녀. 한기부韓岐部 출신. 연권連權의 딸이다. 효행이 뛰어나 ≪삼국사기≫에 열전이 있으며, ≪삼국유사≫에도 이름은 밝혀지지 않았지만 <빈녀양모貧女養母>라는 제목으로 행적이 전해지고 있다. 또한, 조선시대에 와서도 ≪동국여지승람≫에 그녀의 효행이 채록되어 있다.

지은은 효성이 지극해 홀어머니를 지성으로 봉양하였다. 품팔이나 구걸을 해 봉양하였는데, 그것으로 부족해 부잣집에 몸을 팔아 쌀 10여 석을 받아 식량을 삼았다. 종일 일하고 밤에 돌아와 밥을 지어드렸다.

3, 4일이 지나자 어머니가, 밥은 좋은데 맛이 전과 같지 않고 속을 칼로 베

어내는 것 같으니 웬일이냐고 물었다. 이에 사실을 말하자 모녀는 통곡을 하며 슬퍼하였다.

이 때 화랑 효종랑孝宗郎이 이 광경을 보게 되었다. 그는 부모에게 청해 곡식 100석과 옷가지를 보내주었다. 그리고 그의 낭도 천여 명도 각기 곡식 한 섬씩을 내어주었다. 왕도 듣고 벼 500석과 집 한 채를 주고 부역 또한 면제해 주었다. 그리고 군사를 보내어 그 집의 재산을 지켜주었고, 동네이름을 효양방孝養坊이라고 하였다. 또, 중국 당나라 왕실에도 그의 효행을 글로써 전하였다. 뒤에 지은의 집을 내어 절로 삼았는데 절 이름을 양존사兩尊寺라 하였다고 한다.

그의 이와 같은 효행이 주는 교훈도 적지 않지만, 그 행장은 우리에게 다른 면에서도 적지 않은 것을 알려준다. 즉 고대사회에 관한 기록은 매우 적고 특히 일반 백성들의 삶을 잘 전하는 기록은 더욱 적다. 그런데 그 행장을 살펴보면, 당시 일반 백성들의 어려운 생활상이 사실적으로 잘 나타나 있다. 또한 도적을 막기 위해 군사를 보내 파수를 보게 한 사실을 보면 당시 사회상의 어지러운 일면을 짐작하게 한다.

● 진성여왕 시대의 세계동향

▶ 동양
887년 10월 주전충朱全忠 양행밀楊行密을 치고 패함

888년 4월 손유孫儒 양주楊州를 함락

889년 2월 진종권陳宗權 사형

891년 8월 왕건王建 성도成都에서 이김

893년 9월 이무정 관군을 쳐부숨

895년 11월 왕행유王行瑜 사형

▶ 서양
887년 10월 동東 프랑크의 카알3세 폐위(876~)

888년 4월 사라센족 프로방스 해안을 점거

889년 3월 도날드 1세 스콧트 왕으로 즉위(~900)

892년 6월 소포레토의 탐버트 황제 즉위

893년 9월 데인족 켄트에 침입

895년 11월 투리불의 종교회의는 돈으로 속죄할 수 있음을 인정

52

김씨 왕계의 붕괴를 알리는
왕의 절망감은

효공왕

新羅王朝實錄

효공왕 孝恭王
김씨 왕 37대

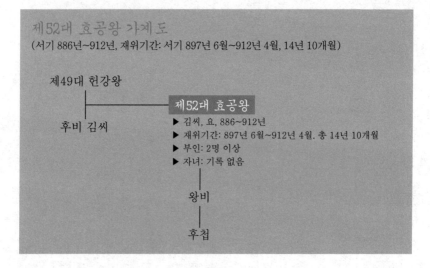

제52대 효공왕 가계도
(서기 886년~912년, 재위기간: 서기 897년 6월~912년 4월, 14년 10개월)

제49대 헌강왕

후비 김씨

제52대 효공왕
▶ 김씨, 요, 886~912년
▶ 재위기간: 897년 6월~912년 4월. 총 14년 10개월
▶ 부인: 2명 이상
▶ 자녀: 기록 없음

왕비

후첩

?~912(효공왕 16). 신라 제52대 왕. 재위 897~912. 성은 김씨金氏. 이름은 요嶢. 헌강왕의 서자이며, 어머니는 의명왕태후義明王太后 (또는 문자왕후文資王后)로 추존된 김씨부인이다. 할아버지는 경문왕이고, 할머니는 헌안왕의 장녀 영화부인寧花夫人이며, 비는 이찬 예겸乂謙의 딸이다.

헌강왕이 사냥을 나갔다가 길에서 자색이 뛰어난 한 여자를 만났는데, 뒤에 헌강왕이 궁궐을 빠져나가 그 여자와 야합하여 태어난 아들이다. 뒤에 이 사실을 안 진성여왕에 의해 헌강왕의 혈육이라 하여 895년(진성여왕 9)에 태자로 봉해지고, 뒤이어 왕위를 물려받았다.

재위시 신라의 형세는 왕실의 권위가 떨어져서 지방에서 일어난 궁예弓裔와 견훤甄萱이 서로 패권을 다투는 형세였다. 우선, 지금의 청주나 충주 이북지역은 완전히 궁예의 세력권에 속하게 되었다.

궁예는 901년(효공왕 5)에 스스로 왕이라 칭했고, 904년에 백관百官을 설치했으며, 그 다음해에는 철원으로 도읍을 옮겼다. 신라는 907년에 서남쪽에서 점점 세력을 키운 견훤에게 일선군 一善郡(지금의 의산義山) 이남의 10여 성을 빼앗겼다. 한반도에서 궁예와 견훤의 세력다툼은 점차 열기를 더해갔다. 한편, 궁예의 부하 왕건王建은 903년 병선兵船을 이끌고 금성錦城 등 10여 군현을 공취하였다. 이후, 서해의 해상권은 대체로 왕건의 수중으로 들어가게 되었다. 909년에 왕건은 진도군과 고이도성皐夷島城을 공취했으며, 견훤이 중국 오월吳越에 보낸 사자를 나포하기도 하였다. 뿐만 아니라 910년에 왕건은 나주를 다시 뺏기 위해 포위공격해온 견훤군을 대파하였다. 서해상에서 왕건의 전승은 그가 다가올 사회의 주인공으로 등장하는 발판이 되었다.

이상과 같은 정세 속에서도 신라왕실의 실정失政은 계속되어, 911년에는 대신 은영殷影이 효공왕의 천첩을 죽여 왕정을 경계하기까지 하였다. 죽은 뒤 사자사師子寺 북쪽에 장사지냈다고도 하고, 또는 사자사 북쪽에서 화장하여 뼈는 구지제仇智堤 동산東山 기슭에 묻었다고도 한다.

897년(효공왕 원년) 왕은 죄수를 대사하고 문무백관의 관작을 한 급씩 올려주었다.

898년(효공왕 2) 정월에 왕은 모친을 높여 의명義明 왕태후로 삼고 서불감 준홍을 상대등으로, 아찬 계강繼康을 시중으로 임명하였다. 7월에 궁예가 패서도浿西道(현 평안·황해도) 및 한산주 관내의 30여 개 성을 굴복시키고 드디어는 송악군을 도읍으로 정하였다.

899년(효공왕 3) 3월에 왕은 이찬 예겸의 딸을 맞아들여 비로 삼았다. 7월에 북원의 역적 우두머리 양길은 궁예가 두 마음을 품고 있는 것을 꺼리어 국원 등 10여 곳의 성주와 함께 모의하고 군사를 일으켜 비뇌성으로 진격하였으나 양길의 군사는 패하여 도망하였다.

900년(효공왕 4) 10월에 국원, 청주, 괴양의 역적 우두머리인 청길淸吉, 신훤幸萱 등이 성을 열어 궁예에게 항복하였다.

901년(효공왕 5) 궁예는 스스로를 왕이라 칭하였다. 8월에 후백제의 견훤이 대야성을 공격하였으나 항복하지 않으므로 군사를 금성錦城(현 나주) 남쪽으로 옮겨 바닷가 일대 마을을 습격하여 약탈품을 가지고 돌아갔다.

902년(효공왕 6) 3월에 서리가 내렸다. 대아찬 효종孝宗을 시중으로 임명하였다.

903년(효공왕 7) 궁예는 도읍을 옮기기 위하여 철원, 부양 등지에 이르러 산수를 살펴보았다.

904년(효공왕 8) 궁예는 문무백관을 신라의 제도에 따라 설치하고 국호를 마진摩震이라 하고 연호를 무태武泰라 건원하였다. 제도의 제정에 있어 벼슬의 이름은 비록 신라의 제도와 같으나 등급의 규정은 다른 것이 있었다. 이때 패강도 10여 개의 주현이 궁예에게 항복하였다.

905년(효공왕 9) 2월에 별이 비 오듯 떨어졌으며, 4월에는 서리가 내렸다. 7월에 이르러 궁예는 도읍을 철원으로 옮겼다. 8월에 궁예는 군사를 일으켜 거느리고 신라 변경 마을을 침략하여 죽령의 동북 쪽으로 들어왔다. 이에 왕은 강토가 날로 줄어 감을 듣고 심히 근심하였으나, 힘이 약하여 능히 이를 막을 수 없으므로 모든 성주에게 명하여 나가 마주 싸우는 것을 삼가고 굳게 성을 지키라 명하였다.

906년(효공왕 10) 정월에 파진찬 김성金成을 상대등으로 임명하였다. 3월에 먼저 당에 들어가 있던 김문위金文尉가 급제하여 벼슬이 공부원외랑기왕부자의참군工部員外郎沂王府諮議參軍에 이르렀는데, 당의 애제哀帝는 책명사로 봉하여 돌려보냈다. 4월부터 5월까지 비가 오지 않았다.

907년(효공왕 11)에는 봄에 이어 여름까지 비가 내리지 않았다. 이때 일선군 남쪽 10여 성은 모두 견훤이 공격하여 차지하게 되었다.

908년(효공왕 12) 2월에 혜성이 동쪽에 나타났다. 3월에 서리가 오고 4월에는 우박이 내렸다.

909년(효공왕 13) 6월에 궁예는 거느린 장수에게 명하여 병선을 내어 진도군珍島郡(현 진도珍島)을 공격하여 항복을 받고 고이도성皐夷島城(현 서해 고이도皐夷島)을 격파하였다.

910년(효공왕 14)에 견훤이 몸소 보병과 기병 3천 명을 거느리고 나주성을 포위하고 10여 일 동안 풀지 않았는데, 궁예가 수군을 보내어 이를 습격하니 견훤은 군사를 이끌고 물러갔다.

911년(효공왕 15) 정월 1일에 일식이 있었다. 왕은 천첩에게 빠져 정사를 돌보지 않으므로 대신 은영殷影이 이를 간하였으나 듣지 않으므로 은영은 그 천첩을 잡아 죽였다. 이때 궁예는 국호를 태봉泰封이라 고치고 연호를 수덕만세水德萬歲라고 불렀다.

912년(효공왕 16) 4월에 왕이 서거하시므로 효공이라 시호하고 사자사師子寺 북쪽에 장사하였다.

● 효공왕대의 사람들

은영 殷影

생몰년 미상. 신라 효공왕 때의 대신. 당시는 이미 견훤甄萱과 궁예弓裔가 각
각 후백제와 태봉을 세워 왕이라 칭하면서 신라의 변경을 크게 침식하고
있는 때였다. 그러나 이러한 위기를 당하여서도 효공왕은 천첩에 빠져 정사
를 돌보지 아니하였다. 이에 은영은 911년(효공왕 15)에 왕에게 정사에 힘쓸
것을 간하였다. 그러나 왕이 듣지 않으므로 그 첩을 잡아 죽였다.

절중 折中

826(흥덕왕 1)~900(효공왕 4). 신라의 고승高僧. 황해도 봉산 출신. 아버지는
선당先幢, 光幢이며, 어머니는 박씨朴氏이다. 조상은 군족郡族이고, 아버지 선
당은 지방의 동량으로, 대대로 지방 토호였던 것으로 보인다.
7세에 출가하여 오관산사五冠山寺 진전珍傳의 제자가 되었고, 15세 때 부석
사浮石寺에서 화엄華嚴의 법계연기法界緣起를 열 가지 차원에서 이론적으로
체계화한 십현연기설十玄緣起說의 깊은 뜻을 탐구하였다.
19세 때 백성군白城郡의 장곡사長谷寺에서 구족계를 받았다. 이때 중국에서
남종선南宗禪 계통인 마조馬祖의 수제자 남전南泉에게서 법을 받고 돌아온
도윤道允이 금강산에 있다는 소식을 듣고 찾아가 입실하여 수도하였다. 그
뒤 자인慈仁의 문하에서 16년 동안 선리를 탐구하였다.
882년(헌강왕 8) 전국통前國統 위공威公이 서울에 가까운 곡산사谷山寺 주지
로 천거했으나, 도시의 번거로움을 꺼려 사양하고 석운釋雲의 청을 받아 사
자산에 머물렀다. 헌강왕은 사자산의 흥녕선원興寧禪院을 중사성中使省에 예
속시켜 주었고, 정강왕과 진성여왕도 그의 도행道行을 흠모하여 도화道化를
크게 도와 선양하고자 하였으나 당시의 정계와 사회의 혼란으로 뜻을 이루
지 못하였다.

전란을 피해 남행南行하여 동림사桐林寺와 은강선원銀江禪院 등 여러 곳에 머물렀다. 그가 은강선원에 머물렀을 때 진성여왕은 황양현荒壤縣(부양현斧壤縣이라는 설도 있음)의 부수副守 장연열張連說을 보내어 국사國師의 예우를 표하고 보좌를 청하였으나 이미 때가 늦었음을 이유로 거절하였다.

900년(효공왕 4) 3월 19일 문인들을 불러

"삼계三界가 다 공空하고 모든 인연이 전부 고요하다. 내 장차 떠나려 하니, 너희들은 힘써 정진하라. 부디 선문禪門을 수호하고 종지宗旨를 무너뜨리지 말아 불조佛祖의 은혜를 갚도록 하라."

고 당부한 뒤 앉은 채로 입적하였다. 나이 74세, 법랍 56세였다. 그는 선문구산禪門九山 중 사자산파師子山派의 제2조로, 화엄학의 무애법계연기無碍法界緣起에 입각한 선지를 터득하였다. 화엄학에서 출발하여 선의 세계에 들어간 것은 우리나라의 선이 후대에 화엄학과 깊은 관련을 갖게 된 특징이기도 하다.

그의 법통을 전수받은 제자로는 여종如宗·홍가弘可·이정理靖·지공智空 등 1,000여 명이 있었다고 한다. 탑비는 944년(혜종 1) 강원도 영월군 흥녕선원에 세워졌다. 탑호는 보인寶印이고, 시호는 징효澄曉이다.

김융金融

902년(효공왕 6) 8월에 모반하다가 복주伏誅되었다.

명귀明貴

신라新羅 효공왕孝恭王 때 적도賊徒. 궁예가 도읍을 철원鐵圓으로 정하고 그 세력이 점점 강성해질 때 명귀는 증성甑城(안변安邊)의 적의赤衣, 황의黃衣 등과 항복하였다.

계강繼康

생몰년 미상. 신라 하대의 정치가. 898년(효공왕 2) 아찬阿湌의 관등으로 시중에 임명되었다. 그러나 902년(효공왕 6) 당시의 천재지변에 대한 책임을 지고 물러난 듯하다. 그 뒤 912년(신덕왕 1) 5월 아찬으로 상대등이 되어 917년까지 재임하다가 신덕왕의 죽음과 함께 물러났다.

그가 정계의 최고지위자로 활동하던 당시 신라는 궁예弓裔와 견훤甄萱의 침입으로 많은 영토를 빼앗기는 등 매우 혼란한 시기였다.

극상克相

생몰년 미상. 통일신라시대의 거문고 명인. 신라 효공왕 때 사람으로 귀금선생貴金先生의 금도琴道를 전승한 안장安長의 맏아들이다.

동생 극종克宗과 함께 아버지로부터 거문고의 비법을 배워 세상에 널리 전하였기 때문에 거문고를 업으로 삼는 사람이 많이 생겼다 한다.

김성金成

생몰년 미상. 신라 하대의 재상. 906년(효공왕 10) 정월에 파진찬波珍湌의 관등으로 상대등이 되었으며, 919년(경명왕 3)에 각간의 관위에 올랐다.

김효종金孝宗

생몰년 미상. 신라 말기의 화랑·대신. 아명은 화달化達. 문성왕의 후손으로 서발한舒發翰(이벌찬의 별칭) 인경仁慶의 아들이며, 경순왕의 아버지이다. 그냥 효종랑孝宗郎이라고도 불린다.

화랑으로 있을 때 낭도로부터 분황사芬皇寺 동리東里에 사는 지은知恩이 그 부모를 극진히 섬긴다는 이야기를 듣고 그 효성에 감복, 부모에게 청하여

조[粟] 100석과 의복을 보내어 지은의 살림을 돕게 하였다. 이에 그의 무리들 또한 곡식 1천석을 거두어 지은을 도와주었다. 이리하여 지은은 자신을 종으로 산 주인에게 곡식을 변상하여 줌으로써 양민良民이 되었다고 한다. 이 미담이 진성여왕에게 알려지자 왕은 지은에게 곡식 500석과 집 한 채를 내려주었으며, 병사를 보내어 그의 집을 지켜주었다. 또한 뒤에 지은이 사는 동네에 정문旌門을 세워 효양리孝養里라고 하였다 한다. 효종은 이 일이 인연이 되어 진성여왕의 질녀, 즉 헌강왕의 딸을 아내로 맞이하게 되었다. 그 뒤 902년(효공왕 6) 대아찬大阿湌으로서 집사성 시중侍中이 되었고, 927년 11월 아들 부傅(경순왕)가 즉위함에 이르러 신흥대왕神興大王이라 추봉되었다. 한편 그의 이야기는 화랑도의 의협심을 나타내는 좋은 실례가 되고 있다.

도선道詵

827(흥덕왕 2)∼898(효공왕 2). 신라 말의 승려이며 풍수설의 대가. 성은 김씨金氏. 영암 출신. 왕가의 후예라는 설도 있다.

15세에 출가하여 월유산 화엄사華嚴寺에서 승려가 되었다. 그 뒤, 유명한 사찰을 다니면서 수행하다가, 846년(문성왕 8) 곡성 동리산桐裏山의 혜철惠徹을 찾아가 '무설설無說說 무법법無法法'의 법문을 듣고 오묘한 이치를 깨달았다.

850년 천도사穿道寺에서 구족계具足戒를 받은 뒤, 운봉산雲峯山에 굴을 파고 수도하기도 하였으며, 태백산에 움막을 치고 여름 한철을 보내기도 하였다.

그러다가 전라남도 광양 백계산 옥룡사玉龍寺에 자리를 잡고 후학들을 지도하였는데, 언제나 수백 명의 제자들이 모여들었다고 한다. 그의 명망을 들은 헌강왕은 궁궐로 초빙하여 법문을 들었다.

제자들이 옥룡사에 징성혜등탑澄聖慧燈塔을 세웠다. 고려의 숙종은 대선사大禪師를 추증하고 왕사王師를 추가하였으며, 인종은 선각국사先覺國師로 추봉追封하였다. 또한 의종은 비를 세웠다. 일설에 의하면 도선은 당나라로 유학가서 밀교승려 일행一行으로부터 풍수학을 배워왔다고 한다.

그러나 일행은 당나라 초기의 승려이고 도선의 생몰년은 당나라 말기에 해당하기 때문에 연대에 모순이 있고, 도선이 당나라에 유학하였다는 것도 신빙성이 없다.

도선은 승려로서보다는 음양풍수설의 대가로서 가장 널리 알려져 있다. 우리나라 풍수지리학의 역사가 신라 말기까지 거슬러 올라가는 것도 도선의 생존연대가 그때였기 때문이다. 그 뒤부터 도선 하면 비기秘記, 비기 하면 풍수지리설을 연상할 만큼 도선과 풍수지리설 사이에는 끊으려야 끊을 수 없는 관계가 맺어졌다. 그리고 언제나 도선이 풍수지리설 같은 주술적 언어와 함께 있기 때문에, 그는 역사적 실재의 인물이라기보다는 신화적 존재로 파악되기까지 하였다.

도선이 역사적으로 유명해진 것은 고려 태조에 의해서였다. 875년(헌강왕 1) 도선은 '지금부터 2년 뒤 반드시 고귀한 사람이 태어날 것이다.'고 하였는데, 그 예언대로 송악에서 태조가 태어났다고 한다. 이 예언 때문에 태조 이후의 고려왕들은 그를 극진히 존경하였다.

태조는 도선으로부터 직접 설법을 들은 일은 없으나 사상적인 영향을 많이 받았음을 짐작할 수 있다. 태조는 예로부터 전하여 내려온 민간신앙도 보호하고 육성하면서, 동시에 민간에 널리 유포되어 있던 ≪도선비기≫에 관해서도 대단한 관심을 쏟았다.

그는 불교신앙에서 오는 가호의 힘과 함께 참위설에서 얻어지는 힘에 의지함으로써 그 자신의 원대한 포부를 달성하려 하였다. 그래서 <훈요십조> 가운데 제2조에는 다음과 같이 기록되어 있다.

"여기 사원은 모두 도선이 산수의 순역順逆을 점쳐서 정한 자리에 개창한 것이다. 도선은 일찍이 '내가 점쳐서 정한 곳 이외 함부로 사원을 세우면 지덕地德을 손상하여 국운이 길하지 못하리라.'고 하였다. 생각건대, 국왕·공주·왕비·조신들이 서로 원당願堂이라 하여 사원을 마음대로 창건한다면 큰 근심거리가 될 것이다. 신라 말엽에 사찰을 함부로 이곳저곳에 세웠기 때문에 지덕을 손상하여 나라가 멸망하였으니 경계하여야 한다."

이와 같이 도선이 산천의 지세를 점쳐서 결정한 자리에 세워진 절이나 탑을 비보사탑神補寺塔이라고 하였다.

도선의 저서라고 전해지고 있는 것으로는 ≪도선비기≫·≪송악명당기松岳明堂記≫·≪도선답산가道詵踏山歌≫·≪삼각산명당기三角山明堂記≫ 등이 있다. 72세의 나이로 죽자 효공왕은 요공了空이라는 시호를 내렸다.

박인범朴仁範

생몰년 미상. 신라 효공왕 때의 문신·학자. 당나라에 유학하여 빈공과賓貢科에 급제하였고, 특히 시문에 뛰어나 명성이 높았다. 귀국한 뒤 한림학사·수예부시랑守禮部侍郎 등을 역임하였다고 전한다.

898년(효공왕 2) 당시 동리산桐裏山 조사인 도선道詵이 백계산白鷄山 옥룡사玉龍寺에서 죽자 왕명에 의하여 그의 비문을 지었으나 돌에 새기지 못하여 그 글이 전해지지 못하였고, 후일 고려 때에 최유청崔惟淸이 국사선각先覺의 비명碑銘을 짓는 데에 자료가 되었을 뿐이다.

그의 현전하는 작품으로는 찬문贊文 2편과 칠언율시 10수가 있다. 우선 찬문으로는 <범일국사영찬梵日國師影贊>과 <무애지국사영찬無导智國師影贊>이 전하며, 칠언율시로는 <송엄상인귀건축국送儼上人歸乾竺國>·<강행정장준수재江行呈張峻秀才>·<마외회고馬嵬懷古>·<기향암산예상인寄香嚴山睿上人>·<초추서정初秋書情>·<경주용삭사각겸간운서상인涇州龍朔寺閣兼柬雲栖上人>·<상은원외上殷員外>·<증전교서贈田校書>·<상풍원외上馮員外>·<구성궁회고九成宮懷古> 등의 시가 있다. 이 가운데에서 대표작으로는<경주용삭사각겸간운서상인> 중 제3·4구인 '인생은 흘러가는 물 따라 어느 때에 다할 건가·대나무는 한산에 띄어 있어 만고에 푸른 것을·시비와 공색의 이치를 물어보니·백 년 동안 시름에 잠겼던 마음 금방 훌쩍 깨어나네(人隨流水何時盡 竹帶寒山萬古靑 試問是非空色理 百年愁醉坐來醒)'라는 경구警句로, 이를 이규보李奎報가 화국華國의 명수로 예를 들었다. 현존하는 몇 구절의 글을 미루어볼 때 그는 불교의 진리도 높게 깨달았던 대학자였음을 알 수 있다.

● 효공왕 시대의 세계동향

▶ 동양

897년 6월 왕건王建 좌천

         10월 이무정李茂貞을 침

898년 8월 황제 장안長安으로 환도

899년 3월 주전충朱全忠 하동河東을 쳐서 대패

901년 1월 주전충朱全忠을 동평왕東平王으로,

         이무정李茂貞을 기왕岐王으로 함

904년 4월 황제 낙양으로 감

906년 7월 양왕梁王 주전충 대량으로 돌아감

910년 2월 회남淮南, 오吳나라를 칭함

▶ 서양

897년 10월 교황 루마느스 즉위

898년 11월 교황 요한네스 9세 즉위(~900)

904년 4월 교황 세르기우스 3세 즉위(~911)

906년 10월 마자르족의 계속적인 독일 침입

910년 2월 동東 프랑크왕 루드비히 4세 마쟈르족에게 패해 공물을 바침

53

꺼져가던 박씨 왕조가
다시 부활되다

신덕왕

新羅王朝實錄

신덕왕 神德王
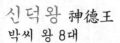
박씨 왕 8대

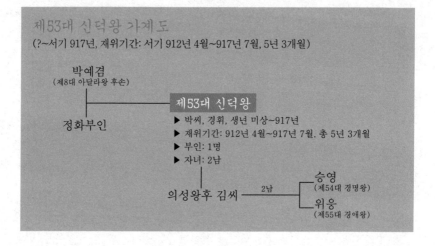

제53대 신덕왕 가계도

(?~서기 917년, 재위기간: 서기 912년 4월~917년 7월, 5년 3개월)

박예겸
(제8대 아달라왕 후손)

정화부인

제53대 신덕왕

▶ 박씨, 경휘, 생년 미상~917년
▶ 재위기간: 912년 4월~917년 7월. 총 5년 3개월
▶ 부인: 1명
▶ 자녀: 2남

의성왕후 김씨 ── 2남 ── 승영
(제54대 경명왕)
위응
(제55대 경애왕)

?~917(신덕왕 6). 신라 제53대 왕. 재위 912~917. 성은 박씨朴氏. 이름은 경휘景
暉(또는 景徽), 본명은 수종秀宗. 아달라이사금의 원손으로 아버지는 정강왕 때 대
아찬大阿飡을 지냈고 선성대왕宣聖大王(또는 宣成大王)으로 추봉된 예겸乂兼(또는 銳
謙)이다. 일설에 예겸은 의부乂父이고 친아버지는 흥렴대왕興廉大王으로 추봉된
각간 문원文元이라고도 한다. 어머니는 성호대왕成虎大王으로 추봉된 순홍順弘의
딸 정화부인貞花夫人이며, 비는 헌강왕의 딸인 의성왕후乂成王后(또는 懿成王后)이
다. 슬하에 승영昇英, 위응魏膺이 있었는데, 승영은 경명왕이 되었고 위응은 경애
왕이 되었다.

신덕왕대의 신라는 실제로 경주 지역을 다스리는 데 그쳤고, 국토의 대부분은
궁예弓裔와 견훤甄萱의 세력권 속에 들어가 있었다. 궁예의 부하인 왕건王建이
나주를 정벌한 이후 그들의 패권다툼이 더욱 치열해가는 동안 신라의 명맥은

겨우 유지되는 형편이었다.

916년에 이르러서는 견훤이 대야성大耶城(지금의 경상남도 합천)을 공격하여 비록 이를 함락시키지는 못하였으나, 그것은 곧 신라의 심장부에 비수를 겨누는 격이 되었다. 이 때의 신라왕실은 스스로 후백제나 태봉泰封의 공격을 막아낼 만한 힘이 없었다. 장지는 죽성竹城(위치 미상)이라고도 하고 혹은 화장하여 잠현箴峴에 묻었다고도 한다. 시호는 신덕神德이다.

912년(신덕왕 원년) 5월에 왕은 선고를 추존하여 선성宣聖 대왕으로 삼고, 어머니를 정화貞和 태후로 삼고, 비를 의성義成 왕후로 삼고, 아들 승영昇英을 세워 태자로 삼았으며, 이찬 계강을 상대등으로 삼았다.

913년(신덕왕 2) 4월에 서리가 오고 지진이 있었다.

914년(신덕왕 3) 3월에 서리가 왔다. 궁예는 연호 수덕만세를 고쳐 정개政開에 원년이라 불렀다.

915년(신덕왕 4) 6월에 참포槧浦(현 흥해)의 물이 동해의 물과 서로 싸우는데 물결이 20장쯤 높이 솟고 3일 만에야 그쳤다.

916년(신덕왕 5) 8월에 견훤이 대야성을 공격하였으나 이기지 못하였다. 10월에 지진이 있었는데 소리가 우레와 같았다.

917년(신덕왕 6) 정월에 태백성이 달을 범하였다. 7월에 왕이 돌아가시므로 신덕이라 시호하고 죽성竹城에 장사하였다.

◉ 신덕왕대의 사람들

계강繼康

생몰년 미상. 신라 하대의 정치가. 898년(효공왕 2) 아찬阿湌의 관등으로 시
중에 임명되었다. 그러나 902년(효공왕 6) 당시의 천재지변에 대한 책임을
지고 물러난 듯하다. 그 뒤 912년(신덕왕 1) 5월 아찬으로 상대등이 되어 917
년까지 재임하다가 신덕왕의 죽음과 함께 물러났다. 그가 정계의 최고지위
자로 활동하던 당시 신라는 궁예弓裔와 견훤甄萱의 침입으로 많은 영토를 빼
앗기는 등 매우 혼란한 시기였다.

예겸乂謙

생몰년 미상. 신라 하대의 왕족. 신덕왕의 아버지이다. 박예겸朴銳謙(또는 朴
乂兼)이라고도 한다. 그러나 ≪삼국사기≫ 권12 신덕왕조에서는 예겸이 신
덕왕의 아버지라고 하였지만, ≪삼국유사≫ 권1 왕력편王曆篇에서는 이간伊
干 문원文元이 생부이며, 각간角干 예겸은 의부乂父라고 하였다.
부인은 각간 순홍順弘의 딸인 정화부인貞和夫人이며, 그의 딸은 899년(효공왕
3) 3월에 효공왕의 비가 되었다.
875년(헌강왕 1) 대아찬大阿湌으로서 시중에 임명되었으며, 880년 2월 시중
에서 물러났다. 시중직에서 물러난 이유는 분명하지 않지만, 이달에 태백
성太白星이 달을 침범한 현상과 관련된 것으로 보인다. ≪삼국사기≫에는
그가 헌강왕의 뒤를 이은 정강왕 때에 대아찬을 지냈다고 되어 있으나 이
는 헌강왕 때의 일인 듯하다.
9세기 후반~10세기 전반에 중앙정계에서 주요한 정치실력자로서 활동하
였으며, 이 시기 박씨朴氏 왕들의 등장과도 밀접한 관련이 있다. 그래서 그
의 성 또한 박씨로 추정되고 있다. 왕의 의부로서 912년(신덕왕 1) 5월 선성
대왕宣聖大王으로 추봉되었다.

의성왕후義成王后

생몰년 미상. 신라 신덕왕의 왕비. 성은 김씨金氏. 자성왕후資成王后, 의성懿
成 또는 효자孝資라고도 한다. 헌강왕의 딸이다. 효공왕이 아들이 없이 죽자,
그녀의 남편인 경휘景暉가 왕으로 추대되어 즉위하자 왕비가 되었다.
912년(신덕왕 1) 5월 의성왕후로 되었다. 아들 승영昇英은 경명왕이 되었고,
위응魏膺은 경애왕이 되었다.

정화부인貞和夫人

생몰년 미상. 신라 하대의 귀족. 정화부인貞花夫人으로 표기하기도 한다. 각
간角干 순홍順弘의 딸로서, 남편은 시중侍中 예겸乂謙이다. 신덕왕의 어머니
이다. 아들 경휘景暉(뒤의 신덕왕)가 헌강왕의 딸 김씨와 결혼하였는데, 효공
왕이 아들이 없이 죽었기에 나라 사람들이 그를 추대하여 왕에 오르게 하
였다. 912년(신덕왕 1) 5월에 정화태후貞和太后로 봉하여지고, 예겸은 선성대
왕宣聖大王으로 추존되었다.

견훤甄萱

867~936. 후백제의 시조. 재위 892~935. 본래 성은 이李씨였으나, 뒤에
견씨라 하였다. 아버지 아자개阿慈介는 상주 가은현加恩縣(지금의 문경)의 농
민 출신으로 뒤에 장군이 되었다. ≪이비가기李碑家記≫에서는 진흥왕의 후
손인 원선元善이 아자개라 하였는데 확인하기 어렵다. 어머니의 성씨는 확
실하지 않다. 두 부인을 두었는데, 상원부인上院夫人과 남원부인南院夫人으로
전해질 뿐이다. 견훤은 장자이며, 동생으로 능애能哀·용개龍蓋·보개寶蓋·소
개小蓋와 누이 대주도금大主刀金이 있었다.
그런데 <고기古記>에는 광주光州의 북촌에 한 부자가 살았는데, 그 딸이
지렁이와 교혼交婚하여 견훤을 낳았다는 이야기가 실려 있다. 이것은 어머

니의 가문이 광주지역의 호족이었을 것으로 추측하게 한다. 자랄수록 남달리 뛰어났으며, 뜻을 세워 종군하여 경주로 갔다가 서남해안의 변방비장邊方裨將이 되었다.

당시 신라왕실의 권위는 떨어졌고, 지방은 호족들에 의해 점거당하여 반독립적인 세력을 형성하고 있었다. 특히 진성여왕이 즉위하면서 왕의 총애를 받는 몇몇 권신들의 횡포로 정치기강이 문란해졌고, 또 기근이 심해 백성들의 유망과 초적草賊의 봉기가 심하였다. 이 때 경주의 서남 주현州縣을 공격하니 이르는 곳마다 많은 사람들이 호응하여, 마침내 892년(진성여왕 6)에 이르러 무진주武珍州(지금의 광주光州)를 점령하고 스스로 왕위에 올랐다.

또한 신라서면도통지휘병마제치지절도독 전무공등주군사 행전주자사 겸어사중승상주국 한남군개국공 식읍이천호新羅西面都統指揮兵馬制置持節都督全武公等州軍事行全州刺史兼御史中丞上柱國漢南郡 開國公食邑二千戶라고 자칭하고, 북원北原(지금의 원주原州)의 적수賊首 양길梁吉에게 비장이라는 벼슬을 내리는 등 세력을 확장하였다.

900년(효공왕 4) 완산주完山州(지금의 전주全州)에 순행하여 그 곳에 도읍을 정하고 후백제왕이라 칭했으며, 모든 관서와 관직을 정비하였다. 이듬 해 대야성大耶城(지금의 합천陜川)을 공격했으나 함락시키지 못하였다.

910년(효공왕 14)에 왕건王建이 나주를 정벌한 데 노하여, 보기步騎 3,000명을 거느리고 이를 포위, 공격하였지만 이기지 못하였다. 그 뒤 왕건이 궁예弓裔를 축출하고 고려를 건국하자, 일길찬一吉飡 민극閔郤을 파견하여 왕건의 즉위를 축하하기도 하였다. 그러나 사실 이 때 고려와 후백제는 잦은 세력다툼을 벌이고 있었다.

920년(경명왕 4) 보기 1만 명으로 대야성을 쳐 함락시키고, 군사를 진례성進禮城(지금의 청도淸道)으로 옮겼다. 이에 신라 경명왕은 김율金律을 고려에 파견하여 도움을 청하였다.

924년(경애왕 1) 견훤은 아들 수미강須彌强을 보내 조물성曹物城(지금의 안동安東, 혹은 상주尙州 부근)을 공격했으나, 성 안의 병사들이 굳게 지키므로 이기지 못하였다. 이듬해 왕건과 화친하고 서로 인질을 교환하여 화해를 맺었다.

그러나 볼모로 간 진호眞虎가 925년 고려에서 병으로 죽자, 왕건이 보낸 볼모 왕신王信을 죽이고 군사를 내어 고려를 공격함으로써 일시적인 화해는 곧 깨지고 말았다.

견훤의 세력이 날로 강성해지자 신라는 왕건과 연합하여 대항하고자 하였다. 이에 927년 근품성近品城(지금의 상주尙州)을 공격하고, 고울부高鬱府(지금의 영천永川)를 습격하였다. 이어서 경주로 진격하여 포석정에서 경애왕을 살해하고, 왕의 족제인 김부金傅를 왕으로 세웠다.

견훤은 많은 아내를 두어 10여 명의 아들을 두었다. 그 중에서 넷째 아들인 금강金剛을 특별히 사랑하여 그에게 왕위를 물려주려고 하였다. 이에 금강의 형인 신검神劍·양검良劍·용검龍劍 등은 이를 알고 근심하며 지냈는데, 양검을 강주康州(지금의 진주晉州)도독으로, 용검을 무주武州(지금의 광주光州)도독으로 삼고, 신검을 홀로 그의 곁에 두자, 신검은 이찬伊飡 능환能奐을 시켜 사람을 강주·무주 등으로 보내 음모를 꾸몄다.

935년 3월에 견훤은 신검에 의해 금산사에 유폐당하고 금강은 죽었다. 금산사에 석 달 동안 있다가 그 해 6월 막내아들 능예能乂, 딸 쇠복衰福, 첩 고비姑比 등과 함께 나주로 도망하여, 고려에 사람을 보내 의탁하기를 청하였다. 이에 왕건은 유금필庾黔弼을 보내 맞이한 뒤, 백관百官의 벼슬보다 높은 상보尙父의 지위와 양주를 식읍으로 주었다.

그 뒤 후백제는 점차 내분이 생겨 왕건에 의해 멸망하였다. 이어 신검·양검·용검 등은 한때 목숨을 부지했으나, 얼마 뒤 모두 살해되었다. 견훤 또한 우울한 번민에 싸여 지내다가 드디어 창질이 나서 연산連山 불사佛舍에서 죽었다.

●신덕왕 시대의 세계동향

▶ 동양

　913년 2월 우규友珪 피살 우정友貞 즉위

　914년 1월 유인공劉仁恭 유수광劉守光 사형

　916년 2월 양梁나라 진양晋陽을 침

▶ 서양

　915년 11월 케임브리지 대학 창립

　916년 12월 아랍인 내륙 이태리에서 추방됨

54

낭떨어지에 몰린 시대의 주인,
생존 외교를 펼쳐보지만

경명왕

新羅王朝實錄

경명왕 景明王
박씨 왕 9대

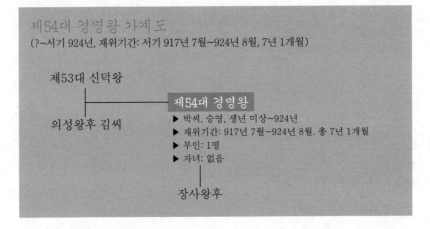

제54대 경명왕 가계도
(?~서기 924년, 재위기간: 서기 917년 7월~924년 8월, 7년 1개월)

제53대 신덕왕

의성왕후 김씨

제54대 경명왕
▶ 박씨, 승영, 생년 미상~924년
▶ 재위기간: 917년 7월~924년 8월. 총 7년 1개월
▶ 부인: 1명
▶ 자녀: 없음

장사왕후

?~924(경명왕 8). 신라 제54대 왕. 재위 917~924. 성은 박씨, 이름은 승영昇英.
아버지는 제53대 신덕왕, 어머니는 헌강왕의 딸인 의성왕후義成王后(또는 자성資
成·의성懿成·효자孝資 왕후王后), 할아버지는 선성대왕宣聖大王(또는 宣成大王)으로 추
봉된 예겸乂兼(또는 銳謙)이다. 그러나 일설에 예겸은 신덕왕의 의부義父이고, 친
할아버지는 흥렴대왕興廉大王으로 추봉된 각간角干 문원文元이라고 한다.
  경명왕 때에는 신라의 국운이 기울어가고 있었다. 실제로 신라 왕실은 경주를
중심으로 한 그 주변 지역을 다스리는 데 불과했고, 나머지는 궁예弓裔와 견훤甄
萱 등 지방세력에게 빼앗겼다.
  특히, 918년(경명왕 2)에 일어난 현승玄昇의 반란으로 신라는 그 운명을 더욱 재
촉하게 되었다. 같은 해 궁예 휘하의 인심이 돌변하여 왕건王建을 추대하였고,
궁예는 피살되었다. 그 뒤 왕건과 견훤이 패권을 다투게 되었으나, 이들의 패권

에 가장 큰 영향을 주는 것은 이들과 신라 왕실과의 연결이었다. 따라서 안동이
나 합천 지역에서 이들의 패권다툼이 치열하엿으나, 싸움은 결국 해상권을 장
악한 왕건에게 유리하게 전개되었다.

또, 경명왕 때에는 여러 가지 변괴가 있었다고 하는데, 919년 사천왕사四天王寺
벽화의 개가 울었고, 927년에는 황룡사탑皇龍寺塔의 그림자가 사지舍知 금모今
毛의 집 뜰에 열흘이나 머물렀으며, 사천왕사 오방신五方神의 활줄이 모두 끊어
지고 벽화의 개가 뜰로 쫓아나왔다는 기록들이 그것이다.

이러한 설화의 이면을 생각해 볼 때, 당시 신라의 국운이 기울어져 가는 불안한
모습을 엿볼 수 있다. 재위 8년 만에 승하하니 황복사黃福寺 북쪽에 장사 지냈다(
화장했다고도 함). 시호는 경명景明이다.

917년(경명왕 원년) 8월에 동생인 이찬 위응魏膺을 상대등으로 삼고 대아찬 유
렴裕廉을 시중으로 삼았다.

918년(경명왕 2) 2월에 일길찬 현승玄昇이 모반하다가 처형되었다. 6월에 궁예
밑에 있는 사람들의 마음이 갑자기 변하여 고려 태조 왕건을 왕으로 추대하니
궁예는 궁성을 빠져나와 도망하다가 아랫사람에게 피살되었다.

태조는 즉위하자 연호를 천수天授 원년이라고 칭하였다. 7월에 상주의 반적 우
두머리 아자개阿玆盖가 사자를 파견하여 태조에게 항복하였다.

919년(경명왕 3) 사천왕사의 흙으로 빚은 상이 잡고 있는 활시위가 저절로 끊어
지고 벽에 그려 놓은 강아지에서 소리가 나는데 짖는 것과 같았다. 상대등 김성
을 각찬으로, 시중 언옹彦邕을 사찬으로 임명하였다. 태조 왕건은 송악군으로
도읍을 옮겼다.

920년(경명왕 4) 정월에 경명왕은 고려 태조와 수교하였다. 2월에 강주의 장군
윤웅閏雄이 태조에게 항복하였다. 10월에 후백제 왕 견훤이 보병과 기병 1만 명
을 거느리고 대야성을 공격하고 진례進禮로 진격하므로 왕은 아찬 김률金律을
태조에게 파견하여 구원을 청하였다. 이에 태조가 군사를 내어 이를 구원하자
견훤은 이 말을 듣고 물러갔다.

921년(경명왕 5) 정월에 김률이 왕에게 말하기를

"신이 왕년에 사명을 받들고 고려에 갔을 때 고려의 왕이 신에게 묻기를, 신라에는 3가지 보물이 있다는데 이른바 장륙존상丈六尊像, 구층탑과 아울러 성대聖帶라고 들었소. 장륙과 탑은 아직 있겠거니와 성대는 지금까지 있는지 알지 못하겠소' 하였는데, 신은 능히 대답하지 못하였나이다."

하니 경명왕은 이 말을 듣고 군신들에게 묻기를

"성대란 어떠한 보물인가?"

하였으나 아는 사람이 없었다. 이때 황룡사에 있는 90세 된 승려가 말하기를

"신이 일찍이 듣건데 성대는 이것이 제26대 진평대왕의 띠라고 하는바 대대로 이를 전하여 남고南庫(창고)에 비밀리에 감추어 놓고 있다고 합니다."

하므로, 왕은 곧 남고를 열어보라고 명하였으나 볼 수 없으므로 다른 날을 가려 제사를 드린 후에 이를 찾아보았는데, 그 띠는 금과 옥으로 되어 있고 길이 또한 매우 길어서 보통 사람은 잘 두를 수도 없었다.
논컨대 옛날에 명당에 앉아 국가의 실권을 쥐고서 구정九鼎을 도모하는 것은 그것이 제왕의 일이 이루어짐과 같다. 그러나 한공韓公이 논하기를

<하늘과 사람의 마음을 돌이키고 태평한 터전을 일으키는 것은 삼기三器라 일컫는 명당, 옥새, 솥이 해내는 것이 아니니 삼기를 내세우고 중히 여김은 그를 과장하는 이의 말일 뿐이다.>

하였다. 더군다나 신라의 소위 삼보라는 것 또한 사람들의 사치스러움에서 기인한 것일 따름이니, 국가를 다스리는데 어찌 이를 중요한 것이라 하겠는가?
맹자가 말하기를 '제후의 삼보는 토지, 백성, 정사'라 하였고, 초서楚書에 말하기를 '초나라는 보배로 삼는 것이 따로 없고 오직 선함을 보배로 삼는다' 하였다.

만약 이를 안으로 행하여 족히 한 나라를 착하게 만들고, 밖으로 뻗어 나가 온 세상을 윤택하게 한다면 이밖에 무엇을 보배라고 말할 것인가? 태조는 신라 사람들의 말을 듣고 물었을 따름이지. 이것을 숭상하려고 한 것은 아닐 것이다.

2월에 말갈 별부別部의 달고達姑가 그 무리를 이끌고 북변을 침략하였는데, 태조의 장군 견권堅權이 삭주를 지키다가 기병을 거느리고 나가 이를 대파하고 한 필의 말도 돌려보내지 아니하였다. 왕은 크게 기뻐하며 사자에게 글을 주어 태조에게 보내 감사의 뜻을 표하였다. 4월에 바람이 심하게 불어 나무가 뽑혔으며 8월에는 메뚜기 떼로 인한 피해와 가뭄이 들었다.

922년(경명왕 6) 정월에 하지성下枝城(현 풍산豊山)의 장군 원봉元逢의 장군 순식順式이 태조에게 항복하였다. 태조는 그들의 귀순을 생각하여 원봉의 중심이 되는 성城을 순주順州로 고치고, 순식에게는 왕씨王氏 성을 주었다. 이달에 진보성眞寶城의 장군 홍술洪述 또한 태조에게 항복하였다.

923년(경명왕 7) 7월에 명지성命旨城(현 포천抱川)의 장군 성달城達과 경산부京山府(현 성주)의 장군 양문良文 등이 태조에게 항복하였다. 왕은 창부시랑倉部侍郎 김락金樂과 녹사참군錄事參軍 김유경金幼卿을 후당으로 파견하여 토산물을 바치니 후당의 장종莊宗은 물건을 하사하였다.

924년(경명왕 8) 정월에 사신을 후당으로 파견하여 조공하였으며 천주泉州의 절도사 왕봉규王逢規가 또한 사자를 파견하여 토산물을 바쳤다. 6월에 조산대부창부시랑朝散大夫倉部侍郎 김악金岳을 후당으로 파견하여 조공하니 후당의 장종은 그에게 조의대부시위위경朝議大夫試衛尉卿의 관직을 제수하였다. 8월에 왕이 서거하므로 경명이라 시호하고 황복사黃福寺 북쪽에 장사하였다. 태조도 사신을 파견하여 조제하였다.

● 경명왕대의 사람들

김율 金律

벼슬은 아찬阿湌. 920년(경명왕 4) 10월에 후백제後百濟 견훤甄萱이 1만 명의 군사를 거느리고 대야성大耶城을 치고 진례進禮로 진격함으로 그는 고려 태조에게 파견되어 구원을 청함으로 고려 태조는 군사를 내어 이를 구원하자 견훤은 이 소식을 듣고 물러갔다. 대야성大耶城은 지금의 합천陝川이다.

윤일강 閏一康

신라新羅·고려高麗. 신라의 강주장군康州將軍 웅웅雄의 아들. 920년(경명왕 4, 고려 태조 3) 아버지가 고려에 항복한 뒤 볼모로 고려에 보내졌다.

김악 金岳

생몰년 미상. 신라 말 고려 초의 유학자. 이름을 악樂 또는 악渥으로도 표기한다. 신라·후백제·고려의 세 왕조에 걸쳐 활동하였다.
923년(경명왕 7) 신라의 창부시랑倉部侍郎으로서 후당後唐에 조공사로 파견되었으며, 이듬해 역시 조산대부 창부시랑朝散大夫倉部侍郎으로 후당에 파견되어 후당의 장종莊宗으로부터 조의대부 시위위경朝議大夫試胃衛尉卿을 제수받았다.
그 뒤 후백제의 시랑으로 활동한 것으로 나오는데, 이는 아마 신라정부의 사신으로서 중국을 내왕하던 도중에 후백제 측에 붙잡히게 됨으로써 후백제의 관직을 가지게 된 것 같다.
930년(태조 13)에 고려 태조가 고창군古昌郡싸움에서 후백제의 군사를 크게 무찔렀을 때 고려 측의 포로가 되었다. 이때는 김악金渥으로 나오는데, 876년에 당나라의 빈공과賓貢科에 급제했던 김악金渥과는 연대상으로 보아 동명이인으로 생각된다. 이후 고려의 원봉성학사元鳳省學士로서 중용되었으며, 943년 태조가 죽을 때 신덕전神德殿에 불려가 태조의 유조遺詔를 기초起草하였으며, 얼마 뒤 상정전詳政殿에서 국상國喪이 발표되자 유조를 선포하기도 하였다.

965년(광종 16)에 건립된 문경 봉암사鳳巖寺의 <정진대사원오탑비靜眞大師圓悟塔碑>에 의하면, 광종 4년(953) 이전까지 생존하였던 것이 확실해 보이며, 관등은 태상太相, 관직은 수병부령守兵部令으로서 광종의 조서를 받들어 선포하기도 하였다.

신라시대에는 골품제도 때문에 육두품출신의 유학자로서 시랑직 이상 승진할 수 없었지만, 고려측에 포섭되어서는 재상의 지위까지 올랐다.

김유경金幼卿

생몰년 미상. 신라 경명왕 때 후당後唐에 간 사신. 923년(경명왕 7) 녹사참군錄事參軍으로 창부시랑倉部侍郎 김락金樂을 따라 후당에 가 조공을 바쳤다. 후당의 장종莊宗은 이에 물건을 차등 있게 내려주었다.

이 사행은 신라 말에 지방에서 반란이 빈발하여 오랫동안 조빙이 끊어졌는데, 다시 이를 회복하려는 의미가 크다.

언옹彦邕

생몰년 미상. 신라 경명왕 때의 대신. ≪삼국사기≫ 권12 경명왕 3년 919조에 의하면, '시중侍中 언옹으로 사찬沙湌을 삼았다.'고 하는데, 여기에서 사찬은 이찬伊湌의 잘못인 듯하다.

따라서, 언옹은 919년 이후 시중으로 재임한 것은 확실하다. 그리고 그 뒤로부터 신라 멸망 때까지 시중에 관한 기록이 없는 것으로 보아, 언옹이 신라 하대의 마지막 시중이었던 듯하다.

심희 審希

855(문성왕 17)~923(경명왕 7). 신라 말기의 선사禪師. 성은 김씨金氏. 어려서부터 불사佛事를 좋아하였으며 9세에 출가하여 혜목산惠目山 현욱玄昱의 제자가 되었다.

868년(경문왕 8)에 현욱은 간략히 그에게까지 이어진 선법禪法의 맥을 설명하고 심희에게 심등心燈을 전하였으며, 이 법을 믿고 부지런히 정진할 것을 당부한 뒤 입적하였다.

873년에 구족계具足戒를 받고, 명산을 순방하다가 888년(진성여왕 2)부터 송계산松溪山에 머물면서 좌선에 몰두하였는데, 도를 구하고자 하는 학인學人들이 모여들었다. 그 뒤 설악산으로 옮겨 선객禪客을 접하였고, 진성여왕이 궁궐로 청하자 강원도 강릉에 있는 탁산사託山寺로 은거하였다.

얼마 뒤 김해의 서쪽에 선림禪林이 있음을 듣고 경상남도 창원으로 옮겼는데, 그곳에서 진례성제군사進禮城諸軍事 김율희金律熙가 성안에 정진할 수 있는 처소를 지어 머물러 있게 하였다. 이 때 효공왕은 특사를 파견하여 경배의 뜻을 표하였다.

그곳은 수선修禪에 가장 적합한 곳이었으므로 선우禪宇를 창건하고 봉림사鳳林寺라 하였다. 지김해부진례성제군사명의장군知金海府進禮城諸軍事明義將軍 김인광金仁匡은 이때 귀의하여 보방寶坊을 건립하였다.

선문구산禪門九山 중 하나인 봉림산문은 이때부터 그 선풍이 크게 선양되었다. 경명왕은 그의 덕을 사모하여 청하고자 하였으나 쉽게 움직이지 않자 흥륜사興輪寺 승려 언림彦琳으로 하여금 후한 예로써 그를 모셔 올 것을 지시하였다.

이에 응하여 918년(경명왕 2)에 경주로 가자 경명왕은 왕궁으로 맞아들여서 사자師資의 예를 표하고 설법을 청하였다. 설법이 끝난 뒤 왕은 법응대사法膺大師라는 존호를 주었다.

그 뒤 봉림사로 다시 돌아와서 후학들을 지도하다가 나이 68세, 법랍 50세로 입적하였다. 탑호塔號는 보월능공寶月凌空이며, 봉림사진경대사보월능공탑鳳林寺眞鏡大師寶月凌空塔(보물 제362호)과 탑비(보물 제363호)가 현재 경복궁에 있다. 시호는 진경대사眞鏡大師이다.

단계段繼

생몰년 미상. 신라 경명왕 때의 승려. 신라 최초의 사원이었던 흥륜사興輪寺가 불타자, 921년(경명왕 5) 정화靖和와 함께 소실된 남문南門과 좌우 행랑채를 수리하기 위해서 모금에 나섰다.

이때 제석천왕帝釋天王이 절의 좌경루左經樓에 강림하여 10일 동안 머무르며 이적異蹟을 베풀자 사람들이 다투어 시주하였고, 공장工匠들이 모여들어 공사는 하루가 못 되어 완성되었다.

제석천왕이 다시 하늘로 올라가려 하자 천왕의 화상畫像을 그려서 정성껏 공양하여 은혜를 갚겠다고 하였으나, 천왕은 '보현보살의 조화력이 훨씬 뛰어나다'고 하면서 보현보살의 화상을 그릴 것을 부탁하였다. 그때 그린 보현보살상은 고려 중기까지 남아 있었다고 한다.

현승玄昇

?~918(경명왕 2). 신라 경명왕 때의 반란자. 관등은 일길찬一吉湌에 이르렀으며, 918년 2월 모반謀反하다가 복주伏誅되었다.

정화靖和

생몰년 미상. 신라 경명왕 때의 승려. ≪삼국유사≫에 의하면, 그는 홍계弘繼와 더불어 시주를 얻어 불에 타 없어진 흥륜사興輪寺의 남문 및 좌우측 낭무廊廡를 고치고자 하였다.

이에 921년(경명왕 5) 5월 보름, 제석천帝釋天이 흥륜사로 강림하여 열흘 동안 머무르면서 여러 상서로운 일들을 나타내 보였다. 백성들이 크게 경탄하여 재물을 보시하고 공장工匠들은 스스로 참여하여 하루 만에 수리를 끝낼

수가 있었다.

제석천이 돌아가려 하자 두 승려는 은혜에 보답하고 중생계를 진정시키기 위하여 제석천의 모습을 그림으로 그리기를 원하였다. 그러자 제석천은 그의 모습 대신 보현보살普賢菩薩의 화상을 그려 공양을 올리는 것이 더 큰 공덕임을 알려주었다. 이에 두 승려는 보현보살의 모습을 벽에 그려 공양하였다고 전해지고 있다.

홍계 弘繼

신라新羅 경명왕景明王 때의 고승高僧. 920년(경명왕 4) 경에 흥륜사興輪寺의 남문南門과 좌우에 있는 낭무廊廡가 불에 타서 아직 수리치 못하고 있던 차에 정화靖和라는 중과 함께 기부를 얻어 수리하려고 하였다.

921년(경명왕 5) 5월 15일에 제석신帝釋神이 흥륜사 좌측에 내려오니 백성들이 모여 구경하고 경탄하면서 보물과 비단·곡식 등을 희사하여 산더미같이 쌓았다. 공장工匠들이 스스로 모여들어 하루가 못되어 완성하였다.

두 중은 너무도 기쁘고 감사해서 제석신의 화상畵像 그리기를 청하였으나 허락하지 않고 보현보살普賢菩薩의 화상을 그려 공양할 것을 가르쳤다. 두 중은 가르치는대로 보현보사의 화상을 벽에다 그렸었다.

행기 幸期

신라新羅 중. 진경眞鏡의 문인. 명필이었고, 924년(경명왕 8) 창녕昌寧 봉림사奉林寺의 진경의 탑비문塔碑文을 썼다.

●경명왕 시대의 세계동향

▶ 동양

917년 거란 쳐들어와 유주幽州를 포위

　　　진晉나라 거란을 격파

919년 4월 오吳나라 융연隆演 건국建國

　　　8월 오吳나라 오吳 월越과 화합

920년 4월 주우겸朱友謙 진晉나라에 항복

　　　촉나라 기나라를 침

▶ 서양

917년 불가리아 사람 콘스탄티노플을 포위

919년 8월 독일 황제 하인리히 1세 즉위(~936)

923년 4월 상上 부르군트 공公인 루돌프 2세 이태리 왕 베렝강과 싸움

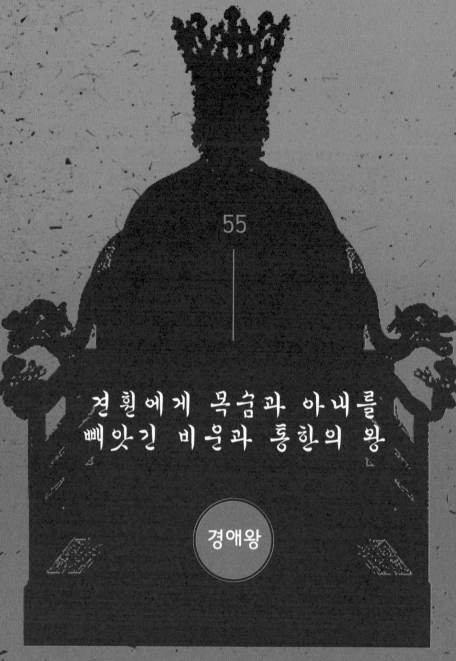

55

견훤에게 목숨과 아내를
빼앗긴 비운과 통한의 왕

경애왕

新羅王朝實錄

경애왕 景哀王
박씨 왕 10대

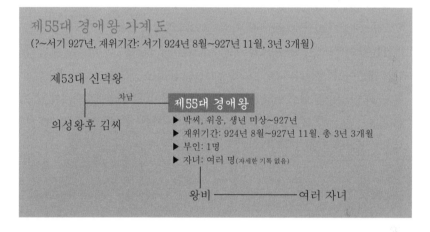

제55대 경애왕 가계도

(?~서기 927년, 재위기간: 서기 924년 8월~927년 11월, 3년 3개월)

제53대 신덕왕
─── 차남 ─── 제55대 경애왕
의성왕후 김씨

▶ 박씨, 위응, 생년 미상~927년
▶ 재위기간: 924년 8월~927년 11월. 총 3년 3개월
▶ 부인: 1명
▶ 자녀: 여러 명(자세한 기록 없음)

왕비 ────── 여러 자녀

?~927(경애왕 4). 신라 제55대 왕. 재위 924~927. 성은 박씨朴氏, 이름은 위응魏
膺. 아버지는 신덕왕이며, 어머니는 헌강왕의 딸 의성왕후義成王后(또는 자성資成·
의성懿成·효자孝資 왕후王后)이다. 할아버지는 선성대왕宣聖大王(또는 宣成大王)으로
추봉된 예겸乂謙(또는 銳謙)이다. 일설에는 예겸이 신덕왕의 의부義父라 하여, 친
할아버지는 흥렴대왕興廉大王으로 추봉된 각간 문원文元이며, 할머니는 성호대
왕成虎大王으로 추봉된 순홍順弘의 딸 정화부인貞花夫人이라고도 한다.

경애왕 때 후삼국의 패권다툼은 이미 왕건王建 쪽에 유리하게 전개되었다.
925년 고울부장군高鬱府將軍 능문能文이 항복하였고, 927년 강주康州(지금의 진
주晉州)의 왕봉규王逢規가 관할하는 돌산突山 등이 왕건에게 항복하였다. 이러한
상황 속에서 왕건과 견훤甄萱은 잠시 싸움을 그치고 강화하였는데, 견훤이 보낸
질자質子인 진호眞虎가 고려에서 죽자 견훤은 926년 다시 출병하여 고려를 공격

하였다.

927년 견훤은 신라를 공격하여 포석정에서 놀고 있던 경애왕을 자살하게 하고, 궁궐을 노략질하면서 경순왕을 세우고 돌아갔다.

한편 경애왕 때 황룡사에 백좌경설百座經說을 설치하고 선승禪僧 300여명에게 음식을 대접하였는데, 이것을 백좌통설선교百座通說禪敎라 부르며, 대규모 선승 모임의 시초가 되었다. 시호는 경애景哀이다.

924년(경애왕 원년) 9월에 왕은 사신을 고려 태조에게 파견하여 수교하였으며, 10월에는 친히 신궁에 제사하고 죄수를 사면하였다.

925년(경애왕 2) 10월에 고울부高鬱府(현 영천)의 장군 능문能文이 태조에게 항복하였음에도 태조는 그를 위로하며 돌려보냈는데 그 성은 신라의 서울에서 가깝기 때문이었다. 신라의 세력은 이미 기울어 태조는 신라를 자극하거나 의심할 만 한 일을 만들 필요가 없었다고 보아야 할 것이다. 11월에 후백제의 왕 견원이 조카 진호眞虎를 고려에 볼모로 보내었는데 왕은 이 말을 듣고 태조에게 사신을 파견하여 말하기를

"견원은 말을 자주 바꾸며 남을 속이는 일이 많으므로 화친하는 것이 불가하다."

하니 태조는 그 말을 따랐다.

926년(경애왕 3) 4월에 진호가 갑자기 죽자 견원은 고려에서 고의로 죽인 것이라 생각하고 크게 노하여 군사를 일으켜 웅진으로 진격하였으나 태조는 모든 성에 명하여 굳게 지키고 나오지 않도록 하였다. 경애왕이 사신을 파견하여 말하기를

"견원은 굳게 맺은 약속을 어기고 군사를 일으키나 이는 반드시 하늘이 돕지 않을 것이니 만약 대왕이 한번 힘써 북을 올리고 위세를 떨치면 견원은 반드시 스스로 무너질 것입니다."

하니 태조는 사신에게 말하기를

"나는 견훤을 두려워하지 않으나 악이 차 무너지는 것을 기다리며 스스로를 힘쓸 따름이다."

하였다.

927년(경애왕 4) 정월에 고려 태조는 친히 군사를 거느리고 후백제를 벌하니 왕은 군사를 내어 이를 돕게 하였다. 2월에 태조는 병부시랑 장분張芬 등을 후당으로 파견하여 조공하니 후당의 명종明宗은 장분에게 검교공부상서檢校工部尚書를, 부사병부낭중副使兵部郎中 박술홍朴術洪에게는 겸어사중승兼御史中丞을, 판관창부외랑判官倉部外郎 이충식李忠式에게는 겸시어사兼侍御史의 벼슬을 주었다. 3월에 황룡사의 탑이 요동하여 북쪽으로 기울어졌다.

고려 태조는 후백제와 싸워 친히 근악성近嶽城(문경 산양山陽)을 격파하였다. 또한 후당의 명종은 권지강주사權知康州事 왕봉규를 회화대장군懷化大將軍으로 삼았다. 4월에는 왕봉규가 사신 임언林彦을 후당으로 파견하여 조공하니 명종은 그를 중흥전中興殿에 불러 대면하고 선물을 하사하고 강주 소관인 돌산突山(현 승주군昇州郡) 등 네 향鄕을 고려 태조에게 귀속시켰다.

9월에 견훤이 고울부를 침략하므로 경애왕이 태조에게 구원을 청하자 태조는 곧 군사 1만 명을 내어 이를 구원하게 하였다. 견훤은 구원병이 아직 이르기 전인 11월에 신라의 서울로 쳐들어왔다. 이때 왕은 왕비와 궁녀, 친척들과 더불어 포석정鮑石亭에서 잔치를 즐기며 놀고 있느라고 이를 깨닫지도 못하다가 갑자기 적병이 쳐들어오자 어찌할 바를 알지 못하였다.

왕은 왕비와 함께 후궁으로 들어가고 친척 및 공경대부 등 남녀 할 것 없이 사방으로 도망치며 숨었으며, 적에게 사로잡힌 이들은 귀천에 관계없이 모두 짐승처럼 엉금엉금 기면서 종이 되더라도 살려만 달라고 애원하였다. 견훤 또한 군사를 풀어 국가의 것이든, 개인의 재물이든 상관하지 않고 약탈하도록 하고 궁궐로 들어가서 곧 좌우 휘하에게 명하여 경애왕을 찾게 하였다.

군사들은 왕비와 첩 몇 명과 후궁에 숨어있던 왕을 잡아내고 협박하여 왕 스스로 목숨을 끊도록 만들었다. 견훤은 또한 왕비를 강간하였으며 그 밑에 있는 사람들은 그 비첩들을 유린하였다. 견훤은 곧 왕의 족제族弟를 권지국사權知國事로 삼으니 이가 곧 경순왕敬順王이다.

● 경애왕대의 사람들

왕봉규王逢規

 생몰년 미상. 신라 말기의 호족. 처음 강양군江陽郡 의상현宜桑縣(천주현泉州縣이라고도 하였으며 지금의 의령宜寧일대)를 근거지로 하여 세력을 떨쳤는데, 뒤에 강주康州(지금의 진주지역)도 석권하였다.

 그의 활동 중에서는 특히 중국과의 교섭사실이 유명하다. 924년(경명왕 8)에 천주절도사泉州節度使를 자칭하고 후당後唐에 사신을 보냈다. 927년에는 후당이 권지강주사權知康州事 왕봉규를 회화장군懷化將軍으로 봉해졌으므로 사신을 보내어 답례하는 등 대중국관계가 자못 활발하였다.

 신라 말기에 지방세력으로서 대외적 교섭을 독자적으로 벌인 예는 청해진淸海鎭의 장보고張保皐를 비롯하여 궁예弓裔·견훤甄萱 등과 같은 대세력들이 있었지만, 각지에 할거하고 있던 군소 지방호족으로서 대중국교섭을 독자적으로 행한 대표적인 사람은 왕봉규였다.

 이와 같은 대중국교섭은 문물의 교류를 통한 이득의 추구라는 점과 함께, 중국왕조로부터 승인을 받았다는 외교적 성과가 목적이었던 것으로 짐작된다.

영경英景

 생몰년 미상. 신라 경애왕 때의 재상. 927년(경애왕 4) 11월에 후백제 견훤甄萱이 경주를 급습하였을 때, 영경은 왕 및 여러 조정대신들과 함께 포석정鮑石亭에서 연회중 왕제 효렴孝廉과 함께 견훤에게 사로잡혀 끌려갔다.

장분張芬

 생몰년 미상. 신라 경애왕 때의 관리. 관직은 병부시랑兵部侍郎이었다.

927년(경애왕 4) 2월에 중국 후당後唐에 사신으로 파견되었다. 이때 당나라로부터 검교공부상서檢校工部尙書를 하사받았으며, 아울러 함께 간 부사副使 병부낭중兵部郎中 박술홍朴術洪은 겸어사중승兼御史中丞을, 판관判官 창부원외랑倉部員外郎 이충무李忠武는 겸시어사兼侍御史의 관직을 받았다. 사행의 목적이 무엇이었으며, 또 언제 돌아왔는지 등에 대해서는 알 수 없다.

이충무李忠武

생몰년 미상. 신라 경애왕 때 당나라에 파견된 사신. 관직은 판관창부원외랑判官倉部員外郎이었다. 927년(경애왕 4) 2월 후당後唐에 병부시랑兵部侍郎 장분張芬 등과 함께 조공가서 겸시어사兼侍御史를 제수받았다.

임언林彦 (임원林遠이라고도 함)

927년(경애왕 4) 4월에 권지강주사權知康州事, 왕봉규王逢規가 후당後唐나라로 예물禮物을 보낼 때 사신使臣으로 파견되어 예물을 바치니 후당명종後唐明宗은 그를 중흥전中興殿에서 대하고 물자物資를 하사下賜하고 강주康州, 진주晋州 소관所管인 돌산突山, 승주군昇州郡 등을 고구려高句麗 태조太祖에게 귀속시켰다.

능문能文

생몰년 미상. 신라 말 고려 초의 호족豪族. 관위는 고려의 대광大匡. 고울부高鬱府(지금의 영천지방)의 장군으로 925년(경애왕 2) 10월에 고려 태조에게 항복하였다. 그러나 태조는 고울부가 신라의 수도인 경주에 가깝다는 이유로 노고를 위로하여 되돌려 보내고, 그 휘하인 시랑 배근盃近과 대감인 명재明才·상술相述·궁식弓式 등을 체류하게 하였다.

931년(태조 14)에 대광으로 태조의 명에 따라 영주英周·열궁烈弓·총희悤希와 더불어 후백제의 신라 침입을 방비하기 위하여 파견되었다.

김영 金穎

생몰년 미상. 신라 하대의 학자. 관등은 급찬級飡. 창부시랑倉部侍郎으로 있
던 897년경에 하정사賀正使로 당나라에 갔다. 이때 최언위崔彦撝 등 유학생 8
인을 데리고 갔으며, 10년 기한이 다 된 학생 김의선金義先·최광우崔匡祐 등 4
인을 데리고 돌아왔다.

그도 일찍이 당나라에 가서 당나라의 빈공과에 합격하였음은, 그의 관직이
조청랑 수정변부사마 사비어대朝淸郎守定邊府司馬賜緋魚袋인 데서 알 수 있는
바, 이는 당나라의 관직이기 때문이다.

그 뒤 수금성군태수守錦城郡太守를 지냈으며, 장흥의 <보림사보조선사창성
탑비명寶林寺普照禪師彰聖塔碑銘> 및 제천의 <월광사원랑선사대보선광탑비
명月光寺圓郎禪師大寶禪光塔碑銘>은 모두 왕명을 받들어 그가 지은 것이다. 운
봉의 <심원사수철화상능가보월탑비深源寺秀澈和尙楞伽寶月塔碑>의 비문도
그가 지은 것으로 보는 견해도 있다.

능현 能玄

생몰년 미상. 신라 말과 고려 초의 호족. 매조성장군買曹城將軍이다. 925년(
경애왕 2) 9월 신라에 반기를 들고 고려 태조에게 투항하였다.

박술홍 朴術洪

생몰년 미상. 신라 경애왕 때의 관리. 927년(경애왕 4) 2월 신라에서 병부시
랑兵部侍郎 장분張芬을 정사正使로 삼아 중국 후당後唐에 조공사朝貢使로 파견
할 때 당시 병부낭중兵部郎中의 관직에 있던 박술홍은 판관창부원외랑判官倉
部員外郎 이충식李忠式과 함께 부사副使가 되어 수행하였다.

이때 후당으로부터 겸어사중승兼御使中丞이라는 관작을 제수받고 귀국하였다.

● 경애왕 시대의 세계동향

▶ 동양

926년 7월 거란왕 아보기 죽고 아들 덕왕德光 즉위

거란 발해를 멸하고 그 땅에 동단국東丹國을 세움

▶ 서양

925년 11월 독일의 하인리히 르트링겐을 정복

56
타인의 힘으로 앉은 왕좌,
천년왕국의 몰락을
막지 못하고

경순왕

新羅王朝實錄

경순왕 敬順王
김씨 왕 38대

제 56대 경순왕 가계도
(?~서기 978년, 재위기간: 서기 927년 11월~935년 11월, 7년)

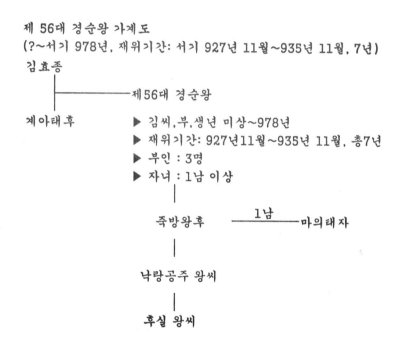

김효종

┌───── 제56대 경순왕

제아태후 ▶ 김씨, 부, 생년 미상~978년
　　　　　 ▶ 재위기간: 927년 11월~935년 11월, 총7년
　　　　　 ▶ 부인 : 3명
　　　　　 ▶ 자녀 : 1남 이상

죽방왕후 ──── 1남 ──── 마의태자

낙랑공주 왕씨

후실 왕씨

?~979(경종 3). 신라 제56대 왕. 재위 927~935. 본관은 경주慶州. 성은 김씨. 이름은 부傳. 문성왕文聖王의 후손이다. 할아버지는 의흥대왕懿興大王으로 추봉된 관홍官虹이다. 비는 알려져 있지 않으나, 그 슬하에 아들이 있었다. 큰아들은 마의태자麻衣太子이고 막내아들은 범공梵空이다. 고려에 항복한 뒤에 왕건王建의 장녀 낙랑공주樂浪公主와 다시 결혼하였다.

927년 포석정鮑石亭에서 놀고 있던 경애왕이 견훤의 습격을 받아 자살하고 난 다음, 경순왕은 견훤에 의해 옹립되었다. 그러나 그의 정책은 난폭한 견훤보다 오히려 왕건 쪽으로 기울고 있었다.

931년 왕건이 경순왕을 알현했는데, 수십 일을 왕경에 머물면서도 왕건은 부하 군병들에게 조금도 범법하지 못하게 하니, 왕경의 사녀士女들은 전번 견훤이 왔을 때에는 시랑과 범을 만난 것 같았으나, 이번 왕건이 왔을 때에는 부모를 만난 것 같다고 하였다.

935년 그는 신하들과 더불어 국가를 고려에 넘겨줄 것을 결의하고 김봉휴金封休로 하여금 왕건에게 항복하는 국서를 전하게 하였다. 이 때 마의태자는 고려에 항복하는 것을 반대했고, 범공은 머리를 깎고 화엄사華嚴寺에 들어가 승려가 되었다. 그가 백료를 거느리고 고려에 귀의할 때 향차香車와 보마寶馬가 30여 리에 뻗쳤다. 왕건은 그를 정승공正承公으로 봉했는데, 그 지위는 태자의 위였다. 왕건은 또 그에게 녹祿 1,000석을 주고 그의 시종과 원장員將을 모두 채용하였고, 또한 신라를 고쳐 경주라 하고 그의 식읍食邑으로 주었으며, 그를 경주의 사심관事審官으로 삼았다. 무덤은 장단(현 경기도 연천)에 있다.

927년(경순왕 원년) 11월에 아버지를 추존하여 신흥神興 대왕이라 하고 어머니는 계아桂娥 왕후로 추봉하였다. 즉위 불과 한 달 후인 12월에 견훤이 대목군大木郡에 침입하여 논밭에 쌓인 곡식을 다 태워 버렸다.

928년(경순왕 2) 정월에 고려의 장군 김상은 초팔성草八城의 도적 흥종과 싸웠으나 이기지 못하고 죽었다. 5월에 강주의 장군 유문有文이 견훤에게 항복하였다. 6월에는 지진이 발생하였다. 8월에 견훤이 장군 관흔官昕에게 명하여 양산陽山에 성을 쌓기 시작하자, 고려 태조는 명지성의 장군 왕충王忠에게 명하여 군사를 거느리고 나가 격퇴시켰다. 견훤은 대야성 아래로 진격하여 군사를 나누어 보내어 대목군의 벼를 베었다. 10월에 견훤이 무곡성武谷城을 함락시켰다.

926년(경순왕 3) 6월에 천축국天竺國(현 인도印度)의 삼장三藏 마후라摩睺羅를 고려에 파견하였다. 7월에 견훤이 의성부성義成府城(현 의성)을 공격하므로 고려의 장군 홍술이 나가 싸우다가 이기지 못하고 전사하였다. 순주의 장군 원봉이 견훤에게 항복하니 고려 태조는 이 말을 듣고 노하였으나, 원봉의 전공을 생각하여 이를 용서하고 다만 순주를 현縣으로 고치게 하였다. 10월에 견훤이 가은현을 포위하였으나 이기지 못하고 돌아갔다.

930년(경순왕 4) 정월에 재암성載巖城(현 청송靑松) 장군 선필善弼이 고려에 투항하므로 태조는 이를 후한 예의로 대접하고 상부尙父라 칭하였다. 처음 태조는 신라와 통호하고자 하여 선필을 인도하였는데, 이때 항복하였으므로 그 공이 있음을 생각하고 또한 모든 일이 오래 되어 안정된 까닭으로 총애하였다. 태조는 견훤과 고창군 병산瓶山 밑에서 싸워 크게 승리하였는데, 목을 베어 죽이거나 포로로 삼은 자들이 매우 많았다. 그리고 영안永安(현 안동 임하臨河), 직명直明(현 안동 일직一直), 송생松生(현 청송) 등 30여 군과 현이 태조에게 항복하였다. 태조는 2월에 왕에게 사신을 파견하여 승리한 것을 알리니 경순왕은 이를 사례하고, 아울러 서로 한번 모일 것을 청하였다. 9월에 동쪽 연해의 주군과 부락이 모두 태조에게 항복하였다.

921년(경순왕 5) 2월에 고려 태조는 50여 기병을 거느리고 경기京畿에 이르러 배알할 것을 청하므로 왕은 모든 벼슬아치들과 더불어 교외로 나가 그를 극진한 마음으로 맞고 들어와 임해전에서 큰 잔치를 베풀고 술을 권하였다. 왕은 말하기를

"나는 하늘의 도움을 입지 못하여 환란이 일어나게 하고 견훤이 불의를 자행하여 우리 국가를 침해하니 얼마나 분통한지 모르겠다."

하며 눈물을 폴리니 좌우에서 흐느껴 울지 않는 사람이 없었고, 태조도 또한 눈물을 흘리면서 왕을 위로하였다. 태조는 그로부터 수십 일 동안 머물러 있다가 돌아가니 왕은 혈성까지 이르러 전송하고 당제 유렴을 인질로 삼아 태조를 따라가게 하였다.

그런데 태조 휘하의 군사들은 군대의 기강이 확실하여 민가를 조금도 침해하지 않았다. 이에 도성의 백성들은 서로 기뻐하며 말하기를

"전날 견훤이 왔을 때는 시호豺虎를 만난 것과 같더니 지금 공왕公王(태조)이 이르렀을 때는 부모를 보는 것과 같다."

고 하였다. 8월에 태조는 사신을 신라로 파견하여 왕에게 비단 말 안장을 보내고 관료와 장병들에게는 베와 비단을 보내왔다.

932년(경순왕 6) 정월에 지진이 있었다. 4월에 집사시부執事侍部 김불金昢을 정사正使로, 사빈경司賓卿 이유李儒를 부사副使로 삼아 후당으로 파견하여 예물禮物을 주었다.

933년(경순왕 7)에 후당의 명종明宗이 사신을 고려로 파견하여 석명錫命하였다.

934년(경순왕 8) 9월에 노인성老人星(남극성南極星)이 나타났다. 운주(현 충남 홍성) 계界의 30여 개 군현이 고려 태조에게 항복하였다.

935년(경순왕 9) 10월에 왕은 사방의 강토를 거의 다 남에게 빼앗겨 나라의 세력이 약해지고 외로워 능히 스스로 탈 없이 평안하기 어렵게 되자 군신들과 더불어 그 대책을 모의하기를 국토를 들어 고려 태조에게 양위하자고 하였는데, 군신들은 의논하기를 혹자는 옳다 하고 혹은 이를 옳지 않다고 하였다. 왕자가 말하기를

"국가의 존망은 반드시 천명이 있는 것이니 마땅히 충성스러운 신하와 의로운 선비들과 함께 민심을 수합하여 스스로 굳게 지키다가 힘이 다한 연후에 이를 의논함이 옳을 것이거늘 어찌 천년 사직을 하루아침에 경솔하게 다른 사람에게 주는 것이 옳으리오."

하자 왕이 말하기를

"약하고 외로우며 위험함이 이와 같아서 형세는 능히 온전하지 못할 것이니 이왕 강하지도 못하고 또한 약하지 만도 못하니 무고한 백성으로 하여금 간뇌肝腦를 땅에 물들이게 함은 나로서는 참을 수 없다."

하고 곧 시랑 김봉휴金封休로 하여금 글을 갖추어 고려 태조에게 항복할 것을 고하였다. 이에 왕자는 통곡하면서 왕과 이별하고 곧 개골산皆骨山으로

들어가서 바위틈에 의지하여 집을 짓고 마의초식麻衣草食으로 그 생을 마쳤다.

11월에 태조는 왕서王書를 받고 대상大相 왕철王鐵 등을 보내어 이를 영접하였다. 왕은 신하들을 거느리고 서울을 떠나 태조에게 가 스스로 복종하였는데, 아름답게 장식한 마차와 왕이 탄 말이 30여 리에 달해 도로는 막히고 구경하는 사람은 담을 둘러싼 것과 같았다.

태조는 교외로 나와 경순왕을 맞아 위로하고 궁궐 동쪽의 크게 잘 지은 집 한 구를 주고 큰 딸 낙랑樂浪 공주를 그 아내로 삼도록 하고 12월에는 정승공正承公으로 봉하니 그 지위는 태자의 위였다. 또 녹봉 1천 석을 주고 시종원장侍從員將도 모두 등용하고 신라를 고쳐 경주慶州로 하고 공公의 식읍으로 하였다. 처음에 신라가 항복할 때 태조는 매우 기뻐하여 두터운 예의로써 대접하며 사자를 시켜 경순왕에게 말하기를

"지금 왕은 나라를 과인에게 내주니 그 은혜가 큽니다. 원컨대 우리 종실과 혼인을 맺어 영원히 사위와 장인의 의를 즐겼으면 합니다."

하니 왕은 이에 대답하기를

"나의 백부 잡간 억렴億廉은 지대야군사知大耶郡事로 있었는데, 그 딸의 덕과 용모가 모두 뛰어나니 이가 아니면 내정을 정비하기 어렵겠습니다."

하자 태조는 드디어 그를 아내로 맞아들을 낳았다. 이가 곧 고려 현종顯宗의 선친으로서 안종安宗으로 추봉하였고, 경종 헌화대왕景宗獻和大王은 정승공의 딸을 맞아 왕비로 삼았는데, 곧 정승공을 봉하여 상부령尙父令으로 삼았다. 공은 978년(宋末 흥국興國 무인戊寅)에 이르러 돌아가시므로 경순敬順(또는 효애孝哀)이라 시호하였다.

논컨대, 경애왕은 궁인과 더불어 포석정에 나가 주연을 베풀고 놀면서 견훤이 침입하는 것도 알지 못하였으니 대저 이런 것이 '문외門外에 한금호韓

擒虎하고 누두樓頭에 장려화張麗華라'는 말과 다름없을 것이다.

경순왕이 고려 태조에게 의지한 것은 비록 마지못하여 한 것 같으나 이는 또한 가상함이 옳겠다. 만약 그가 죽을 힘을 다하여 지키며 고려 군사들에게 항거하다가 힘이 다하고 세력이 궁함에 이르렀다면 반드시 그 종족은 박멸되고 무고한 백성들이 참혹한 손해를 입었을 것이다.

그러나 고명告命을 기다리지 않고 부고府庫를 봉하고 군과 현을 기록하여 스스로 복종하였으니 그는 조정에 공이 있었고 백성들에게 심히 큰 덕이 있었다. 옛날에 전씨錢氏가 오나라와 월나라의 땅을 송나라에 바친 것을 두고 소자첨蘇子瞻은 충언이라 일렀는데 지금 신라의 공덕은 그보다 더 지나침이 있는 것이다.

고려 태조는 왕비와 궁녀가 많고 그 자손이 또한 번창하여 현종顯宗은 신라의 외손으로서 보위에 올랐거니와 그 후 왕통을 계승한 사람이 모두 그 자손이 있었으니 어찌 그 숨겨진 덕행의 갚음이 아니겠는가.

나라 사람들은 시조로부터 이때까지를 3대로 나누어서 처음부터 제28대 진덕여왕 때까지의 스물여덟 왕을 상대라 하고 제29대 태종무열왕 때부터 제36대 혜공왕 때까지 여덟 왕을 중대라 이르고, 제37대 선덕왕부터 제56대 경순왕까지 스무 명의 왕을 하대라 하였다.

● 경애왕대의 사람들

이유李儒

생몰년 미상. 경순왕 때의 관리. 관직은 사빈경司賓卿이었다.

932년(경순왕 6) 4월 부사로서 정사 집사시랑執事侍郎 김불金昢과 함께 후당後唐에 조공하였다.

경순왕이 즉위하면서 신라가 더욱 쇠약하여지고 전란으로 길이 막혀 오랫동안 중국과의 교통이 단절되었다가 이때에 이르러 비로소 사절을 다시 파견하게 되었다.

청장淸長

생몰년 미상. 신라 경순왕 때 거문고의 대가. 귀금貴金의 제자이다. 이찬伊湌 윤흥允興에게 발탁되어 안장安長과 함께 지리산에 들어가 귀금으로부터 표풍飄風 등 세 곡을 전수받았다. 그 뒤 안장의 아들 극상克相·극종克宗에게 전통을 계승시켜 주었다.

묵화상默和尙

신라新羅 중. 927년(경순왕 1) 당唐나라에 들어가 대장경을 가져왔다.

김불金昢

932년(경순왕 6) 벼슬은 집사시랑執事侍郎, 4월에 정사正使가 되어 사빈경司賓卿 이유李儒를 부사副使로 삼아 당나라로 파견되어 예물을 바쳤다.

보양寶壤

생몰년 미상. 신라 말 고려 초의 고승. 지식知識이라고도 하며, 초년 및 말년의 전기는 전래되지 않는다.

중국에서 불법佛法을 전해 받고 돌아오다 서해의 용왕이 용궁으로 맞아들여 불경을 염송念誦하게 한 뒤 금빛 가사 한 벌을 주었다. 그리고 용왕의 아들 이목璃目을 데리고 돌아가게 하였다. 이 때 용왕은 삼국이 소란하여 아직 불교에 귀의하는 임금이 없지만, 이목과 함께 작갑鵲岬으로 돌아가 절을 짓고 있으면 적을 피할 수 있을 뿐 아니라 수 년이 못 되어서 불법을 보호하는 어진 임금이 나와 삼국을 평정할 것이라고 예언하였다.

귀국한 뒤 밀양의 봉성사奉聖寺에 머물렀는데, 고려의 태조가 때마침 동쪽으로 쳐들어가 청도淸道에 이르렀다. 그 때 산적들이 견성犬城에 모여 교만을 부리며 항복하지 않으므로 태조가 그들을 쉽게 제압할 수 있는 방법을 물어왔다. 이에 보양은 개[犬]가 밤에만 앞을 지키는 것을 상기시키며 낮에 그들의 북쪽을 치라고 가르쳤다. 태조가 그의 말대로 하였더니 적이 패하여 항복하였다.

태조는 이를 고맙게 여겨 가까운 고을의 조세 50여 석을 주어 향화香火를 받들게 하였다. 그리고 절에 보양과 태조의 진영眞影을 봉안하였는데, 이로 인하여 절 이름을 봉성사라 하였다.

그 뒤, 용왕의 말에 따라 작갑에 이르렀는데, 스스로를 원광圓光이라고 주장하는 한 늙은 승려가 인궤印櫃를 안고 나와 전해 주고는 사라졌다. 이어 허물어진 절을 일으키기 위하여 북쪽 고개로 올라가 살펴보니 5종의 황색 탑이 보였다. 그러나 그곳에 이르러보니 아무런 흔적이 없었으므로 다시 올라가 그 자리를 살펴보니 까치가 떼 지어 땅을 쪼고 있었다. 이에 서해 용왕이 작갑이라 한 말의 뜻을 깨닫고 그곳의 땅을 파니 오래된 벽돌이 무수히 있었다. 그것을 모아 탑을 만들었으며, 절을 완공한 뒤 작갑사라 하였다.

태조가 후삼국을 통일한 뒤 보양이 이곳에 와서 절을 짓고 있다는 소식을 듣고 신라 때부터 청도에 있다가 전쟁 중에 소실된 소작갑小鵲岬·대작갑大鵲岬·소보갑小寶岬·천문갑天門岬·가서갑사嘉西岬寺 등 5갑사의 전지 500결을 합하여 이 절에 납부하였으며, 937년(태조 20) 운문선사雲門禪寺라 사액하였다.

또한 서해 용왕의 아들 이목은 항상 절 옆의 작은 못에 있으면서 남몰래 보양의 법화法化를 도왔는데, 어느 해 몹시 가물어 야채까지 말라버리자 보양은 이목에게 명하여 비를 내리게 하였다. 비가 흡족히 내려 가뭄을 면하였으나 천제天帝가 월권하였다고 하여 이목을 죽이려 하였다.

보양은 이목을 평상 밑으로 숨긴 뒤 이목을 내어놓으라는 천사들에게 뜰 앞의 배나무를 가리키자 천사들은 배나무에 벼락을 치고 하늘로 올라갔다. 꺾어진 배나무는 이목이 어루만져 소생시켰다 한다.

그는 이 절에서 생애를 마쳤는데 한 산봉우리를 두고 있는 봉성사·석굴사石窟寺를 자주 찾았으며, 석굴사의 비허備虛와는 형제라고 전한다.

대연大緣

생몰년 미상. 신라 말 고려 초의 신인종神印宗 승려. 속명은 선회善會. 어머니는 적리녀積利女이며, 동생은 광학廣學이다. 법계法階는 삼중대사三重大師에까지 올랐으며 동생과 함께 신인종에 귀의하여, 김유신金庾信으로부터 깊이 존경을 받았던 안혜安惠·낭융朗融의 법맥을 전해 받는 후계자가 되었다.

931년(태조 14) 태조 왕건王建을 따라 상경하여 태조와 함께 분향수도焚香修道하였으며, 해적의 침범이 빈번하였을 때 왕명으로 동생과 함께 기도하여 물리쳤다. 태조는 노고를 포상하여 부모기보父母忌寶로서 돌백사埃白寺를 주고 전답을 내렸으며, 현성사現聖寺를 지어 신인종의 근본도량으로 삼게 하였다.

경주 원원사遠願寺에는 사대덕四大德의 유골을 절 동쪽 봉우리에 묻었다고 하는데, 이 사대덕에는 대연이 포함되어 있다.

석총釋聰

?~901(효공왕 5). 신라 말기의 승려. 선종善宗이라 하였던 궁예弓裔가 스스로 미륵불이라 자칭하면서 비구 200여 명으로 하여금 범패梵唄를 부르면서 뒤를 따르게 하였고, 20여권의 경을 지었는데 모두가 요망하기 짝이 없는 것이었다. 이에 석총이 평하기를 모두가 사특한 이론이요 괴상한 말이라고 하자 궁예가 노하여 철추鐵椎로써 그를 타살하였다.

선필善弼

생몰년 미상. 신라 말 고려 초에 활약한 호족豪族 출신의 장군. 재암성載巖城: 지금의 靑松 장군으로 독자세력을 이루고 있었다. 이 때 고려는 후백제를 견제하기 위하여 신라와 통호通好하려 하였으나 쉽게 이루어지지 않았다.
선필은 왕건王建의 인물됨과 정치수완이 뛰어난 점에 감복하여 고려에 귀부하기로 작정하고 고려와 신라로 통하는 길을 열어 양국이 결속하는 데 큰 공을 세웠다. 뒤에 성을 들어 고려에 귀부해오자 왕건은 자기보다 나이가 많다 하여 상보尙父의 예로써 후히 예우하였다.

성달城達

생몰년 미상. 신라 말 고려 초의 지방호족. 명지성命旨城(지금의 경기도 포천抱川?) 장군으로 행세하였다. 신라의 국운이 기울자 923년(태조 6) 3월에 그의 동생 이달伊達·서림瑞林 등과 함께 고려에 내부來附하였다.

수원守元

생몰년 미상. 신라 말 고려 초 강릉지방 호족. 아버지는 김순식金順式이다.

김순식이 고려 태조 왕건王建에게 귀순할 때 맏아들인 수원을 먼저 보냈는데, 이 때 수원은 왕씨王氏 성과 함께 전택田宅을 하사받았다.

양문良文

생몰년 미상. 신라 말, 고려 초의 경산부京山府(지금의 경상북도 성주星州) 지역의 지방호족. ≪삼국사기≫에는 923년(경명왕 7) 7월에 '명지성命旨城 장군 성달城達과 경산부 장군 양문이 고려 태조에게 항복하였다.'라고 하였으며 같은 해에 해당하는 ≪고려사≫ 태조 6년 8월조에는 '벽진군碧珍郡 장군 양문이 그 생질 규환圭奐을 보내와서 항복하니 규환을 원윤元尹으로 제배하였다.'고 하였다.

경산부는 ≪고려사≫ 지리지에 의하면 '본래 신라의 본피현本彼縣으로, 경덕왕이 개명하여 신안新安이라 하고 경산군의 영현으로 삼았는데 뒤에 벽진군이라 고쳤고 고려 태조 23년에 다시 경산부로 고쳤다.'고 하였다. 따라서 ≪삼국사기≫에서는 벽진군이라 하고, ≪고려사≫에서는 경산부로 해야 할 것을 바꿔 쓰고 있는 것이다.

그리고 양문이 고려 태조에게 항복한 달을 ≪삼국사기≫에서는 7월이라 하고, ≪고려사≫에서는 8월이라 하여 다르게 표현하고 있는데 이는 아마도 양문이 생질 규환을 7월에 고려 태조에게 보내어 항복할 뜻을 전하고 8월에 항복한 것이 아닌가 한다.

왕융王融

생몰년 미상. 고려 초기의 학자. 광종부터 성종 때까지 12회에 걸쳐 지공거知貢擧가 되어 과거를 주관하였다.

955년(광종 6) 후주後周 세종世宗의 등극을 축하하기 위해 대상大相의 관직으로 광평시랑廣評侍郎 서봉徐逢에 이어 두 번째 고려 사절로 후주에 다녀왔다. 966년 지공거가 되어 최거업崔居業 등 진사 2명을 뽑고, 972년 김니金柅

와 함께 지공거가 되어 양연楊演·유방헌柳邦憲 등 진사 4명을 뽑았으며, 이듬 해 다시 지공거가 되어 백사유白思柔 등 2명을 뽑고, 974년에는 한인경韓藺卿 등 2명을 진사로 뽑았다.

975년(경종 즉위년) 대광내의령 겸 총한림大匡內議令兼摠翰林으로 있을 때 신라 왕 김부金傅(경순왕)를 상보尙父로 책봉하고, 도성령都省令의 관호官號를 내리 는 조서를 찬撰하였다.

977년 독권관讀卷官이 되어 고응高凝 등 6명을 진사로 뽑았으며, 979년 다 시 지공거가 되어 원징연元徵衍 등을 진사로 뽑았다. 983년(성종 2)에는 최행 언崔行言 등 진사 5명을 뽑고, 이듬해 이종李琮 등 진사 3명을 뽑았으며, 985 년에도 진량秦亮 등 3명을 진사로 뽑았다.

988년 이위李緯 등 진사 4명과 의업醫業 2명을 뽑고, 989년 최득중崔得中 등 진사 18명과 명경明經 1명, 복업卜業 2명을 뽑았다. 994년 최원신崔元信 등 진 사 8명과 명경 9명을 뽑았다.

997년 성종이 죽기 직전, 평장사平章事로서 사면령赦免令을 반포할 것을 청 하기도 하였다. 981년에 찬한 강주康州 지곡사智谷寺 진관선사비眞觀禪師碑 비문이 전해지고 있다.

거천巨川

생몰년 미상. 고려 초기의 경주호장慶州戶長. 그의 가계에 대해서는 ≪삼국 유사≫ 명랑신인조明朗神印條에, 증조할머니는 적리녀積利女이고 할머니는 명주녀明珠女이며 어머니는 아지녀阿之女인데, 적리녀에게는 광학廣學과 대 연大緣이라는 두 아들이 있었다고 한다.

거천의 가계를 살펴보면 특이한 점을 찾을 수 있다. 즉, 거천의 가계가 모 계母系로 계승되었다는 점이다. 이 점을 들어서 혹자는 신라 말 고려 초까지 모계계승의 유습遺習이 지속되었다고도 한다.

광학과 대연은 신라 말기에 4대덕四大德으로 추앙을 받았는데, 931년에 고 려 태조가 경주를 방문하였을 때에 그를 따라 개경開京으로 이주하여 태조의 신임을 얻게 되었으며, 태조는 그 부모를 위하여 기일보忌日寶를 급여하였다. 광학과 대연이 고려 태조를 수가隨駕한 승려였으므로 거천은 성종 때까지는 생존한 듯하다.

계아태후桂娥太后

생몰년 미상. 신라 경순왕의 어머니. 성은 김씨金氏. 헌강왕의 딸로서 남편은 이찬伊飡 효종孝宗이다. 927년(경순왕 1) 왕태후로 추존되었다.

광학廣學

생몰년 미상. 고려 초기의 고승. 경주 사람이며 적리녀積利女의 아들로서 일찍이 신인종에 귀의하여 대덕大德이 되었고, 태조가 나라를 세울 때 해적의 침범이 빈번하였으므로 태조의 명을 받고 기도하여 물리쳤다.

931년(태조 14) 태조를 따라 개성으로 상경하여 언제나 옆에서 수행하였으며, 태조는 그 공로를 포상하여 부모의 기일보忌日寶로 돌백사돌白寺를 주고 전답을 하사하였다.

뒤에 태조는 현성사現聖寺를 지어 머물게 하고 신인종의 중심사찰로 삼았다. 안혜安惠·낭융朗融·대연大緣과 함께 신라 신인종의 4대덕四大德으로 추앙받았으며, 유골은 경주 사령산四靈山에 봉안되었다.

김유렴金裕廉

생몰년 미상. 신라시대의 왕족. 경순왕의 당제堂弟이다.

917년(경명왕 1)에 대아찬大阿飡으로 시중侍中이 되었는데, 919년 시중 언웅彦邕을 사찬沙飡으로 하였다는 기록이 나오는 것으로 미루어 보아 그 해에 면직된 듯하다.

그 뒤 930년(경순왕 4) 고려 태조 왕건王建이 고창군古昌郡 싸움에서 견훤甄萱

을 물리치고 경순왕에게 알리자 경순왕이 태조를 만나기를 청하였다. 이에 931년 2월에 태조가 신라를 방문하여 경순왕을 위로하였는데, 귀국할 때 볼모가 되어 왕건을 따라갔다.

공직龔直

?~939(태조 22). 고려 초기의 반역자. 연산燕山 매곡昧谷 사람이다.

어려서부터 용략이 있었으며, 신라 말의 혼란기에 본읍本邑의 장군을 칭하였다. 처음 후백제 견훤甄萱의 세력에 속하였던 것 같으며, 맏아들 직달直達, 둘째아들 금서金舒와 딸 하나가 견훤의 볼모로 있었다. 후백제에 조공하였으나, 그 무도함을 보고 직달과 함께 왕건王建에게 귀부할 것을 의논한 뒤 932년 아들 영서英舒와 같이 고려에 귀부하였다.

태조가 대상大相으로 삼고 백성군록白城郡祿과 구마廐馬 세필, 채백采帛을 주고, 아들 함서咸舒는 좌윤佐尹으로 삼고, 정조正朝 준행俊行의 딸을 영서의 아내로 삼게 하였다. 견훤은 공직이 태조에게 항복함을 보고 매우 노하여 직달과 금서 및 그 딸을 잡아 가두고 단근질하여 죽였다.

좌승佐丞으로 죽으니 정광政匡을 추증하였다. 시호는 봉의奉義이다. 함서로 후사를 삼고 다시 사공삼중대광司空三重大匡을 추증하였다.

김봉휴金封休

생몰년 미상. 신라 경순왕 때의 문신. 신라의 국력이 극도로 쇠퇴해지자 왕은 고려 태조에게 투항하기로 결정하였다. 그리하여 935년(경순왕 9) 시랑侍郎이던 그는 왕명을 받들어 국서를 가지고 고려 태조에게 항복하러 갔다.

김억렴金億廉

생몰년 미상. 신라 경순왕의 큰아버지이다. 고려 태조의 제5비 신성왕후神

^{成王后}의 아버지. 관등은 잡간^{匝干}이었고, 지대야군사^{知大耶郡事}를 지냈다.

경순왕이 고려에 항복하자 태조는 대단히 기뻐하며 신라의 종실과 혼인하기를 원했다. 이에 경순왕은 그의 큰아버지인 김억렴의 딸을 천거해 왕건^{王建}과 혼인하여 아들을 낳았다. 이가 욱^郁으로 뒷날 그의 아들이 현종^{顯宗}이 되어 신성왕태후^{神成王太后}로 추시^{追諡}하였고 욱을 안종^{安宗}으로 추봉하였다.

그런데 고려 때 김관의^{金寬毅}가 지은 ≪왕대종록^{王代宗錄}≫에는 '신성왕후 이씨는 본래 경주대위^{慶州大尉} 이정언^{李正言}이 협주수^{俠州守}로 있을 때에 태조가 이 주에 거둥하여 비로 삼았으므로 혹은 협주군^{俠州君}이라고도 하였다.'고 하여 신성왕후가 이정언의 딸인 것으로 되어 있다.

그러나 협주란 지명은 현종이 즉위한 뒤에 개칭된 것으로 이전에는 대량주군^{大良州郡}, 또는 대야주군^{大耶州郡}으로 불리었다는 점과, 왕비를 군^君으로 책봉한 예가 고려시대에는 없었다는 것, 또한 ≪왕대종록≫에는 태조의 후비가 25인이라고 하였으나 실제로는 29인이었다는 점 등을 고려하면, ≪왕대종록≫의 기록은 따르기가 어려운 것이다.

보요^{普耀}

생몰년 미상. 신라 말기의 고승. 신라 말 두 차례 중국 남쪽의 오월^{吳越}에 가서 대장경^{大藏經}을 가져왔으며, 해룡왕사^{海龍王寺}를 창건하였다.

고려 의종 때 팽조적^{彭祖逖}이 지은 보요에 관한 시^詩의 발문에 의하면, 보요가 처음 오월에서 대장경을 구하여 돌아오다가 해풍^{海風}이 갑자기 일어나서 표류하게 되었다. 신룡^{神龍}이 대장경을 이곳에 멈추게 하려는 것으로 여기고 정성껏 축원하면서 용의 공덕까지를 빌었더니 바람이 자고 물결이 평온해졌다.

귀국하여 대장경을 안치할 곳을 찾아 두루 다니다가 산 위에 상서로운 구름이 일어나는 것을 보고 제자 홍경^{弘慶}과 함께 해룡왕사를 창건하였다. 이 절에는 용왕당^{龍王堂}이 있어 영험이 많았는데, 용왕이 대장경을 따라와서 머무른 것이라고 한다.

 또한, 보요의 진영에 대해서는 1094년(선종 11) 어떤 이가 찬을 남겼고 팽조적이 찬시를 남겼는데, 현재 ≪삼국유사≫에 기록되어 있다.

●경순왕 시대의 세계동향

▶ 동양

　928년 종영從榮을 북도유수北都留守로 함

　930년 8월 삼사사三司使를 둠, 맹지산 반란

　932년 3월 진유 죽고 아들 원관이 대를 이음

　933년 1월 민왕閩王 연조延鈞를 황제로 칭함

▶ 서양

　928년 교황 레오 6세 즉위

● 경순왕의 계보

대왕은 신라 제46대 문성대왕의 6대손으로 부父는 신흥대왕으로 추대된 이찬伊湌 효종孝宗이고, 모母는 신라 제49대 헌강대왕의 딸로 계아부인 김씨이다.

대왕은 서기 897년 신라 서울 월성에서 태어났으며 서기 927년 31세의 나이로 신라 제56대 왕위에 올라 재위 9년만인 서기 935년 12월 신라를 고려에 양국한 왕이다.

왕비는 계림군 박광우의 딸 죽방부인竹房夫人 박씨로서 태자 일鎰과 둘째 아들 굉鍠(또는 황皇), 셋째 아들 명종鳴鐘과 딸 하나 덕주德周를 낳았으며, 다음으로 맞이하게 된 왕비 낙랑공주 왕씨는 고려 태조 왕건의 딸로 슬하에 은열殷說공을 비롯하여 석錫, 건鍵, 선鐥, 추錘의 다섯 형제와 두 딸을 두었으며, 후에 왕비인 낙랑공주가 금강산 돈도암頓道庵으로 입산하자 다시 계비 순흥 안씨順興安氏를 맞아서 아홉 번째 아들 덕지德贄를 얻었다.

그리고 딸 하나는 고려 제5대 왕인 경종의 왕비가 되었으니 그가 헌승황후憲承皇后이다.

서기 927(정해)년 9월에 후백제의 견훤이 신라의 왕도에 침입하여 신라 제55대 경애왕景哀王(박씨이며 휘는 위응魏膺)을 시해하자 경순대왕敬順大王이 서기 927년 11월에 신라 제56대 왕위에 오르니 이때 나이 31세였다.

외우내환이 겹치고 국사다난한 시기에 왕위에 오른 경순대왕은 먼저 국력 배양과 호국 안민을 위하여 노심초사 심혈을 기울었다. 그러나 이미 기운 국운을 만회할 수는 없었다.

마침내 서기 935년 12월에 드디어 나라를 들어 고려에 양국하니 재위 9년 신라 왕조 992년 8개월 만에 사직에 종언終焉을 고하게 되었다.

경순대왕이 고려에 양국하자 왕건은 경순대왕을 정승공政承公으로 봉하고, 월성을 경주로 고쳐 이곳을 식읍으로 삼게 하였으며 고려 5대 경종 때에는 다시 상부령尙父令으로 모셨다.

경순대왕은 말년에 불연佛緣에 뜻을 두고 명산 대천을 찾아 주유 천하하다가 충청도 제천에 이르러 이궁離宮을 짓고 그곳에 머무르면서 미륵 불상을 모시는 학수사鶴樹寺와 고자암高自庵을 세워 신앙과 수도에 몰입하였다.

서기 978년 4월 4일에 만 82세로 승하하셨다. 고려 5대 경종은 왕호를 경순敬順이라 하니, 이는 응천무운지경應天撫運之敬의 경敬과 응시솔덕지순應時率德之順의 순順을 받아 경순으로 모신 것으로, 이는 대왕이 천운을 헤아리고 시류를 살펴서 만백성의 생명을 안전하게 도모한 크나큰 인덕을 기리는 뜻이 담긴 왕호王號로 해석된다.

경순대왕의 능은 경기도 연천군 고량포리 성거산 줄기의 화장산 화장용계 좌에 모셔져 있다.

● 신 라 말 기 의 정 세

신라의 마지막 왕이 되는 경순대왕이 왕위에 오르기 전 서기 912년부터 927년까지 15년간을 살펴보면 신라 왕실은 점점 쇠퇴의 길로 들어서고 있었다.

왕실과 귀족 지배계급간의 반목과 갈등으로 나라는 극도로 무질서한 가운데 왕권마저 세 번이나 바뀌면서 점차로 쇠약해지자 전국 지방 각지에서 성장한 호족을 대표하는 성주들이 그 지방의 군사 및 경제적 실권을 장악하면서 왕실의 명命을 잘 듣지 않게 되고 중앙으로 보낼 조세租稅까지도 착복하는 등 각자 지방을 독자적으로 장악, 운영하기에 이르렀다.

신라 52대 효공왕孝恭王이 후사後嗣 없이 세상을 뜨자, 김金씨 왕계王系가 아닌 박경휘朴景揮(49대 헌강왕의 사위)를 왕위에 오르게 하였으니 이가 곧 제53대 신덕왕神德王(재위 5년)이다.

제54대 경명왕景明王은 신덕왕의 아들(박승영朴昇英)로서 부왕의 뒤를 이어 등극하였으나 3년을 넘기지 못하고 세상을 뜨자 왕의 아우되는 박위응朴魏膺에게 왕위를 넘겨주게 되어 왕위에 오르니 이가 곧 포석정에서 한참 연회 도중 백제의 견훤에게 잡혀 시해를 당한 제55대 경애왕景哀王(재위 4년)이다.

전국 각지에서 일어난 호족들의 대표적인 세력으로는 광주와 전주를 중심으로 정권을 세우고 후백제後百濟를 건국한 견훤, 그리고 기훤·양길 밑에서 성장하여 강원과 경기 일대를 점유하고 개성의 호족인 왕건 세력과 연합한 후 철원에서 정권을 수립하고 태봉泰封을 건국한 궁예이다.

이들은 당시 지방 세력 중에서 가장 넓은 영역과 여타의 중소 호족들을 장악하며 신라와 더불어 3국의 형상을 이루었으니 이 시기를 우리는 후삼국後三國 시대라고 부르고 있다.

견훤甄萱은 원래 상주 가은현(현재 문경군 가은읍) 출신인데 신라 군인으로 복무하다가 진성여왕 때 지방에 도적이 창궐하자 무리를 모아 광주 지역을 중심으로 신라 왕실을 반대하는 세력을 규합하는데 성공하여 서기 900년에 나라를 세우고 이듬해 완산(현 전주)으로 수도를 옮겼다.

궁예弓裔는 신라 경문왕景文王의 서자 출신으로 중앙 왕실의 정쟁에서 밀려나 지방으로 도태된 인물이며 유모가 길렀는데 성장 과정에서 실수로 한 눈을 잃게 되었다.

궁예는 처음 세달사世達寺 승려로 있다가 후에 세력을 규합하면서 기훤에게 한 때 의탁하였으며 다시 양길 휘하에 들어가 위탁하여 군사를 얻어 강릉 및 강원 일대를 쳐서 부속시킨 후 철원에서 서기 901년 독립하여 고구려 계승을 표방하여 왕이 되었다.

왕건王建은 개성에 기반을 두고 홍유, 배현경, 신숭겸, 복지겸 등 여러 장수의 추대 형식을 거쳐 궁예를 제거하고 서기 918년 6월 15일 왕위에 올라 고려를 세웠다.

왕건은 출신 지역이나 기반의 성격으로 보아 견훤이나 궁예와는 달리 어느 정도 지역적 세력을 가지고 있었으며 지방 호족 세력이 갖추어야 할 역사성에 충실한 사람이었으므로 신라의 정부 관리나 국민들도 나라를 등지고 이들에게 아부하는 자들이 적지 않았다.

이러한 상황 속에서 즉위한 경순대왕은 육도삼략六韜三略을 가지고도 도저히 기울어져가는 신라를 바로 잡기에는 이미 때가 늦었었다.

왕건과 견훤의 양대 신흥 세력이 발호하는 가운데에서도 9년간이나 신라를 다스려 온 왕의 어려운 심정을 능히 짐작할 수 있다.

●경순왕의 양국

경순대왕이 왕으로 즉위한 것은 후백제의 견훤에 의해서였다.

견훤은 927년(경애왕 4) 11월에 신라의 왕도를 급습하였다..

이 때 경애왕은 비빈과 종친들을 대동하고 포석정에서 잔치를 하느라 견훤의 군대가 쳐들어오는 것도 모르고 있었다.

견훤이 군사를 이끌고 나타나자 경애왕은 왕비와 함께 후궁으로 피신하고, 신하들은 짐승처럼 엉금엉금 기면서 살려달라고 애원하였다.

견훤은 경애왕과 왕비 및 후궁들을 모두 사로잡았다. 사로잡힌 경애왕은 견훤의 협박으로 결국 자결하고, 왕비는 견훤에게 끌려가기에 이르렀다.

견훤은 신라 왕족 중에서 인품이 가장 뛰어나고 젊은 김부金傅를 내세워 신라왕에 앉히니 그가 바로 경순대왕이다.

견훤에 의해 옹립된 경순대왕이었지만, 견훤의 난폭함을 목도한 관계로 경순대왕은 후백제의 견훤보다는 고려의 왕건에게 마음이 끌리고 있었다.

신라는 이미 회복 불능의 상태에 빠져 각 지방의 군·현들은 자신들의 이해관계에 따라 견훤이나 왕건의 편에 가담하고 있었다.

경순대왕은 마침내 고려 태조 왕건에게 신라를 넘기기로 결심하고 931년(경순왕 5) 2월에 태조 왕건을 신라의 도읍 월성으로 초청했다.

그 당시 정황을 ≪삼국사기≫는 이렇게 기록하고 있다.

<즉위 5년 2월에 고려 태조가 50여 기를 거느리고 경기(왕도 부근)에 이르러 만나 뵙기를 청하므로, 왕은 백관과 더불어 교외로 나가 왕건을 맞아들여 극진한 마음으로 대접하고 임해전에 큰 잔치를 술을 권하면서 말했다.

"나는 하늘의 도움을 얻지 못하여 환란이 일어나게 하고, 견훤이 불의를 자행하고

우리나라를 침해하여 얼마나 분통한지 모르겠습니다."

왕건이 눈물을 흘리며 김부대왕을 위로하였다. 태조 왕건은 수십일 동안 머물다 돌아갔는데 왕이 형성까지 나가 왕건을 전송하고 종제 유렴裕廉을 볼모로 삼아 태조 왕건을 따라가게 하였다.
그런데 태조 왕건 휘하의 군사들은 군기가 엄정하였으므로 민가를 조금도 침입하지 않았다.
이것을 본 신라 사람들은 서로 기뻐하며

"전날 견훤이 왔을 때는 사나운 승냥이나 호랑이를 만난 것과 같았으나 왕건이 왔을 대는 꼭 부모를 만나보는 것과 같다."

고 하였다.>

935년(즉위 9년)10월, 경순왕은 백관들을 불러 고려 태조 왕건에게 양국讓國하는 문제를 의논했다.
신라의 사직의 종말을 고하는 날의 광경을 ≪삼국사기≫는 이렇게 기록하고 있다.

<즉위 9년, 경순왕은 사방의 강토를 다 남에게 빼앗기고 국력이 피폐하여 스스로 국가를 지키기가 어려웠으므로 군신들과 더불어 그 대책으로 국토를 들어 고려 태조에게 양국讓國할 것을 의논하였다.
일부의 군신들이 찬성하였고, 일부의 군신들이 반대하였다. 특히 첫째 왕태자는 통곡해 마지않았다.

"나라의 존망에는 반드시 천명이 있으니, 마땅히 충신과 의혈 지사를 더불어 민심을 수습하여 나라를 굳게 지키다가 힘이 다한 연후에 항복을 의논함이 옳을 것입니다. 어찌 천년 사직을 하루아침에 쉽사리 남에게 넘겨줄 수 있겠습니까?"

그러자 경순대왕이 말했다.

"고립되고 위태로움이 이와 같아 형세를 온전히 유지할 수 없으니 이왕 강해지지도
못하고 또 더 이상 약해지지도 못하여 무고한 백성들을 참혹하게 죽도록 하는 것은
내 차마 할 수 없는 일이다."

태자의 반대를 물리치고 경순왕은 시랑 김봉휴金封休에게 명을 내려 조서
를 짓게 한 뒤 고려 태조에게 보내 양국의 뜻을 전하였다.
그러자 태자는 통곡하면서 왕과 이별하고 강원도 금강산으로 들어가서 고
려에 항전抗戰하다가 한恨 많은 일생을 마쳤다.>

935년 11월 태조 왕건은 대상 왕철王鐵 등을 보내어 양국讓國하러 오는 경
순왕 일행을 맞이하였다.
경순왕은 추종하는 신하들을 거느리고 경주를 떠나 태조 왕건이 있는 송
악으로 향했다.
경순왕 일행을 태운 수레와 말이 30여리에 뻗었고, 일행이 지나가는 길은
신라의 마지막을 구경하려는 인파로 뒤덮였다.
태조 왕건은 교외까지 경순왕을 마중 나왔다. 왕건은 경순왕을 위해 대궐
동쪽의 가장 화려한 집 한 채를 내주었다.
왕건은 그것도 모자라 자신의 장녀 낙랑공주樂浪公主를 경순왕에게 시집보
내기까지 했다.
피 한 방울 흘리지 않고 신라를 차지한 왕건은 그해 12월 경순왕을 정승
공政承公으로 봉했는데, 이 직위는 태자보다 높은 일인지하의 높은 자리였
다.
왕건은 또 경순왕에게 녹 1천석과 시종들을 주었다. 그리고 신라의 도읍인
금성을 경주로 고쳐 경순왕에게 식읍으로 하사하였다.
태조 왕건이 자신의 딸을 후궁으로 주자 경순왕은 조카딸을 왕건의 후궁
으로 주었다.

태조 왕건은 경순왕의 조카딸에게서 아들을 낳았는데, 이 아들이 고려 현종顯宗(왕건의 손자 제8대 왕)의 아버지로 나중에 안종安宗으로 추봉된다.

또한 고려 경종景宗(왕건의 손자로 제5대 왕)은 경순왕의 딸을 맞아 왕비로 삼았고, 경순왕을 상부령尙父令으로 삼았다.

경순왕은 978년(고려 경종 3년) 타계할 때까지 고려로부터 후한 대접을 받았다. 백제의 의자왕과 고구려의 보장왕이 중국으로 끌려가 쓸쓸히 죽은 것과 비교하면 망국의 왕으로서는 다행한 편이었다.

훗날 사람들은 경순왕 사당을 지어 그의 혼을 떠받들었는데, 이유는 그가 고려의 태조에게 양국한 것이 백성들을 다치지 않게 하려는 자비심에서 우러나왔다고 보았기 때문이다.

경순왕의 혼을 모시는 민속신앙은 일제 시대까지도 성행했다고 한다.

● 경순왕의 애민지덕愛民之德

천년 사직을 들어 고려에 양국한 경순대왕을 무심한 일부 사학자들이나 세인들은 흔히 항복이라고 말하나, 그것은 결코 항복이 아니고, 반드시 양국 또는 손국으로 표현되어야 마땅하다.

그 이유는 군왕의 권위를 생각하기 이전에 먼저 애민을 생각하고, 국가 존망의 위치에 처하여 무엇보다도 먼저 '무고한 백성으로 하여금 싸우다 비참해지는 일은 나는 차마 못하겠다'고 하며, 무모한 항전을 포기하고 제세구민濟世救民을 위하여 스스로 왕위에서 물러난 대왕의 높은 뜻을 우리는 올바로 평가해야 할 것이다.

삼국사기 신라 본기 경순대왕조의 기록을 보면 경순대왕이 고려 왕건에게 양국한 일은 비록 마지못해서 한 일이지만 옳은 선택이라고 평가했다.

그때 만일 역전사수力戰死守하여 고려군에게 항거하다가 힘이 꺾이고 형세가 궁하여지면 반드시 신라 왕실 및 종족이 박멸되고 무고한 백성에까지 그 화가 미쳤을 것은 명약관화한 일이다.

유네스코(UNESCO)에서 세계 10대 고적 도시로 지정되고 지하박물관으로 불리는 경주, 신라의 유적과 국보, 사적 등 각종 문화적 유산을 남긴 찬란한 신라 문화의 유적들이 어찌 능히 보전되어 왔을 것이며, 신라 김씨의 주종을 이루고 있는 경순대왕의 후손들과 그 밖의 많은 신라 유민들의 후예가 어떻게 생을 부지하여 오늘날 이처럼 번영할 수 있었을 것인가?

일찍이 신라의 고도 월성(지금 경주)의 이름 없는 서민들이 양국한 대왕의 인덕을 흠모하는 나머지, 사당을 지어 대왕의 영정을 모셔 놓고 제향을 받들어 온 것은 당시의 민심을 잘 나타낸 것이라 할 것이다.

이 사당이 여러 차례 변천을 거쳐서 오늘의 숭혜전으로 이어져 온 것이다.

● 숭 혜 전

경순왕의 영정은 본전인 숭혜전崇惠殿에 봉안한 것 외에 도합 4본이 있다.

원본은 은해사銀海寺로부터 옮겨왔고 정조 18년 갑인년에 2본을 다시 본떠서 1본은 본전의 감실에 봉안하고, 1본은 을람乙覽 즉, 임금이 보시도록 제공한 후 도로 본전에 보내어 구본과 함께 궤안에 봉안하였다.

고종 40년 계묘년에 1본을 다시 본떠서 본전의 감실에 봉안하고 구본도 또한 궤안에 봉안하였다.

순천 송광사松廣寺에도 경순왕의 영정 1본이 있으니, 이는 후손 한장漢章이 기증한 것이요, 원주 용화사 고자암高自庵에도 1본이 있으니, 이는 후손 사목思穆이 기증한 것이며 하동 쌍계사에 또 일찍이 1본이 있었는데 연전에 본전으로 옮겼다가 이제 하동 경천묘에 도로 봉안하였다.

경순왕이 나라를 양국한 후에 옛 도읍의 유민들이 왕께서 백성에게 베푼 덕의를 사모하여 월성에 사당을 세워 영정을 모시고 명절에는 고을의 아전이 삼반관속三班官屬을 이끌고 제향을 올렸으니, 이는 초나라 사람들이 일간 모옥一間茅屋에서 초나라 소왕昭王에게 제사 지낸 것에서 연유한 것이다.

한 것이다.

불행히 임진왜란 때에 묘우廟宇가 불탔으며 그 후부터는 제향 올리는 의식을 화상畵像으로서 하지 아니하고 나무로 만든 위패로 봉행하였다.

천계天啓 7년, 1627년(인조 5) 정묘에 후손 김시양이 경주부윤으로서 왕의 사당에 배알하고 따라서 중건하기를 왕에게 아뢰어 청하였으며 본부의 유생 김성원 등으로 더불어 경주부의 동쪽 5리쯤 되는 금학산 아래 동천촌에 터를 잡고 사당을 옮겨 새롭게 중건하였다.

그리고, 참봉 1인을 두어 제향을 받게 하였고 또 노비의 전지를 설치했으며, 제전祭奠은 관에서 담당하여 대와 나무로 만든 제기 변, 두 각 7기로 한정하였다.

그 후 97년째 되는 1723년(경종 3) 계묘에 본도감사 조태억趙泰億이 순행하다가 본부에 이르러 왕의 사당에 배알하고 임금에게 올리는 장계로써 청원하여 특히 경순왕 전호殿號의 임금이 내린 선약을 받았으며 요미料米와 말 먹이는 콩도 모두 일정한 수량이 있었고 유생 51인과 수호군 20인과 전졸 6명을 두었다.

1794년(정조 18) 갑인에 정전 뒤편에 사태가 떨어지는 환난으로써 참봉 김건항金健恒이 궐문에 호소하였고 도신道臣하라는 분부를 받들어 본도감사 조진택趙鎭宅으로 하여금 터를 잡아 임금에게 아뢰게 하였으며 곧 황남성 본부윤 송전宋銓은 기일에 어긋날까 두려워하였다.

또 장수승長水丞, 이명기李命基에게 분부를 내려 왕의 화상을 다시 본뜨게 하였다. 왕이 일찍이 영천 불당에 위패나 영정을 모시는 감실에 간직했다가 본전으로 옮겨 봉안하였다.

그 후 17년 만에 본전을 옮겨지었고 화상도 오래되어 빛깔이 변하였으므로 이 분부가 있게 되었다.

5월 18일 공사를 시작하여 3개월 만에 낙성하였는데 묘우廟宇가 오가삼간五架三間이요, 내외 신문神門이 각 3칸이며 동서재가 각 4칸이었다.

또한 가관방假官房이 삼칸이며 제기고祭器庫와 주장고酒醬庫가 각 1칸이요, 고사庫舍와 공수公須가 각 2칸이며 주廚가 1칸, 대문이 1칸이요, 좌우 내문이 2칸이며 마구馬廐가 2칸이었다.

준공을 고하매 임금이 친문을 짓고 향을 내렸으며 8월 초열흘 황남전에 봉안하였다.(위판은 정당의 당중에 모시고 영정은 정당의 후벽 감실에 모셨음)

다시 예조에 분부를 내려 규식規式을 정하게 했으니, 유생과 전졸은 각각 90여인이요, 수호군 1백여 명과 양정良丁 20명과 하전下典 60명을 두었으며 호세는 5결(1결은 열 묶음)을 면제하게 하였고 참봉은 이조로부터 직첩을 내렸으며, 또 가관 1인을 두어 참봉이 유고일 때에는 분향을 대행하게 하였다.

요미는 날마다 일석 14두요, 말먹이콩은 10두이며 또, 백미 262석을 내려 공장의 식량과 공사의 용도에 충당하게 하였는데 공장의 식량으로 43석이요 공사의 용도가 219석이었다.

무릇 공사비용이 10만 8천 6전 남짓 들었다.

성손이 4만 3천 6백전을 기증하였고 참봉 김성휴가 1만전을 회사하여 공역을 준공하였다.

1780년(정조 4) 경자에 부윤 김효대金孝大가 동천전에 비석을 세우는 일로써 소청疏請하여 곧 임금의 허락은 얻었으나 공역을 갖추지 못했기 때문에 분부가 내린 후 35년째 되는 갑술년 1814년(순조 14)에 이르러서야 황남전 정문 밖에 신도비를 세우게 되었다.

1793년(순조 3) 계해에 계림에 유허비를 세웠다. 신도비각은 1동 8면으로 되어 매우 아름답고 웅장했으며, 유허비각도 또한 이 제도를 모방했으나 규모가 작았다.

1887년(고종 24) 정해에 정언 김만제가 미추왕과 경순왕을 같이 제사 지내는 일과 소작농을 소청하였고, 판부사 김홍집이 임금 앞에서 경서를 강론하는 자리에서 문무왕을 제사지내는 일을 청하여 윤허를 받았다.

이에 특히 본부윤 김철희에게 분부하여 묘우를 중건했으니, 그 규모가 오가오간五架五間이라 숭혜전의 선액宣額을 내렸으며 3왕의 위패를 만들고 경순왕의 영정을 다시 본떠서 무자년 8월 초열흘을 택하여 변 8기와 두豆 8기를 갖추고 향과 축문, 폐백을 내려 보내어 고유하고 봉안하였다. 영정의 감실은 본묘 내 동벽 아래에 별달리 마련하였다.

참봉은 조정으로부터 별달리 지벌地閥과 문식이 있는 자를 택하여 정하고 임기가 차면 6품에 승진하였다.

전우殿宇의 수리비는 구례에 의하여 마련하였고 호세 80결을 면제하기로 확정했으며 각 능소에 비석을 세웠고 병오년에 장예원으로부터 분부를 받들고 예관 김영래金永來를 보내어 전·릉의 경계를 사방 백보로 정하였다.

1910년(융희 4) 경술년 이후에 제향의 경비를 춘추에 걸쳐 90원씩 관부로부터 의례 지출하였고, 1926년(병인년)에 비로소 죽현릉 참봉을 두어 춘분과 추분에 석채례釋菜禮로 거행하고 제향의 경비 1백 20원씩을 의례 지출했으며 각 능마다 수호인을 두었다.

● 경순왕 후예에 대한 조선 왕조의 특혜

경순대왕이 백성을 사랑하는 어진 정치가로서 동방 삼한에서 가장 총명한 임금이었다.

만주 지방의 오랑캐들 풍속을 다 없애고 악인들을 없애버리니 만백성이 대궐 뜰에 엎드려 절하였다.

이제야 백성들이 따르게 되었고 상하 신료들이 모두 복종하고 큰 호걸이나 작은 교활한 무리들까지도 우러러 사모하였다고 전한다.

동방에 나라가 선 이래 경순왕의 덕택으로 대왕의 후손들에게는 군대 복무와 부역 등이 면제되었음이 이를 증명하고 있다.

고려의 왕조로부터 조선 왕조 태종대왕(조선 제3대 왕)에 이르러 전교를 내려

"경순왕 후손들을 대대로 사랑하고 그 후손에게 녹을 주었는데 신분이 낮더라도 여러 가지 군대 복역과 부역 및 과거 등에 특별히 보아주되 침범하지 못하게 간곡히 칙령을 내리노라"

하였다.
조선 제14대 선조대왕이 또한 전교를 내려

"대대로 그 자손에게 녹을 주어 등용하고 약질로 생긴 자손이나 천한 서열일망정 천역과 열사를 강講하지 못더라도 건드리지 못하게 말리라고 재삼 칙령으로 깨우치노라"

하였으며, 조선 제17대 효종대왕은

"경순왕 자손의 녹봉과 사랑하는 법전은 이미 국전에 실려 있으니 혹시 범하여 사사로이 노비로 삼는 자가 있으면 본관으로부터 즉시 석방하여 양민으로 돌아가게 하고 군의 복역과 부역을 시키지 않도록 재삼 전교하노라"

하였다.
제19대 숙종대왕은 전지를 내려

"경순대왕 자손의 녹봉과 사랑하는 법전이 국전에 적혀 있어 분명히 상고할만한 고로 몇 해 동안 여러 차례에 걸쳐 호패를 내리고 군대와 부역의 의무를 없이하고 열사를 강하지 못더라도 건드리지 못하게 말리라고 한 것은 한결같이 선대 제왕들이 고시한 바로 그 교지를 받들어 이에 받아 전하여 시행하는 바이다"

하였다.
또한, 조선 제21대 영조대왕이 전교를 내려

"경순왕 후예들은 군대와 부역에서 빼어주는 것은 선대 임금 때부터 전해오는 전교이니 선조를 따름으로서 금석과 같은 법전이로다"

하였다.

마 의 태 자

산은 구름을 잡지 못하고,
피눈물과 통한을 뿌리고 설악산으로 떠난
비운의 태자

● 마의태자

신라新羅 56대 경순왕의 태자.

935년(경순왕 9) 신라는 후백제의 견훤甄萱과 고려의 왕건王建의 세력에 눌려 대항할 힘이 없으니 무고한 백성만 죽일 필요가 없다하여 왕이 친히 군신회의君臣會議를 열고 고려에 항복할 것을 논의하자, 태자는 충신과 의사를 시켜 민심을 수습하고 나라를 지킬 것을 주장하며 천년사직千年社稷을 일조일석에 버릴 수 없다고 반대하였다.

그러나 대세는 기울어져서 고려의 귀부歸附를 청하는 국서國書가 전달되자, 통곡하며 개골산皆骨山(금강산)에 들어가 마의麻衣를 입고, 풀뿌리와 나무껍질로 연명해가며 일생을 마쳤다한다.

마의태자는 그가 베옷을 입고 일생을 보냈다는 데서 유래한 이름이다.

1. 마의태자의 사록史錄

태자 일鎰공의 왕통王統

태자의 초휘(처음 이름)는 부富이고 후휘는 일鎰이요 자는 겸용謙用이다. 신라 김씨 38대 왕이며 신라 제56대 경순대왕의 큰 아들로, 죽방부인 박씨의 소생이며 서기 917년에 신라의 수도 월성에서 출생하였다.

당시의 신라는 신덕왕, 경명왕, 경애왕대에 이르러, 국세의 쇠잔으로 드디어 기강이 문란해져 지방 군웅地方群雄의 활거 시대로 접어들게 되었으며, 그 사이에 지방에서는 궁예가 고려국을 세우고, 서남방에서는 견훤이 후백제를 세워 마침내는 견훤이 경주까지 잠입하여 경애왕을 살해(혹은 자살했다고 함)하고 경순대왕을 즉위케 하니 이 해가 서기 927년 11월이다.

이때 일鎰이 11세로 태자로 책봉되었으나, 국토의 대부분이 상실되고 정세 또한 혼란하니, 태자의 우국충정이 오죽하였으랴.

서기 935년 11월에 부왕(경순대왕)이 드디어 시랑 김봉휴를 왕건에게 보내어 양국할 뜻을 전하자, 고려 왕건은 대상 왕철 등을 보내어 맞게 하니 태자는 대왕에게 뜻을 거두도록 간곡하게 충간하였으나 역부족力不足, 세불리勢不利하여 마침내 신라 천년 사직이 하루아침에 끝나고 말았다.

태자는 망국의 한을 품고, 신라국 광복에 뜻을 같이 하는 충신열사들과 지합하여 설악산에 입산, 망군대와 한계산성을 축조하고, 태종무열대왕이나 문무대왕의 민족 통합 이념으로 이룩한 삼국 통일의 신라 정신을 재현하려고 하는 중국 일념으로 그 일생을 마치니, 후인들은 그 분을 마의태자라 불렀으며 천년이 지난 지금까지도 태자에 대한 숭모와 연민의 정이 이어져 내려오고 있다.

여기 태자의 가계家系를 살펴보면 다음과 같다.

• 아버지: 경순대왕

대왕의 이름은 부傅이고, 서기 897년에 신라 월성(현 경주)에서 태어났다.

경순대왕은 부친 이찬伊湌·효종孝宗 후에 신흥대왕으로 추대되고, 모친은 신라김씨 34대(신라 제49대) 헌강대왕의 딸로, 계아부인 김씨·계아태후桂娥太后이며 신라 김씨 31대(신라 제46대) 문성대왕의 6세손이다.

서기 927년 11월에 신라 제56대 대왕으로 즉위하니 이때 31세이었다.

서기 935년 11월에 재위 9년 만에 고려 왕건에게 신라를 양국하고 서기 978년 음력 4월 4일에 82세로 세상을 마치니 시호를 경순敬順이라 하였다.

대왕의 능침(묘소)는 장단군 남팔리(지금의 경기도 연천군 장남면 고랑포리) 성거 산줄기의 화장용계좌에 모셨다.

• 어머니

신라 예부시랑 계림군鷄林君 박광우朴光佑 딸인 죽방부인 박씨이다.

• 형제 자매

죽방부인竹房夫人 박씨 왕비가 3남 2녀를 두었는데 태자 일鎰공을 비롯하여 황滉, 명종鳴鐘, 덕주공주德周公主이고, 다음으로 맞이한 왕건 태조의 딸인 낙 랑공주樂浪公主와의 사이에서 은열殷說·석석錫·건鍵·선鐥·추鎚의 5형제와 두 딸 을 두었으며, 다시 순흥안씨를 맞아서 아들 덕지를 얻었다.

둘째 왕자는 황湟 또는 굉鍠으로, 운발雲發, 우발雨發 형제를 낳았으며, 부왕 의 영정을 가지고 해인사에 들어가 스님이 되니 법명이 범공스님이라.

셋째 왕자는 명종鳴鐘으로 아바마마를 따라 충청도 제원군 한수면 월악산 덕주골에서 아바마마, 어마마마, 동궁을 위해 미륵존불을 조성하여 봉안한 후, 뒷날 부왕이 서거하자 경순대왕의 시호를 내리게 했다.

큰 딸은 덕주공주이며, 둘째 딸이 이금서李金書에게 출가한 공주이다. 이와 같이 오남매는 왕비 죽방왕후竹房王后 소생이다.

• 마의태자의 비妃

신라의 시중 김유렴金裕廉의 딸 김영란金英蘭이다. 김영란 태자비는 신라 월 성에서 태어났다. 왕비인 죽방부인이 회양 금강산 장안동 장안사의 돈도암 에 들어가 여승이 될 때, 며느리이자 태자의 비요, 두 아들의 어머니인 김영 란도 시어머니를 따라 여승이 되었다.

• 태자의 아들

신라 월성(경주)에서 태어난 김기로 공을 장남으로 하여 교較(=능인대사能 人大師)와 보림대사寶林大師, 보현대사普賢大師 등 사형제 중 삼형제가 불서佛 書에 기록되어 있다고 한다.

월성에서 탄생한 아들 기로공과 교공 두 형제는 종부 입산從父入山하여 설 악산 근처에서 시녀侍女의 손에 양육되다가 태자가 별세한 후에는 속세에 나와 고려의 탄압을 피하면서 숨어 살았다. 즉 기로공은 낙도와 같은 부령 현(지금의 부안扶安)에 정착하였으므로 그 후손들이 부령으로 왕래하면서 현 재 전국에 일만여호가 살고 있다.

또 교공은 역시 통천 같은 심산 유곡에 들어가 살았는데, 그 후손들은 통천으로 행관하고 있다.

• 억렴億廉의 딸

신라 잡간雜干 지대야군사지知大耶郡事 억렴은 경순대왕의 백부로 효종 신흥대왕의 형이며 마의태자 일공의 종조부가 된다. 그리고 억렴의 딸 신성왕후는 김부대왕의 종매이고 김일공의 종고모이다.

• 고려 제5대왕 경종景宗 유柚의 비

경종의 비는 경순대왕의 딸이며 김일태자의 누이 동생이 된다.

고려 경종이 정승공의 딸에게 장가를 들어 왕비로 맞아들이게 되자, 정승공을 봉하여 상보령공이라 하였다.

상보령공이 종흥국 3년에 돌아가니 시호를 경순왕 또는 효애孝哀라 하였다.

2. 마의태자 일鎰공의 이름과 혈통의 고증

부안김씨 족보에는 마의태자의 이름이 '일鎰'로 표기되어 있다. 과연 이 이름이 바른 이름일까? 족보는 거의가 지금으로부터 약 250년 전인 조선조 숙종조에 만들어졌다고 하며 그 전에는 흩어져 있는 가승의 형태로 전해 내려왔을 것으로 생각된다.

김부金富와 김일金鎰을 동일인으로 볼 수는 없을까? '일鎰'자를 파자로 분석해 보자.

김익金益이 된다. '익益'자는 '넉넉하다', '많다'의 뜻이며, 김익을 함께 해석하면 '금이 넉넉하다' 즉, 부자라는 뜻이 된다.

'부富'자의 뜻을 보면 역시 '넉넉하다', '많다'의 뜻이다. 결국 '익益'자와 '부富'자는 음이 다르나 뜻은 같다. 옛 사람들은 사물 현상을 말할 때 한자의 뜻의 의미는 변화시키지 않으면서 외형적 표현을 다르게 한 경우가 많았다.(예: 木子＝李, 四維＝新羅, 三水＝泰鳳)

따라서 '부富'자를 '일鎰'(스물넉량)로 표기함으로써 의미는 변화시키지 않으면서 표기만 다르게 해야만 했을까? 마의태자의 아버지인 경순왕의 본명이 '부傅'이다.

몇 백 년 후의 후손들이 생각할 때 부자간의 이름의 음이 같아 호칭상 구분이 안 된다.

그러나 언어에서 음운은 오랜 세월이 흐르면 변할 수 있다.

천여 년 전에 '부富'자와 '부傅'자의 음은 같지 않을 수도 있다. 따라서 당시에는 부자간의 이름 호칭에 별 문제가 없었으나 몇 백 년이 지난 조선조 중기에 한자의 뜻과 음을 한글로 표기하면서 두 글자의 음이 같아졌을 가능성이 있다.

나주김씨 족보(1,900년 제작)에 현 김부리를 '김보왕동'이라 표기하였다.

이것을 김부의 옛 음을 빌어서 지칭한 것 같다. 따라서 '김부'와 '김일'은 동일인이라 볼 수 있으며, 이는 곧 마의태자의 이름이 두 이름 중 '김부'가 본명이 된다.

왜냐하면 갑둔리의 김부탑 명문에 있는 '김부'는 태자의 나이 121세 때 기록된 것이고 '일'은 600여년 뒤에 기록된 것이기 때문이다.

또 한 가지 '김부'가 본명이라는 증거로 김부탑 명문에 '...상주김부수명장존가上主金富壽命長存家...'에서 '상주김부'는 김부왕이라는 뜻이며 '수명장존'의 뜻은 마의태자의 구국 얼이 영원불멸할 것을 나타낸 것이고 '가家'는 그 얼이 깃들어 있는 곳을 의미하는 것이니, 생존시에 망국의 한을 품고자 노심초사했던 주인공이라면 마의태자임을 미루어 생각할 수 있다.

따라서 마의태자의 본명은 '부富'라고 보는 것이 타당하리라 생각되나 이는 또 다른 측면에서 고증되어야 할 과제로 남는다.

또 김부가 마의태자의 본명으로 단정할 수 있는 근거로는 당시에 상당히 높은 지위에 있는 사람이 아니면 성을 갖지 못했었다.

그런데도 김부는 김씨성을 갖고 있었으니 신라 왕자로서 인제 방향으로 들어온 사람은 마의태자 뿐이라는 점과 탑을 세워 영혼을 공양할 수 있는 대상을 국가나 이름 높은 중이 아니고서는 당시 사회에서는 허용되지 않았음에도 불구하고 중도 아닌 개인을 위해 탑을 세울 수 있는 대상은 왕이었을 것이며 이는 곧 마의태자 밖에 없는 것이다. 개인을 위해 세운 탑은 전국에서 이 탑 뿐이다.

고려 태조 왕건은 그의 아버지 용건(융), 그의 할아버지 작제건의 이름 끝 글자 '건'이 모두 같은데 당시 사람들이 말하기를 '삼대가 같은 이름을 쓰면 삼한의 왕 노릇을 한다'고 하였다고 한다.

이로 미루어 경순왕과 태자의 이름의 음이 같다거나 비슷했다면 당시 이러한 연유가 있었을지도 모른다. 또 이것은 태자의 고려에 대한 항거와, 신라 재건의 야심이 깃들어 있을 것이다.

• 출생년대: 왕건-877, 경순왕-897, 마의태자-917
• 한계산성이나 홍천 김왕동의 전설 주인공이 경순왕인 것은 부자간의 이름이 발음상 같거나 비슷했기 때문이다.(경순왕의 시호)

• '부富' 라는 이름의 의미
김부대왕은 쇠퇴해 가는 신라국을 신라 제30대 문무대왕이 서기 668년 9월 21일 삼국 통일의 위업을 달성할 때처럼 회복시키기 위해서 아들의 이름을 '부富'로 정한 것이 아닌가 생각한다.

'부傅'자는 가장 훌륭하고 존경하는 스승과 같은 뜻을 가진 글자이니, 그 아들에게는 장차 튼튼한 나라를 재건할 것으로 믿고 스승과 같은 어른이 아닌 아이에게는 적당한 글자로서 연유年幼의 뜻이 담긴 '부富'자를 태자의 이름으로 정한 것 같다.

김부대왕이 탄생한 서기 897년에서 서기 927년 동안은 나라가 가장 위태로운 시기였으므로 항상 나라를 생각하는 마음이 간절했을 것이고, 훌륭한 지도자요, 뛰어난 학자였을 것이고, 충신이었을 것이다.

그 당시에는 3대가 같은 글자나 또는 음과 뜻이 같으면서 글자가 다른 이름을 찾았던 것이 아닌가 한다.

적어도 서기 1036년 이전에는 뜻이 같아도 음은 달랐을 것이고, 그리고 '부傳'와 '부富'가 나라를 재건하는데 좋은 의미를 가졌기 때문에 태자의 이름을 '부富'자로 사용하게 되었다고 본다.

이 '부富'자는 서기 1036년 이전에는 어느 나라의 왕이건 사용하지를 아니했다고 한다.

문화와 문명이 발달되고 발전하면서 한자도 우리나라 실정과 생활에 맞도록 고쳐지게 마련이다. 아버지 경순대왕의 이름자인 '부傳'자와 태자의 이름인 '부富'자가 음이 같게 되어 서기 1036년 이후, 또는 족보가 생긴 서기 1467년 이후, 태자의 '부富'자 이름을 뜻은 같고 음만 다르면서 형제들과 항렬이 같은 '일鎰'자로 고쳐진 것이 틀림없다.

형제들의 항렬이 이름자 한자로서 일鎰, 황湟, 건鍵, 석錫, 그리고 추錘 등과 맞추어 고쳐진 것이다.

그러므로 서기 1036년 이전의 태자의 이름은 '부富'이고 그 이후의 이름은 '일鎰'로 고쳐진 것이다.

그러나 이름자의 의미는 조금도 바뀐 것이 없고 옛날이나 지금도 변함이 없다.

• 김부金富, 김일金鎰, 마의태자麻衣太子는 동일인同一人

김부대왕은 김일金鎰과 동일인임이 밝혀졌다. 갑둔리의 김부탑 명문에 있는 '김부金富'는 태자의 나이 120세가 되는 서기 1036년 8월 이전의 이름이고, 일鎰은 600여년 뒤, 족보가 만들어진 조선조 숙종 때(서기 1675년) 이후에 불렸던 이름이다.

그리고 마의태자는 김부태자의 별명으로 1512년 삼국유사에 기록된 이후부터 백성들 사이에 불렸던 속칭이다.

다시 정리해보면 앞의 필자가 논한 사실에 의하면 부富는 1036년 8월 이전에 불리어 졌고, 마의태자는 서기 1512년 이후의 별칭이며, 일의 이름은 서기 1675년 이후에 족보 상의 이름이다.

또한 金자는 성姓이나 땅(토지土地) 이름을 말할 때는 '김'으로 발음하고 쇠·

화폐·나라이름(국명國名)·병兵·악기·귀함 등을 나타낼 때는 '금'으로 발음한다.

신라 말기나 고려 초기까지 일반 서민들은 성이 없었고 김씨 성은 대부분 신라 왕손이었다.

김부리는 마의태자의 행적 방향인 개골산(설악산: 한계산)의 인접지역이며 지형적으로 은거하기에 알맞을 뿐만 아니라 근처에 절이 있어 이전, 기거가 쉬웠다.

마의태자가 월성(경주)을 떠날 때 옥새를 가지고 떠났는데 김부리에 옥새 바위와 그에 관한 전설이 있음은 우연이 아니다.

김부의 부富는 경순왕의 부傅와 발음이 다른 보寶(임금의 뜻)로 발음되었으므로 같은 음의 이름이 아니다.

또한 당시 사회에서는 설사 부자간에 같은 음의 이름을 쓰더라도 용인되었다.

당시 탑 건립 기원 대상은 국가나 고승, 또는 왕이어야 했음에도 불구하고 김부탑을 세웠으니 이는 왕의 실존을 증명한다.

신라 김씨 세보에 기록되어 있는 마의태자의 이름인 김일金鎰과 김부金富에서 일鎰과 김부金富의 뜻이 같다.

김부탑 건립 연대는 마의태자 2회갑년(121세) 때인데 이것은 김부탑 명문에 있는 '김부수명장존…'의 뜻과 맥이 통한다.

김부대왕각 동제가 마을의 연중행사의 대상인 점(경순대왕일자지신위: 본래의 위패)이다.

대왕각에 안치된 철마상이 한계산성지에서도 동일한 종류의 것이 출토되었다.

김부리 일대의 전설과 지명 등이 향려적이며 왕권 체제와 관련되고 있다.

'상주 김부'는 왕의 호칭이다.

감시 대상이었을 태자에 관한 기록이 없음은 행방을 확인할 수 없는 곳에 은거하였기 때문으로 해석된다.(예상 밖의 은거지: 김부리)

3. 태자 김일鎰공의 아들

　김일 태자가 시중 김유렴의 딸 김영란과 결혼해서 신라 서울 월성(경주)에서 낳은 기로基輅와 교皎, 두 아들과 스님이 된 보림대사와 보현대사가 불서에 기록되어 있다고 한다.

　김부대왕이 신라를 고려 태조 왕건에게 양국한 서기 935년 11월, 마의태자의 나이는 겨우 19세였다.

　태자의 결혼은 14, 15세쯤일 때, 신라의 서울 월성에서 김영란을 맞이하여 이루어졌다.

　월성에서 거주한 4~5년 동안 두 아이 이상은 낳을 수 없다고 본다. 그러므로 서기 935년 11월 이전 신라 서울인 월성에서 낳은 아들은 '기로'와 '교' 형제 뿐 일 것이다.

　서기 935년 11월 태자는 어머니 죽방왕비와 처자와 함께 월성 임해전에서 구국한을 품은 채, 마의를 입고 눈물을 흘리면서 서북쪽 개골산을 향하여 길을 떠났다고 한다.

　그 후 태자는 사랑하는 어머니와 처자식을 뒤로 한 채 설악산으로 입산하고 두 고부는 회양 땅 장안리의 장안사 돈도암과 영원암에서 스님이 되었고, 두 아들 '기로'와 '교'는 시녀와 함께 고려의 탄압을 피하기 위해 산 속 깊이 숨어 살았으리라고 짐작이 된다.

　이렇게 보면 태자와 김영란비 사이에는 '기로'와 '교' 두 아들 외에는 자녀를 낳고 삶을 누릴 기회가 전혀 없었는데 보림과 보현 형제를 낳았다는 것은 논리상 맞지 않으며, 혹 태자가 다른 부인과의 사이에 낳은 것이라면 그것은 김영란 태자비와는 아무런 상관이 없는 것이다.

　한편, 기로는 법명이 정원대사이고 교는 능인대사로서 스님이 되기 전에 장가를 갔다면 아이를 얻을 수 있었으나 그렇지 않다면 아이를 얻을 수 없었으리라 생각된다.

　그 시대에는 불교에 입문하여 대사의 위치에 있는 신분으로서는 자녀를 낳는다는 것은 있을 수 없는 일이기 때문이다.

문헌의 기록으로 보아 틀림없이 신분을 감추기 위해서 불교에 귀의할 수는 있겠지만 적어도 대사의 신분으로 양심을 속여서는 안 될 것이므로, 불교에 입문한 것은 절대 아니라고 생각된다.

교는 고려의 탄압을 피해 단독으로 여진으로 망명했다고는 하나, 일종의 설에 지나지 않는다.

만일 그렇다면 만주에는 교의 후손들이 살고 있어야 하나 10세기 초에서 11세기, 토착인 교의 후예는 아직 발견된 것이 없다.

뿐만 아니라, 교의 묘와 사원이 강원도 통천군 통천읍 동복곡과 감상면에 있는 것으로 보아 여진으로 망명하지 않고 형 기로와 함께 시녀의 보살핌으로 심산유곡에서 숨어 살면서 어린 시절을 보냈을 것임에 틀림없을 것이다.

기로는 설악산 태자성太子城(강원도 인제군 상남면 김부리 일대)에서 신라의 많은 유민을 통솔하면서 살다가 세상을 떠난 후에 그 아래 대의 경수공이 수령이 되었으나 세월이 감에 따라 인구가 늘어나 땅이 비좁아서 살기가 불편하여 서기 1087년 4월경에 고려 13대 선종의 배려로 광평성 부상서 관직에 올랐다.

경수의 아들인 춘이 부령 부원군으로 책봉되니 행관을 부령김씨로 하였다가 행정 구역 변경으로 부안김씨라 부르고 있다.

또, 한설에는 마의태자가 타계한 후에 속세에 나와 고려 탄압을 피하며 숨어 살다가 기로는 낙도와 같은 부령현 부안에 정착하였으므로, 그 후손들이 부령으로 행관하다가 행정 구역 개편으로 부안을 본관으로 하고 있다고도 한다.

교는 역시 통천의 심산에 들어가 살았는데, 그 후손들은 통천으로 행관하고 있다.

교는 묘소와 사원은 현재 강원도 통천군 통천읍과 감상면에 있다.

기로의 직손자 춘의 딸이 문헌에 의하면 고려 14대 헌종의 비라고 되어 있으나 그렇지 않음을 밝혀 둔다.

4. 속칭 마의태자의 유래

마의태자란, 태자太子가 부왕父王(경순대왕)이 신라의 992년 8개월간의 사직을 송두리째 왕건에게 서기 935년 12월 초에 사실상 양국(또는 손국)할 때, 신라국 광복을 위해 구국의 한을 품고 신라 서울 월성 궁궐에서 나와 임해전에서 서기 935년 음력 10월 하순 금강산에 있는 설악산으로 떠날 때,

(ㄱ) 죄인이라는 뜻에서

(ㄴ) 나라가 망했으니 상주라는 뜻에서

(ㄷ) 강원도 인제에 있는 단발령을 넘으면서 머리를 깎고 삿갓을 쓰고 '인제麟蹄가면 언제 오나 원통元通해서 못살겠네'(필자가 재미있게 쓰기 위해서 전설을 마의태자와 관련되어 써 보았는데, 일설에는 마의태자골과 관련이 있다는 문헌도 있음)하고, 남의 눈에, 특히 고려의 군사나 고려파를 피하기 위해서

(ㄹ) 합병된 고려국의 의복, 음식 등 일체의 것을 거절하는 의미에서

(ㅁ) 구국의 한을 풀고, 신라국이 원상태로 회복될 때까지 고려에 항거하기 위해서

(ㅂ) 춥고 배고픔 등 모든 고통을 참고 견디어 그를 따르는 모든 종속자와 유민에게 애국심과 굳건한 의지를 심어주기 위해서

(ㅅ) 설악산 속 바위 밑 움막집에서 풀과 나무껍질을 먹으며 모든 일들을 행하다가 세상을 떠난 왕자이기 때문에 세상 사람들이 별명으로 마의태자라 부르게 된 것이다.

4. 마의태자의 행정行程

 경순왕이 고려에 나라를 넘기기 위해 국서를 가지고 서라벌을 떠난 것은 11월 초였다. 태자는 아버지의 처사에 불만을 품고 만류하려다 실패하자 그보다 앞서 서라벌을 떠났다.

 개골산을 향한 힘없는 행진이었다. 문경 새재를 넘고 월악산, 충주, 남한강, 용문, 홍천, 인제를 거쳐 한계산성에 도착한 때는 한 겨울이었다.

 살을 에는 듯한 추위와 눈보라에, 쌓인 눈은 발길을 막았다. 진퇴양난이 된 태자는 한계산성 삼층 석탑이 있는 망경대에서 한없이 울다가 서라벌을 향해 세 번 절하고 인근 산 아래 민가를 찾아들어 묵게 된다.

 그 해 겨울을 그 곳에서 보내고 다시 봄이 왔을 때 신하들과 의논하였다. 개골산으로 갈 것인지, 그 곳에서 계속 머무를 거신지, 아니면 다른 곳으로 숨어들 것인지를... 확정적인 결론은 개골산으로 가면 신변이 노출되어 위태롭다는 것이다. 당분간 그 곳에 머무르면서 은거할 곳을 물색하고 신라 재건을 꿈꾸어 보자는 의견으로 모아졌다.

 현 한계리 일대에 대궐 지을 터를 찾는 한편 또 다른 적지를 물색했다.

 우선 급한 것은 태자가 기거할 처소를 마련하는 일이다. 집(대궐터로 전해내려 옴)을 짓기 위해 기와를 굽고(지내: 와골) 집을 짓는다.

 그러는 동안 다른 의견이 제시된다. 그 곳보다 더 좋은 은신처를 찾아 낸 곳이 바로 현 김부리이다.

 그리하여 다시 이동하게 되었다. 마의태자가 처음 도착했을 때 몹시 추웠던 것을 되새겨 '한계리'라는 이름이 붙여졌을 법하다.(한계리 부근에는 '진부대왕' 또는 '김부대왕'이 등장하는 전설이 많다. 주인공이 경순왕이라고 하나 이는 마의태자일 것임)

 기록에는 마의태자가 개골산에 들어가 바위를 의지하여 집을 삼고 삼베옷에 초식으로 일생을 마쳤다고 하였다.

 이는 고려 왕조에서 경순왕에게 태자보다 위를 높여 정승으로 봉하였고 태조의 낙랑공주까지 주어가며 회유했던 것은 신라계 유민을 달램으로써 신라 재건을 꿈꾸는 무리들을 무마시키려는 정책이었다.

그러나 고려 왕조에 가장 반기를 든 마의태자였지만 여러 정황으로 보아 죽일 수는 없었다. 교통, 통신이 극히 불편했던 당시에 기록을 통해서 마의태자가 초라한 모습으로 살다가 죽었다고 함으로써 신라의 얼을 완전히 죽인 결과가 되고 마의태자를 정점으로 신라 재건을 꿈꾸는 무리들을 잠재울 수 있었던 최선의 방책이었을 것이다.

확고부동한 체제유지를 위해서는 기록도 얼마든지 왜곡시킬 수 있었던 것이다.

한 편 마의태자 입장에서는 개골산으로 간다고 해 놓고 상대를 기만시킴으로서 신변의 안전을 도모할 수 있으리라 생각했을 것이다.

물론 고려왕조에서는 경순왕에 대한 체면도 있고 해서 태자를 살해할 의도는 없었을 것이며, 그 동태는 살피려 했을 것이나 행방을 찾지는 못했다.

이러한 여러 가지 전설이나 유적을 종합해 볼 때 마의태자의 최종 은거지는 현 김부리가 틀림없다고 생각된다.

홍천 노냇골 북쪽 마을 지왕동(김왕동)은 신라 마지막 왕인 경순왕이 횡성의 탑산으로 피난했다가 인제로 갔다는 전설이 있다. 여기에 '마지막 왕'은 경순왕이 아니라 마의태자麻衣太子를 말한다.

또 명주 소금강에 있는 식당바위도 마의태자 일행이 식사를 하고 갔다는 전설이 있다.

종합하자면, 마의태자의 행로는 경주 임해전에서 서기 935년 10월 하순에 출발하여 서북쪽으로 경북 예천군권을 지나 문경 새재 옆에 위치한 경문 문경권인 여우고개를 넘어 관음리를 거치게 된다.

다시 하늘재를 넘어 충북 중원군과 제원군에 펼쳐있는 월악산권에 도착하여 미륵불산을 조성 봉안 후, 남한강을 경유하여 강원도 설악산권인 한계령 인제군 상남면 김부리에 도착, 김부리에서 신라 광복 운동을 하다가 세상을 떠난 것으로 보인다.

4. 김부대왕과 유적지에 관한 사연

금강산 개골산과 설악산 개골산

금강산은 신인이 사는 신산이라고도 하며 강원도 회양, 고성, 통천, 인제군에 걸쳐 있다.

산역은 약 190평방킬로미터, 주위는 80킬로미터, 중앙 금강 연봉의 서쪽은 내금강, 동쪽은 외금강, 해안은 해금강, 해금강 남쪽에 신금강이 있다.

비로봉(1,638m), 호룡봉(1,430m), 차일봉(1,529m), 일출봉(1,552m), 옥녀봉(1,424m), 상등봉(1,227m), 오봉(1,246m) 등으로 봉수령, 상령을 구성하는 암석류는 주로 흑운모 화강암이며 용암의 침식으로 기이한 형상을 이루고 있다.

그 중에서도 구룡연, 십이폭포, 만물상, 명경대, 만폭동, 망군대, 진주담, 보덕굴, 상팔담, 태자릉 등은 웅장 수려, 특히 만물상은 산용미, 만폭동을 계곡미로 절경을 이룬다.

관광로는 철원역에서 내금강 장안사로 들어가는 길과 장전에서 온정리를 거쳐 외금강으로부터 들어가는 두 길이 있다.

산 내 고찰은 도산사, 장안사, 표훈사, 정양사, 신계사, 마하연사 등이 있다. 이 산의 산세는 계절에 따라 달라지기 때문에 봄 금강, 여름 봉래, 가을 풍악, 겨울 개골이라 부르기도 한다.

이 개골산에 천년전 신라의 마지막 왕태자는 산으로 들어가 바위를 의지하며 집을 만들고 베옷과 나물밥으로 일생을 마쳤다.

삼국유사에는 '바로 개골산에 들어가 마의와 초식으로 끝마쳤다'로 기록되어 있으며 초라한 마의태자의 묘가 금강산 비로봉 아래 북릉 안골 용마석 옆에 간좌로 능침이 있은데 신라 마의태자릉이라는 비가 있다고 한다.

필자가 생각하기에는 마의태자가 입산한 개골산은 설악산 개골산인 것을 고려 때 금강산을 개골로 이름한데서 금강산으로 들어간 것이라고 잘못 기재한 것이 아닌가 한다.

금강산 개울이 하도 좋기 때문에 설악산보다는 금강산이 세계 명산이므로 그만 금강산 개골산으로 오인한 것으로 판단된다.

삼국사기와 삼국유사에는 금강산 개골산으로 되어있지 않고 단순히 개골산으로만 기록되어 있다.

이 기록의 암시는 금강산인지 설악산인지가 명확하지 않음을 내포하고 있는 것이다.

김부리

김부리는 지명이며 김씨 성을 가진 사람이 살던 마을을 말한다. 만약 지명이나 성을 지칭하지 않는다면 발음이 '금'이었을 것이다.

한자의 김金자는 '뜻'과 '음'이 쇠금, 돈금, 병장기금, 나라이름 금(국명國名), 풍류이름 금(악목기樂木器), 은행 금, 귀한 금 등에는 '금'으로 발음하고 땅 이름 김(지명地名), 성姓 김 일 때는 '김'으로 발음한다.

김부리金富里를 서기 940년 경에는 김보왕촌金寶王村(김보대왕촌金寶大王村)에서 그 후 서기 1759년과 1843년에는 김보왕리金寶王里, 김보리金寶里로 부르게 되었다면 옥새를 가진 김씨 임금의 곳으로 부르게 되었을 것이다.

보寶의 한자의 뜻과 음은 보배 보珍, 돈 보錢, 귀할 보貴 등인데, 특히 이 보寶자는 서옥 보玉, 어보 보-옥새 보玉로 사용하여 읽는다.

그리고 김부대왕金傳大王의 부傳와 김부태자金富太子의 부富자의 관계는 제3편의 제2장, '마의태자麻衣太子 일鎰공의 이름과 혈통의 고증'을 참고하기를 바란다.

서기 935년 이전에는 김부金傳와 김부金富의 음이 같지 않았을 것이고, 김부瑜富를 김보金寶로 사용하였을 것이다.

오늘날까지도 상부尙父를 '상보'로 읽고 있는 것과 마찬가지의 내용을 닮고 있다.

미루어 생각건대 김상부왕金尙富王을 김상보왕金尙寶王으로, 다시 김보왕金寶王에서 김부왕金富王 또는 김부대왕金富大王으로 호칭하였고, 김부대왕金富

大王의 생활 근거지인 이곳을 김부리金富里 마을로 약 100여 년 전부터 부르게 된 것으로 생각된다. 서기 935년 이후에 태자는 설악산으로 가는 도중에 강원도 인제군 북면 한계리에서 지형적으로 고려 왕국의 눈을 피하는데 가장 적합한 현 강원도 인제군 상남면 김부리로 들어와서 신라 광복의 꿈을 키우다가 일생을 마친 것으로 믿어진다.

이 사실들은 김부탑의 명문과 김부리의 단지골에 있던 대왕각의 위패에 '경순대왕일자지신위敬順大王一子之神位'로 기록되어 있었고, 신라말 고려초의 것으로 보이는 철마상鐵馬像이 한계산성과 대왕각에도 2개가 안치되어 있었다.

그 중 하나는 국립중앙박물관에 보관(1994년 11월 15일)되어 있으며, 갑둔초등학교에도 전시되어 있는데서 충분히 짐작이 된다.

김부대왕각

강원도 인제군 상남면 김부리의 상단지골上斷趾谷, 항병골抗兵谷, 김부리의 중심지 등 세 곳에 대왕각이 있었는데, 김부리대왕각은 6.25 전쟁으로 붕괴되었고, 항병골 대왕각은 산불에 의해 소실되었으며 상단지골 대왕각은 6.25 이후, 인근 마을이 없어지면서 자연 붕괴되어 없어지고 말았다.

상단지골과 김부리 대왕각에는 '경순대왕일자지신위敬順大王一子之神位'라고 쓴 위패가 모셔져 있다.

산불에 의해 불타버린 항병골 소재 대왕각은 서기 1987년 11월 18일 갑둔향토사적 연구회가 탐사하여 주춧돌 4개를 확인(1.8×1.6m)하였다. 위치는 김부리 중심지에서 남서쪽 직선거리 2.8킬로미터 지점이며 해발 800미터의 독립된 동산 위에 있다. 건물의 방향은 정 서쪽에 신을 모시도록 되어있고 건물터의 토질은 고운 황색 마사토로 되어있다.

마의태자 대왕각은 강원도 인제군 상남면 김부일리 336번지에 위치하고 있으며, 그 창건 연대는 사료가 없어서 알 길이 없으나, 다만 이 전각내에 소장되어 있는 신물 철제 마상이 3개나 있어 이 유물로 미루어 보아 약 천년이 된다는 것이 국립중앙박물관장 최순우 박사의 감식에 의한 증언이다.

전각의 구조는 단칸인 너와집으로서 퇴락하여 거의 붕괴 상태에 있었다.

이 대왕각은 태자가 승하하자 지방민들이 태자의 영혼을 위로하기 위해서 건립한 것으로 이곳 주민들이 수호하여 온 연유는 매년 음력 5월 5일과 9월 9일에 동리 전체의 행사로 제향을 올리면 그 해의 재앙을 모면하고 복을 받는다는 유래가 전하여 오고 있기 때문이다.

대왕각에 모신 태자의 신위는 오랜 세월에 풍화 마멸되어 자획이 희미하게 된 것을 동민들이 협동하여 1944년에 전각을 중수하면서 신위도 새로 모셨으나, 그때 기명이 오기되어 그대로 전해 오다가 1982년 8월 29일 부안·통천 김씨 대종회에서 이를 개조하여 다시 모시게 되었으며 매년 9월 9일에 제례를 올리기로 하였다.

또 이 전각을 대왕각이라 하고 이 부근에 있는 옥새바위에 옥새를 소장하여 왔다는 전설이 있음을 감안한다면 신라는 경순대왕이 고려에 양국하고 국왕이 궐위되자 이내 불복하는 일부 신민들이 태자를 신라왕으로 모시고 신라 재건을 위하여 항전을 계속한 것이 아닌가 추측된다.

이로 인하여 이 전각을 대왕각이라고 일컬어 온 것으로 생각되며, 이러한 사실과 대왕각에 대하여 삼국사기의 역자인 김종권씨의 안내로 7명의 조사단을 구성하여 1980년 7월 15일에 이 지방을 탐사하고 태자의 유적지로 확정지었으며, 1982년 8월 29일 부안·통천김씨대종회에서 신위를 다시 모시게 된 것이다.

지금 전각은 1983년 인제군에서 군비로 중건하였다.

그리고 대왕각 향제는 무당에 의하여 제를 올리는 경기도 안산시와 시흥군 군자봉의 성황제와는 근본적으로 다르게 주민의 대표에 의해 전제奠祭를 봉행하고 있다.

단지골

단지골은 인제군 상남면 김부리 북쪽의 깊은 골짜기를 말한다. 단지斷趾란 뜻은 발뒤꿈치를 자른다는 뜻으로 옛날에 죄인에게 형벌을 내리는 하나의 방법인데 단죄斷罪에서 유래된 낱말의 변화음인 것 같다. 즉 김부대왕金富大王이 소신라국을 통치할 때 죄인에게 벌하던 지명인 것 같다.

항병골

항병골은 인제군 상남면 김부리의 남쪽에 위치한 골의 이름이다. '항병'이란 뜻은 '겨루는 군사' 또는 '대항하는 군사'란 의미를 갖는다.

김부대왕金富大王이 첩첩산중 협곡에서 여항군麗抗軍을 훈련시키던 곳이거나, 고려군과 전쟁을 했던 곳으로 생각되어 진다.

여하튼 김부의 통치권에 의한 전쟁에서 유래된 지명임에 틀림없을 것으로 여겨진다.

갑둔리

인제군 상남면 갑둔리로서 현재는 갑둔초등학교 소재인 서낭거리와 원갑둔原甲屯 그리고 소치리 일부에서 편입한 갑둔 2리를 통틀어서 말한다.

갑둔리는 홍천과 인제간 국도에서 10킬로미터, 옛날 역참이 있었던 부평에서 16킬로미터, 인제읍에서 30킬로미터 쯤 떨어진 해발 500~700미터의 고지이나 땅이 기름지고 산채류가 풍부한 마을인데 교통이 다소 불편했을 예전에도 약 300호 이상이 거주했었다고 한다.

갑둔리의 갑의 한자 뜻과 음은 갑옷 갑, 대전 갑殿地, 비롯할 갑始, 첫째 갑-으뜸 갑第一, 법령 갑法, 첫째천 갑十千之首 등의 뜻을 갖게 되고, 둔屯의 뜻은 둔전 둔兵耕一田, 모일 둔聚地, 진칠 둔, 둔칠 둔勒兵守, 두터울 둔厚地 등으로 해석되어진다.

갑甲과 둔屯은 함께 생각했을 때는 '甲'자는 분명히 '갑옷'이란 뜻이고, '屯'자는 병사가 모였거나, 병사에 의한 진지이거나 옛날 병사들에 의해 농사를 짓던 땅(밭)이라는 뜻이다.

따라서 갑둔리는 많은 군사들이 이곳에 주둔하여 군사훈련을 했던 곳으로 군량을 해결하는 아주 중요한 땅이었음이 틀림없다.

이 지역은 고대 국가인 고구려와 신라의 접경 지역으로 자주 분쟁이 있었던 것으로 생각된다. 고구려 또는 신라의 군사들이 주둔해있던 곳으로써 생겨난 이름일 수도 있고, 임진왜란 때 의병들이 웅거하면서 항쟁하였던 곳으로서 붙여진 이름으로 생각할 수도 있겠으나, 이 두 경우 어느 것도 타당성이 적다. 왜냐하면 공격적인 요새이기보다는 방어적인, 즉 숨어서 장기간 주둔하기에 알맞은 곳으로 볼 때, 이 땅은 점령할 가치도 없고 너무나 험준하며, 군사가 통과하기에도 매우 불편한 곳이기 때문에 삼국시대나 임진왜란 때의 군사 활동의 근거지로 보기는 어렵다.

갑둔리는 김부대왕(마의태자)의 군사들이 신라의 광복을 위하여 훈련하던 곳으로 군량미를 조달, 보관하던 곳인 바 후일 이 곳이 갑둔리라는 지명으로 불려지게 된 것 같다.

군량리

군량리는 강원도 양구군 북면에 있는 한 마을인데 전설에 의하면 마의태자의 군사가 군량리에서 군사 훈련을 했다고 전한다.

마의태자는 추종세력을 이끌고 인제군 상남면 김부리에 진을 친다. 김보왕촌金寶王村, 김보동金寶洞, 김부리金富里라 부른다.

여기에 자리를 잡고 왕궁의 터를 잡았다고 전한다. 마의태자를 받들고 김부리에 궁궐을 마련하고 재기를 노리던 맹장군과 함께 장성들을 모아 군사 훈련을 실시하던 곳이다.

처음에는 김부리에서 군사 훈련을 했으나 군사 기지를 크게 만들어야 했으므로 양구군 북면 군량리로 군사훈련장을 옮기게 되었다.

군량리의 넓은 벌에서 군사 훈련을 시키는 한편, 창고를 짓고 군량미를 저장하여 고려와 대결할 준비를 착착 진행해 나갔다.

양구군 북면 군량리에는 지금도 신라 때 군사를 훈련시켰다는 전설이 담긴 지명이 남아있다.

군량리라는 지명은 군사들이 군량미를 쌓아두었던 곳이라는 데서 유래한다. 군량리 서북 능선의 험로가 있는 성터의 동남편에는 노고성이 있다.

옛날 어떤 노파가 돌로 절구공이를 갈았다는 전설이 내려오지만 실제도 천연의 성곽처럼 군사전략기지를 형성하고 있다.

군사들이 무술을 연마하며 칼춤을 추었다고 해서 검무정劍舞亭골이라는 곳도 있다.

고적봉鼓笛峯은 군사 훈련 때 신호로 피리나 북을 울렸던 봉우리라는데서 유래했다. 숫돌은 마석봉磨石峯이라 부르기도 하는 이 산봉우리에서 나는 숫돌로 병사들의 칼날과 창날을 갈았다는데서 그런 이름이 생겼다.

마전馬田은 군마를 방목했던 들판, 안골은 성안의 골을 가리키며 단안마을을 성 안쪽에 있는 마을이라 해서 그렇게 부른다.

삼국사기에는 마의태자가 개골산에서 고려에 항전하다가 일생을 마친 것으로 기록되어 있다.

그러나, 이곳에서 신라 광복을 위해 전력을 다 바친 맹장군이 거사를 하기 전에 사망하자, 장수를 잃은 군사들은 사방으로 흩어져 버렸으며 마의태자의 신라 부흥의 꿈도 깨어져 버렸다고 전해오고 있다.

이후부터 군량을 저장했던 창고가 있던 이곳을 군량리라 부르게 되었다.

군량리, 설골, 검무정골, 고적봉, 마석봉, 마전, 안골, 담안마을 등의 지명은 모두 맹장군과 관련된 전설을 담고 있다.

그러므로 참고문헌과 전설로 미루어보아 군량리는 마의태자와 관련이 있음을 짐작할 수 있다.

서낭거리

서낭은 선왕으로 불리기도 하는데 우리나라에서는 전래로 잿마루나 길가에 돌무더기를 쌓은 형태로 신앙되는 마을 내지 마을 경계를 수호하는 신령이다.

옛날 사람들은 '서낭'에 찾아가서 일 년에 한 두 차례 제사를 지내면 집안과 동리에 우환이나 흉사나 액운이 없어지고 즐겁고 좋은 일만 생긴다고 믿었다.

이 서낭이 지금의 상남면 갑둔리 갑둔초등학교 운동장 서남쪽 가에 있었으나 6.25 수복 후 갑둔초등학교 건물을 짓게 됨에 따라 옥려골로 옮겨졌다.

서낭을 모셨던 천년 이상이나 된 큰 전나무는 김부대왕(마의태자) 때 있었던 나무인데, 나무를 벤 밑동의 넓이가 열 두 사람이 둘러앉아 음식을 먹을 수 있는 정도였다고 한다.

나무 주위에는 성황당城隍堂(서낭당)에 제사를 지낼 때 사용한 그릇들과 깨어진 그릇 조각들이 발견되었고, 1971년도 초에 붕괴되었던 제당을 그 해 11월에 다시 지었으나 이웃집의 불로 전소되었던 성황당城隍堂을 1985년에 다시 개축한 것이 현재의 것이다.

위의 사실로 짐작되는 것은 성황당의 신령을 김부대왕의 혼령으로 일천년이나 자란 그 큰 전나무는 마의태자가 이 갑둔리에 왔을 때 있었던 것으로 여겨진다.

옥터골

옥터란 옛날에 죄인을 가두어 두었던 감옥소 자리라는 뜻으로 김부리와 갑둔리 등 김부대왕의 통치권내의 죄 지은 무리들을 수용하기 위해 설치한 감옥이 있던 골인 것 같다.

왜냐하면 고려조나 조선조의 왕정 체제 아래에서는 죄인을 가둬두기 위한 감옥을 두기에는 교통 여건이 너무나 불편한 오지이기 때문에 행정적 감시가 불가능했을 것이고, 유배인들을 이러한 첩첩산중에 감옥을 지어 수 감생활을 하게 할 필요가 있었겠는가 하는 것이다.

수거너머 고개

'수거너머'를 '술구네미'라고도 말하는데 '수레너머'의 김부리 지방 사투리 이다. '수거너머'는 서낭거리와 김부리 사이의 큰 고개로서 고개 양쪽을 모 두 '수거너머'라고 부른다.

김부대왕이 주거를 옮겨 생활 할 무렵, 산이 하도 험하고 칡넝쿨과 잡초가 우거져 있었으므로 김부대왕 일행은 평지에서는 수레를 타고 왔으나 험한 이 고개에서는 수레를 두고 걸어서 넘어왔다고 한다.

김부대왕이 칡넝쿨 때문에 다니기가 불편하다하여 신하들이 칡넝쿨을 모 두 없애버렸다고 전해오는데, 그런 연유인지 오늘날에도 갑둔리와 김부리 일대에는 칡넝쿨이 매우 드물고, 있어도 무성하지 못하다고 한다.

옥새바위

인제군 남면 김부리의 북쪽 골짜기인 하단지골 산 밑에 위치하고 있는 바 위가 있으니 이름하여 옥새바위다. 약 1천 년 전부터 이 바위에 얽힌 전설 은 아래와 같다.

신라 경순왕이 고려에 손국하자 왕자(마의태자)는 통곡하며 부왕을 작별하 고 이곳에 터를 잡아 재기의 힘을 키워나갔다.

이때 신라를 이으려고 김부대왕이라 칭하였는데 이곳 김부리에는 형태가 두 개로 포개져 있는 바위가 있었으니 이 바위에다 옥으로 만든 임금의 도 장인 옥새를 감췄던 곳으로 전해오고 있다.

가끔 여러 빛깔의 뱀이 나와 주위를 돌아다니곤 했는데 이것은 옥새를 지 키는 것이라 믿고 있다. 또한, 이 바위를 가리켜 '옥새바위'라고 불러오고 있다.

인근의 서북쪽 산에는 대왕각이 있어 김부왕을 위하여 음력 5월 5일과 9월 9일에 취떡과 재물을 차려놓고 마을사람들이 지금도 제사를 지내고 있는 등 이곳에 얽힌 옛 이야기가 많이 전해오고 있다.

맹개골 · 맹가골

상남면 김부리에 있는 맹개골은 만가골이란 말이 변한 것이다. 만가晩歌란 구전민요로서 죽은 사람의 상여를 메고 갈 때나, 매장하여 흙을 다지면서 죽은 사람을 애도하는 노래의 하나이다.

이곳 지명의 유래는 고려 초기 이곳에 살던 사람이 죽으면 맹개골 부근에 묻었는데, 만가가 자주 불려졌다고 한다.

지금도 맹개골에는 상여를 보관하는 화채간이 있고 이 부근에 많은 고분이 눈에 띈다.

그래서 만가골이 맹가골, 맹개골로 불리게 된 것이다.

또 다른 전설로는 맹장군이 신라의 재건을 꿈꾸며 군사를 훈련시키고 양성하면서 살던 맹장군의 집과 그의 후손들이 거주했다고 하여 맹가孟哥골로 불려졌다가 후세에 변하여 맹개골로 불려오고 있다고 전해온다.

맹창골

맹창골은 김부왕궁이 있었을 것으로 추측되는 김부리에서 500미터 정도의 거리인 양지바른 곳에 맹창장군의 집이 있었기 때문에 맹창골이라 불렸을 것으로 추정된다.

지금도 이곳에는 맹장군의 후손으로 보이는 6기의 무덤이 있는데 제일 아래 묘의 것으로 보이는 망부석과 파손된 묘비가 흩어져 있고, 비문에는 '통정대부…'라는 글자와 '□□□六年癸未…'라고 연대가 새겨져 있다.

천지골 · 천제골 · 천기골

김부리의 김부대왕 묘터와 김부탑이 있는 앞산 정상에서 북으로 흘러내리는 골짜기를 '천지골'이라 부르고 있다.

만약 천지로 해석하면 '하늘의 뜻' 또는 '임금의 뜻'이 담긴 골짜기란 의미인 것이고, 김부대왕이 신라 광복을 위한 여러 가지 기초 사업을 하던 그 산의 골짜기로 각각 해석된다.

위의 세 가지 고유 명사로 보아서는 김부대왕과 관련된 골짜기임에 틀림이 없다.

그리고 김부대왕이 이곳에 오기 위해서는 술구네미 고개를 넘어 왔을 것이다. 천지골 아래쪽의 토끼봉 아래에 있는 동향방의 집터에는 그릇 조각, 도기, 자기 등이 많이 출토되고 있는데 고려 시대에 큰 저택이 있었을 것으로 생각되며, 그 주인공은 김부대왕의 추종 인물이 아닌가 한다.

봉남대와 부수동

봉의 의미는 상상의 새인 봉황새로 수컷은 '봉자'이고 암컷은 '황자'로 쓴다. 봉황새는 성인이 세상에 나오면 이에 응하여 나타나는 상서로운 새이다.

봉남의 의미는 재잘거리는 봉황새를 뜻하는데 성인인 태자가 나타났다는 의미로 봉남대라고 하며 김부리 동쪽 6킬로미터 지점에 위치한 작은 마을이다.

그리고 봉남대에서 동쪽으로 약 1킬로미터 되는 곳에 부수동이라 부르고 있는데 이곳에 봉남사였을 것으로 생각되는 절터가 있다.

이 절터를 봉남대로 부르는 것이다.

한편, 부수동의 지형은 남북으로 큰 산이 막혀 있고, 그 사이로 냇물이 흘러 상류를 이룬다. 이곳은 김부리를 방어하기 꼭 알맞은 지형으로 되어 있다.

그 옛날 마의태자의 한 집단이 김부리에 웅거하고 있을 때 김부리의 서쪽 관문인 '갑둔'과 '소치리' 일대를 우두머리 장수 맹장군이 지켰으며, 동쪽 길목인 부수동은 '부수'가 지켰을 것이다. 즉, 부수가 지키던 곳을 부수동이라 불렀을 것이다.

수금동

수금동은 수거너머 고개의 김부리쪽을 말하는데, 첫째 수금동은 임금님의 새 수레가 있는 곳이고, 둘째는 끌 새 수레가 있는 곳이며, 셋째는 사람이 끄는 새 수레가 있는 곳이라는 뜻이다.

그러므로 세 가지의 공통점으로 보아 수레가 있던 곳이니 술구네미와 동일한 의미를 갖는다. 산간 오지에 신분이 높은 김부대왕과 관련이 있는 것으로 추측한다.

늠바위

이곳은 옛날 김부리로 통하는 주요 길목으로서 김부리와 소치리 사이에 있는 골짜기를 말한다. 늠이란 쌀을 보관하던 창고로 김부대왕 통치체제 아래에서 비상식량을 감추어 두었던 곳이었기에 이에 유래된 지명인 것 같다. 지금도 골짜기 어느 산 중턱에 큰 굴이 있는데 한번 가본 사람은 다시 찾지 못하는 아주 은밀한 장소라고 한다.

토끼봉의 전설

갑둔리 갑둔초등학교의 동쪽에 있는 천지봉에서 북쪽으로 뻗어 내린 해발 60미터의 조그마한 산으로 마치 토끼가 웅크리고 앉아 있는 모습을 하고 있는 산이 바로 토끼봉이다.

이 산 앞 북쪽 냇가에 두꺼비 모양을 한 바위 하나가 우뚝 솟아 있다. 결혼

한지 3년이 지나도 아들을 낳지 못한 부부가 이곳에 살고 있었는데, 이 두 부부가 김부대왕을 찾아가 그들의 소원을 간청했더니 김부대왕은 이들 부부에게 절을 지어 백일 동안 기도할 것을 권유했는데, 이들 부부는 김부대왕의 말씀대로 토끼봉과 두꺼비 바위 사이에 절을 지은 후 매일 일어나서 깨끗한 물로 뫼(밥)를 지어 부처님 앞에 제물로 차려놓고 두꺼비 같은 아들과 딸을 얻게 해 달라고 정성껏 빌었다.

그리고 마지막 백 일째 되는 날에는 흰 시루떡을 해서 차려놓고 빌었더니 이때까지는 부처님께서 혼자 다 드셨는데 오늘 따라 천지산에 있는 토끼와 천지골에 있던 두꺼비가 오자, 그 먹음직스러운 시루떡을 부처님이 먹지를 않고 토끼와 두꺼비에게 먹으라고 했다.

토끼와 두꺼비는 서로 많이 먹기 위해 싸움까지 하면서 그 시루떡을 다 먹었다.

그때 부처님이 이 광경을 보시고

"중생들아, 참으로 못난 짓들을 하는구나"

하면서 떡시루를 집어서 개울 너머로 던져버렸다.

부끄러운 토끼는 머리를 숙이고, 두꺼비는 앞발을 쳐들고 용서를 비는 순간 그대로 굳어 버려 바위가 되고 던져진 떡시루는 세 조각으로 갈라져 큰 바위가 되어버렸다.

그 후 이들 부부에게는 두꺼비를 닮은 아들과 토끼를 닮은 딸 쌍둥이를 낳아서 잘 기르게 되었다고 한다.

김부대왕이 서거하자 이들은 대왕의 은혜를 갚기 위해 대왕각을 지어서 제사를 지내게 되었으며, 동네 사람들도 무슨 어려운 일이 있거나 소원이 있을 때는 으레 대왕각에 가서 정성껏 소원을 빌었다고 한다.

지금도 이 곳 절터에는 석대가 남아있으며, 토끼가 앉아있는 모습을 한 토끼봉과 두꺼비 모양을 한 바위가 건너편 냇가에 그대로 있다.

김부대왕 5층 석탑

 김부리 5층석탑은 강원도 인제군 상남면 김부리 대왕각 수레곡 개울 고개 너머 갑둔초등학교 남쪽 탑골에 있다.

 이 탑은 서기 1036년(고려 정종 2)에 세워진 것으로 탑골에 있었는데 그 후 누군가에 의해서 의도적으로 파손되었다고 한다.

 기단부와 지대석, 그리고 옥석 3개가 완전히 두 동강이 난 상태로 흩어져 묻혀 있었고, 옥신은 최근 맷돌을 만드는 사람이 가져갔을 것이라는 주민들의 말이었다.

 서기 1987년 5월 5일 갑둔초등학교 교사였던 리태두 선생이 탑 기단부의 하대석과 면석 및 옥신 반 조각을 발견하였고 그 후 동료 교사와 지역주민에 의해 옥신 3개와 갑석, 부도, 그리고 석등의 보개 1개와 그 하대석 1개를 찾아냈던 것이다.

 이 탑의 기단부의 면석에서 음각된 해서체의 글씨를 각종 문헌의 참고에 의해 탁본하여 판독한 결과 4행 34자로 되어 있었고 그 내용은 다음과 같다.

> 보살계제자구상주菩薩戒弟子仇上主
> 김부수명장존가□金富壽命長存家□
> 오층석탑성영충공五層石塔成永充供
> 양태평십육년병자팔월일養太平十六年丙子八月日

 여기서 1행의 '제자弟子'는 '弗子'인지, '제자弟子'인지 아니면 '승제자升弟子' 인지 분명치 않다.

 '제자弟子'의 이두문자 표기인 것으로 보인다.

 또한 '태평'이란 연호는 거란契丹의 연호로서 이 연호는 1030년(거란 성종 10 년)까지 밖에 사용하지 않았고 서기 1036년은 거란의 홍종이 '중희'라는 연호를 사용하던 때이다.

그러나 이 탑에서 '태평'이란 연호를 그대로 사용한 것은 그 당시에 이 지역의 교통과 통신이 매우 불편하여 탑을 만든 사람이 서기 1030년 이전에 이곳에 들어와 탑을 만들었던 것 같다.

이 탑의 명문 내용은 불심이 깊은 사람이 상주 김부의 수명을 오래도록 보존토록 해달라는 기원으로 석탑을 세우고 오래도록 공양한다는 뜻을 나타내고 있다. 여기에서 '상주 김부'라는 뜻을 유의할 필요가 있다.

이제까지 전설로만 전해 내려오던 김부대왕은 실제로 존재했던 인물임이 이 탑의 발견으로 밝혀졌다. '상주'라는 말이 김부의 직위였다.

실질적으로 왕권을 행사하는 체제를 갖추었다 하더라도 공식적으로는 '왕'이란 호칭을 할 수 없었으나 일반 주민들은 '대왕'으로 호칭했다.

그러므로 '상주'는 왕의 뜻으로 해석된다.

또한 이 탑은 신라 망국 일백주년이 되는 해이며, 마의태자의 생후 121년 되는 해에 세운 것으로 '김부수명장종'이라는 탑의 명문과 관계가 있는 것으로 생각된다.

그 당시의 풍습에도 지위가 높은 사람들의 생일잔치가 있었던 것으로 볼 때 태자의 2회갑년과 탑의 건립 연대가 일치함은 우연이 아닌 것으로 생각되며, 태자가 생존시라면 장수에 대한 기원이었을 것이고, 사후라면 태자의 원혼과 항려사상을 길이 보존하려는 마음을 불심에 호소한 것으로 생각된다.

이 탑의 명문과 같은 양식은 고려의 강감찬姜邯贊(948~1031)이 거란의 침략을 물리치고 개성 흥국사에 석탑을 세웠는데 이 탑에 있는 명문의 문구에서 '보융계제자평장사강감찬普隆戒弟子平章事姜邯贊, 영충공양시천회오년오일야永充供養時天會五年五日也' 즉, 서기 1123년(정미 5) 5일, 영충공양이라고 한 바 당시 연대를 비교한다면 경순왕이 52세일 때에 강감찬이 태어났는데, 이때 마의태자는 32세이다.

충북 제원군 한수면 송계리 사정동 월악산 소재 보물 제94호 월악사자月岳師子 빈신사지頻迅寺址 9층 석탑은 서기 557년(진흥왕 18) 양梁나라 공제恭帝가 망하는 같은 해에 진陳나라 태평 2년에 창건하고 세운 탑이라고 하는 바,

탑의 명문은 79자로 찬란한 신라 조형 미술의 극치를 잘 나타내주고 있다.

명문에 불제자 고려국 중흥 월악사자 빈신사동양이라 하고 '봉위대대奉爲代代, 성왕항옥만세聖王恒屋晩歲, 천하봉평天下奉平, 법륜상전차계타방法輪常傳此界陀方, 영소원적후우생파사永消怨敵後愚生婆娑, 낭지화장술생郎知花藏逑生, 낭오정남순경조구층석탑郎悟正覽敬造九層石塔, 일좌一坐, 영충공양永充供養, 태평이년사월太平二年四月, 일근기一謹記'라고 하듯이 영충공양 태평 2년 4월 일인바 '영충공양永充供養'은 이 때도 똑같았다.

이 세 탑의 공통점은 연대가 서기 1021년~1036년으로 같은 태평 연호를 사용하였고, 이와 같이 모두 발원 탑으로 세운 사람, 발원 대상, 탑을 만든 연유, 세운 연대 순으로 씌어 있다는 점이다.

김부5층석탑 제1행의 구仇(원수 구)자는 석탑을 만든 사람의 이름이고, 태평 연호를 쓴 것은 고려에 대한 항거의 뜻으로 보인다. 왜냐하면 그 당시의 거란과 고려와는 서로 불편한 관계였음에도 불구하고 명문에는 거란의 태평 연호를 사용했기 때문이다.(강원대학교 박물관장 최복규 교수의 고증)

이 탑의 구조를 보면 지대석이 4조각으로 맞추어져 있던 것으로 보여지며, 그 위에 하대석은 2조각으로 되어 있는데 크기는 100×100×20 센티미터, 네 측면에 〰〰〰 모양의 안산 무늬가 3구씩 음각되어 있고, 그 위에 올려진 면석 59×57×42 센티미터에 명문이 있고, 우주가 각 면마다 2개씩 음각되어 있다.

상대갑석은 3단의 옥신괴임이 있고, 그 위에 옥신을 얹었던 것으로 보이나 1, 2, 3층 옥신은 맷돌을 만드는 사람에 의해 없어졌다고 한다.

옥개는 3단의 직선으로 옥개 받침이 있고, 낙수면은 양 끝이 위로 향한 곡선을 이루고 있으며 전각은 아래로 좁혀져 있어 투박함을 피하였다.

1층 옥석 아래쪽에 직경 11.5센티미터, 깊이 7센티미터 정도의 구멍이 파여져 있어 1층 옥신과 연결되어 사리를 모셨던 사리공으로 보인다.

5층 옥개는 발견되지 않았고 상륜부는 보륜 4조각이 발견되었을 뿐이다.

이 탑은 석질이 양호한 편인 화강암으로 곱게 다듬어져 있어 예술적으로도 아름다움이 깃든 조각품이라 할 수 있겠다.

또, 이 탑의 부속품으로 보이는 향로 받침석과 공양대 석조물도 발견되었는데 향로 받침석에는 연화무늬가 새겨져 있다. 1787년 10월 21일 갑둔리 산 80번지에 탑 전체 높이 3.1미터의 김부대왕의 5층 석탑을 복원하였다.

필자는 5층 석탑에 해서체로 음각된 글자를 보면 김부金富는 김부리 대왕 각 위패의 글로 보아서 김일태자임이 틀림없음으로 이 5층 석탑은 틀림없는 김부대왕의 장수長壽를 기원하는 석탑임이 확실하다.

그러나, 연호를 봐서는 태평 16년으로 연장하면 서기 991년으로 태자의 나이는 75세가 되는 해이고, 병자丙子를 생각한다면 서기 1036년으로 태자의 나이는 2회갑년回甲年이 되는 120세가 되어 이미 세상을 떠난 후에 세운 것으로 된다.

리태두 선생은 60세가 2번째 맞는 갑자 나이에 이 5층탑을 조성하는 것은 크게 의미가 있다고 했으나 이때는 고려가 한창 득세할 때이므로 탑을 세울 필요성이 희박한 시기인 것이다.

앞으로 역사학계나 고고학계의 연구가 계속되어야 하겠다. 그러나 이 석탑이 김부대왕金富大王(=마의태자麻衣太子=김일태자金鎰太子)의 유적임에는 틀림이 없다.

갑둔탑

이 탑은 갑둔초등학교에서 400미터 떨어진 탑둔지(탑두루: 탑뜰이 변한 지방 사투리)에 있다.

이 탑이 만들어진 연대는 김부탑과 거의 같은 시기로 짐작이 되며 탑을 만든 사람을 김부탑과 같은 사람인 것으로 아주 특이한 것은 김부대왕 묘를 중심으로 대체로 남북으로 같은 거리에 놓여져 있는데 이 하대석이 있는 근처에 탑의 중간 부분이 거의 파손되지 않은 상태로 묻혀있다.

그리고 이 탑의 하대석과 면석을 1987년 6월 26일 발견했다고 하며, 상층부 2층은 현재 갑둔초등학교 운동장에 옮겨져 놓여 있었다.

위에서 둘째 옥신은 38×38×28cm의 크기로 우주를 나타내는 선이 음각되어 있고 3단의 옥개 받침으로 되어 있고, 낙수면은 약간 곡선으로 이루어져 있다.

하대석의 크기는 115×115×22cm, 옆면에 김부탑의 음각과 같은 ∼∼∼∼ 모양의 무늬가 각 면마다 2개씩 음각되어 있고, 0.5×0.5×0.5 미터의 면석이 하대석 위에 비스듬히 올려진 채 돌무더기 속에 묻혀 있었다.

102×102 센티미터의 갑석은 3단의 받침대 위에 놓여졌으며 선각의 두께는 8센티미터로 거의 직석에 가깝다. 갑석 밑 부분의 받침은 제일 아래의 것이 44×44 센티미터인데 옥신 받침은 73×73 센티미터로 보아 옥신을 받치는 또 다른 받침들이 있었던 것으로 보인다.

복개는 김부탑과 같은 중앙에 보륜의 고정을 위해 6.5센티미터의 구멍이 파여져 있다.

탑골

탑골은 갑둔리에 있으며 자동차 도로변에서 350미터 쯤 떨어진 해발 700미터의 지점에 있는데, 김부의 영혼을 기원하기 위해 석탑과 암자를 세운 것으로 짐작된다.

한편, 이 탑의 발견시에 보개, 상석, 중대석 및 보주와 석등 기둥의 부서진 석등 부속품을 발견하였다. 그 외에도 백자와 청자 파편들이 다소 발견되었다.

탑둔지

탑둔지는 탑두루라고도 부른다. 탑두루는 탑뜰에서 변한 말이다. 탑둔지는 갑둔초등학교에서 동북쪽으로 약 400미터 떨어진 곳에 있는 조그마한 골짜기 이름이다.

옛날 탑둔지에 절이나 암자가 있었음을 알리는 쓰러진 탑의 일부가 땅 속에 묻혀있고 그 주위에서 기왓장 조각과 청자, 백자 그리고 도기류 조각들이 발견되었다.

특히 이 마을의 막 흙을 사용한 기왓장 조각의 양각무늬가 정교한 것으로 보아 상당한 건물임이 짐작된다.

청자의 색깔도 매우 곱고 균열이 고른 점 등으로 미루어 보아 신라의 왕족이나 상당한 위치에 있는 유민들이 살았던 곳임을 알 수 있다.

봉남탑

이 탑을 부수동탑이라고도 한다.

이 탑은 봉남대의 부수동 절터에 있던 탑으로 파손된 채, 논둑과 돌더미에 묻혀 있었다.

확인된 이 탑의 부속품으로는 오개석 2개, 옥석 2개, 지대석 2개, 행주가 양각된 면석 1개를 발견하였는데 이들 부분품의 구조와 크기로 보아 탑의 규모는 5층으로 통일신라시대의 석탑 양식이다.

옥개석을 5단 받침으로 되어있고 직경 16센티미터, 깊이 1.5센티미터 가량의 구멍이 파여진 사리공 덮개가 1층 옥개석 밑에 높여져 있다.

이곳에도 평행사변형 빗살무늬인 기와조각과 유약이 거의 벗겨진 백자종발 조각이 발견되었다.

김부대왕묘

김부대왕 묘 터라고 전해져 내려오는 이곳은 오미자골 입구 도로변에 있다.

옛날에 김부대왕 묘가 이 자리에 있었는데 그 자리에 최씨네가 묘를 썼다고 한다.

최씨 집안은 이곳에 묘를 쓴 후 그 자손들이 벌을 받아 죽고 망했다고 전해 오는데 지금도 그 자리에는 쓰러진 망부석과 묘비가 남아있다.

묘 비문에는 '...통정대부 최씨...숙부인...'의 글자가 보인다.

통정대부는 이조 때 정3품 직위로 그 직책은 오늘날의 차관급에 해당된다. 이곳에 묻힌 사람은 나라에 죄를 지어 이곳에 유배되어 왔거나 당쟁을 피해 이곳에서 은거하다가 죽어 여기에 묻혔을 것으로 생각된다.

또 '사복최씨…'라고 쓰인 묘비가 2개 발견되고 있는데 '사복'이란 관직은 고려와 조선조 때 임금의 수레나 가마를 관리하던 것인데 이것은 김부대왕의 전설 술구네미와 어떤 연관이 있을 법도 하다.

이곳은 풍수지리에 의하면 명당이라 한다. 그런데 상당히 넓은 공간 지역을 남겨두고 제장도 없이 산마루 끝에 묘를 써야 했던 까닭은 무엇일까? 그 공간 지역에 김부대왕 묘가 있었을 것으로 가상해 볼 수도 있다.

또한 이곳은 김부탑과 갑둔탑을 좌우로 거의 같은 거리를 두고 술구네미 절터를 배경으로 하고 있음은 꽤 의미있다 하겠다.

1973년 이곳 앞으로 차도를 내기 전 까지는 묘 앞에 연못이 있었다고 하는데 이 연못을 메우고 길을 낼 때 굉장히 큰 비석이 묻혀 버렸다는 이야기가 내려오고 있다.

현재 이곳 주위에는 평창 이씨네 묘가 산 위쪽에 있다.

가마산 소금

가마산은 김부리 서쪽에 있는 해발 1,100미터의 높은 산으로 그 옛날 김부대왕이 전쟁에 쓸 소금을 묻었다고 하는데 묻은 곳은 알 수 없다.

유물

갑둔리와 김부리 일대에서 출토된 11세기 이전의 유물은 다음과 같다.

백자찻잔(10세기), 원형무늬 암기와(11세기), 백자향로(11세기), 사각형 대각선무늬기와(11세기), 옹기백자단지(11세기), 빗살무늬 암기와(11세기), 옹기대접(11세기), 민무늬 수키와(11세기), 청자접시(11세기), 여러 무늬 기와 (11세기)

등은 김부대왕과 관련이 있는 것으로 생각된다.

12세기 이후의 것은 수록하지 않았다.

부 록

부록 차례

1. 신라 56대 왕 계보

(?: 미확인 또는 연대 미상)

사기 史記	유사 遺事	대	왕 명	이 름	재위년	생몰년
상고 上古	상대	1	혁거세 거서간赫居世居西干	혁거세赫居世, 불구내弗矩內	기원전 57~4	기원전 70~4
		2	남해 차차웅南解次次雄	?	4~24	?~24
		3	유리 이사금儒理尼師今	?	24~57	?~57
		4	탈해 이사금脫解尼師今	?	57~80	기원전 5~80
		5	파사 이사금破娑尼師今	?	80~112	?~112
		6	지마 이사금祗摩尼師今	지미祉味	112~134	?~134
		7	일성 이사금逸聖尼師今	?	134~154	?~154
		8	아달라 이사금阿達羅尼師今	?	154~184	?~184
		9	벌휴 이사금伐休尼師今	발휘發暉	184~196	?~196
		10	내해 이사금奈解尼師今	?	196~230	?~230
		11	조분 이사금助賁尼師今	제귀諸貴, 제분諸賁	230~247	?~247
		12	첨해 이사금沾解尼師今	이해理解, 점해詀解	247~261	?~261
		13	미추 이사금味鄒尼師今	미조味照, 미고未古, 미소未召	262~284	?~284
		14	유례 이사금儒禮尼師今	유리儒理, 유례儒禮	284~298	?~298
		15	기림 이사금基臨尼師今	?	298~310	?~310
		16	흘해 이사금訖解尼師今	?	310~356	?~356
		17	내물 마립간奈勿尼師今	?	356~402	?~402
		18	실성 마립간實聖尼師今	?	402~217	?~417
		19	눌지 마립간訥祇尼師今	?	417~458	?~458
		20	자비 마립간慈悲尼師今	?	458~479	?~479
		21	소지 마립간炤知尼師今	비처毗處	479~500	?~500
		22	지증 마립간智證尼師今	지대로智大路, 지철로智哲路, 지도로智度路	500~514	437~514
		23	법흥왕法興王	원종原宗, 모진慕秦	514~540	?~540
중고 中古		24	진흥왕眞興王	삼맥종彡麥宗, 심맥부深麥夫	540~576	534~576
		25	진지왕眞智王	사륜舍輪, 금륜金輪	576~579	?~579
		26	진평왕眞平王	백정白淨	579~632	572~632
		27	선덕여왕善德女王	덕만德曼	632~647	?~647
		28	진덕여왕眞德女王	승만勝曼	647~654	?~654

사기 史記	유사 遺事	대	왕 명	이 름	재위년	생몰년
하고 下古	중대	29	태종무열왕太宗武烈王	춘추春秋	654~661	602~661
		30	문무왕文武王	법민法敏	661~681	?~681
		31	신문왕神文王	정명政明, 명지明之	681~692	?~692
		32	효소왕孝昭王	이홍理洪, 이공理恭	692~702	643~702
		33	성덕왕聖德王	융기隆基, 흥광興光	702~737	?~737
		34	효성왕孝成王	승경承慶	737~742	?~742
		35	경덕왕景德王	헌영憲英	742~765	?~765
		36	혜공왕惠恭王	건운乾運	765~780	758~780
	하대	37	선덕왕宣德王	양상良相	780~785	?~785
		38	원성왕元聖王	경신敬信	785~798	?~798
		39	소성왕昭聖王	준옹俊邕	798~800	?~800
		40	애장왕哀莊王	청명淸明, 중희重熙	800~809	788~809
		41	헌덕왕憲德王	언승彦昇	809~826	?~826
		42	흥덕왕興德王	수종秀宗, 경휘景暉, 수승秀升	826~836	?~836
		43	희강왕僖康王	제융悌隆, 제옹悌顒	836~838	?~838
		44	민애왕閔哀王	명明	838~839	?~839
		45	신무왕神武王	우징祐徵	839~839	?~839
		46	문성왕文聖王	경응慶應	839~857	?~857
		47	헌안왕憲安王	의정誼靖, 우정祐靖	857~861	?~861
		48	경문왕景文王	응렴膺廉, 의렴疑廉	861~875	846~875
		49	헌강왕憲康王	정晸	875~886	?~886
		50	정강왕定康王	황晃	886~887	?~887
		51	진성여왕眞聖女王	만曼, 탄坦	887~897	?~897
		52	효공왕孝恭王	요嶢	897~912	?~912
		53	신덕왕神德王	경휘景暉, 수종秀宗	912~917	?~917
		54	경명왕景明王	승영昇英	917~924	?~924
		55	경애왕景哀王	위응魏膺	924~927	?~927
		56	경순왕敬順王	부傅	927~935	?~979

* 차차웅次次雄: 무당을 뜻하는 말로서 제사와 정치가 일치하던 시대의 수장임을
　　　　　나타낸다.
* 이사금尼師今 / 마립간麻立干: 신라 때 임금을 이르던 칭호의 하나이다.

2. 신라 건국 계통 연표 新羅建國繼統年表

(?: 미확인 또는 연대 미상)

왕대	왕호	휘	재위 연수	연도	혈족 계통	비고
1	시조왕始祖王	박혁거세朴赫居世	60년	기원전 57년	신라 건국 시조	박씨 1대왕
2	남해왕南解王	박남해朴南解	20년 6개월	4년	혁거세의 아들	박씨 2대왕
3	유리왕儒理王	박유리朴儒理	33년 1개월	24년	남해왕의 아들	박씨 3대왕
4	탈해왕脫解王	석탈해昔脫解	약3년	43년	다파나국 왕의 아들/ 남해왕의 사위	석씨 1대왕
5	파사왕破娑王	박파사朴破娑	32년 2개월	80년	유리왕의 아들	박씨 4대왕
6	지마왕祗摩王	박지마朴祗摩	21년 10개월	112년	파사왕의 아들	박씨 5대왕
7	일성왕逸聖王	박일성朴逸聖	19년 6개월	134년	유리왕의 아들	박씨 6대왕
8	아달라왕 阿達羅王	박아달라朴阿達羅	30년 1개월	154년	일성왕의 아들	박씨 7대왕
9	벌휴왕伐休王	석벌휴昔伐休	12년 1개월	184년	탈해왕의 손자	석씨 2대왕
10	내해왕奈解王	석내해昔奈解	33년 11개월	196년	벌휴왕의 장손	석씨 3대왕
11	조분왕助賁王	석조분昔助賁	17년 2개월	230년	벌휴왕의 2손	석씨 4대왕
12	첨해왕沾解王	석첨해昔沾解	14년 7개월	247년	조분왕의 아들	석씨 5대왕
13	미추왕味鄒王	김미추金味鄒	22년 10개월	261년	대보공大輔公의 7세손 구도仇道의 아들 조분助賁의 사위	김씨 1대왕
14	유례왕儒禮王	석유례昔儒禮	14년 2개월	284년	조분왕의 아들	석씨 6대왕
15	기림왕基臨王	석기림昔基臨	11년 6개월	298년	조분왕의 손자	석씨 7대왕
16	흘해왕訖解王	석흘해昔訖解	45년 10개월	310년	내해왕의 손자	석씨 8대왕
17	내물왕奈勿王	김내물金奈勿	45년 10개월	356년	미추왕의 조카	김씨 2대왕
18	실성왕實聖王	김실성金實聖	15년 3개월	402년	미추왕의 조카	김씨 3대왕
19	눌지왕訥祗王	김눌지金訥祗	41년 3개월	417년	내물왕의 아들	김씨 4대왕
20	자비왕慈悲王	김자비金慈悲	20년 6개월	458년	눌지왕의 아들	김씨 5대왕
21	소지왕炤知王	김소지金炤知	21년 9개월	479년	자비왕의 아들	김씨 6대왕

왕대	왕호	휘	재위 연수	연도	혈족 계통	비고
22	지증왕智證王	김지대로 金智大路	13년 8개월	500년	내물왕의 아들	김씨 7대왕
23	법흥왕法興王	김원종金原宗	26년	514년	지증왕의 아들	김씨 8대왕
24	진흥왕眞興王	김삼맥종 金彡麥宗	36년 1개월	540년	법흥왕의 동생 갈문왕葛文王/ 입종立宗의 아들	김씨 9대왕
25	진지왕眞智王	김사륜金舍輪	2년 11개월	576년	진흥왕의 아들	김씨 10대왕
26	진평왕眞平王	김백정金白淨	52년 6개월	579년	진흥왕의 손자	김씨 11대왕
27	선덕여왕 善德女王	김덕만金德曼	15년	632년	진평왕의 장녀	김씨 12대왕
28	진덕여왕 眞德女王	김승만金勝曼	7년 2개월	647년	진평왕의 동생 갈문왕 국반國飯의 아들	김씨 13대왕
29	태종무열왕 太宗武烈王	김춘추金春秋	7년 3개월	654년	진지왕의 손자 추존 문흥왕의 아들	김씨 14대왕
30	문무왕文武王	김법민金法敏	20년 1개월	661년	태종무열왕의 아들	김씨 15대왕
31	신문왕神文王	김정명金政明	11년	681년	문무왕의 아들	김씨 16대왕
32	효소왕孝昭王	김이홍金理洪	10년	692년	신문왕의 아들	김씨 17대왕
33	성덕왕聖德王	김융기金隆基	34년 7개월	702년	신문왕의 둘째 아들	김씨 18대왕
34	효성왕孝成王	김승경金承慶	5년 3개월	737년	성덕왕의 아들	김씨 19대왕
35	경덕왕景德王	김헌영金憲英	23년 1개월	742년	효성왕의 동생	김씨 20대왕
36	혜공왕惠恭王	김건운金乾運	14년 10개월	765년	경덕왕의 아들	김씨 21대왕
37	선덕왕宣德王	김양상金良相	4년 9개월	780년	내물왕 10세손 해찬海飡 효방孝方의 아들	김씨 22대왕
38	원성왕元聖王	김경신金敬信	13년 11개월	785년	내물왕 12세손	김씨 23대왕
39	소성왕昭聖王	김준옹金俊邕	1년 5개월	799년	원성왕의 태자 인겸의 아들	김씨 24대왕
40	애장왕哀莊王	김청명金淸明	9년 1개월	800년	소성왕의 아들	김씨 25대왕
41	헌덕왕憲德王	김언승金彦昇	17년 3개월	809년	소성왕의 동복동생	김씨 26대왕
42	흥덕왕興德王	김수종金秀宗	10년 2개월	826년	헌덕왕의 동복동생	김씨 27대왕
43	희강왕僖康王	김제륭金悌隆 김제옹金悌顒	1년 1개월	836년	원성왕의 손자 이찬 헌정憲貞 의 아들	김씨 28대왕
44	민애왕閔哀王	김명金明	1년 1개월	838년	원성왕의 증손자 대아찬 충공의 아들	김씨 29대왕

왕대	왕호	휘	재위 연수	연도	혈족 계통	비고
45	신무왕神武王	김우징金祐徵	6개월	839년	원성왕의 손자 상대등 균정의 아들	김씨 30대왕
46	문성왕文聖王	김경응金慶膺	18년 2개월	839년	신무왕의 아들	김씨 31대왕
47	헌안왕憲安王	김의정金誼靖 김우정金祐靖	3년 4개월	857년	신무왕의 이복동생	김씨 32대왕
48	경문왕景文王	김응렴金膺廉	14년 6개월	861년	희강왕의 아들 아찬 계명啓明의 아들	김씨 33대왕
49	헌강왕憲康王	김정金晸	10년 10개월	875년	경문왕의 아들	김씨 34대왕
50	정강왕定康王	김황金晃	1년	886년	경문왕의 둘째 아들	김씨 35대왕
51	진성여왕 眞聖女王	김만金曼	9년 11개월	887년	헌강왕의 여동생	김씨 36대왕
52	효공왕孝恭王	김요金嶢	14년 10개월	897년	헌강왕의 서자	김씨 37대왕
53	신덕왕神德王	박경휘朴景暉	5년 5개월	912년	아달라 이사금의 후손	박씨 8대왕
54	경명왕景明王	박승영朴昇英	7년 1개월	917년	신덕왕의 아들	박씨 9대왕
55	경애왕景哀王	박위응朴魏膺	3년 3개월	924년	경명왕의 동복동생	박씨 10대왕
56	경순왕敬順王	김부金傅	7년	927년	문성왕의 현손 실홍實虹의 차자	김씨 38대왕
마의태자麻衣太子		김부			이찬 효종孝宗의 아들 경순왕의 장자	

* 갈문왕葛文王: 신라 때에 왕의 아버지나 장인, 외조부, 형제 또는 여왕의 남편 등에게 내리던

칭호로서 왕에 버금갈 정도의 높은 지위였다.

3. 신라 건국 연원

<신라 건국의 시작>

옛날 진한辰韓에는 6촌村이 있었다.

첫 번째로 알천양산촌閼川楊山村은 경상북도 경주시 오릉五陵 남쪽에 있었던 담암사曇嚴寺 방면이다. 촌장은 알평謁平이라 하여 처음에 하늘에서 표암봉瓢嚴峯으로 내려오니 이가 급양부及梁部 이씨李氏의 조상이 되었다. 제3대 유리 이사금노례왕弩禮王 9년인 서기 32년에 부部를 두어 급양及梁이라 하였는데 고려 태조太祖 천복天福 5년 경자庚子에 중흥부中興部라 바꾸었다. 파잠波潛, 동산東山, 피상彼上, 동촌東村이 이에 속한다.

두 번째는 돌산고허촌突山高墟村으로 촌장은 소벌도리蘇伐都利라 하여 처음 형산兄山에 내려와 사량부沙梁部 최씨崔氏의 조상이 되었는데, 고려 태조 때에는 남산부南山部라 하여 구량벌仇良伐, 마등조麻等烏, 도북道北, 회덕廻德 등 남촌南付이 이에 속했다.

세 번째는 무산대수촌茂山大樹村으로서 촌장은 구례마俱禮馬(또는 仇禮馬)라 하여 처음에 이산伊山(또는 개비산皆比山)으로 내려와 점량부漸梁部(또는 점탁부漸涿部) 일운一云 모량부牟梁部 손씨孫氏의 조상이 되었는데, 고려 태조 때에는 장복부長福部라 하여 박곡촌朴谷村 등 서촌西村이 이에 속했다.

네 번째는 취산진지촌嘴山珍支村(또는 보지賓之, 보자영지賓子·永之)으로서 촌장은 지백호智伯虎라 하여 처음 화산花山에 내려와 본피부本彼部 정씨鄭氏의 조상이 되었는데, 고려 태조 때에는 통선부通仙部라 하여 시파柴巴 등 동남촌東南村이 이에 속했다.

다섯 번째는 경주 북천北川 북쪽 금강산의 백률사栢栗寺 부근에 있었던 금산가리촌金山加里村으로서 촌장은 지타祇沱(또는 只他)라 하여 처음 명활산明活山에 내려와 한지부漢歧部 일운一云 한지부韓歧部 배씨裵氏의 조상이 되었다. 고려 태조 때에는 가덕부加德部라 하여 상서지上西知, 하서지下西知, 내아乃兒 등 동촌東村이 이에 속했다.

여섯 번째는 명활산고야촌明活山高耶付으로서 촌장은 호진虎珍이라 하여 처음 금강산金剛山으로 내려와 습차부習比部 설씨薛氏의 조상이 되었다. 고려 태조 때에는 임천부臨川部로서 물이촌勿伊村, 잉구미촌仍仇彌村, 궐곡闕谷(또는 갈곡葛谷) 등 동북촌東北村이 이에 속했다.

　이들 촌장이 진한의 여섯 촌장, 즉 신라의 개국 좌명공신인 것이다.

　위의 글을 보면 이 6부部의 조상들이 모두 하늘에서 내려온 것으로 되어 있는데 이는 신라의 기원을 신격화하기 위한 상징으로 보인다. 32년(유리왕 9)에 왕은 6부의 이름을 고치고 또 여섯 촌장에게 각각의 성姓을 주었다. 양산부楊山部를 양부梁部라 하여 그 성을 이씨李氏라 하고, 고허부高墟部를 사량부沙梁部라 하여 그 성을 최씨崔氏라 하고, 대수부大樹部를 점량부漸梁部(또는 모량부牟梁部)라 하여 그 성을 손씨孫氏라 하고, 진지부珍支部를 본피부本彼部라 하여 그 성을 정씨鄭氏라 하고, 가리부加利部를 한지부漢祇部라 하여 그 성을 배씨裵氏라 하고, 명활부明活部를 습차부習比部라 하여 그 성을 설씨薛氏라 하였다. 6부, 곧 6촌은 신라 구성을 이루는 근본으로서 현재 경주慶州를 중심으로 한 경상북도 일대이다. 한편 그 당시 여섯 촌의 백성들은 나라의 왕이 없음을 항상 크게 근심한 나머지 6부 촌장들이 각기 자제들을 데리고 알천閼川에 모여

"우리가 위에 백성을 다스릴 군주가 없어, 백성들이 모두 방탕하여 제멋대로 하니, 어찌 덕이 있는 사람을 찾아 임금으로 삼아 나라를 세우고 도읍을 청하지 아니하겠는가."

하고는,　3일간 목욕재계한 후에

"우리들에게 거룩하신 임금님 한 분을 내려 보내 주시옵소서."

하며 천신께 경건한 마음으로 정성껏 기원하였다.

　이윽고 기원전 69년(전한前漢 선제宣帝 지절地節 원년, 임자壬子) 3월 초 1일에 고허촌장 소벌공蘇伐公이 우연히 양산楊山 아래 나정蘿井(또는 계정鷄井)이란

우물이 있는 곳을 바라보니, 울창한 숲 사이에서 오색의 상서로운 기운이 번갯불과 같이 땅에 비치더니, 그 가운데에 한 마리 말이 크게 소리쳐 울며 그 옆에는 선인仙人 한 분이 재배하는 현상이 보였다. 소벌공은 이것을 보고 신기하게 여겨 곧 그곳으로 가서 보니 말과 신선은 없어지고 다만 큰 알 같기도 하고 큰 바가지 같기도 한 것이 있기에 깨어보니, 그 속으로부터 옥같이 귀엽고 아름다우며 모습이 늠름한 아기가 탄생하였다. 이 어른이 곧 박씨朴氏의 시조이며 신라의 왕이 된다.

경이로운 일로 여긴 촌장들이 그 아이를 동천東泉에서 목욕시키니 몸에서 광채가 나고 새와 짐승이 따라 춤을 추며 하늘과 땅이 진동하고 해와 달이 청명하게 빛났다. 여섯 마을 촌장들은 그 출생을 신기하게 여겨 아기에게 하례를 올리고 받들어 기르게 되었는데. 그 당시 방언으로 바가지를 '박'이라 하므로 '박朴' 자로 성을 삼고 그 빛남이 당대에 거하신다 하여 '혁거세赫居世' 세 자로써 휘를 삼았다. 이 일로 인하여 그 사내아이를 혁거세왕赫居世王이라 이름하였다. 또는 불구내왕弗矩內王이라고도 하니 이는 밝게 세상을 다스린다는 뜻이다. 위호位號를 거슬한居瑟邯 또는 거서간居西干이라고도 하는데, 이는 그가 처음 입을 열 때 스스로 말을 하되

"알지거서간閼智居西干이 한번 일어난다"

하였으므로 그 말로 인해서 일컫게 된 것이다. 이로부터 왕자의 존칭이 거슬한 또는 거서간이 되었다. 시인詩人이 서로 다투어 치하하기를 이제 천제天帝의 아들이 내려왔으니 마땅히 덕이 있는 황후를 찾아서 짝을 지어야 할 것이라 하였다.

이날에 사양리沙梁里 알영정閼英井 또는 아리영정娥利英井가에 계룡鷄龍이 나타나 왼편 갈비에서 여자아이 하나를 낳았다. 또는 용이 나타나 죽으니, 그 배를 갈라 여자아이를 얻었다는 설도 있다. 여자아이의 자태와 얼굴은 유달리 고왔으나 입술이 닭의 부리와 같았는데, 월성月城 북천北川에 가서 목욕을 시키니 그 부리가 빠짐으로 그 내를 발천撥川이라 하고, 여자아이의

이름은 알영정에서 발견되었으므로 알영閼英이라고 하였다.

촌장들은 궁실宮室을 남산南山 서쪽 기슭에 세워서(창림사昌林寺가 있던 곳) 성스러운 두 아이를 받들어 극진히 부양하였다.

혁거세가 7세가 되었을 때, 하루는 성인이 나오는 꿈을 꾸었다. 신인神人이 금으로 된 자(금척金尺)를 주면서 말하기를

"이 자로 금구金甌를 정하라."

하였는데, 꿈을 깨어보니 혁거세의 손에 금척이 들려 있었다. 그 금척으로 사망한 사람과 병든 사람을 재어본 즉 죽은 자는 다시 살아나고 병든 자는 완쾌되어 사람들이 신의 공덕이 깃들었다고 하였다.

기원전 57년(전한 선제 오봉五鳳 원년, 갑자甲子) 그의 나이 열세 살에 벌써 늠름한 대장부와도 같으므로 6부의 백성들은 혁거세를 추존하였고, 그는 즉위하여 호를 거서간이라 하고 알영을 왕후로 삼았으며, 국호를 서라벌徐羅伐이라고 하였다. 또는 서벌徐伐, 사라斯羅, 사로斯盧라고도 하였다. 고려 때에 '서울 경京'자를 가르침에 있어 서벌이라 하던 것도 이 까닭이다.

시조왕 탄생에 대하여 말하기를 이는 서술성모西述聖母 가 낳은 바이니, 중국 사람들이 선도성모仙挑聖母를 찬양한 말에 '현인을 낳아 나라를 창시한다'는 뜻의 신현조방娠賢肇邦이란 말이 있는 것도 이 까닭이다. 계통이 상서로움을 나타내고 박혁거세의 왕비인 알영을 낳았다는 이야기도 서술성모의 현신을 말한 것이 아닐까 싶다. 처음에 왕이 계정에서 태어난 까닭에 계림국鷄林國이라 하였는데 계룡이 상서로움을 나타낸 까닭이었다. 일설에는 제4대 탈해 이사금 즉위시 김알지金閼智를 얻을 때 닭이 숲 속에서 울었으므로 국호를 고쳐 계림鷄林이라 하였다고 한다.

혁거세 거서간은 그 뒤에 다시 국호를 고쳐서 신라新羅라고 하니 '신新'은 어진 업적을 날마다 새롭게 한다는 뜻이오, '나羅'는 사방을 망라한다는 큰 뜻을 갖고 있다.

혁거세가 나라를 다스린 지 60년 만에 하늘로 올라가더니 그 후 7일 만에

유체遺体가 흩어져 땅에 떨어지며 왕후도 따라 돌아갔다고 한다. 신라인들이 합장하고자 하니 큰 뱀이 쫓아와 방해하므로 몸 다섯 부분을 각각 장사지내어 5릉이라고 하였다. 또 사릉蛇陵이라고도 하는데 담암사曇嚴寺 북릉北陵이 이것이다.

<신라 개국 좌명공신>
≪삼국사기三國史記≫ <신라본기新羅本紀> 제1면에는 이李, 최崔, 정鄭, 손孫, 배裵, 설薛 등의 순서로 기록되어 있다. 경주 정씨慶州鄭氏 문중의 기록에는 ≪삼국사기≫와 같은 순서로 기록되어 있고, 손씨孫氏 문중의 기록에는 이, 최, 손, 정, 배, 설 등의 순서로 기록되어 있다.

여섯 촌장은 656년태종 3 제29대 태종 무열왕에 의해 왕으로 추봉되었다, 먼저 알천양산촌 촌장 알평은 은렬왕恩烈王으로 추봉되었으며, 돌산고허촌 촌장 소벌도리는 문열왕文烈王으로, 무산대수촌 촌장 구례마는 문의왕文義王으로, 취산진지촌 촌장 지백호는 감문왕甘文王으로, 금산가리촌 촌장 지타祗沱는 장렬왕壯烈王으로, 명활산고야촌 촌장 설호진은 장무왕壯武王으로 추봉되었다.

박씨 왕계편朴氏王系篇

<시조 편>

5년(남해왕 2)에 시조 묘를 세워 사시四詩로 제사 지내고 시조 혁거세 거서간의 딸이자 제2대 남해 차차웅의 친 여동생 아로阿老를 제주祭主로 삼았었다. 제3대 유리 이사금이 즉위 원년에 시조 묘를 배알하고 죄인들을 사면하여 주었으며, 이후부터는 새 왕이 즉위하면 종묘를 배알하고 죄수들을 사면해 주는 것이 상례로 되었다.

<신궁>

487년(소지왕 9)에 내을신궁奈乙神宮을 설치하였다. 내을奈乙은 시조 왕이 탄생한 곳으로서 나정蘿井 이후부터 새로 임금의 자리에 오르면 반드시 이 신궁에서 친히 제사하였다.

박씨 왕 계통표 朴氏王系統表

(10명의 박씨 왕이 232년간 재위하였다.)

박씨 왕 대수	신라 조朝 대수	왕호	휘	아버지	어머니	비	재위 연수	즉위 원년	즉위 서기	왕릉 소재지
1	1	시조 왕 혁거세 거서간	박혁거세 朴赫居世	6촌 군장 軍長이 양육함			60	갑자 甲子	기원전 57년	경주시 탑동
2	2	남해 차차웅	박남해 朴南解 해자海字	혁거세 거서간	알영 閼英 부인	운제 雲帝 또는 아루 阿婁 부인	20	갑자 甲子	4년	경주시 탑동
3	3	유리 이사금	박유리 朴儒理 흡리洽理	남해 차차웅	운제 부인	일지日知 갈문왕의 딸 또는 허루왕 許婁王의 딸	33	갑신 甲申	24년	경주시 탑동
4	5	파사 이사금	박파사 朴破娑	유리 이사금		김씨 사성史省부인	32	경진 庚辰	80년	경주시 탑동
5	6	지마 이사금	박지마 朴祗摩	파사 이사금	김씨 사성 부인	김씨 애례愛禮부인	22	임자 壬子	112년	경주시
6	7	일성 이사금	박일성 朴逸聖	유리 이사금		박씨 지소례왕 支所禮王의 딸	20	갑술 甲戌	134년	경주시 장전동
7	8	아달라 이사금	박아달라 朴阿達羅	일성 이사금	박씨 소례왕의 딸	박씨 내례 內禮 부인 지마왕 祗摩王의 딸	30	갑오 甲午	154년	경주시 배일산
8	53	신덕왕	박경휘 朴景暉	예겸乂 兼 또는 銳謙	정화 貞和 부인	김씨 헌강왕의 딸	5	임신 壬申	912년	경주시 배일산
9	54	경명왕	박승영 朴昇英	신덕왕	의성 義成 왕후		7	정축 丁丑	917년	경주시 배일산
10	55	경애왕	박위응 朴魏膺	신덕왕			3	갑신 甲申	924년	경주시 배일산

<추존왕>

* 이비伊非(일휘一諱 이칠伊漆)

  제6대 지마 이사금의 아들로서 갈문왕葛文王으로 추존되었다.

* 벽방碧芳

  제8대 아달라 이사금의 아들로서 갈문왕으로 추존되었다.

* 예겸乂謙

  성순成順의 아들이다. 제53대 신덕왕이 즉위하고 부친 예겸을 선성왕
  宣聖王으로 추존하였다.

석씨 왕 계통표昔氏王系統表

(8명의 석씨 왕이 174년간 재위하였다.)

석씨왕대수	신라조대수	왕호	휘	아버지	어머니	비	재위연수	즉위 원년	서기	왕릉소재지
1	4	탈해이사금	석탈해昔脫解 일작一作 토해吐解	완하국玩夏國 함달파왕舍達婆王 일작一作: 화하국왕花夏國王	여국왕女國王의 딸	아로 부인 / 남해이사금의 딸	23년	정사丁巳	57년	경주시 동천동 산 17
2	9	벌휴이사금	석벌휴昔伐休	탈해이사금의 아들	지진내례只珍內禮 부인 김씨		12년	갑자甲子	184년	실전
3	10	내해이사금	석내해昔奈解	벌휴이사금의 장손	내례內禮 부인	석씨 조분이사금의 여동생	34년	병자丙子	196년	실전
4	11	조분이사금	석조분昔助賁	벌휴이사금의 손자 / 골정骨正의 아들	옥모玉帽 부인 김씨 / 구도 갈문왕의 딸		17년	경무庚戌	230년	실전
5	12	첨해이사금	석첨해昔沾解	조분이사금의 친동생			15년	정묘丁卯	247년	실전
6	14	유례이사금	석유례昔儒禮	조분이사금의 아들	○소○ 김 부인 박씨 / 갈문왕 내음奈音의 딸		15년	갑진甲辰	284년	실전
7	15	기림이사금	석기림昔基臨	조분이사금의 손자 / 이찬 걸숙의 아들	아이阿爾 부인		12년	무우戊于	298년	실전
8	16	흘해이사금	석흘해昔訖解	내해이사금의 손자 / 각간 유노의 아들	명원命元 부인		46년	경우庚于	310년	실전

석씨 왕릉 실전표

신라 조대 수	석씨 왕대 수	연수	왕호	휘	재위 연수
9	2	184년	벌휴 이사금	석벌휴昔伐休	12년
10	3	196년	내해 이사금	석내해昔奈解	34년
11	4	230년	조분 이사금	석조분昔助賁	17년
12	5	247년	첨해 이사금	석첨해昔沾解	15년
14	6	284년	유 례 이사금	석유례昔儒禮	14년
15	7	298년	기림 이사금	석기림昔基臨	12년
16	8	310년	흘해 이사금	석흘해昔訖解	46년

김씨 왕계편 金氏王系篇

<신라 김씨 선원新羅金氏璿源>

신라 제4대 탈해 이사금 즉위 9년째인 65년 3월에 왕은 밤에 금성金城 서쪽 시림始林 사이에서 닭이 우는 소리를 듣고 날이 밝자 호공瓠公을 파견하여 살펴보게 하였는데 그가 시림에 이르러 보니 금색으로 된 조그만 궤짝이 나뭇가지에 달려 있고 흰 닭이 그 밑에서 울고 있었다. 그가 돌아와 이 사실을 알리니 왕은 사람들을 시켜 그 궤짝을 가져오게 한 다음 열어 보니 조그만 사내아이가 그 속에 들어 있는데 용모가 기이하게 뛰어났다. 왕은 크게 기뻐하며 군신들에게 이르기를

"이 어찌 하늘이 나에게 아들을 보내준 것이 아니겠는가."

하며 거두어 길렀다. 사내아이는 자람에 따라 아주 총명하고 지략이 많았는데 이름을 알지閼智라 하고 그가 금궤에서 나왔으므로 성을 김씨金氏라 하였고 또 시림을 고쳐 계림鷄林으로 이름하고 이로써 국호를 삼았다. 알지는 세한勢漢을 낳고, 세한은 아도阿道를 낳고 아도는 수류首留를 낳고, 수류는 욱보郁甫를 낳고 욱보는 구도仇道를 낳고 구도는 미추味鄒를 낳았는데 미추가 신라 제13대 왕위에 오르니 신라의 김씨는 대보공大輔公 김알지에서 시작되었다.

김씨 왕 계통표 金氏王系統表

(38명의 김씨 왕이 587년간 재위하였다.)

김씨 왕 대수	신라 조 대수	왕호	휘	아버지	어머니	비	재위 연수	즉위 원년	즉위 서기	왕릉 소재지
1	13	미추왕	미추 味鄒	구도 九道	박씨 갈문왕 이칠伊柒의 딸	광명光明 부인 석씨 / 제11 대왕 조분왕의 딸	2	임오 壬午	262	부남府南 황남리 黃南里 죽엽릉 竹葉陵 대릉大陵
2	17	내물왕	내물 奈勿	말구 末仇	휴례休禮 부인 김씨	희례希禮 부인 김씨	46	병진 丙辰	356	첨성대 瞻星臺 서남쪽 금성金城 남쪽 10리
3	18	실성왕	실성 實聖	대서지 大西知	이리伊利 부인 석씨 / 아간 등보登保의 딸	아류阿留부인 김씨	16	임인 壬寅	402	
4	19	눌지왕	눌지 訥祗	내물왕	희례希禮 부인 김씨	아노阿老부인 김씨	4	정사 丁巳	417	부산 남산 南山 아래
5	20	자비왕	자비 慈悲	눌지왕	아노阿老 부인 김씨	희도希道 부인 김씨	21	무오 戊午	458	
6	21	소지왕	소지 炤知	자비왕	희도希道 부인 김씨	선혜善兮 부인 김씨 / 이찬 내숙乃宿의 딸	21	기미 己未	479	
7	22	지증왕	지대로 智大路	습보 習寶	조생鳥生 부인 김씨	연례延禮 부인 박씨 / 등흔登欣의 딸	14	경진 庚辰	500	
8	23	법흥왕	원종 原宗	지증왕	연례延禮 부인 박씨	보도保刀 부인 박씨	26	갑오 甲午	514	와와리 臥瓦里 산 위 애공사 哀公寺 북쪽 산
9	24	진흥왕	삼맥종 三麥宗	입종 立宗	식도息道 부인 박씨	사도思道 부인 박씨	36	경신 庚申	540	서악리 西岳里 애공사 북쪽 산

김씨 왕 대수	신라 조 대수	왕호	휘	아버지	어머니	비	재위 연수	즉위 원년	즉위 서기	왕릉 소재지
10	25	진지왕	사륜 舍輪	진흥왕의 둘째 아들	사도思道 부인 박씨	지도知道 부인 박씨	3	병신 丙申	576	진문리 晋門里 영경사永敬寺 북쪽
11	26	진평왕	백정 白淨	동륜 銅輪	만호萬呼 부인 김씨	마야摩耶 부인 김씨 / 복승福 勝의 딸	53	기사 己巳	579	내동면 內東面 한지漢只
12	27	선덕 여왕	덕만 德曼	진평왕	마야摩耶 부인 김씨	*부夫 김인평 金仁平	15	임진 壬辰	632	부동府東 낭산狼山 남쪽 고개
13	28	진덕 여왕	승만 勝曼	국반 國飯	월명月明 부인 박씨	*부夫 김기안 金基安	7	정미 丁未	647	사양부 沙梁部 금견곡 今見谷
14	29	태종 무열왕	춘추 春秋	용춘 龍春	문명文明 왕후 김씨	문명文明 부인 김씨 / 서현舒 玄의 딸	7	갑인 甲寅	654	서악西岳 평야 영경사 북쪽
15	30	문무왕	법민 法敏	태종 무열왕	문명文明 왕후 김씨	자의慈儀 왕후 김씨	20	신유 辛酉	661	동해 대석암 大石岩 아래
16	31	신문왕	정명 政明	문무왕	자의慈儀 왕후 김씨	신목神穆 왕후 김씨 / 일길찬 흠운欽運의 딸	11	신사 辛巳	681	천왕사 天王寺 동쪽 금배반리 今排盤里
17	32	효소왕	이홍 理洪	신문왕	신목神穆 왕후 김씨	김씨	10	임진 壬辰	692	부동 방남리 方南里 도지道只
18	33	성덕왕	융기 隆基 흥광 興光	신문왕의 둘째 아들	신목神穆 왕후 김씨	소덕昭德 왕후 김씨 / 소판 원태元泰의 딸	35	임인 壬寅	702	부동 부지곡 部只谷
19	34	효성왕	승경 承慶	성덕왕의 둘째 아들	소덕昭德 왕후 김씨	혜명惠明 왕후 김씨 / 이찬 순원順元의 딸	5	정축 丁丑	737	화장 후 수장

김씨 왕 대수	신라 조 대수	왕호	휘	아버지	어머니	비	재위 연수	즉위 원년	즉위 서기	왕릉 소재지
20	35	경덕왕	헌영 憲英	성덕왕의 셋째 아들	소덕昭德 왕후 김씨	만월滿月 부인 김씨 / 서불감 의충義忠의 딸	24	임오 壬午	742	모지사 毛祇寺 서쪽 봉우리
21	36	혜공왕	건운 乾運	경덕왕	만월滿月 부인 김씨	창화昌花 부인 김씨 / 이찬 유성維 誠의 딸	15	을사 乙巳	765	천왕리 天王里 금배반리
22	37	선덕왕	양상 良相	효방 孝方	사소四炤 부인 김씨	구족具足 부인 김씨 / 각간 양품良 品의 딸	5	병신 丙申	780	화장 후 동해에 수장
23	38	원성왕	경신 敬信	효양 孝讓	계오繼烏 부인 박씨	숙정淑貞 왕후 신씨 / 각간 신술神 述의 딸	14	을축 乙丑	785	봉덕사 奉德寺 남동쪽 활성리 活城里 곡칭谷稱 괘릉掛陵
24	39	소성왕	준옹 俊邕	인겸 仁謙	성목聖穆 왕후 김씨 / 신미神 迷의 딸	계화桂花 부인 김씨 / 숙명叔明의 딸	2	기묘 己卯	799	
25	40	애장왕	청명 淸明	소성왕	계화桂花 부인 김씨	정화貞和 부인 박씨	9	경진 庚辰	800	
26	41	헌덕왕	언승 彦昇	인겸 仁謙	성목聖穆 왕후 김씨	귀승貴勝 부인 김씨	17	기축 己丑	809	부동 천림리 泉林里
27	42	흥덕왕	수종 秀宗	인겸 仁謙	성목聖穆 왕후 김씨	장화章和 부인 김씨	10	병오 丙午	826	안강安康 육통리 六通里 북쪽 / 장화 부인 능에 합장
28	43	희강왕	제융 悌隆	헌정 憲貞	순성順成 왕후 박씨	문목文穆 왕후 김씨 / 충공忠恭의 딸	2	병진 丙辰	836	소산 蘇山 금청도군금 淸道郡

김씨 왕 대수	신라 조 대수	왕호	휘	아버지	어머니	비	재위 연수	즉위 원년	서기	왕릉 소재지
29	44	민애왕	명明	충공忠恭	선의宣懿 태후 박씨	윤용允容 왕후 김씨 / 시중 영공永恭의 딸	1	무오 戊午	838	부남사 府南社 골짜기 북쪽 야산
30	45	신무왕	우징 祐徵	균정 均貞	헌목憲穆 태후 박씨	진종眞從 부인 박씨 / 명해明 海의 딸	4 개월	기미 己未	839	내동면 동방리 東方里 제형산 弟兄山
31	46	문성왕	경응 慶應	신무왕	진종眞從 왕후 박씨	소성昭聖 태후 김씨 / 위흔魏 欣의 딸	18	기미 己未	839	서악 西岳 공작지 孔雀地
32	47	헌안왕	의정 誼靖 우정 祐靖	균정	조명照明 부인 김씨	안정安貞 왕후 김씨	4	정축 丁丑	857	서악 공작지
33	48	경문왕	응렴 膺廉	계명 啓明	광의光義 왕후 박씨	문의文懿 왕후 김씨	14	신사 辛巳	861	
34	49	헌강왕	정晸	경문왕	문의文懿 왕후 김씨	의명懿明 왕후 김씨	11	을미 乙未	875	보제사 菩提寺 동남쪽 금남산 今南山 아래
35	50	정강왕	황晃	경문왕	문의文懿 왕후 김씨	문숙文淑 왕후 김씨	1	병오 丙午	886	남유상 南由上
36	51	진성 여왕	만曼	경문왕	문의文懿 왕후 김씨	*부夫 김필대 金必大	10	정미 丁未	887	양산군 梁山郡 황산 黃山
37	52	효공왕	요嶢	헌강왕	의명懿明 부인 김씨	계아桂娥 부인 박씨 / 이찬 예겸乂謙의 딸	15	정사 丁巳	897	사자곡 獅子谷 천왕 天旺 동랑산 東狼山
38	56	경순왕	부傅	효종 孝宗	계아桂娥 부인 김씨	죽방竹房 부인 박씨 / 낙랑樂 浪 공주 왕씨	9	정해 丁亥	927	장단부 長湍府 남팔리 南八里 천향동 泉向洞

김씨 왕릉 실전표

신라 조대 수	김씨 왕대 수	연수	왕호	휘	재위 연수
18	3	402년	실성實聖	실성實聖	15년
19	4	417년	눌지訥祇	눌지訥祇	41년
20	5	458년	자비慈悲	자비慈悲	22년
21	6	479년	소지炤知	소지炤知	21년
22	7	500년	지증智證	지대로智大路	14년
34	19	737년	효성孝成	승경承慶	5년
36	21	765년	혜공惠恭	건운乾運	15년
37	22	780년	선덕宣德	양상良相	5년
39	24	799년	소성昭聖	준옹俊邕	1년
40	25	800년	애장哀莊	청명淸明	9년
48	33	861년	경문景文	응렴膺廉	14년
51	36	887년	진성眞聖	만曼	10년

추존왕追尊王

<시조 대보공大輔公 김알지金閼智>

공의 7세손 미추味鄒가 신라 제13대 왕위에 오른 다음 김알지를 세조 대왕으로 추존하였다.

<세 한勢漢(일휘一諱 열한熱漢)>

시조 대보공 알지의 아들이다. 벼슬은 이찬으로 100년(파사왕 21)에 거서간(왕)의 호를 받았다.

<아도阿道(일휘 아도阿都)>

세한의 아들이다. 벼슬은 이찬으로 111년(파사왕 32)에 파진찬에 올랐다. 파진찬은 파미간波彌干으로서 '파미波彌'는 지명이며 군장君長의 칭호이다.

<수류首留(일휘 수류壽留)>

파진찬 아도의 아들이다. 벼슬은 이벌찬으로서 126년(지마왕 15)에 각간이 되었다.

<욱보郁甫(일휘 욱보郁甫)>

각간 수류의 아들이다. 벼슬은 이벌찬으로서 148년(일성왕 15)에 각간이 되었다.

<추존 갈문왕葛文王 구도仇道(일휘 구도俱道)>

각간 욱보의 아들이며 비는 술예述禮 부인 박씨로서 제6대 지마 이사금의 아들 이비伊非의 딸이다. 벼슬은 파진찬으로 185년(벌휴왕 2)에 좌 군주左軍主가 되어 우 군주右軍主인 구수혜仇須兮와 같이 소문국召文國을 평정하였다. 188년(벌휴왕 5) 2월에 모산성母山城을 침략한 백제의 군대를 격퇴하였고 이듬해 7월에 구양拘壤에서 다시 백제군과 교전하여 크게 승리하였다.

또 190년(벌휴왕 7) 8월에 백제군이 신라 국경 서쪽의 원산향圓山鄕을 격파하고 악곡성岳谷城을 침공하자, 왕은 우수한 군사들을 거느리고 친히 싸움터로 나가 적을 격퇴한 후 적지인 주산柱山까지 추격하였으나 적의 반격으로 인하여 패전하고 말았다. 이에 좌 군주 구도는 전투의 실패에 대한 책임을 지고 악곡성주岳谷城主로 물러났으나, 아들 미추가 왕위에 오르고 갈문왕으로 추존하였다.

<추존 갈문왕 미구未仇(일휘 미굴未屈)>
구도의 셋째 아들이자, 제13대 미추 이사금의 동생이며 비는 휴례休禮 부인 김씨이다. 미구는 천성이 충성스럽고 절개가 곧았으며 지략 또한 비범하여 유례 이사금은 매번 정사를 문의하였다. 356년(흘해왕 47)에 각간이 되었으며, 아들 내물奈勿이 왕위에 오른 다음 모문왕募文王으로 추존하였다.

<추존 갈문왕 복호卜好(일휘 보로寶露)>
제17대 내물 마립간의 둘째 아들이자 제19대 눌지 마립간의 동생이다. 412년(실성왕 11)에 볼모로 고구려에 가서 10년을 지내다 눌지訥祗가 실성 마립간의 뒤를 이어 즉위한 지 2년째에 박제상朴堤上으로 하여금 모셔 오게 하였다. 그 후 손 지증智證이 왕위에 오르고 갈문왕으로 추존하였다.

<추존 갈문왕 습보習寶(일휘 사보斯寶)>
복호의 아들이며 비는 조생鳥生 부인 김씨이다. 벼슬은 이찬으로 459년(자비왕 2)에 각간이 되었다. 아들 지증智證이 왕위에 오르고 나서 조부 복호와 부친을 갈문왕으로 추존하였다.

<추존 갈문왕 입종立宗>
제22대 지증 마립간의 둘째 아들이자 제23대 법흥왕의 동생이며 비는 식도息道 부인 김씨이다. 벼슬은 이찬이었으며, 아들 진흥眞興이 왕위에 오르고 갈문왕으로 추존하였다.

<추존 갈문왕 동륜銅輪>

제24대 진흥왕의 아들이며 비는 만호萬戶 부인 김씨이다. 불행하게도 세상을 빨리 떠났으며, 아들 진평眞平이 왕위에 오르고 갈문왕으로 추존하였다.

<추존 성덕왕聖德王 국반國飯>

갈문왕 동륜의 둘째아들이자 제26대 진평왕의 동생이며 비는 명월明月 부인 박씨이다. 벼슬은 이찬으로서 딸 진덕 여왕이 왕위에 오른 다음 갈문왕으로 추존하였다.

<추존 흥문왕興文王 용수龍樹(일휘 용수龍壽 또는 용춘龍春)>

제25대 진지왕의 아들이며 비는 천명天明 부인 김씨이다. 벼슬은 이찬으로서 622년(진평왕 44)에 내성內省 사신으로 628년(진평왕 50)에 대장이 되어 고구려 낭비성娘臂城을 정벌하였다. 그 후 아들 춘추春秋가 왕위에 오르자 문흥왕文興王으로 추존하고 비 천명 부인은 문정文貞 태후로 추봉되었다.

<추존 현성왕玄聖王 법선法宣>

서간 마차摩次의 아들이다. 벼슬은 대아찬으로 현손 원성元聖이 왕위에 오르고 현성왕玄聖王으로 추존하였다.

<의관義寬(일휘 의관義官)>

추존 현성왕 법선의 아들이다. 벼슬은 이찬으로 증손 원성元聖이 왕위에 오르고 신영왕神英王으로 추존하였다.

<추존 개성왕開聖王 효방孝芳>

아간 원훈元訓의 아들이며 비는 사소四召 부인 김씨이다. 벼슬은 각간으로 아들 선덕宣德이 왕위에 오른 다음 개성왕開聖王으로 추존되고 사소 부인은 정의貞懿 태후로 추봉하였다.

<추존 흥평왕興平王 위문魏文>

의관의 아들이다. 벼슬은 이찬을 거쳐 시중이 되었으며 손 원성元聖이 왕위에 오른 다음 흥평왕興平王으로 추존하였다.

<추존 명덕왕明德王 효양孝讓>

위문의 아들이며 비는 계오繼烏 부인 박씨로 창도昌道의 딸이다. 벼슬은 일길찬으로서 아들 원성元聖이 왕위에 오르고 명덕왕明德王으로 추존되었으며 계오 부인은 소문昭文 태후로 추봉되었다.

<추존 혜충왕惠忠王 인겸仁謙(일휘 인선仁譔)>

제38대 원성왕의 아들이며, 비는 신씨申氏로 신술神述의 딸이다. 처음 태자로 책봉되었으나 조졸하였으므로, 아들 소성昭聖이 왕위에 오른 다음 혜충왕惠忠王으로 추존하고 비는 성목聖穆 왕후로 추봉하였다.

<추존 혜강왕惠康王 예영豫英(일휘 효진孝眞)>

제38대 원성왕의 셋째 아들이자, 추존 혜충왕 인겸의 동생이다. 벼슬은 각간으로 손 희강僖康이 왕위에 오르고 혜강왕惠康王으로 추존하였다.

<추존 익성왕翼城王 헌정憲貞>

예영의 아들이며 비는 미도美道 부인 박씨이다. 벼슬은 이찬으로 아들 희강僖康이 왕위에 오른 후 익성왕翼城王으로 추존하고 미도 부인은 순성順成 왕후로 추봉하였다.

<추존 성덕왕成德王 균정均貞>

추존 혜강왕 예영의 둘째 아들로서 비는 박씨朴氏이다. 벼슬은 대아찬으로서 812년(헌덕왕 4)에 상대등 시중이 되었다가 같은 해 웅천 도독 김헌창金憲昌이 반란을 일으키자 군장軍將이 되어 이를 토평하였다.

이후 제42대 흥덕왕이 사망하였을 때 후손이 없으므로 종질 제륭悌隆과 왕위 계승을 위하여 서로 다투다가 김명金明, 이홍利弘 등에게 살해당하였다. 아들 신무神武가 왕위에 오른 다음 성덕왕成德王으로 추존되고 비는 헌목憲穆 태후로 추봉되었다.

<추존 선강왕宣康王 충공忠恭>
제39대 소성왕의 셋째 아들이고 비는 박씨朴氏이다. 벼슬은 시중으로 아들 민애閔哀가 왕위에 오른 다음 선강왕宣康王으로 추존하고 비는 의의宜懿로 추봉되었다.

4. 삼국시대 관등표 三國時代官等表

(≪삼국사기≫에 의함)

나라이름 출전出典 / 관등官等	백제 삼국사기	백제 수서 隋書	신라 삼국사기 중앙	신라 지방	고구려 삼국지위지 三國志魏志	주서 周書	수서 隋書	통전 通典	통전 通典	책부원구 冊府元龜	신당서 新唐書	한원 翰苑	한원 翰苑
1품	좌평 佐平	좌평 佐平	이벌찬 伊伐湌 (이벌간 伊罰干, 간벌찬 干罰湌, 각간角干, 각찬角粲, 서발한 舒發翰, 서불한 舒弗邯)		상가 相加	대대로 大對盧	태대형 太大兄	상가 相加	토졸 土拙 (대대로 大對盧)	대대로 大對盧	대대로 大對盧 (토졸 土拙)	대대로 大對盧	(토졸 土拙)
2품	달솔 達率	대솔 大率	이척찬 伊尺湌 (이찬 伊湌)		대로 對盧	태대형 太大兄	대형 大兄	대로 對盧	태대형 太大兄	태대형 太大兄	울절 鬱折	태대형 太大兄	(막하라지 莫何羅支)
3품	은솔 恩率	은솔 恩率	잡찬 迊湌 (잡판 迊判, 소판 蘇判)		패자 沛者	대형 大兄	소형 小兄	패자 沛者	울절 鬱折	대형 大兄	태대사자 太大使者	울절 鬱折	(주부 主簿)
4품	덕솔 德率	덕솔 德率	파진찬 波珍湌 (해간 海干, 파미간 破彌干)		고추가 古雛加	소형 小兄	대로 對盧	고추대가 古雛大加	태대부인사자 太大夫人使者	소형 小兄	조의두대형 皀衣頭大兄	대부사자 大夫使者	(알사 閼奢)
5품	한솔 扞率	간솔 杆率	대아찬 大阿湌		주부 主簿	의후사 意侯奢	의후사 意侯奢	주부 主簿	조의두대형 皀衣頭大兄	의후사 意侯奢	대사자 大使者	조의두대형 皀衣頭大兄	(중리조의 中裏皀衣)(두태형 頭太兄)
6품	나솔 奈率	나솔 奈率	아찬阿湌 (아척간 阿尺干, 아찬阿粲) (사중 四重)		우태 優台	오졸 烏拙	오졸 烏拙	우태 于台	대사자 大使者	오졸 烏拙	대형 大兄	대사자 大使者	(대사 大奢)

나라이름	백제		신라		고구려								
7품	장덕將德	장덕將德	일길찬日吉湌(을길간乙吉干)	악간嶽干	승丞	태대사자太大使者	태대사자太大使者	사자使者	대형大兄	태대사자太大使者	상위사자上位使者	대형가大兄加	(힐지纈支)
8품	시덕施德	시덕施德	사찬沙湌(살찬薩湌, 사돌간沙咄干)	술간述干	사자使者	대사자大使者	대사자大使者	조의皂衣	수위사자收位使者	대사자大使者	제형諸兄	발위사자拔位使者	(유사儒奢)
9품	고덕固德	고덕固德	급벌찬級伐湌(급찬級湌, 급복간及伏干)	고간高干	조의皂衣	소사자小使者	소사자小使者	선인先人	상위사자上位使者	소사자小使者	소사자小使者	상위사자上位使者	(을사乙奢)
10품	계덕季德	계덕季德	대나마大奈麻(대내말大奈末)[구중九重]	귀간貴干	선인先人	욕사褥奢	욕사褥奢		소형小兄	욕사褥奢	과절過節	소형小兄	(실원失元)
11품	대덕對德	대덕對德	나마奈麻(나말奈末)[칠중七重]	선간選干		예속翳屬	예속翳屬		제형諸兄	예속翳屬	선인先人	제형諸兄	(예속翳屬)
12품	문독文督	문독文督	대사大舍(한사韓舍)	상간上干		선인先人	선인先人		과절過節	선인先人	고추대가古雛大加	과절過節	
13품	무독武督	무독武督	사지舍知(소사小舍)	간干		욕살褥薩			불과절不過節	욕살褥薩		불절不節	
14품	좌군佐軍	좌군佐軍	길사吉士(계지稽知, 길차吉次)	일벌一伐					선인先人			선인先人	
15품	진무振武	진무振武	대오大烏(대오지大烏知)	일척一尺									
16품	극우剋虞	극우剋虞	소오小烏(소오지小烏知)	피일彼日									
17품			조위造位(선저지先沮知)	아척阿尺									

5. 통일신라 직관표統一新羅職官表

<문관직>

관청	관직	관등	연혁
상대등上大等(상신上臣)			531년 설치
집사성 執事省	중시中侍(651)→시중侍中(747) 전대등典大等(565)→시랑侍郎(747) 대사大舍(685)→낭중郎中(759) 사지舍知(685)→원외랑員外郎(759) 　→사지舍知(776) 사史→낭랑(경景)→사史(혜惠)	2~5 6~11 11~13 12~13 12~17	본명은 품주稟主(조주祖主). 651년에 집사부執事部로, 829년에 집사성執事省으로 고침.
병부兵部	영令(516) 대감大監(623)→시랑侍郎(경)→대감大監(혜) 제감弟監(589)→대사大舍(658) 　→낭중郎中(경)→대사大舍(혜) 노사지弩舍知(672)→사병司兵(경) 　→노사지弩舍知(혜) 사史 노당弩幢(671)→소사병小司兵(경) 　→노당弩幢(혜)	태太~5 6~? 11~13 12~13 12~17 12~17	
조부調部	영令(651) 경卿 대사大舍(진眞)→주부主簿(경)→대사大舍(혜) 사지舍知(685)→사고(司庫)(경)→사지舍知(혜) 사史	태太~금衿 6~? 11~13 12~13 12~17	584년에 설치, 제35대 경덕왕 때 대부大府로 개칭. 제38대 혜공왕 때 환원.
경성주 작전 京城周作典	영令(732) 경卿(733) 대사大舍→주부主簿(경)→대사大舍(혜) 사지舍知→사공司功(경)→사지舍知(혜) 사史	대大~5 6~11 10~13 12~13 12~17	경덕왕 때 수성부修城府로 개칭. 혜공왕 때 환원.
사천왕 사성전 四天王 寺成典	금하신衿荷臣→감령監令(경) 　→금하신衿荷臣(혜)→감령監令(애哀) 상당上堂→경卿(경)→상당上堂(혜) 　→경卿(애) 적위赤位→감監(경)→적위赤位(혜) 청위靑位→주부主簿(경)→청위靑位(혜) 　→대사大舍(애) 사史	1~5 6~11 11~13	경덕왕 때 감사천왕사부監 四天王寺府로 개칭. 혜공왕 때 환원.

＊ 통일 신라는 신라가 백제와 고구려를 멸망시키고 삼국을 통일한 676년 이후의 신라를 말한다.

관청	관직	관등	연혁
봉성사성전 奉聖寺成典	금하신衿荷臣→검교사檢校使(경) 　　→금하신衿荷臣(혜)→영슈(애) 상당上堂→부사副使(경)→상당上堂 적위赤位→판관判官(경)→적위赤位 청위靑位→녹사綠事(경)→청위靑位 사史→전典(경)→사史		경덕왕 때 수영봉성사사원修營奉 聖寺使院으로 개칭. 후에 환원.
감은사성전 感恩寺成典	금하신衿荷臣→검교사檢校使(경) 　　→금하신衿荷臣(혜)→영슈(애) 상당上堂→부사副使(경)→상당上堂(혜) 　　→경卿(애) 적위赤位→판관判官(경)→적위赤位 청위靑位→녹사綠事(경)→청위靑位 사史→전典(경)→사史		경덕왕 때 수영감은사사원修營感 恩寺使院으로 개칭. 후에 환원.
봉덕사성전 奉德寺成典	금하신衿荷臣→검교사檢校使(경) 　　→금하신衿荷臣(혜)→영슈(애) 상당上堂→부사副使(경)→상당上堂(혜) 　　→경卿(애) 적위赤位→판관判官(경)→적위赤位 청위靑位→녹사綠事(경)→청위靑位 사史→전典(경)→사史(혜)		759년 수영봉덕사사원修 營奉德寺使院으로 개칭. 후에 환원.
봉은사성전 奉恩寺成典	금하신衿荷臣(혜)→영슈(애) 부사副使(혜)→상당上堂→경卿(애) 대사大舍 사史		
영묘사성전 靈廟寺成典	상당上堂→판관判官(경)→상당上堂 청위靑位→녹사綠事(경)→대사大舍 사史		759년 수영영묘사사원修 營靈廟寺使院으로 개칭. 후에 환원.
영흥사성전 永興寺成典	대사마大舍麻→감監(경) 사史		684년 설치. 759년 감영흥사관監永興寺使 館으로 개칭.
창부倉部	영슈 경卿(651)→시랑侍郎(경)→경卿(혜) 대사大舍(진眞)→낭중郎中(경)→대사大舍(혜) 조사지租舍知(699)→사창司倉(경) 　　→조사지租舍知(혜) 사史(진眞)	대大~5 6~? 11~13 12~13	651년 품주稟主에서 나님.

관청	관직	관등	연혁
예부禮部	영슈(586) 경卿(648) 대사大舍(651)→낭중郎中(경)→대사大舍 사지舍知→사례司禮(경)→사지舍知 사史(651)	태太~5 6~? 6~13 12~13 12~17	
승부乘部	영슈(584) 경卿 대사大舍→주부主簿(경)→대사大舍 사지舍知→사목司牧(경)→사지舍知 사史	1~5 6~? 11~13 12~13 12~17	경덕왕 때 사어부司馭府로 개칭. 혜공왕 때 환원.
사정부司正部	영슈 경卿(544) 좌佐→평사評事(경)→좌佐 대사大舍 사史	1~5 6~? 10~11 11~13	659년 설치. 경덕왕 때 숙정대肅正臺로 개칭. 혜공왕 때 환원
예작부例作府 (예작전例作典)	영슈(686) 경卿(신神) 대사大舍(805)→주부主簿(경)→대사大舍 사지舍知→사례司禮(경)→사지舍知 사史	1~5 6~? 11~13 12~13	경덕왕 때 수례부修例府로 개칭. 혜공왕 때 환원.
선부船府	영슈 경卿(663) 대사大舍→주부主簿(경)→대사大舍(혜) 사지舍知→사주司舟(경)→사지舍知(혜) 사史	1~5 6~? 11~13 12~13	678년 병부兵部에서 나뉨. 경덕왕 때 이제부利濟府로 개칭. 혜공왕 때 환원.
영객부領客府	영슈(651) 경卿 대사大舍→주부主簿(경)→대사大舍(혜) 사지舍知→사의司儀(경)→사지舍知(혜) 사史	1~5 6~? 11~13 12~13	본명은 왜전倭典. 621년 영객전領客典으로, 경덕왕 때 사빈부司賓府로 개칭. 혜공왕 때 영객전領客典으로 개칭.
위화부位和府	금하산衿荷山→영슈(805) 상당上堂(신)→경卿(애) 대사大舍→주부主簿(경)→대사大舍 사史	대大~2 6~9	581년 설치. 경덕왕 때 사위부司位府로 개칭. 혜공왕 때 환원.

관청	관직	관등	연혁
좌리방부 左理方府	영令 경卿(진) 좌佐(진)→평사評事(경)→좌佐(혜) 대사大舍 사史	3~9 6~? 10~11 11~13	651년 설치. 692년 의방부議方府로 개칭.
우리방부 右理方府	영令 경卿 좌佐 대사大舍 사史		667년 설치.
상사서 賞賜署	대정大正(624)→정正(경)→대정大正 좌佐 대사大舍(651)→주서主書(경)→대사大舍(혜) 사史	6~9 9~10 11~13	창부倉部에 속한 것을 경덕왕 때 사훈감司勳 監으로, 혜공왕 때 상사서(賞賜署)로 개칭.
대도서 大道署 (사전寺典, 내도감內 道監)	대정大正(624)→정正(경)→대정大正 주서主書→주사主事(경) 사(史)	6~9 11~13	예부(禮部) 소속.
전읍서 典邑署	경卿 감監 대사읍大司邑 중사읍中舍邑 소사읍小司邑 사史 목척木尺	8~11 10~11 11~13 12~13 12~13	경덕왕 때 전경부典京 府로 개칭. 혜공왕 때 환원.
영창궁성전 永昌宮成典	상당上堂(경)→경(卿)→상당上堂(혜) →경卿(805) 대사大舍→주부主簿(경)→대사大舍(혜) 사史	6~9 11~13	676년 설치
국학國學	경卿→사업司業(경)→경卿(혜) 박사博士 조교助教 대사大舍(651)→주부主簿(경)→대사大舍(혜) 사史	6~? 11~13	예부禮部 소속. 경덕왕 때 대학감大學監으로 개칭. 혜공왕 때 환원.

관청	관직	관등	연혁
음성서 音聲書	장長→경卿(687)→사락司樂(경)→경卿(혜), 대사大舍(651)→주부主簿(경)→대사大舍 사史	6~? 11~13	예부 소속. 경덕왕 때 대악감大樂監으로 개칭. 혜공왕 때 환원.
대일임전 大日任典	대도사大都司→대전의大典儀(경) 　　→대도사大都司 소도사少都司→소전의小典儀(경) 　　→소도사少都司 도사대사都事大舍→대전사大典事(경) 　　→도사대사都事大舍 도알사지都謁舍知→전알전典謁(경) 　　→도알사지都謁舍知 도인사지都引舍知→전인典引(경) 　　→도인사지都引舍知 당幢→소전사小典事(경)→당幢 도사계지都事稽知 도알계지都謁稽知 도인계지都引稽知(도인당都引幢, 소전인小典引) 비벌수比伐首	11~13 12~13 11~13 12~13 12~13 12~17	657년 설치. 경덕왕 때 전경부典京府에 병합.
공장부 工匠府	감監(682) 주서主書(651, 또는 주사主事, 대사大舍) 사史	9~10 11~13	경덕왕 때 전사서典祀 書로 개칭. 후에 환원.
채전彩典	감監(682) 주서主書(651) 사史	10~11 11~13	경덕왕 때 전채서典彩 書로 개칭. 후에 환원.
좌사녹관 左司祿館	감監 주서主書(주사主事) 사史	10~11 11~13	677년 설치.
우사녹관 右司祿館	감監 주서主書 사史		681년 설치.
전사서 典祀署	감監 주서主書(651) 사史	10~11 11~13	예부에 소속. 713년 나뉨.
신궁新宮	감監 주서主書 사史	10~11 11~13	717년 설치. 경덕왕 때 전설관典設館으로 개칭. 후에 환원.

관청	관직	관등	연혁
동시전 東市典	감監 대사大舍→주사主事(경)→대사大舍 서생書生→사직司直(경)→서생書生 사史	10~11 11~13	508년 설치.
서시전 西市典	감監 대사大舍→주사主事(경)→대사大舍 서생書生→사직司直(경)→서생書生 사史		695년 설치.
남시전 南市典	감監 대사大舍→주사主事(경)→대사大舍 서생書生→사직司直(경)→서생書生 사史		695년 설치.
사범서 司範署	대사大舍(주서主書)→주사主事(경)→대사大事 사史	12~13	예부 소속.
경도역 京都驛	대사大舍 사史	11~13	경덕왕 때 도정역都亭驛으로 개칭. 후에 환원.
누각전 漏刻典	박사博士 사史		718년 설치.
육부소감전六部小監典	양부 梁部 및 사양부 沙梁部	감랑監郞 대내마大奈麻 대사大舍 사지舍知 사史		
	본피부 本彼部	감랑監郞 감대사監大舍 사지舍知 감당監幢 사史		
	모량부 牟梁部	감신監臣 대사大舍 사지舍知 감당監幢 사史		
	한기부 漢祈部 및 습비부 習比部	감신監臣 대사大舍 사지舍知 감당監幢 사史		

관청	관직	관등	연혁
식척전 食尺典	대사大舍 사史		
직도전 直徒典	대사大舍 사지舍知 사史		
고관가전 古 官家典	당幢(게지稽知) 구척鉤尺 수주水主 화주禾主		
내성內省	사신私臣→전중령殿中令(경)→사신私臣 경卿 감監 대사大舍 사지舍知	금衿~태太 6~11 8~11	759년에 전중성殿中省으로 개칭. 후에 환원. 삼궁三宮(대궁大宮, 양궁梁宮, 소양궁少梁宮)을 관할.
내사정전 內 司正典	의결議決 정찰貞察 사史		746년에 설치. 759년 건평성建平省으로 개칭. 후에 환원.
전대사전 典大舍典	전대사典大舍 전옹典翁 사史		
상대사전 上大舍典	상대사上大舍 상옹上翁		
흑개감 黑鎧監	대사大舍 사史		경덕왕 때 위무감衛武監으로 개칭. 후에 환원.
본피궁 本彼宮	우虞 사모私母 공옹工翁 전옹典翁 사史		681년 설치.
인도전 人道典	상인도上引道 위인도位引道 궁인도宮引道		경덕왕 때 예성전禮成典으로 개칭. 후에 환원.

관청	관직	관등	연혁
촌도전 村徒典	간干 궁옹宮翁 대척大尺 사史		670년 설치.
고역전 尻驛典	간옹看翁 궁옹宮翁		
평진음전 平珍音典	간옹看翁 연옹筵翁 전옹典翁		경덕왕 때 소궁掃宮으로 개칭. 후에 환원.
연사전 煙舍典	간옹看翁		718년 설치.
상문사 詳文師			714년 통문박사通文博 士로, 경덕왕 때 한림翰 林으로 개칭. 뒤에 학사學 士를 둠.
소내학생 所內學生			721년 설치.
천문박사 天文博士			후에 사천박사四天博士로 개칭.
의학醫學	박사博士		691년 설치.
공봉승사 供奉乘師			
율령전 律令典	박사博士		
수궁전 藪宮典	대사大舍 사史		
청연궁전 靑淵宮典	대사大舍 사史 궁옹宮翁		경덕왕 때 조추정造秋 亭으로 개칭. 후에 환원.
부천궁전 夫泉宮典	대사大舍 사史 궁옹宮翁		

관청	관직	관등	연혁
차열음궁전 且熱音宮典	대사大舍 사史 궁옹宮翁		
좌산전 坐山典	대사大舍 사史 궁옹宮翁		
병촌궁전 屛村宮典	대사大舍 사史 궁옹宮翁		경덕왕 때 현룡정玄龍 亭으로 개칭. 후에 환원.
북토지궁전 北吐只宮典	대사大舍 사史		
홍현궁전 弘峴宮典	대사大舍 사史		
갈천궁전 葛川宮典	대사大舍 사史		
선평궁전 善坪宮典	대사大舍 사史		
이동궁전 伊同宮典	대사大舍 사史		
평립궁전 平立宮典	대사大舍 사史		
명활전 明活典	대사大舍 간옹看翁		913년 설치.
원곡양전 源谷羊典	대사大舍 간옹看翁		829년 설치.
염곡전 染谷典	간옹看翁		
벽전壁典	간옹看翁 하전下典		

관청	관직	관등	연혁
자원전 藉園典	간옹看翁 하전下典		
두화탄전 豆冹炭典	옹看翁		
소년감전 少年監典	대사大舍 사史		경덕왕 때 조천성釣天 省으로 개칭. 후에 환원.
회궁전 會宮典	궁옹宮翁 조사지助舍知		경덕왕 때 북사설北司 設으로 개칭. 후에 환원.
상신모전 上新謨典	대사大舍 사史		
하신모전 下新謨典	대사大舍 사史		
좌신모전 左新謨典	대사大舍 사史		
우신모전 右新謨典	대사大舍 사史		
조전祖典	대사大舍 사史		
신원전 新園典	대사大舍 사史		
빙고전 氷庫典	대사大舍 사史		
백천목숙전 白川苜宿典	대사大舍 사史		
한지목숙전 漢祇苜宿典	대사大舍 사史		

관청	관직	관등	연혁
문천목숙전 蚊川苜宿典	대사大舍 사史		
본피목숙전 本彼苜宿典	대사大舍 사史		
능색전 陵色典	대사大舍 사史		
예궁전 穢宮典	치성稚省 궁옹宮翁 조사지助舍知 종사지從舍知		경덕왕 때 진각성珍閣 省으로 개칭. 후에 환원.
조하방 朝霞房	모母		
염궁染宮	모母		
소전疏典	모母		
홍전弘典	모母		
소방전 蘇芳典	모母		
찬염전 攢染典	모母		
표전 漂典	모母		
왜전倭典			
금전錦典			경덕왕 때 직금방織錦 房으로 개칭. 후에 환원.

관청	관직	관등	연혁
철유전 鐵鍮典			경덕왕 때 축야방築冶 房으로 개칭. 후에 환원.
사전寺典			
칠전漆典			경덕왕 때 식기방飾器 房으로 개칭. 후에 환원.
모전毛典			경덕왕 때 취췌방聚贅 房으로 개칭. 후에 환원.
피전皮典			경덕왕 때 포인방鞄人 房으로 개칭. 후에 환원.
추전鞦典			
피타전 皮打典			경덕왕 때 운공방韗工 房으로 개칭. 후에 환원.
마전磨典			경덕왕 때 재인방梓人 房으로 개칭. 후에 환원.
탑전鞜典			
화전靴典			
타전打典			
마이전 麻履典			
어용성 御龍省	사신私臣(801) 어백랑御伯郞(780)→봉어奉御→경卿(750) 　　　→감監 치성雉省		

관청	관직	관등	연혁
세택洗宅	대사大舍 종사지從舍知		경덕왕 때 중서성中書省으로 개칭. 후에 환원.
숭문대崇文臺	낭郎 사史 종사지從舍知		
약전嶽典	대사大舍 사史 종사지從舍知		
감전監典	대사大舍 사지舍知 사史 도관都官 종사지從舍知 악자樂子		
늠전廩典	대사大舍 사지舍知 사史 늠옹廩翁 종사지從舍知		경덕왕 때 천녹사天綠司로 개칭. 후에 환원.
춘전春典	사지舍知 사史		
제전祭典	사지舍知 사史		
약전藥典	사지舍知 사史 종사지從舍知		경덕왕 때 보명사保命司로 개칭. 후에 환원.
공봉의사供奉醫師			
공봉복사供奉卜師			

관청	관직	관등	연혁
마전麻典	간干 사史 종사지從舍知		759년 직방국織紡局으로 개칭. 후에 환원
폭전曝典			
육전肉典	간干		경덕왕 때 상선국尙膳 局으로 개칭. 후에 환원.
재전滓典	간干 사史		
아니전 阿尼典	모母		
기전綺典	모母		경덕왕 때 별금방別錦 房으로 개칭. 후에 환원.
석전席典	모母		경덕왕 때 봉좌국奉坐 局으로 개칭. 후에 환원
궤개전 机槪典	간干 사史		경덕왕 때 궤반국机盤 局으로 개칭. 후에 환원.
양전楊典	간干 사史		경덕왕 때 사비국司匪 局으로 개칭. 후에 환원.
와기전 瓦器典	간干 사史		경덕왕 때 도등국陶登 局으로 개칭. 후에 환원.
감부대전 監夫大典	대사大舍 사史 종사지從舍知		

관청	관직	관등	연혁
대전전 大傳典	대사大舍 사史 종사지從舍知		
행군전 行軍典	대사大舍 사史 종사지從舍知		
영창전 永昌典	대사大舍 사史		
고창전 古昌典	대사大舍 사史		
번감番監	대사大舍 사史		
원당전 願堂典	대사大舍 종사지從舍知		
물장전 物藏典	대사大舍 사史		
북상전 北廂典	대사大舍 사史		
남하소궁 南下所宮	옹翁 조助		경덕왕 때 잡공국雜工 局으로 개칭. 후에 환원.
남도원궁 南桃園宮	옹翁		
북원궁 北園宮	옹翁		
신청연궁 新青淵宮	옹翁		
침방針房	여자女子		

428

관청	관직	관등	연혁
동궁관 東宮官			
동궁아 東宮衙	상대사上大舍 차대사次大舍		752년 설치.
어용성 御龍省	대사大舍 치성稚省		
세택洗宅	대사大舍 종사지從舍知		
급장전 給帳典	전典 치稚		
월지전 月池典			
승방전 僧房典	대사大舍 종사지從舍知		
포전包典	대사大舍 사史 종사지從舍知		
월지악전 月池嶽典	대사大舍 수주水主		
용왕전 龍王典	대사大舍 사舍		

관청	관직	관등	연혁
시위부 侍衛府	삼도三徒(651) 장군將軍(681) 대감大監 대두隊頭 항項 졸卒	6~9 9~11 8~13 10~13 12~17	
제군관 諸軍官	장군將軍 대관대감大官大監(549) 대대감隊大監 ┌ 영마병領馬兵 　　　　　└ 영보병領步兵 제감弟監(562) 감사지監舍知(523) 소감少監(562) 대척大尺 군사당주軍師幢主(524) 대장척당주大匠尺幢主 보기당주步騎幢主 삼천당주三千幢主 착금기당주着衿騎幢主 비금당주緋衿幢主 사자금당주師子衿幢主 법당주法幢主(백관당주百官幢主) 흑의장창말보당주黑衣長槍末步幢主 삼무당주三武幢主 만보당주萬步幢主 군사감軍師監 대장대감大匠大監 보기감步騎監 삼천감三千監	1~9 6~13 6~11 10~13 12~13 12~17 12~17 7~11 7~11 8~11 8~13 8~13 8~13 7~13 9~13 10~13 10~13 11~13 10~13 11~13 10~13	
	사자금당주師子衿幢主 법당감法幢監 비금감緋衿監 착금감着衿監 개지극당감皆知戟幢監	11~? 11~13 11~? 11~13	
	법당두상法幢頭上 법당화척法幢火尺 법당벽주法幢辟主 삼천졸三千卒	 10~17	
정관政官 (정법전 政法典)	대사大舍 사史　　→승관僧官(785)		

관청	관직	관등	연혁
국통國統 (사주寺主)	도유나랑都唯那郎 아니대도나阿尼大都那 대서성大書省 소년서성少年書省 주통州統 군통郡統		551년 설치.

<외관직>

관청	관직	관등	연혁
	도독都督→군주軍主(508)→총관摠官(661) 　　　→도독都督(785)	2~9	
	사신仕臣(사대등仕大等, 564) 주조州助(주보州輔) 군태수郡太守 장사長史(사마司馬) 사대사仕大舍(소윤小尹) 외사정外司正(673) 소수少守(제수制守) 현령縣令	4~9 6~11 6~13 10~13 10~13 10~? 8~17	
패강진전 浿江鎭典	두상대감頭上大監(782) 대감大監 두상제감頭上弟監 제감弟監 보감步監 소감少監	6~9 6~13 10~13 11~? 8~17 12~17	

<주註>

(1) – 관직 부분에서 ( ) 안의 한자는 왕을 표시한다.

　　(경景) = 경덕왕景德王　(진眞) = 진덕왕眞德王　(애哀) = 애장왕哀莊王

　　(신神) = 신문왕神文王　(혜惠) = 혜공왕惠恭王

　　– ( ) 안의 숫자는 서기를 표시한다.

(2) 관등 부분의 숫자는 신라 16관등의 순위를, 또 태太는 태대각간太大角干, 대大는
　　대각간大角干, 금衿은 금하신衿荷臣을 표시한다.

(3) 무관은 관청별로 정리가 되어 있지 않으므로 군관의 명칭관 관등만 밝혔다.

6. 세계표

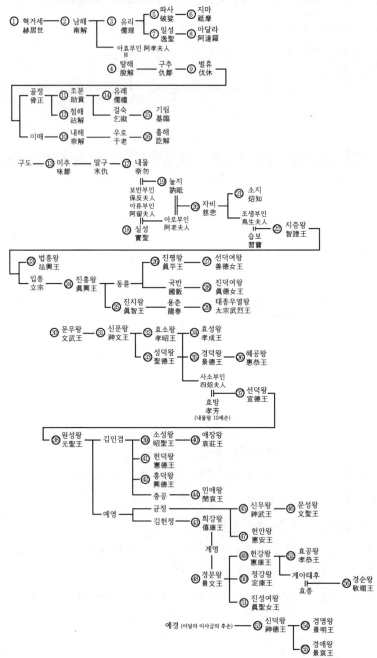

7. 신라의 속국屬國

— 가락국駕洛國은 일명 가야국伽倻國(또는 가락국駕洛國)이니 후에 금관국金官國(지금의 김해부金海府)이라 했다. 동東은 황산강黃山江에 이르고, 서남은 바다에 닿았으며, 서북은 진주晉州 지리산智異山에 이르렀고, 동북은 합천陝川 가야산伽倻山에 이르렀다.

— 신라 유리왕 19년 임인(한漢 광무제光武帝 건무建武 18년)에 구간九干 추장 아도我刀·여도汝刀·피도彼刀·오도五刀·유수留水·유천留天·신천神天·오천五天·신귀神鬼 등이 물가에서 계禊하고 술을 마시다가 귀지봉龜旨峯에 이상한 기운이 있음을 바라보고, 가서 보니 자주빛 새끼 중에 금합金合이 매달려 내려와 있었다.

열어보니 금빛 나는 알이 여섯 개 있었는데 둥글기가 해[日]와 같았다. 아도我刀의 집으로 가져가 모셔두니, 다음 날에 껍질이 깨어지면서 여섯 동자童子가 나왔는데, 용모가 매우 잘났으며 날로 무럭무럭 자라나 10여 일만에 신장身長이 구척九尺이나 되었다.

여러 사람이 맨 먼저 나온 사람을 추대하여 임금으로 삼고, 성을 김씨, 이름은 수로首露(최치원崔致遠의 글에는 책예賷裔라 하였다)라 하고 국호를 가락駕洛이라 하였다. 나머지 다섯 사람은 각각 5가야로 돌아갔다. <여지승람> 5가야조에 있다.

— 무신년(건무建武 24년) 7월에 허왕후許王后가 아유타국阿踰陀國으로부터 바다를 건너 왔는데, 배에는 붉은 비단돛과 붉은 비단기를 달고 있었다. 왕이 만전幔殿(장막으로 만든 임시 궁전)을 배설하고 기다리니, 왕후가 배를 매고 높은 등성이에서 쉬면서 비단바지를 벗어 산령山靈에게 예물로 드리니 왕이 만전으로 맞아들여 왕후로 삼았다.

혹은 말하기를, 왕후는 남천축국南天竺國의 왕녀인데, 성은 허씨이고 이름은 황옥黃玉이며 보주태후普州太后라고 불렀다고 한다. <여지승람>에는 허후許后의 능이 귀지산에 있으며, 나이는 157세라고 한다.

— 건안建安 4년 기묘에 돌아가니 재위 158년이다.(위와 같다)

- 아들 거등居登에게 전위하였는데, 그 아들이 마품麻品이며, 그 아들이 거질미居叱彌, 그 아들이 이시품伊尸品, 그 아들이 좌지坐知, 그 아들이 취희吹希, 그 아들이 질지銍知, 그 아들이 겸화鉗知, 그 아들이 구해仇亥로서 서로 이어 왕이 되니 10세世 491년이었다.(여지승람)
- 신라 법흥왕 19년 임장에 가락왕 김구형金仇衡(혹은 구해仇亥라고도 한다.)이 항복해 왔으므로 금관군金官郡을 설치하여 구형을 상등上等에 임명하고, 그의 나라를 식읍으로 주었다.(동문광고)
- 수로왕의 사당은 수릉首陵 옆에 있다. 신라 말기에 영규英規라는 자가 사당의 음식을 훔쳐, 사신邪神의 제사에 썼는데, 뒤에 사당으로 들어갈 때 대들보[楔]가 부러져 압사壓死했다.

또 도적이 떼를 지어 사당으로 들어가서 제기祭器를 훔쳐 내니, 홀연히 갑옷 입은 용사勇士가 활을 가지고 나타나서 도적들을 쏘므로, 도적들이 흩어졌다가 며칠 뒤에 다시 가 보니, 크기가 삼장三丈이나 되고, 눈이 번개 같은 큰 구렁이가 나와 아홉 사람을 물어 죽였다.

임진왜란 때 왜구들이 그 무덤을 파 보니 관 속에 금과 옥이 들어 있었으며, 두골頭骨의 크기는 구리 동이[銅盆]만했고, 관 밖에 두 미인美人이 있었는데 얼굴빛이 산 사람 같았으나 무덤 밖에 내어 놓으니, 햇빛을 보자 곧 녹아 버렸다. 이는 대개 그 당시 순장殉葬한 사람인 것이다.(동문광고)
- 대가야국大伽倻國(지금의 고령高靈)의 시조는 이진아시왕伊珍阿豉王(혹은 내진주지內珍朱智)이며 신라 유리왕 20년 계묘에 건국했다.
- 최치원의 <석리정전釋利貞傳>에, '가야산신伽倻山神 왕현모주王見母主가 천신天神 이비가夷毗訶에게 감응이 되어, 대가야왕 뇌질주일惱窒朱日과 금관국왕 뇌질청예惱窒靑裔 두 사람을 낳았다'고 하였는데, 주일은 곧 아시왕의 별칭이요, 청예는 곧 수로왕의 별칭이다. 그러나 <가락고기駕洛古記>의 육란설六卵說과 더불어 모두 허탄虛誕해서 믿을 수가 없다.(여지승람)
- 주일朱日의 8세손 이뇌왕異腦王이 신라에 구혼求婚하여 이찬夷粲 비지배比枝輩의 딸을 맞아들여, 월광태자月光太子를 낳았다.(최치원崔致遠의 석순응전釋順應傳)

- 16세世 520년을 전하다가 진흥왕 23년 임오에 도설지왕道設智王이 신라에게 멸망당하고 대가야군大伽倻郡이 설치되었다.
- 소가야국小伽倻國(지금의 고성固城)은 신라가 멸망시키고, 고자군古自郡을 설치했는데 연조年條는 상세하지 않다.
- 고령가야국古寧伽倻國(지금의 함창咸昌)은 신라가 멸망시키고, 고동람군古冬攬郡을 설치했는데 연조는 알 수 없다.
- 아나가야국阿那伽倻國(지금의 함안咸安)은 아라가야阿羅伽倻라고도 하고, 아시량국阿尸良國이라고도 하는데, 신라 법흥왕이 멸망시키고 아시량군을 설치했다.
- 벽진가야국碧珍伽倻國(지금의 성주星州)은 성산가야星山伽倻라고도 하며, 신라가 멸망시키고 본피현本彼縣을 설치했는데, 연조는 상세하지 않다.
이서국伊西國(지금의 청도淸道)은 신라 유리왕이 정벌하여 빼앗았는데, 후에 구도성仇刀城(다시 악현岳縣으로 고쳤다)과 경내솔이산境內率伊山(소산현蘇山縣으로 고쳤다)·경산鷲山(형산현刑山縣)·오도산烏刀山 등 3성城과 합쳐 대성군大城郡을 설치했다.
- 우시산국于尸山國(지금의 영해寧海)은 신라 탈해왕이 멸망시켰다.
- 거칠산국居漆山國(지금의 동래東萊)은 탈해왕이 멸망시켰다.
- 장산국萇山國(지금의 동래) <여지승람>에는 신라가 장산국을 빼앗아 거칠산군을 두었다고 했고, <문헌비고>에는 두 나라를 함께 열거했다.
- 음즙벌국音汁伐國(지금의 경주 소속 안강현安康縣)은 신라 파사왕破娑王이 멸망시켰다.
- 보라국保羅國(지금은 어느 땅인지 상세하지 않다)은 신라 내해왕奈解王 기축년에 가라伽羅에 침입했다가 신라新羅에게 패하였다. 포상팔국浦上八國의 하나이다.
- 고자국古自國(지금의 사천泗川)은 내해왕 기축년에 가라에 침입했다. 포상팔국의 하나이다.
- 압독국押犢國(지금의 경산慶山)은 압량국押梁國이라고도 하는데, 신라 파사왕 때에 항복해 왔다. <여지승람>에는 지마왕祇摩王이 빼앗았다고 하였다.

– 비지국比只國(지금은 어느 곳인지 알 수 없다)은 파사왕이 멸망시켰다.

– 다벌국多伐國(지금은 어느 곳인지 알 수 없다)은 파사왕이 멸망시켰다.

– 초팔국草八國(지금의 초계草溪)은 파사왕이 멸망시켰다.

– 소문국召文國(지금의 의성義成)은 신라 벌휴왕이 멸망시켰으며, 경덕왕이 문소군聞韶郡으로 골쳤다.

– 감문국甘文國(지금의 개령開寧)은 신라 조분왕이 빼앗었다.

– 유산柳山 북쪽에 궁궐터가 있고, 현의 북쪽 20리 되는 곳에 대총大冢이 있는데 민간에서 전하기를, 감문국 금효왕金孝王의 능이라고 하며, 현의 서쪽 웅현리熊峴里에는 장부인獐夫人의 능이 있다.(여지승람)

– 골벌국骨伐國(지금의 영천永川) 소속 임천현臨川縣은 골화국骨火國이라고도 하는데, 조분왕이 정벌하여 빼앗아 임천현臨川縣을 설치했다.

– 사벌국沙伐國(지금의 상주尙州)은 사량벌沙梁伐이라고도 하고, 또 사불국沙弗國이라고도 하는데, 신라 첨해왕沾解王이 장수 우로于老를 보내어 쳐서 멸하여 주로 설치했으니 은밀히 백제와 통한 까닭이다.

– 골포국骨浦國(지금의 창원昌原 소속 합포현合浦縣)

– 칠포국漆浦國(지금의 어느 곳인지 상세하지 않다. <여지승람>에는 흥해興海에 칠포영漆浦營이 있다고 하였다)

– 고포국古浦國(지금의 어느 곳인지 알 수 없다. <여지승람>에는 경산慶山에 고포성古浦城이 있다고 하였다)

– 가라국伽羅國(지금의 어느 곳인지 상세하지 않다) 신라 진평왕眞平王이 멸망시켰다. <여지승람>에는 거제巨濟 남쪽 30리에 가라산加羅山이 있어 대마도對馬島를 가장 가깝게 바라볼 수 있다고 하였다.

– 임라국任羅國(지금의 어느 곳인지 상세하지 않다)은 혹 임나국任那國이라고도 하며 진평왕이 멸망시켰다.

– 창녕국昌寧國(지금의 안동安東)

– 구령국駒令國(지금의 안동)

– 소라국召羅國(지금의 안동)

– 대방국帶方國(지금의 남원南原)은 신라 기림왕 때에 항복해 왔다.

– 실직국悉直國(지금의 삼척三陟)은 파사왕 때에 항복해 왔다.

– 우산국于山國(지금의 울진蔚珍 동해東海의 섬)은 우릉羽陵(지금의 울릉도)이라고
도 하며, 신라 지증왕智證王 때에 험준한 것만 믿고 완강하게 버티었는데,
하슬라주何瑟羅州의 군주軍主 이사부異斯夫가 그들이 미련하나 사나워서 힘
으로 굴복시키기 어려울 것을 알고 나무사자[木獅子]를 많이 만들어, 그 형
태를 아주 이상스럽게 하여 전함戰艦에 나누어 싣고 들어가서 속여 말하기
를, '너희들이 만약 항복하지 않으면 곧 이 짐승을 놓아 짓밟아 죽이게 하리
라'하니, 우산국 사람들이 겁을 내어 항복했다.(여지승람)

– 신라에서 그들이 왜구倭寇를 인도하여 올까 두려워하여 거주민들을 모
두 데리고 나와 섬을 비웠다.(동문광고)

– 후에 고려에 속했다. 조선에 이르러 태종·세종 때에 유민流民으로 도망
해 들어간 자를 데리고 나왔다.(모두 제도諸島조에 상세하다)

8. 시대별 지명 변화

도명道名	연혁	현대	조선	고려	통일신라	삼국	비고
서울특별시	1948년 특별시로 승격	서울특별시	한성군漢城郡	양주楊州	한양군漢陽郡	북한성 남평양성	조선 및 현 수도
경기도京畿道	**- 삼국시대三國時代** 경기도 일원은 본래 마한의 영토로서 뒤에 백제의 영토가 됨 서기 497년 고구려 장수왕이 한강 유역을 점거하자 고구려에 소속, 뒤에 신라 진흥왕이 임진강 이남을 확보하면서 신라의 영토가 됨 후삼국 때 궁예가 철원에 도읍하자 그 중심지역이 되었다 **- 고려高麗** 왕건의 건국으로 고려의 영토가 되었고 서기 995년(성종 14) 관제 제정으로 전국이 10도로 분할될 때 현 황해도를 포함하여 관내도로 호칭함 뒤에 양광도楊廣道에 소속되었으나 이후 부府, 목牧 중심의 통치 형식에 따라 명확한 도道 구분이 없이 이 지역 일대에 대한 통칭이었음. 공양왕 때 좌·우도로 분할 **- 조선朝鮮** 태조 초에 경이도京異道라 호칭하고 좌우도로 분할 태조 때 다시 양도를 병합하여 경기도로 호칭 1896년(건양) 한성부가 그 관할로부터 독립 경기를 경절京折로도 표기했음	양주시楊州市	양주군楊州郡	견주見州	내소현來蘇縣	매성군買省郡 (창화昌化)	고려 현종 때 견주라 개칭하고 양주에 편입
		파주시 적성면	적성군積城郡	적성현積城縣	중성현重城縣	칠중현七重縣 난은별難隱別	현 파주시 속면
		광주시廣州市	광주군郡 광주부府 광주목牧	광주廣州	한주황漢州黃	한산군漢山郡	백제의 수도首都 (남한산성)
		이천시利川市	이천군, 현	이천군利川郡	무현武縣	남천현南川縣 남매南買	현 이천시 전역 (천녕 포함)
		용인시龍仁市	용인군, 현	용구현龍駒縣	거서현巨黍縣	구성현駒城縣 멸조滅鳥	현 용인시 전역
		교하읍	교오라군交汚羅郡	교하군交河郡	교하군交河郡	천정구현泉井口縣 굴화군屈火郡 어을매곶於乙買串	현 파주시 속읍
		파주시坡州市	파주군坡州郡 (원평부原平府)	서원군瑞原郡	봉파현峰坡縣		현 파주시 일부
		파평면坡平面	파주에 속함	파평현坡平縣	파평현坡平縣	파해해坡害害 평사현平史縣 (액달額達)	현 파주시 속면
		고양시高陽市	고양경, 군高陽經, 郡	고봉현高烽縣	고봉高烽 고봉현縣	달을성현達乙省縣	현 고양시 일부
		행주幸州		행주幸州 덕양군德陽郡	우왕遇王 왕봉현王逢縣	개백현皆伯縣	현 고양시 속지
		포천시抱川市	포천현縣 포천군郡	포천군	견성군堅城郡	마홀군馬忽郡 (명지命旨)	
		영평永平	영평현縣 영평군郡	동음현洞陰縣	동음현洞陰縣	양골현梁骨縣	현 포천시 속지

도명道名	연혁	현대	조선	고려	통일신라	삼국	비고
경기도 京畿道		부평富平	부평군郡	수주樹州 부평부府	장제군 長堤郡	주부토군 主夫吐郡	인천시 속지
		김포시 金浦市	김포현縣 김포군郡	김포金浦 금양현 金陽縣	금진현 金津縣	유포현 黔浦縣	일부 서울시에 편입
		통진通津	통진현縣 통진군郡	통진현 通津縣	분진현 分津縣	평유압현 平淮押縣 북사성 北史城 별사파아 別史坡兒	김포시 속면
		과천시 果川市	과천현縣 과천군郡	과천果川	율진군 栗津郡	율진군 석사혜 夕斯盻	서울시에 일부 편입
		시흥시 始興市		금주衿州	곡양현	내벌로현	현 김포시 속면
		양천陽川	양천현縣 양천군郡	공암현 孔巖縣	공암현	제차거의현	백제 때 이양홀
		인천시 仁川市	인천부府 인천군郡	인주仁州	소성군 邵城郡	매소홀현	
		남양南陽	남양현縣	당성군 唐城郡	당은현 唐恩縣	당성군 唐城郡	현 평택시 속면
		진위振威	진위군郡	진위라 振威羅	진위현縣	부산라 釜山羅 (금산金山)	
		수원시 水原市	수원부府	수주水州	수성군 水城郡	매홀군 買忽郡 (성수城水)	
				광덕현 廣德縣			조선 때 수원에 소속
		안산시 安山市	안군산 安郡山	안산현縣	장구군 獐口郡	장항구현 獐項口縣 사야홀차 斯也忽次	현 시흥시 속지
		강화군 江華郡	강화부府 강화군郡	강화현縣	혈구군 穴口郡 감비고차해도		
		교동喬桐	교동현縣 교동군郡	교동현	교동현	고목근현 高木根縣 대운도 戴雲島 고림高林 달을신 達乙新	현 강화군 속면
		개성시 開城市	개성부府	송악군 松嶽郡	개성부	부산갑 扶山甲	고려 수도
		풍덕豊德	풍덕부府 풍덕군郡	정주貞州		정주貞州	현 개풍군 속지

도명道名	연혁	현대	조선	고려	통일신라	삼국	비고
경기도 京畿道		장단군 長湍郡	장단현縣 장단군郡 장임長臨 임단臨湍	단주 湍州	장단현縣	장천성현 長淺城縣 야야耶耶 야아夜牙	
				임진현 臨津縣	임진현	진임성현 津臨城縣 도아홀 島阿忽	
		여주시 驪州市	여주부, 군 여흥부 驪興府	황효黃驍 황리黃利 영의永義	황효현 黃驍縣	골단근현 骨丹斤縣	
		죽(결) 竹缺	양근군 楊根郡	양(결)근	빈양현 濱陽縣	양근군 楊根郡 항양恒陽 사참斯斬	현 양평군 속면
		근산根山	죽산현, 군 竹山縣, 郡	죽주군 竹州郡	개산군 介山郡	개차산군 皆次山郡	현 안성시 속면
		안성군 安城郡	안성현縣 안성군郡	안성군	백성군 白城郡	내혜홀 奈兮忽	
		음죽陰竹	음죽현縣 음죽군郡	음죽현	음죽현	노음죽현 奴陰竹縣	현 이천시 속면
		양성陽城		양성현縣	적성현 赤城縣	사복현 沙伏縣	현 안성시 속면
		연천군 連川郡	연천현縣 연천군郡	장주현 漳(獐)州縣	공성현 功城縣	공목달현 功木達縣 웅섬산 熊閃山 공목달 工木達	
		삭녕朔寧	삭녕군 朔寧郡	삭녕현 朔寧縣	삭읍현 朔邑縣	소읍두현 所邑豆縣	현 연천군 속면
		지평砥平	지평현縣 지평군郡	지평현	지평현	지현현 砥峴縣	현 양평군 속면
		가평군 加平郡	가평현縣 가평군郡	가평군, 현 嘉平郡, 縣 加平郡, 縣	근평현 斤平縣	근평현 斤平縣 (병평並平)	
		마전麻田	마전현縣 마전군郡	마전현	임단현 臨湍縣	마전천현 麻田淺縣 니사파홀 泥沙彼忽	현 연천군 속면
		평택시 平澤市	평택현縣 평택군郡	평택현		하팔현 河八縣	본래 충청도 소속

440

도명道名	연혁	현대	조선	고려	통일신라	삼국	비고
충청도 忠淸道	**- 삼국시대三國時代** 고대 마한의 영토로서 뒤에 백제의 영토가 됨 75년 백제의 수도가 웅자(충남공주 근처) 으로 천도하자 그 중심지가 됨 **- 고려高麗** 왕건의 건국으로 고려 의 영토가 되었고 995 년(성조 14) 관제 제정 으로 전국이 10도로 분할될 때 충청도忠 淸道, 하남도河南道로 분할됨 1106년(목종 9) 양광 도楊廣道, 충청도忠淸 道 뒤에 또 다시 양광 도라 했으나 부府, 목 牧 중심의 통합 형식에 따라 명확한 도道 구 분이 없이 이 지역 일 대에 대한 통칭이었음 **- 조선朝鮮** 태조 초에 충청도라 호칭하다가 좌左, 우 右도로 분할 인조 대 공청도公淸道 로, 이어서 공홍도公 洪道, 충청도忠淸道로 각각 개칭, 후에 충청 도로 복칭復稱함 1777(정조 1) 공청도 公淸道로 하다가 182 5년(순조 25) 공청도 公淸道로 개칭改稱 1834년 충청도로 복칭 1896년(건양 1) 다시 좌우도로 분할했다가 남북도로 분도分道	공주시 公州市	공주군郡	공주公州	웅주熊州	웅주	한때 백제의 수도
		노성魯城	노성군郡	니산현 尼山縣	니산현	열야산현 熱也山縣	현 논산시 속면
		회덕懷德	회덕현縣 회덕군郡	회덕현	비풍군 比豊郡	우술현 雨述縣 (후천朽淺)	현 대전시 대덕구 소속
		부여군 扶餘郡	부여현縣 부여군郡	부여군	부여군	소부리군 所扶里郡 (사비洞泚)	한때 백제의 수도
		석성石城	석성현縣 석성군郡	석성현	석성현	진악산군 珍樂山郡	현 논산시 속면
		정산定山	정산현縣 정산군郡	정산현	열성현 悅城縣	열기현 悅己縣	현 청양군 속면
		연산連山	연산현縣 연산군郡	연산군	황산군 黃山郡	황등야산군 黃等也山郡	현 논산시 속면 황산 전투지
		홍성洪城	홍주군 洪州郡	홍주洪州 (연주連州)			현 홍성군
		면천沔川	면천군 沔川郡	혜성군 槥成郡	혜성군	혜성槥成	현 당진시 속면
		당진시 唐津市	당진군郡	당진현縣	당진현	복수지현 伏首只縣 (부지夫只)	
		서천군 舒川郡	서천군	서림군 舒林郡	서림군	설림군 舌林郡	
		남포南浦	남포현縣 남포군郡	남포현	남포현	사포현 寺浦縣	현 보령시 속면
		비인庇仁	비인현縣 비인군郡	비인현	비인현	비중현 比衆縣	현 서천군 속면
		서산시 瑞山市	서산군郡	부성현 富城縣	부성군郡	기부基部	
		진잠鎭岑	진잠현縣 진잠군郡	진잠현	진잠현	진현현 眞峴縣	현 대덕구
		청원군 淸原郡	청주군 淸州郡	청주淸州	서원경 西原京	상당현 上黨縣 낭비성 娘臂城 낭자곡 娘子谷	현 청주시
		청주시 淸州市	청주군 淸州郡				
		문의文義	문의현縣 문의군郡	연산군 燕山郡	연산군	일모산현 一牟山縣	현 청주시 소속
		연기군 燕岐郡	연기군	연기현縣	연기현	두내지현 豆仍只縣	현 세종시 속면
		회인 懷仁	회인현 懷仁縣	회인현	미곡현 味谷縣	미곡현 未谷縣	현 보은군 속면
			결성현 結城縣	결성현	결성현	결기현 結己縣	현 홍성군 속면

441

도명道名	연혁		현대	조선	고려	통일신라	삼국	비고
충청도 忠淸道			보령시 保寧市	결성현 結城縣	보령현 保寧縣	신읍현 新邑縣	신촌현 新村縣	
			덕산德山	덕산현縣 덕산군郡	이산현 伊山縣	이산현	마시산군 馬尸山郡	현 예산군 속면
			해미海美	해미현縣 해미군郡	정해현 貞海縣			현 예산군 속면
			대흥大興	대흥현縣 대흥군郡	대흥군	임성군 任城郡	임존성 任存城 (금주今州)	
			청양군 淸陽郡	청양현縣 청양군郡	청양현	청정현 靑正縣	고양부리현 古良夫里縣	
			예산군 禮山郡	예산현縣 예산군郡	예산현	고산현 孤山縣	조산현 烏山縣	
			임천林川	임천현縣 임천군郡	가림현 嘉林縣	가림군 嘉林郡	가림군 加林郡	현 부여군 속면
			한산韓山	한산군郡縣	한산현縣	마산현 馬山縣	마산현	현 서천 속면
			홍산鴻山	홍산현縣 홍산군郡	홍산현	한산현 翰山縣	대산현 大山縣	현 부여군
			목천木川	목천현縣 목천군郡	목주군 木州郡	대록군 大麓郡	대목악군 大木岳郡	현 천원군 속면
			전의全義	전의현縣 전의군郡	전의현	금지金地 금지현 金池縣	구지현 仇知縣	현 더덕군 속면
			천안시 天安市	선안군 宣安郡	천안부 天安府			
			천원군 天原郡	천안군 天安郡				
			남양濫陽	남수군 濫水郡	도수군 渡水郡	탕정군 湯井郡	탕정군	현 아산시 속면
			아산시 牙山市	아산군郡	아주현縣	음봉陰峰 음잠陰岑	아술현 我述縣	
			평택시 平澤市	평택현縣 평택군郡	평택현		하팔현 河八縣	현 경기도로 편입
			태안泰安	태안군郡	소태현 蘇泰縣	성태현 省泰縣	성대호현 省大號縣 성대기 省大肌	현 서산시 속면
			은안恩安	은진현, 군 恩津縣, 郡	덕은군 德恩郡	덕은군 德殷郡	덕근군 德近郡	
			충원군 忠原郡 충주시 忠州市	충주군 忠州郡	충주忠州 중원경 中原京	탁장성 託長城	국원國原 (성말을성 城末乙省)	현 논산시 속면
			괴산군 槐山郡	괴산현縣 괴산군郡	괴주군 槐州郡	괴양군 槐壤郡	내근내군 乃斤內郡	
			연풍延豊	연풍현縣 연풍군郡	장연현 長延縣		상모현 上芼縣	현 괴산군 속면
			진천군 鎭川郡	진천군	진주鎭州	흑양黑壤 (황양黃壤)	금물노군 今勿奴郡 (만노萬弩)	

도명道名	연혁	현대	조선	고려	통일신라	삼국	비고
충청도 忠淸道		음성군 陰城郡	음성현縣 음성군郡	음성현	음성현	내홀현 仍忽縣	
		직산稷山	직산현縣 직산군郡	직산현	사산현 蛇山縣	부산현 芙山縣	현 천원군
		제천시 堤川市	제산현, 군 堤山縣, 郡	제주군 堤州郡	내제군 奈堤郡	내규군 奈吅郡 (대제大堤)	
		단양군 丹陽郡	단양현縣 단양군郡	단양현	적산현 赤山縣	적산(성)현 赤山(城)縣	
		청풍淸風	청풍현縣 청풍군郡	청풍군	청풍현	사열이현 沙熱伊縣	현 제천시 속면
		보은군 報恩郡	보은현縣	보령현 保齡縣	삼년군 三年郡	삼년산군 三年山郡	
		청산靑山	청산현縣 청산군郡	청산현	기산현 耆山縣	굴산현 屈山縣	현 옥천군 속면
		영동군 永同郡	영동군	영동현縣	연동군	길동군 吉同郡	
		황간黃澗	황간군郡	황간현	황간현	소라현 召羅縣	현 영동군 속면
		옥천군 沃川郡	옥천군	관성군 管城郡	관성군	고호산 古戶山	
		영춘永春	영춘군郡	영춘군	사춘현 士春縣	을아단현 乙阿旦縣	현 단양군 속면
				안읍현 安邑縣	안정현 安貞縣	아다호현 阿多號縣 아동기 阿冬肌	현 옥천군 속면
		금산군 錦山郡	금산군	계례현 繼禮縣	진례군 進禮郡	진내군 進乃郡	전라도 소속이었음
				이산현 利山縣	이산현	소리산현 所利山縣	현 옥천군 소속
				시진현 市津縣	시진현	가지내현 加知奈縣 가을내 加乙乃	현 논산시 소속
				지곡현 地谷縣	지육현 地育縣	지육현 知六縣	현 서산군 소속

도명道名	연혁	현대	조선	고려	통일신라	삼국	비고
전라도 全羅道	**- 삼국시대三國時代** 변한弁韓의 중심지로서 뒤에 백제百濟의 영토가 되었으며, 660년(의자왕 20) 백제의 멸망으로 한때 웅진도독부熊津都督府가 설치되어 당唐의 속령이 되었고, 676년(문무왕 16)에 당唐을 축출逐出한 신라新羅의 영토가 됨 **- 후삼국시대** **後三國時代** 891년(진성왕 5) 견훤의 건국으로 후백제의 영토가 됨 당시 궁예의 장수로 있던 왕건의 활약으로 서남해안과 현 신라 영광 일원이 태봉泰封의 관할이 됨 뒤에 왕건王建이 건국하자 고려의 영토가 되었고 995년(성종 14) 관재 재정으로 건국이 10도로 분할되어 강남도江南道, 해양도海陽道로 분할 그 뒤에 전라도全羅道라 했으나 부府, 목牧 중심의 통치형식에 따라 명확한 도道 구분이 없이 지역 일대에 대한 통치였음	전주全州	전주부府 전주군郡	전주	전주	완산주 完山州	후백제의 수도
		익산군 益山郡	익산현縣 익산군郡	금마군 金馬郡	금마군	금마저군 金馬渚郡	
		여산礪山	여산현縣 여산군郡	여량현 礪良縣	여량(양)현 礪良(陽)縣	지량초현 只良肖縣	현 익산시 속면
		남원시 南原市	남원부府 남원군郡	남원부 대방군 帶方郡	남원소경 南原小京	대방군 고룡군 古龍郡	
		임실군 任實郡	임실현縣 임실군郡	임실현	임실군	임실군	
		순창군 淳昌郡	순창현縣 순창군郡	순창군	순화군 淳化郡	도실군 道實郡	
		장수군 長水郡	장수현縣 장수군郡	장수현	우평현 雨坪縣		
		진안군 鎭安郡	진안현縣 진안군郡	진안현	진안현	탄진아현 灘珍阿縣 (월량月良)	
		고안古安	고부현, 군 古阜縣, 郡	구부군	고부군	고사부리군 古沙夫里郡	현 정읍시 속면
		부안군 扶安郡	부안현縣 부안군郡	부령현 扶寧縣	부령현	개화현 皆火縣	
		흥덕興德	흥덕현縣 흥덕군郡	상질현 尙質縣	상질현	상미현 上未縣	현 정읍시 속면
		태인泰仁	태인현縣 태인군郡	태산군 泰山郡	대(태)산군 大(泰)山郡	상호산군 上戶山郡	현 정읍시 속면
		정읍시 井邑市	정읍군郡	정읍현縣	정읍현	정촌현 井村縣	
		임피臨陂	임피현縣 임피군郡	임피현	임피군	시산군 屎山郡 소조실조출피산 所鳥失鳥出陂山	현 군산시 소속
		옥구沃溝	옥구현縣 옥구군郡	옥구현	옥구현	마서량현 馬西良縣	
		함열咸悅		함열현縣	함열	감물아현 甘勿阿縣	익산시 속면
		용안龍安	용안현縣 용안군郡	용안현			현 익산시 속면
		김제시 金堤市	김제군郡	김제군	김제군	벽골군 碧骨郡	
		만경萬頃	만경군郡	만경현縣	만경현	두내산현 豆乃山縣	김제시 속면
		금산군 錦山郡	금산군	진례현 進禮縣	진례군郡	진내군 進乃郡	현 충남에 편입

도명道名	연혁	현대	조선	고려	통일신라	삼국	비고
전라도 全羅道	**- 조선朝鮮** 태조太祖 초초에 전라도라 칭하고 좌·우도로 분할 인조仁祖 때 금라도金羅道라 개칭 되었다가 다시 전라도로 복칭復稱 그 후 한때 광남도光南道 개칭改稱 1728년(영조 4) 전광도全光道로 개칭 1738년(영조 14) 전라도로 복칭되고, 1896년(고종 33, 건양 1) 다시 좌우도로 좌합座合된 뒤 남북도南北道로 분할 됨	용담龍潭	용담현縣	청거현 淸渠縣	청성현 淸城縣	물거현 勿渠(居)縣	현 진안군 속면
		무주군 茂州郡	무주현縣	무계현 茂溪縣	단천현 丹川縣	적천현 赤川縣	
		광주시 光州市	무진군, 목 武珍郡, 牧 광주군 光州郡	해양현 海陽縣	무주武州	무진주 武珍州	
		광산군 光山郡	광주군 光州郡	해양현 海陽縣			
		남평南平	남평현縣 남평군縣	영평永平 남평군	현웅현 玄雄玄	미다부리현 未多夫里縣	현 나주시 속면
		창평昌平	창평현縣 창평군縣	창평현	기양현 祈陽縣	굴지현 屈支縣	현 삼양군 속면
		나주군 羅州郡	나주군郡 나주목牧	나주羅州	금성군 錦城郡	발라군 發羅郡 (통의通義)	
				흑산현 黑山縣			현 무안군 속면 흑산도
				반남현 潘南縣			
		담양군 潭陽郡	담양부府 (군郡)	담양군	추성군 秋城郡	추자혜군 秋子兮郡	현 나주시 속면
		옥과玉果	옥과현縣 옥과군郡	옥과현	옥과현	과지현 菓支縣	현 곡성군 속면
		영광군 靈光郡	영광군	영광군 (정주靜州)	무령군 武靈郡	무호이군 武戶伊郡	
		무장茂長	무장현縣 무장군郡	장사현 長沙縣	장사현	상노현 上老縣	현 고창군 속면
		고창군 高敞郡	고창현縣 고창군郡	고창현	고창현	모량부리현 毛良夫里縣	
		무안군 務安郡	무안현縣 무안군郡	무안현	무안군	물내혜군 勿柰兮郡 (수입水入)	
		함평군 咸平郡	함평현縣 함평군郡	함풍현 咸豊縣	함풍현	굴내현 屈乃縣	
		진도군 珍島郡	진도군	이도현 里島縣	진도군	인진도군 因珍島郡	
		장성군 長城郡	장성군	장성군	갑군岬郡	고호이현 古戶伊縣	
		영암군 靈巖郡	영암해 靈巖海	영암군	영암군	월내현 月柰縣	
		해남현 海南縣	해남현	해남군郡	침군浸郡 기연현 技演縣	새금현 塞琴縣	
		강진군 康津郡	강진군	강진현縣	탐진현 耽津縣	다음현 多音縣	
		보성군 寶城郡	보성군	보성군	보성군	복물군 伏勿郡	
		장흥군 長興郡	장흥현縣 장흥군郡	장흥부府	조아현 鳥兒縣	조차현 鳥次縣	
		능주綾州	능성현, 군 綾城縣, 郡	능성현	능성군	현릉부리군 縣綾夫里郡 인부리 仁夫里	현 화순군 속면

445

도명道名	연혁	현대	조선	고려	통일신라	삼국	비고
전라도 全羅道		화순군 和順郡	화순군	화순현縣	여위汝渭 해연여연현 海演汝演縣	내리아현 仍利阿縣	
		업안業安	낙안군 樂安郡	낙안군	분령군 分嶺郡	분차군 分嵯郡	현 승주군 소속
		곡성군 谷城郡	곡성군	곡성군	곡성군	욕내군 欲乃郡	
		동복同福	동복현縣 동복군郡	동복현	동례현 同禮縣	두부현 豆夫縣	현 화순군 속면
		영예군 永禮郡			수례현 水禮縣	구차지현 仇次知縣 구차례현 仇次禮縣	
		순천시 順天市	순천부府 순천군郡	순천부府	승평군 昇平郡	감평군 敢平郡 사평沙平	
		승주군 昇州郡	순천부, 군 順天府, 郡	순천부	승평현 昇平縣		
		여수시 麗水市	여수군郡	여수현縣	해읍현縣	원촌현 援村縣 원평援平	
		돌산突山	돌산현縣 돌산군郡	돌산현	노산현 盧山縣	돌산현	현 여수시 속면
		광양군 光陽郡	광양군	광양현縣	희양현 晞陽縣	마로현 馬老縣	
		제주濟州	제주목 濟州牧	탐라현 耽羅縣	탐라국 耽羅國	탐라국	1945년 도道로 승격 현 북제주 속면
		대정大靜	대정현縣 대정군郡				
		진산珍山	진산군郡	진동현 珍洞縣	진동현 珍同縣		현 남원시 소속
		운봉雲峰	운봉군郡	운봉현縣	모산현 母山縣 아영성현 阿英城縣		현 남원시 속면
		정의旌義	정의군郡				현 고창군 소속
		흥양興陽	흥양현縣	고흥현 高興縣			현 완주군 속면
		고산高山	고산군郡	고산현縣	고산현	종산현 宗山縣	
		완주군 完州郡	전주군 全州郡				전주시 참조
				거령현 居寧縣	거사물현 居斯勿縣		조선조 남원군 속면
				마령현 馬靈縣	마령현	마돌현 馬突縣 마진馬珍 마등량 馬等良	현 진안군 소속
				적성현 赤城縣	적성현	역평현 礫平縣	현 순창군 속면

446

도명道名	연혁	현대	조선	고려	통일신라	삼국	비고
경상도 慶尙道	- 삼국시대三國時代 부족국가 형태의 상대 신라가 경주 일대를 중심으로 웅거함 서남쪽 낙동강에서 이산異山에 이르는 지역은 가야제국이 할거하다가 뒤에 신라의 영토領土로 병합 - 고려高麗 왕건王建의 건국으로 고려의 영토가 되었고 995년(성종 14) 관제 정정으로 전국이 10도로 분할할 때 영남도嶺南道(상주를 중심한 경상북도와 충북 일부), 영동도嶺東道(경주를 중심한 경상남도 동남부 일대), 산남도山南道(진주를 중신한 낙동강 이서 일대)로 분할 뒤에 경남진주慶南晋州道, 진창주도晉倀州道, 경상慶尙, 진안晉安, 상진尙晉, 안도安道 등으로 불렀으나 명확한 도 구분 없이 이 지역 일대에 대한 통칭이었음 1332년(충숙왕 1) 경상도慶尙道라 호칭함	경주시 慶州市	경주부府 경주군郡	경주慶州 동경東京 계림鷄林	서라벌 徐耶伐	서라벌 徐耶伐 徐羅伐	신라의 수도
		월성군 月城郡	경주군 慶州郡				
				촌계현 村溪縣	기계현 杞溪縣	모혜현 芼兮縣 (화계化溪)	
		양산시 梁山市	양산군郡	양주梁州	양주良州	삽라군 歃羅郡 삽량주 歃良州	
		흥해興海	흥해군郡	흥해군	의창군 義昌郡	퇴화군 退火郡	현 포항시 소속
		영일군 迎日郡	연일현縣 연일군郡	연일군. 현	임정현 臨汀縣	근조지현 斤烏支縣 조량우 烏良友	
		포항시 浦項市	연일군 延日郡	장산군 章山郡	장산군	압양국 押梁國	
		경산시 慶山市	경산현縣 경산군郡	장기현 長鬐縣	기립군 鬐立郡	지답현 只沓縣	영일군 속면
		장기長鬐	장기현縣 장기군郡	자인현 慈仁縣	자인현	노기화현 奴斯火縣	현 경산시 속면
		자인慈仁	자인현縣 자인군郡				
		영천시 永川市	영천군郡	영천永川	임부군 臨阜郡	공야화군 功也火郡	
		신령新寧	신령현縣 신령군郡	신령현	신령 화산花山	사정화현 史丁火縣	현 영천시 속면
		울산시 蔚山市	울산군郡	울주蔚州	하곡河曲 하서河西	굴아화현 屈阿火縣	
		동래東萊	동래부府 동래군郡 동래현縣	동래현	동래군	거칠산군 居漆山郡 장산국 萇山國 내산국 萊山國	
		기장機張	기장현縣 기장군郡	기장현	기장현	갑화량곡현 甲火良谷縣	
		김해시 金海市	김해군郡	금주장 金州獐	김해소경 金海小京	금관국 金官國	
		웅천熊川	웅천군郡	웅신현 熊神縣	웅신울 熊神蔚	웅지현 熊只縣	현 창원시 속면
		진해鎭海	진해현縣 진해군郡	진해현			

도명道名	연혁	현대	조선	고려	통일신라	삼국	비고
경상도 慶尙道	**- 조선朝鮮** 조선 태조 초에 경상도로 호칭되고 좌·우도로 분할 1519년(중종 14) 다시 좌·우도로 분할(낙동강 동쪽을 우右, 좌左로 되었으나 다시 폐합廢合) 1592년(선조 25) 임진왜란으로 도로道路가 불통不通하자 좌·우도를 분할, 이듬해에 속합됨 1896(건양 1) 좌·우도가 복설復設되었다가 남북도南北道도로 분할分割 됨	창원시 昌原市	창원군郡	의안군 義安郡 의창현 義昌縣	의안군 義安郡	굴자군 屈自郡	
		칠원漆原	칠원현縣 칠원군郡	칠원현	칠원현	칠토현 漆吐縣	현 창녕군 속면
		밀양시 密陽市	밀양군郡	밀성군 密城郡	밀성군	추화군 推火郡	
		영산靈山	영산현縣 영산군郡	영산현	상약현 尙藥縣	서화현 西火縣	현 창녕군 속면
		청도군 淸道郡	청남군 淸南郡	청도군 淸道郡	조악현 鳥嶽縣 추량실현 推良失縣 삼량화 三良火	조야현 鳥也縣 구도仇道 조례산 鳥禮山 조도산성 鳥刀山城	
		창녕군 昌寧郡	창녕현縣 창녕군郡	창녕군	화왕군 火王郡	비자화군 比自火郡 비사벌 比斯伐	
		현풍玄風	현풍군郡	현풍현縣	현효현 玄曉縣	추량화현 推良火縣 삼량화 三良火	
		대구시 大邱市	대구부府 대구군郡	대구현縣	대구현	달구화현 達句花縣 달불성 達弗城	
		칠곡군 漆谷郡	칠곡현縣 칠곡군郡	팔거현 八莒縣	팔리현 八里縣	팔거리현 八居里縣	
		거제시 巨濟市	거제군郡	거제현縣	거제군	상군해도 裳郡海島	현 통영시
		통영統營	거제군 巨濟郡				
		상주시 尙州市	상주군郡		상주尙州	사벌국 沙伐國 상주上州 상락上洛 사벌주 沙伐州	
		개령開寧	개령현縣 개령군郡		개령군	감문국 甘文國 청주靑州	현 김천시 속면
		금릉金陵	금산군 金山郡	금산현縣	금산현		
		지례知禮	지례	지례현縣	지례현	지품천현 知品川縣	
		선산군 善山郡	선산군	일선현 一善縣	일선군郡	일선군	
		군위군 軍威郡	군위軍威	군위현縣	군위칠 軍威七	노동멱혜현 奴同覓兮縣	

도명道名	연혁	현대	조선	고려	통일신라	삼국	비고
경상도 慶尙道		함창咸昌	함창현縣 함창군郡	함창현	고령군 古寧郡		
		문경시 聞慶市	문경군郡	문경聞慶 문희군 聞喜郡	관산군 冠山郡	고동람군 古冬攬郡 고령가현국 古寧伽縣國 관문현 冠文縣 <small>관현고사갈이성</small> <small>冠縣高思葛伊城</small>	
		용궁龍宮	용궁현縣 용궁군郡	용군군	능산稜山 원산園山		현 예천군 속면
		안동시 安東市	안동부府 안동현縣 안동군郡	안동부	고창군 古昌郡	고타야군 古陀耶郡	
		예천군 醴泉郡	예천부府 예천현縣 예천군郡	기양현 基陽縣	예천군	수주현 水酒縣	
		풍기豊基	풍기현縣 풍기군郡	기양현 基陽縣	기본진 基本鎭		
		함안군 咸安郡	함안군	함안군	함안군	아시량국 阿尸良國	
		의성군 義城郡	의성군	의성군	개소군 開韶郡	소문국 召文國	
		비안比安	비안현縣 비안군郡	비옥현 比屋縣	비옥현	음화옥현 陰火屋縣	현 의성군 속면
		의흥義興	의흥현縣 의흥군郡	의흥현			현 군위군 속면
		진주시 晉州市	진주군郡	진주晉州	강주康州	거열주 居烈州 (거타居陀)	
		진양군 晉陽郡	진주군 晉州郡	함양현 含陽縣	천령군 天嶺郡	속함현 速含縣 (함성含城)	
		함양군 咸陽郡	함양군	사천泗川	사수현 泗水縣	사물현 史勿縣	
		사천시 泗川市	사천현縣 사천군郡				
		삼천포시 三千浦市	삼가현, 군 三嘉縣, 郡	가수현 嘉壽縣	가수현	가주화현 加主火縣	
		삼가三嘉					합천군 속면
		하동군 河東郡	하동현縣 하동군郡	하동군	하동군	한다사군 韓多沙郡	
				악양현 嶽陽縣	악양현	다소사현 多小沙縣	현 사천시 속면

도명道名	연혁	현대	조선	고려	통일신라	삼국	비고
경상도 慶尙道		곤양昆陽	곤양 곤남군 昆南郡	곤명현 昆明縣			
		합천군 陜川郡	합천군	합천	강진군 江鎭郡	대량주군 大良州郡 대야주 大耶(野)州	
		초계草溪	초계군郡	초계현縣	팔계현 八谿縣	초팔혜거 草八兮居	현 합천군 속면
		거창군 居昌郡	거창군	거창군	거창군	거열군 居烈郡	
		의령군 宜寧郡	의령현縣 의령군郡	의령군	의령군	장함군 獐含郡	
		고성군 固城郡	고성현縣 고성군郡	고성군	고성군	고자군 古自郡	
		안의安義	안의安義 안음현 安陰縣	의안군 義安郡	의안현	마리현 馬利縣	현 함양군 속면
		고령군 高靈郡	고령현縣 고령군郡	고령군	고령군	대가야국 大伽倻國	
		성주군 星州郡	성주군	경산부 京山府	신안군 新安郡 벽진군 碧珍郡	본피현 本彼縣	
		인동仁同	인동현縣 인동군郡		수동현 壽同縣	기동화현 其同火縣	현 칠곡군 속면
		하양河陽	하양현縣 하양군郡	하양군			현 경산시 속면
		남해군 南海郡	남해군	남해현縣	남해군	전야산군 轉也山郡	
		순흥順興	순흥군郡	흥주興州	급산군 岌山郡	급벌산 及伐山	현 영주시 속면
		영주시 榮州市	영천榮川	순안현 順安縣	내령군 奈靈郡	내사군 奈巳郡	
		예안禮安	예안현縣 예안군郡	예안군	선곡현 善谷縣	매곡현 買谷縣	현 안동군 속면
		봉화군 奉化郡	봉화현縣 봉화군郡	봉화현	옥마현 玉馬縣	고사마현 古斯馬縣	
		영덕군 盈德郡	영덕현縣 영덕군郡	영덕현	야성군 野城郡	야시홀군 也尸忽郡	
		청송군 靑松郡	청송군	청송현縣	적선군 積善郡	청기현 靑己縣	
		진보眞寶	진보현縣	보성부 甫城府	진보현	칠파화현 漆巴火縣	현 청송군 속면
		영해寧海	영해군郡	예주禮州	유린군 有麟郡	우시군 于尸郡	현 영덕군 속면
		영양군 英陽郡	영양군	영양英陽 연양延陽 익양군 益陽郡			
		청하淸河	청하군郡	청하현縣	해하현 海河縣	아혜현 阿兮縣	

도명道名	연혁	현대	조선	고려	통일신라	삼국	비고
강원도 江原道	**- 삼국시대三國時代** 본래 예국, 맥국의 본거지로 고구려와 신 라에 각각 딸렸음 뒤에 각지에서 초적草 賊들이 일어나 신라의 국력이 미치지 못함 **- 고려高麗** 왕건의 건국으로 고려 에 복속됨 995년(성종 14) 관제 개혁 육로 전국이 10 도로 분할될 때 삭방도 朔方道로 호칭됨 이듬해에 명주도溟州 道로 개칭 후에 춘주도春州道,동 주도東州道, 교주도交 州道, 강릉도江陵道, 교주강릉도交州江陵 道 등으로 불렸으나 명확한 도도 구분없이 이 일대에 대한 통칭 이었음 **- 조선朝鮮** 태조 초에 강원도江原 道로 호칭	명주溟州	강릉군 江陵郡	명주	명주	하서량 河西良 하슬라 河瑟羅	
		강릉시 江陵市	강릉군郡				
		정선군 旌善郡	정선군	정선군	정선군	내치(원)현 仍置(員)縣	
		삼척시 三陟市	삼척부府 삼척군郡	삼척군	삼척군	실직군 悉直郡	
		울진군 蔚珍郡	울진현縣 울진군郡	울진현	울진군	우진야현 于珍也縣	현 경상북도 소속
		고성군 高城郡	고성현縣 고성군郡	고성현	고성군	달홀達忽	
		간성杆城	간성현縣 간성군郡	간성군	수성군 守城郡	가성군 加城郡 가라홀 加羅忽	
		양양군 襄陽郡	양양부府 양양군郡	익령군 翼嶺郡	익령현縣	익령현 (이문伊文)	
		통천군 通川郡	통천현縣 통천군郡	금양현 金壤縣	금양군郡	휴양군 休壤郡 금뇌金惱	
		흡곡歙谷	흡곡현縣 흡곡군郡	흡곡현	습계현 習谿縣	습비곡현 習比谷縣	현 통천군 속면
		영월군 寧越郡	영월부府 영월군郡	영월군	내성군 奈城郡	내생군 奈生郡	
		평창군 平昌郡	평창군	평창현縣	백조현 白鳥縣	욱조현 郁鳥縣	
		평해平海	평해군郡	평해군		근을어 斤乙於	현 울진군 속읍
		횡성군 橫城郡	횡성현縣 횡성군郡	횡성현	횡천현 橫川縣	횡천현	어사매 於斯買
		화천군 華川郡	화천현縣 화천군郡	양천현 良川縣	양천군郡	성생군 狌生郡 야시매 也尸買	
		양구군 楊口郡	양구현縣 양구군郡	양구현 楊構縣	양록군 楊麓郡	양구군 楊口郡 요은홀차 要隱忽次	
		인제군 麟蹄郡	인제현縣 인제군郡	인제현	희제현 稀蹄縣	저족현 猪足縣	
		회양군 淮陽郡	회양부府 회양군郡	교주交州	연성군 連城郡	각연성군 各連城郡	
		철원군 鐵原郡	철원부府 철원군郡	동주東州	철성군 鐵城郡	철원 모을동비 毛乙冬非	태봉국의 수도
		안협安峽	안협현縣 안협군郡	안협현	안협현	아진압현 阿珍押縣	현 이천군
		이천군 伊川郡	이천부府 이천군郡	이천현縣	이천현	이진매현 伊珍買縣	
		김화군 金化郡	김화현縣 김화군郡	김화현	부평군 富平郡	부여군 夫如郡	

451

도명道名	연혁	현대	조선	고려	통일신라	삼국	비고
강원도 江原道		평강군 平康郡	평강현縣 평강군郡	평강현	광평현 廣平縣	부양현 斧壤縣	
		춘성군 春城郡	춘천부, 군 春川府, 郡	춘주春州	삭주朔州	어사내 於斯內	
		춘천시 春川市	춘천부府 춘천군郡	춘주春州	삭주朔州	벌력천현 伐力川縣	
		홍천군 洪川郡	홍천현縣 홍천군郡	홍천현	녹효현 綠驍縣	단성현 丹城縣 야차홀 也次忽	
		금성金城	금성현縣 금성군郡	금성군	익성군 益城郡		
		원주시 原州市	원주현縣 원주군郡	원주原州	북원北原 소경小京	평원군 平原郡 북원北原	
황해도 黃海道	**- 삼국시대三國時代** 고대 마한馬韓의 영토 로서 확보되고 후삼국 시대에 고구려의 영토 가 됨 한때 고구려를 정벌한 당唐의 속령으로 되었 다가 신라의 영토이었 으며, 후삼국시대에는 태봉泰封의 대요지가 됨 **- 고려高麗** 왕건의 건국으로 고려 의 영토가 되고 995년 (성종 14) 관제개혁으 로 전국이 10도로 분 할될 때 개성부開城府 일대를 제외한 경기도 와 통합되어 개내도開 內道라 호칭됨 뒤에 해서도海西道로 불렸으나 명확한 도 구분 없이 이 지역에 대한 통칭이었음 **- 조선朝鮮** 태조 초 풍해도豊海 道로 불렀다가 태종 때 곤제를 제정을 하게 되자 황해도黃海 道라 호칭됨 광해군 때 황연도黃 延道 했다가 다시 황해도黃海道라 개칭됨	황주군 黃州郡	황주군	황주黃州	취성군 取城郡	동홀冬忽 우동어홀 于冬於忽	
		신계군 新溪郡	신계군	신은현 新恩縣			
		곡산군 谷山郡	곡산군	곡천谷川	진서현 鎭瑞縣	십곡성현 十谷城縣 덕둔홀현 德頓忽縣 고곡군 古谷郡	
		평산군 平山郡	평산부府 평산군郡	평주平州	영풍군 永豊郡	대곡군 大谷郡	
		수안군 遂安郡	서흥군 瑞興郡	동주洞州	오관군 五關郡	오곡군 五谷郡 공화궁火 우차탄홀 于次呑忽	
		서흥군 瑞興郡	금천군, 현 金川郡, 縣	강음현 江陰縣	강음현	강서江西	
		금천군 金川郡	수안부, 군 遂安府, 郡	수안현縣	장새獐塞	장새현 獐塞縣	
		토산兎山	토산군郡 토산현縣	토산현	토산군	조사사달현 鳥斯舍達縣	
		해주군 海州郡	해주현縣 해주군郡	해주海州	폭지군 瀑池郡	내미홀군 內未忽郡 지성장지 池城長池	
		해주시 海州市	해주군郡				
		재령군 載寧郡	재령현縣 재령군郡	안주安州	중반군 重盤郡	식성홀 息城忽 한성漢城 한홀漢忽 내홀乃忽	
		연백군 延白郡	연안부, 군 延安府, 郡	남주濫州	해고군 海皐郡	동의홀 冬意忽 동삼군 冬三郡	

도명道名	연혁	현대	조선	고려	통일신라	삼국	비고
황해도 黃海道		백천白川	백천군郡	백주현 白州縣	택현澤縣	도○현 刀○縣	
		봉산군 鳳山郡	봉산군	봉주鳳州	루군樓郡		
		장연군 長淵郡	장연부府 장연군郡	장연현縣		장연長淵 장담長潭	
		장연長連	장연현縣 장연군郡	장명현 長命縣			
		안악군 安岳郡	안악군	안악현縣		양악楊岳	현 은률군 속면
		은률군 殷栗郡	은률현縣 은률군郡	은률현		율구栗口 율천栗川	
		문화文化	문화현縣 문화군郡	유주군 儒州郡		궐구현 闕口縣	현 신천군 속면
		신천군 信川郡	신천현縣 신천군郡	신천현		승산군 升山郡	
		송화군 松禾郡	송화현縣 송화군郡	청송현 靑松縣		마경리 麻耕伊	
		옹진군 甕津郡	옹진현縣 옹진군郡	옹진현		옹천甕遷	
		백령도 白翎島		백령진 白翎鎭		곡조鵠鳥	
평안도 平安道	- 삼국시대三國時代 본래 단군이 평양성에 도읍을 정하고 고조선을 건국한 옛터로서 위씨 조선이 차지하였다가 뒤에 한서군이 되어 한漢의 속령이 됨 313년 고구려의 영토가 되고 이후 그 중심지로서 등장함 그 뒤 나당羅唐연합군에 의해 고구려가 망하자 한때 당唐의 속령으로 되었다가 신라에 의해 수복되었으나 평안북도平安北道는 대부분 야인野人들이 점거함 후삼국시대에는 태봉泰封의 영토가 됨	평양시 平壤市	평양부府 평양시市	평양부		평양성 平壤城 (고구려수도)	고조시대: 왕검성 王儉城
		강동군 江東郡	강동군	강동현縣			
		강서군 江西郡	강서군郡 강서현縣	강서현			
		증산甑山	진산군 鎭山郡	향화현 響和縣			
		대동군 大同郡	평양부 平壤府	향화현 響和縣			현 평원군 속면
		순안順安	순안현縣 순안군郡				
		삼화三和	삼화현縣 삼화군郡	이화현 二和縣			현 용강군 속면
		삼등三登	삼등현縣 삼등군郡	이등현 二登縣			현 강동군 속면
		안주군 安州郡	안주목牧 안주군郡	안북부 安北府			
		성천군 成川郡	성천부府 성천군郡	강덕진 剛德鎭			현 평원군 속면
		숙군肅郡	숙천부府 숙천군郡	통덕진 通德鎭			현 항천군 속면
		자산군 慈山郡	자산부府 자산군郡	태안주 太安州			
		개천군 价川郡	개천군	안수진 安水鎭			
		양덕군 陽德郡	양덕현縣 양덕군郡	양암진 陽岩鎭			
		선천군 宣川郡	선천부府 선천군郡	선주宣州			
			운산군 雲山郡	위화진 威化鎭			

도명道名	연혁	현대	조선	고려	통일신라	삼국	비고
평안도 平安道	**- 고려高麗** 왕건의 건국으로 고려의 영토領土가 되었으나 평안북도의 대부분을 잃었다 995년(성종 14) 관제 제정시 패서浿西로 호칭됨 말기에 점차 잃었던 땅을 수복함 **- 조선朝鮮** 태종 때 평안도平安道로 호칭 건양 1년에 남·북도로 분할	가산嘉山	가산군郡	가주嘉州			현 박주군 속면
		순천군 順川郡	순천군	향주響州			현 향천군 소속
		은산殷山	은산군郡	은주殷州			
		맹산군 孟山郡	맹산현縣	맹주孟州			
		덕천군 德川郡	덕천군	덕주德州			
		용천군 龍川郡	용천부府 용천군郡	용주龍州			
		삭주군 朔州郡	삭주부府 삭주군郡	삭주朔州			
		진산군 鎭山郡	진산부府 진산군郡	철주鐵州			
		영원군 寧遠郡	영원현縣 영원군郡	영원주 寧遠州			
		창성군 昌城郡	창성군	창주昌州			
		희천군 熙川郡	희천군	청새진 淸塞鎭			
		정주군 定州郡	정주부府 정주군郡	수주隨州			
		영변군 寧邊郡	영변부府 영변군郡	위주渭州			
		영유永柔	영유현縣 영유군郡	영청현 永淸縣			
		함종咸從	함종현縣 함종군郡	함종현			
		여강군 麗岡郡	용강현, 군 龍岡縣, 郡	용강현			
		의주군 義州郡	의주목牧 의주군郡	의주義州			
		강계군 江界郡	강계부府 강계군郡	강계부			
		자성군 慈城郡	자성군				
		벽동군 碧潼郡	벽동부府 벽동군郡	음동陰潼			
		초산군 楚山郡	초산군				
		위원군 渭原郡	위원군				
		상원祥原	상원군郡	토산현 土山縣	토산현	식달현 息達縣	현 중화군 속면
		중화군 中和郡	중화군	중화현縣	당악현 唐岳縣	가화압 加火押	

도명道名	연혁	현대	조선	고려	통일신라	삼국	비고
함경도 咸鏡道	- 삼국시대三國時代 고대 동부여東夫餘의 요지要地로서 후에 고구려의 영토가 됨 - 고려高麗 1107년(예종 2) 윤관이 여진토벌로 6성六城이 설치되고 야인을 추방한 뒤 성城을 찾아오면서 말기末期까지 원元의 쌍성총관부가 설치되어 그 속령이 됨 공민왕恭愍王 때 온전히 수복됨 - 조선朝鮮 1413년(태종 13) 영길도永吉道로 호칭하다가 1416년(태종 16) 함길도咸吉道, 1470년(성종 1) 영안도永安道로 개칭 1509년(중종 4) 함경도咸鏡道가 되고 고종高宗 때 남·북도로 분할 확정됨 군사상 두만강 일대 등 북방 경계의 방비를 전담하는 북도병마절도사北道兵馬節度使, 그 이남의 관할구역을 맡은 남도병마절도사南道兵馬節度使가 있었으나 행정상 구획과는 무관하였음	안변군 安邊郡	안변부府 안변군郡	등주登州	삭정군 朔庭郡	비열군 比列郡 한성군 漢城郡	
		덕원군 德源郡	덕원부府 덕원군郡	의주宜州	정천군 井川郡	천정군 泉井郡 어을매 於乙買	
		고원군 高原郡	고원군	고주高州			
		영흥군 永興郡	영흥부府 영흥군郡	화주和州		장령진 長嶺鎭	
		문천군 文川郡	문천군	문주文州			
		함흥시 咸興市	함주咸州				
		함주군 咸州郡	함주咸州	함주			
		단천군 端川郡	단천부府 단천군郡	복주福州			
		길주군 吉州郡	길주현縣 길주군郡	길주吉州			
		북청군 北靑郡	북청군	북청주州			
		이원군 利原郡	이원군	이성현 利城縣			
		갑산군 甲山郡	갑산부府 갑산군郡	갑주甲州			
		삼수군 三水郡	이수부, 군 二水府, 郡				
		홍원군 洪原郡	홍원부府	홍원현縣			
		장진군 長津郡	장진부府 장진군郡				
		경원군 慶源郡	경원군	경원군			
			경흥부, 군 慶興府, 郡	경흥군			
		경성군 鏡城郡	경성부, 군 慶城府, 郡	경성군			
		회령군 會寧郡	회령부府 회령군郡				
		종성군 鐘城郡	종성부府 종성군郡	종성군			
		무산군 茂山郡	무산군	무산군			
		성진군 城津郡	성진부府 성진군郡				
		부령군 富寧郡	부령군	부령군			
		신흥군 新興郡	신흥군				
		풍산군 豊山郡	풍산군				

※註
1. 증보문헌비고 여지고를 중심으로 함(삼국사기三國史記, 고려사高麗史, 신증동국여지승람新增東國輿地勝覽 자료를 종합 정리 하였음)
2. 별칭으로 사용된 명칭은 괄호로 처리하였음
3. 현대에 신설된 도시都市는 넣은 것과 넣지 않은 것도 있음

발로 뛰며 찾아낸 역사 기행이 더해주는 생생한 현장감

도서출판 타오름의 한국사 시리즈

문밖에서 부르는 조선의 노래 이은식 저 / 12,000원
노비, 궁녀, 서얼... 엄격한 신분 사회의 굴레 속에서
외면당한 자들이 노래하는 또 다른 조선의 역사.

불륜의 한국사 이은식 저 / 13,000원
베개 밑에서 찾아낸 뜻밖의 한국사! 역사 속에 감춰졌던
애정 비사들의 실체가 낱낱이 드러난다.

불륜의 왕실사 이은식 저 / 14,000원
고려와 조선을 넘나들며 펼쳐지는 왕실 불륜사! 엄숙한
왕실의 장막 속에 가려진 욕망의 군상들이 적나라하게 그
모습을 드러낸다.

이야기 고려왕조실록 (상),(하)
한국인물사연구원 편저 / 상 15,500원. 하 18,500원
고려사의 모든 것을 한눈에 살펴볼 수 있는 최고의 역사
해설서! 다양하고 풍부한 문헌 자료를 바탕으로 재미있고
쉽게 읽히는 새로운 고려 왕조의 역사가 펼쳐진다.

우리가 몰랐던 한국사 이은식 저 / 16,000원
제한된 신분의 굴레 속에서도 자신의 삶을 숙명으로
받아들이지 고 꿈을 이루기 위해 노력한 선현들의
진실된 이야기.

선정도서 모정의 한국사 이은식 저 / 14,000원
위인들의 찬란한 생애 뒤에 말없이 존재했던 큰 그림자,
어머니! 진정한 영웅이었던 역사 속 어머니들이 들려주는
시대를 뛰어넘는 교훈과 감동을 만나본다.

문화체육관광부 우수교양도서 선정

읽기 쉬운 고려왕 이야기
한국인물사연구원 편저 / 23,000원
쉽고 재미있게 읽히는 새로운 고려 왕조의 역사. 500여 년 동안
34명의 왕들이 지배했던 고려 왕조의 화려하고도 찬란한 기록들.

원균 그리고 이순신 이은식 저 / 18,000원
417년 동안 짓밟혔던 원균의 억울함이 벗겨진다.
이순신의 거짓 장계에서 발단한 원균의 오명과
임진왜란을 둘러싼 오해의 역사를 드디어 밝힌다.

신라 천년사 한국인물사연구원 편저 / 13,000원
고구려와 백제를 멸망시킨 작은 나라 신라! 전설과도 같은
992년 신라의 역사를 혁거세 거서간의 탄생 신화부터
제56대 마지막 왕조의 이야기까지 연대별로 풀어냈다.

풍수의 한국사 이은식 저 / 14,500원
풍수와 무관한 터는 없다. 인문학과 풍수학은 빛과
그림자 같다. 각각의 터에서 태어난 역사적 인물들에
얽힌 사건을 통해 삶의 뿌리에 닿게 될 것이다.

기생, 작품으로 말하다 이은식 저 / 14,500원
기생은 몸을 파는 노리개가 아니었다. 기생의 연원을
통해 그들의 역사를 돌아보고, 예술성 풍부한 기생들이
남긴 작품을 통해 인간 본연의 삶을 들여다본다.

여인, 시대를 품다 이은식 저 / 13,000원
제한된 시대 환경 속에서도 자신들의 재능과 삶의 열정을
포기하거나 방관하지 않았던 여인들. 조선의 한비야 김금원과 조선의
힐러리 클린턴 동정월을 비롯한 여인들이 우리들의 삶을 북돋아 줄
것이다.

미친 나비 날아가다 이은식 저 / 13,000원
정의를 꿈꾼 혁명가 홍경래와 방랑 시인 김삿갓 탄생기.
시대마다 반복되는 위정자들의 부패, 그 결과로 폭발하는
민중의 울분, 역사 속 수많은 인간 군상들이 현재의
우리를 되돌아보게 한다.

지명이 품은 한국사 -1, 2, 3, 4, 5, 6
이은식 저 / 15,000원~19,800원
지명의 정의와 변천 과정, 지명의 소재 등 지명의 기본을 확실히 정리하고, 1천여 년 역사의
현장이 도처에 남긴 독특한 고유 지명을 알아보자.

핏빛 조선 4대 사화 첫 번째 무오사화 한국인물사연구원 저 / 19,800원
사림파와 훈구파의 대립은 부조리한 연산군 통치와 맞물리면서 수많은
희생자를 만들게 된다. 사회, 경제적 변동기의 상세한 일화를 수록함으로써
혼란한 시대를 구체적으로 그려냈다.

핏빛 조선 4대 사화 두 번째 갑자사화 한국인물사연구원 저 / 19,800원
임사홍의 밀고로 어머니가 사사된 배경을 알게 된 연산군의 잔인한 살상.
그리고 왕의 분노를 이용해 자신들의 세력을 확고히 하려던 왕실 세력과 훈구
사림파의 암투!

핏빛 조선 4대 사화 세 번째 기묘사화 한국인물사연구원 저 / 17,000원
조광조를 선두로 한 사림파가 급진적 왕도 정치를 추구하면서 중종과
소외받던 훈구파는 반발하게 되고, 또 한 번의 개혁은 멀어져 간다.

핏빛 조선 4대 사화 네 번째 을사사화 한국인물사연구원 저 / 19,000원
왕실의 외척 대윤과 소윤은 권력을 차지하기 위해 극렬한 투쟁을 벌였다.
이때 그간 정권에 참여하지 못했던 사림도 대윤과 소윤으로 갈리면서, 조선
시대 붕당 정치의 시작을 예고한다.

계유년의 역신들 한국인물사연구원 편저 / 23,000원
세조의 왕위 찬탈 배경과 숙청되는 단종, 왕권의 정통성을 보전하려던
사육신과 생육신 사건부터 김문기가 정사의 사육신인 이유를 분명히 밝힌
역사서!

한국사의 희망 부모와 청소년 이야기
이은식 저 / 19,800원

우리는 인간됨의 씨앗을 줄기차게 뿌려야 합니다

문제 청소년 뒤에는 반드시 문제의 가정과 부모가 있다는 사실을
우리 모두 자각해야 할 것이다. 따라서 전인적 교육의 필요성은
매우 시급하다. 전인적 교육의 장으로 가정만한 곳은 없다고 본다.
…… 누가 이 세상에서 제일 어려운 것이 무어냐고 묻는다면
본인은 단연코 자녀 교육이라 답하고 싶다.

피바람 인수대비 (상), (하)
이은식 저 / 각권 19,800원

세상의 모든 원리는 질서와 양보와 용서를 요구하고있다.
오직 자기 중심으로 되어주길 바라는 것은 결코 그 열매가
달지 못하듯, 정해진 선을 넘나드는 사람은 참인격자라
평가하지 않는다
장독안에든 쥐를 잡기위해 그독을 깨었다면 무엇이 남았겠는가
한사람의 지나친 욕망으로 인하여 피바람의 역사는
기록되고있다. 이는 바람직한 역사도 유산도 될수없다.

신라왕조실록 -1, 2, 3, 4권
한국인물사연구원 편저 / 각권 19,800원
신라사의 모든 것을 한눈에 살펴볼 수 있는 최고의 역사 해설서! 다양하고 풍부한 문헌 자료를
바탕으로 재미있고 쉽게 읽히는 신라 왕조의 역사가 펼쳐진다.